图1 新街高架桥

图 2　新河 2 号高架桥

图3 大溪1号高架桥

图 4 滨海枢纽

图 5　金清港挂篮施工

图 6　新河梁场

图 7　温岭城区收费站

图 8　新河服务区

温岭联络线高速公路建设论文集

《温岭联络线高速公路建设论文集》编委会 | 编

人民交通出版社
北京

内 容 提 要

甬台温高速公路至沿海高速公路温岭联络线工程是浙江省重点建设项目，全长 32.871km，起点位于甬台温高速公路温岭西互通北侧约 2km 处，向东经温岭市大溪、泽国、城北、新河、滨海等 5 个镇（街道），终于沿海高速公路温岭北互通南侧约 2km 处。主线桥隧比高达 99.7%，穿乡跨河，涉铁涉路，施工工艺复杂，技术难度大。项目采用 PPP（政府和社会资本合作）模式＋BOT（建设-经营-转让）模式＋可行性缺口补助模式运作，合作期 23 年，其中建设期 3 年，运营期 20 年。

本论文集收录论文 40 余篇，涵盖温岭联络线工程建设过程中的科技创新与项目管理成果，可为高速公路建设行业管理人员与技术人员提供参考。

图书在版编目（CIP）数据

温岭联络线高速公路建设论文集 /《温岭联络线高速公路建设论文集》编委会编. — 北京：人民交通出版社股份有限公司，2024.10
　ISBN 978-7-114-19322-4

Ⅰ.①温… Ⅱ.①温… Ⅲ.①高速公路—基本建设项目—项目管理—文集 Ⅳ.①U412.36-53

中国国家版本馆 CIP 数据核字（2024）第 027389 号

Wenling Lianluo Xian Gaosu Gonglu Jianshe Lunwenji

书　　名：	温岭联络线高速公路建设论文集
著　作　者：	《温岭联络线高速公路建设论文集》编委会
责任编辑：	刘彩云　高鸿剑
责任校对：	赵媛媛
责任印制：	刘高彤
出版发行：	人民交通出版社
地　　址：	（100011）北京市朝阳区安定门外外馆斜街 3 号
网　　址：	http://www.ccpcl.com.cn
销售电话：	（010）85285857
总　经　销：	人民交通出版社发行部
经　　销：	各地新华书店
印　　刷：	北京建宏印刷有限公司
开　　本：	889×1194　1/16
印　　张：	16
插　　页：	3
字　　数：	484 千
版　　次：	2024 年 10 月　第 1 版
印　　次：	2024 年 10 月　第 1 次印刷
书　　号：	ISBN 978-7-114-19322-4
定　　价：	88.00 元

（有印刷、装订质量问题的图书，由本社负责调换）

《温岭联络线高速公路建设论文集》编委会

主　任

　　欧阳韦

副主任

　　吕贵宾　王年近　高　建　王永峰

主　编

　　孙业发　侯文学

副主编

　　张里奇　杨　敏　聂廷武

编　委

　　杨　柳　陈文涛　付　兵　廖名举　肖欠华
　　雷　庭　赵显焦　徐　鑫　倪明铭　汪永宏
　　丁光才　肖　顺　王　磊　陈小锐　闫伟露
　　钟长海　谢彭鑫　侯少梁　杨　帆　刘访永
　　洪　琪　蒙　雨

序

"基础设施布局完善、立体互联"是交通强国建设的九大重点任务之一。作为国家高速公路网的重要组成部分，温岭联络线对于实现甬台温高速公路与沿海高速公路的互联互通，促进浙东区域社会经济发展和温岭"两城两湖"建设具有重要意义。

中电建路桥集团有限公司投资建设的温岭联络线工程是浙江省重点建设项目，工程体量大，软弱土层厚，桥隧比例高，结构种类多，施工工艺复杂，施工组织难度大。广大工程建设者秉持"路虽远行则将至，事虽难做则必成"的理念，克服疫情、高温、台风等带来的诸多困难，通过数字化、装配化、自动化赋能的科技创新和管理创新，严控安全风险，强化履约管理，保障建设进度，提升质量水平，成功塑造了数智高速公路项目品牌，获多项行业、省市级荣誉。

《温岭联络线高速公路建设论文集》是温岭联络线工程建设者围绕工程建设过程中产生的诸多实际问题，开展工程技术和管理技术探索、创新与实践的成果集成，内容涵盖项目投融资与精细化管理、桥隧施工与深厚软基处理、设施监测与风险管控、绿化环保与低碳化、党建引领与员工培养等多个方面，有广度，更有深度；有针对性，更有实用性，对广大交通基础设施建设者、管理者及研究人员具有很好的参考价值和借鉴作用。

潮平两岸阔，风正一帆悬。伟大的事业需要伟大的精神，相信中电建路桥集团有限公司定将以温岭联络线的建成投运为契机，以高度的历史责任感和时代使命感，勇于担当，敢于创新，乘风破浪，再铸辉煌，为国家经济社会发展和交通强国建设贡献力量！

同济大学交通运输工程学院院长

凌建明

2024 年 1 月

目 录

严格投资经营　强化履约管控　着力风险化解　深化数智赋能　以高效履约的核心竞争力助推电建路桥
高质量发展——温岭联络线项目管理总结
　………………………………… 高　建　侯文学　孙业发　聂廷武　倪明铭　赵显焦　杨　帆
　　　　　　　　　　　　　　　徐　鑫　付　兵　肖欠华　洪　琪　廖名举　谢彭鑫　丁光才
　　　　　　　　　　　　　　　方宏广　杨　柳　汪永宏　李正方　雷　庭　刘访永　谭子祎（1）

凝灰岩机制砂在 C50 混凝土中的应用研究 ………… 孙业发　张里奇　潘康福　李成志　丁　融（24）

基于状态转移的温岭联络线项目桥梁技术状况预测方法研究 ………………… 聂廷武　杨　敏（29）

大跨度共线悬臂现浇箱梁施工安全管理研究 ……………………………………… 杨　柳　孙立人（34）

浅谈甬台温高速公路至沿海高速公路温岭联络线项目沥青路面数字化应用 …… 侯文学　陈文涛（38）

海积软土地质共线桥梁跨河承台围堰与箱梁 0 号块支架方案研究
　………………………………………………………… 杨　柳　曾玲辉　孙业发　赵显焦（43）

高速公路大跨径超宽桥梁支架法现浇连续箱梁施工关键技术研究 ……………… 秦　超　侯文学（47）

温岭联络线项目双柱式大挑臂预应力盖梁支架施工技术研究
　………………………………………………………… 聂廷武　侯少梁　任聪聪　蒙　雨（51）

宽多室连续箱梁应力集中分析及抗裂措施研究 …………………………………… 赵显焦　杨　柳（59）

挂篮法悬臂施工关键技术研究 ……………………………………………………… 张弟伟　聂晨瑶（65）

33m 级宽箱多室现浇箱梁 0 号块膺架研制 ………… 钟长海　陈小锐　张国清　袁　豹（69）

温岭联络线金清港水中承台 PLC 钢围堰施工技术
　………………………………………………………… 钟长海　张国清　杨肖清　杜　博　邓长江（80）

SMA13-沥青路面糊面现象成因与对策 …………………… 张里奇　孙业发　倪永春（86）

浅析高速公路沥青路面早期破损及防护 …………………………………………… 祁志光　蒙　雨（91）

5cm SMA-13 桥面铺装碾压组合方式研究 ……… 倪永春　侯文学　张斌琦　朱益兵（95）

高速公路梁上运梁安全性分析及防护措施研究 ……………… 侯少梁　孙业发　张敬灿（101）

深厚软土地质条件下长大桩基施工技术研究 …………………………………… 闫伟露　聂晨瑶（108）

海积平原地区深厚软土地基处理施工关键技术研究 …………………………… 吕尚贵　相旭成（113）

高速公路高边坡稳定性影响因素及监测处置分析 ……… 侯少梁　聂廷武　任聪聪　李鹏飞（118）

多级围岩条件下隧道不同开挖方法对围岩稳定性影响关键技术研究 ………… 王　磊　郭　旺（123）

温岭联络线项目总承包部 1+N 项目群集成管理研究 ………………………………… 付　兵（128）

光储一体化低碳高速建设测算分析 ………………………… 孙业发　陈文涛　李正方（133）

论高速公路工程交工质量检测中出现的典型问题及应对措施 ……………………………… 桑鹏宇（138）

浅析 PPP 项目建设质量管理存在的问题及对策 ………………………………… 雷　庭　李正方（142）

桥梁工程钻孔灌注桩基础质量控制研究 ………………………………………… 徐　鑫　陈　雷（145）

标题	作者	页码
探究钢混叠合梁施工工艺及质量控制	郭旭东 肖欠华	(149)
公路桥梁T梁预制关键施工技术研究	孟庆锋	(155)
30m T梁单梁静载试验检测技术	李启标 杨合瑞	(159)
甬台温高速公路至沿海高速公路温岭联络线项目桥梁总体设计	管羽飞 马碧波	(168)
"网格化"管理在高桥隧比总承包项目管理中的实践应用	付兵 杨敏	(174)
公路工程管理中的问题与改善措施	廖名举	(179)
温岭联络线项目生产进度现状分析及对策	肖欠华 郭旭东	(183)
关于SPV公司建设期项目融资的浅析	洪琪 王鹏 肖菲菲 刘天琪	(187)
浅议项目投资的敏感性分析	刘梦婷	(191)
PPP项目管理方式的建议与思考	汪永宏 蒙雨	(195)
高速公路施工项目工程造价控制管理	谢彭鑫 倪明铭 何民政	(200)
浅谈社会投资人投资建设PPP项目的成本管理	倪明铭 倪路凯 于浩洋	(204)
温岭联络线项目运营期节能降本举措的谋划	李正方 雷庭	(207)
平台公司PPP项目总承包部安全管理工作的思考与对策	丁光才 李金菊	(212)
浅谈高速公路施工安全管理现状及建议	肖顺 潘青建	(216)
浅谈高速公路建设项目PPP模式下安全生产管理措施与思路分析	方宏广 王伟	(219)
温岭联络线项目总承包部设备物资管理研究	林秀熟 付兵 曲洪明	(224)
浅谈精细化管理在公路工程项目管理中的应用	倪路凯 谢彭鑫	(228)
浅谈高速公路建设中的党建引领作用发挥	杨帆 张琪	(232)
党建融入生产经营中心工作的实践与思考	刘访永 谭子祎	(235)
浅谈信息化手段在高速公路建设行政管理中的运用	张琪 刘访永	(238)
浅谈国有企业员工培养的实践	谭子祎 杨帆	(242)

严格投资经营　强化履约管控　着力风险化解　深化数智赋能
以高效履约的核心竞争力助推电建路桥高质量发展
——温岭联络线项目管理总结

高　建　侯文学　孙业发　聂廷武　倪明铭　赵显焦　杨　帆
徐　鑫　付　兵　肖欠华　洪　琪　廖名举　谢彭鑫　丁光才
方宏广　杨　柳　汪永宏　李正方　雷　庭　刘访永　谭子祎

（中电建路桥集团有限公司　北京　100048）

摘　要：为总结先进有效的项目管理思路和举措，提升高速公路工程管理水平，本文结合甬台温高速公路至沿海高速公路温岭联络线 PPP 项目建设情况，分析总结了项目投资经营和总承包管理经验，分别从管理举措及成效、风险化解与处置措施、不足与建议、项目感受等方面，阐述了项目管理过程中各个板块的管理思路与成效，可为其他类似高速公路项目工程管理提供借鉴。

关键词：项目管理；投资控制；履约管控；风险化解；数智高速

1　项目基本情况

1.1　项目简介

温岭联络线项目概算总投资为 128.49 亿元，其中投标建筑安装费用为 63.32 亿元。全线位于浙江台州温岭市，总体走向为自西向东，起点位于温岭市大溪镇，终点位于沿海高速公路温岭北互通南侧 2.0km 处。线路全长 32.871km，主线采用双向六车道设计，路基宽度 33.5m，设计速度 100km/h，主要结构为"三桥一隧少路基"，包含 1 座长 3828m 的桥梁、1 座长 1702m 的隧道、1 座 1602m 的桥梁、1 座 23895m 的桥梁与 98m 的路基。设置一般互通立体交叉 3 处、枢纽互通立体交叉 2 处、服务区 1 处、互通收费站 3 处。主要工程量为：桩基 7420 根（最大桩长 103m），承台 720 个，圆形墩柱 4320 根，门式墩柱 239 个，花瓶墩 707 个，普通盖梁 1525 个，预应力盖梁 392 个，变截面悬臂浇筑连续梁 18 座（主跨 60~75m、桥长 130~165m），支架现浇连续箱梁 41 联，钢混叠合梁 7 处，预制安装 T 梁 14927 片等。合同工期 36 个月。

1.2　项目重难点

该项目的重难点主要有以下 6 个方面：

（1）桥梁结构类型多（包括柱式墩、门式墩、大挑臂花瓶墩，预制 T 梁、钢混叠合梁、悬臂现浇箱梁、支架现浇箱梁），施工工艺复杂，技术难度大，质量要求高，施工组织难度大。

（2）涉铁涉路多，共线距离长，线路与 8 条主干道、其他道路共 9 处交叉，交通疏导复杂，安全隐患大。

（3）桥隧比极高，主线桥隧比高达 99.7%。

（4）沿线居民居住集聚，施工干扰大，安全管理难度大，工期紧。

（5）沿线水系发达，航道河流密布，环境保护与水土保持投入费用高，任务艰巨。

（6）浙江省高速公路行业监管要求高，质量安全管控难度大。

1.3　项目建设模式及目标

1）项目建设模式

本项目是采用 BOT 模式的 PPP 项目，温岭市人民政府授权温岭市交通运输局作为本项目的实施机构。项目合作期限 23 年（其中建设期 3 年，运营期 20 年）。政府与社会资本（中电建路桥联合体）共同出资成立项目公司，资本金为动态总投资的 40%，其中政府出资占比 48%，中电建路桥联合体占比 52%，项目公司负责项目融资、投资、建设、运营和移交工作。

2）项目建设目标

项目建设目标为创建品质工程，省市两级平安工程，争创浙江省优质工程奖"钱江杯"、公路交通优质工程奖"李春奖"。

1.4 "背靠背"一体化项目管理架构

（1）组织机构设置背景

温岭联络线项目属高速公路工程，行业主管部门为浙江省交通运输厅、台州市交通运输局。与市政项目不同，按照公路工程行业主管部门关于建设单位及施工单位组织机构规定，以及浙江省交通运输厅非传统模式项目质量安全管理责任体系不健全不落实专项治理行动方案与合同要求，项目公司及总承包部的组织机构独立设置，且两个机构独立运行。机构设置在满足行业部门要求的同时，还要严格按照中电建路桥集团有限公司（以下简称"电建路桥公司"）要求，并结合项目规模、体量、特点等要素完成。

（2）"背靠背"一体化管理模式运行

项目公司和总承包部两个组织机构对外独立运转，项目公司履行建设单位牵头建设管理首要责任，总承包部统筹各施工分部共同履行施工管理主体责任；项目公司和总承包部对内则聚焦履约目标，由项目公司统筹拉通式统一管理，共同代表电建路桥公司履行对下项目管理职能，项目公司协同总承包部共同做好对下分层级的履约管理。最终形成项目公司与总承包部各司其职但又互相支持、各自相对独立但又互为整体的背靠背一体化管理模式，发挥管理最大合力，形成最强组合拳。

2 项目荣誉及成绩

温岭联络线项目在履约管理过程中，为电建路桥公司连续三年赢得浙江省交通运输厅 AA 信用评级。项目建成后将助力电建路桥公司取得完成 23.9km 特大桥，18 座主跨 60～75m、桥长 130～165m 的变截面悬臂浇筑连续梁，最大桩长 103m 钻孔灌注桩等工程业绩。项目承办了台州市第一届公路水运工程机制砂水泥混凝土配合比设计技能比武大赛，2 次台州市交通建设平安百年品质工程观摩会，将工程打造为台州地区标杆工程项目，共获得行业、省市各项荣誉 34 项，其中安全质量相关荣誉 7 项，信用评价相关荣誉 1 项，立功竞赛相关荣誉 4 项，科研创新相关荣誉 8 项，其他荣誉 14 项。

2.1 安全质量相关荣誉

（1）2021 年 9 月，荣获台州市第一届公路水运工程机制砂水泥混凝土配合比设计技能比武优秀组织奖。

（2）2021 年 12 月，入选台州市交通工程建设事务中心 2021 年度台州市交通在建工程项目"质安文化进工地"示范点。

（3）2022 年 9 月，荣获 2022 年度浙江省优秀质量管理小组成果三等奖。

（4）2023 年 1 月，入选台州市交通运输局 2022 年度台州市交通建设工程"平安工地"示范施工合同段。

（5）2023 年 1 月，入选电建路桥公司 2022 年度安全生产优秀项目部。

（6）2023 年 9 月，荣获 2023 年度台州市交通建设工程"质量月"知识竞赛个人一等奖、团体三等奖。

（7）2023 年 10 月，荣获浙江省优秀 QC（质量管理）成果三等奖。

2.2 信用评价相关荣誉

2022 年 1 月，入选台州市交通运输局 2021 年度"标化工地及美丽班组创建优秀单位"和"信用管理考核优秀施工合同段"。

2.3 立功竞赛相关荣誉

（1）2022年3月，入选台州市交通运输局2021年度交通重点工程立功竞赛市级先进（标杆）项目、荣获"优秀标段""美丽班组"称号。

（2）2022年4月，入选浙江省2020—2021年度"忠实践行'八八战略'、奋力打造'重要窗口'"立功竞赛先进集体。

（3）2022年8月，入选浙江省交通运输工会2020—2021年度"两美"交通重点工程立功竞赛优秀项目。

（4）2023年7月，入选浙江省交通运输工会2021—2022年度"忠实践行'八八战略'、奋力打造'重要窗口'"交通重点工程立功竞赛优秀项目。

2.4 科研创新相关荣誉

（1）2022年7月，荣获中国施工企业管理协会第三届工程建设行业BIM大赛三等奖[①]。

（2）2022年8月，荣获中国图学学会第十一届"龙图杯"全国BIM大赛优秀奖。

（3）2022年9月，荣获第二届"新基建杯"中国智能建造及BIM应用大赛二等奖。

（4）2022年10月，荣获中国公路学会2022年度"交通BIM工程创新奖"二等奖。

（5）2022年11月，作为依托项目取得研究成果——城市道路地下孕灾风险精细探测及定向修复关键技术与应用获得中国公路建设行业协会科技进步特等奖。

（6）2023年9月，作为依托项目取得研究成果——基础设施工程地层缺陷精细探测与灾害防治关键技术获2023年度中国电建科学技术奖一等奖。

（7）2023年12月，作为依托项目取得研究成果——滨海相深厚软土地基桥梁高品质施工关键技术获2022—2023年度中国发明协会发明创业奖项目奖金奖。

（8）2023年12月，荣获第四届"智建杯"智能建造创新大奖赛金奖。

2.5 其他荣誉

（1）2021年1月至今，荣获温岭市政府2次、指挥部1次、商务局1次书面表扬。

（2）2021年7月，入选浙江省交通运输厅公路水运工程2021年度工程智慧建设试点项目。

（3）2021年9月，入选浙江省发展和改革委员会2021年度浙江省扩大有效投资重点建设领导小组第二季度"红旗"项目。

（4）2021年11月，入选浙江省发展和改革委员会2021年度浙江省扩大有效投资重点建设领导小组第三季度"红旗"项目。

（5）2022年7月，入选东南公司党委2021年度先进基层党组织。

（6）2022年9月，入选浙江省2022年度公路工程质量数字验收试点项目。

（7）2022年10月，荣获中国电力建设股份有限公司（以下简称"电建股份公司"）工会委员会2022年度中国电建群众性创新创效活动优秀成果三等奖。

（8）2022年12月，荣获2022年度台州市工人先锋称号。

（9）2023年7月，荣获电建路桥公司党委路桥公司2022—2023年度"先进基层党组织"称号。

（10）2023年7月，入选电建股份公司党委2022—2023年度党员先锋岗。

（11）2023年7月，入选台州市发展和改革委员会2023年度重点建设领导小组第二季度"红旗"项目。

（12）2023年10月，入选浙江省发展和改革委员会2023年度浙江省扩大有效投资重点建设领导小组第二季度"红旗"项目。

（13）2024年2月，入选2023年度台州市交通在建项目"质安文化、廉政文化进工地"示范标杆廉政文化示范工程。

（14）2024年5月，荣获电建路桥东南区域总部团委授予温岭项目团支部"东南区域2023年度五四红旗团支部"荣誉称号。

---

① BIM：建筑信息模型。

3 管理举措及成效

3.1 投资控制管理

温岭联络线项目运作模式为 PPP 模式，项目经营团队依据项目合同和电建路桥公司相关投资管理的要求建立了项目投资收益模型，通过收益模型明晰了项目整体回报机制，明确了项目投资控制思路；针对经营目标强化了投资控制，重点盯控投资变更红线、及时完成工程变更编制报审、稳抓工程审计、做好投资回收布局。结合实际情况，项目经营团队编制了项目概算控制台账，同时结合项目其他费用的实际使用情况，有效掌握了项目投资规模，并根据政府方的管控行为灵活运用收益模型来合理控制变更规模，项目最终未超概算、未超初始动态总投资投标报价。项目投资构成见表1。

项目投资构成表（单位：万元） 表1

序号	类别	概算 a	投标报价 b	预测实际总投资 c	开累结算 d（截至2023年11月底）
1	建筑安装费（含设备及工具、器具购置费）	721721.00	633174.91	631760.83	520054.72
2	土地征用及征迁补偿费	399565.00	219655.00	175000.00	149319.85
3	工程建设其他费	40123.00	36509.43	34524.14	24319.19
4	预备费	58071.00	26680.18	28030.00	13612.66
5	涉铁费	9803.00	9802.98	9302.98	8583.18
6	建设期利息	55641.00	47475.90	22609.42	7009.13
7	总投资	1284924.00	973298.40	901227.37	722898.72

3.1.1 研究收益模型，明确投资控制思路

项目经营团队重点围绕项目招标文件、两评一案和合同文本等相关资料，摸清项目建设体系、成本构造、回报模式，建立项目投资收益模型，梳理经营思路，明确总体经营目标，进而形成了项目"概算总控、建安突破"的总体投资控制原则。

1）明确整体回报机制、建立项目投资收益模型

项目经营团队明确温岭联络线项目回报机制为"使用者付费（通行费收入）+可行性缺口补助"，重点分析回报机制公式中涉及的各类变量、影响因素，如温岭联络线项目缺口补助与运营期绩效考核、实际车流量、协议综合收费标准调整（主要为竣工决算后总投资、物价指数调整的影响）、LPR（贷款市场报价利率）调整、建设期利息调整、税费调整等，由此建立动态模型，将收益图表化、可视化，以便灵活控制和纠偏。

2）多维度推导收益模型合理性

项目经营团队从经营、财务两个层面对收益模型的合理性进行论证，夯实了投资控制计划、经营目标的制定。

一是经营层面。合同经营部门对回报机制公式进行分析，结合浙江省周边类似高速公路车流量框定本项目车流量的大概范围、锁定可行性缺口补助回报机制公式，同时根据调价机制，在回报机制公式的被减数中，调整后协议综合收费标准 TRc 为变量，该值越大，项目收益就相对越大，其中影响 TRc 的唯一非客观、项目经营过程中人为干预的可变因素为竣工决算总投资。

二是财务层面。财务部门结合电建股份公司收益模型，按照现行投资计划安排和贷款利率数据进行测算，结合前期实际投资进度和资金投入、整体债务筹资集中在后期、落地的融资利率变化等影响可知，实际总投资越接近中标初始动态总投资，则社会投资人的投资收益越理想。

3）确定项目投资控制思路

项目公司投资收入主要来源于通行费和政府缺口补助，通行费客观上受限于与地方经济相关的车流

量变化，非人为干预可影响，而政府缺口补助的计算与实际总投资相关，因此项目公司管理过程中应尽可能减少实际投资与中标初始动态总投资偏离幅度，实现项目公司投资收益最大化。

3.1.2 围绕经营目标，强化投资控制

本项目围绕收益模型设定的经营目标，强化投资流程管控，以电建路桥公司投资管理办法为纲领，实行动态管理，定期结合投资收益模型分析投资批复落实情况，重点关注投资变更盯控、工程变更报审、投资确认安排、投资回收布局等工作压实过程的管控，开展关键工作。

1）重点盯控投资变更红线

项目经营团队严格执行电建股份公司境内外投资管理办法，根据政府方投资管控行为辅助项目进行投资管控，盯控须向电建股份公司上报的投资变更申请情形，以变更涉及"三重一大"事项、项目投资额变化幅度超过原批复投资额的10%、项目实际投资收益较预期指标发生较大变化、建设规模发生重大变化等设置投资变更红线。项目经营团队在合同管理、工程变更、财务管理等具体工作中实行动态管理、分解落实、实时监控，杜绝触发红线，同时在未触发投资变更红线的基础上，亦做到向区域公司预报送投资变更报告，做好向上报备工作，以便电建路桥公司、区域公司了解项目投资变更进展。

2）加快工程变更报审，减少对计量结算的影响

项目公司高度重视工程变更的管理，按照项目投资控制思路，将工程变更的把控与投资收益目标有机结合，做到项目工程、经营在内的项目整体管理团队统一思想，工程、经营两手抓；在工程变更的审查过程中，项目公司严格根据控制投资、保证质量、加快施工进度、提高效益的原则确定温岭项目工程变更的必要性和可行性，严格按照电建路桥公司工程变更管理审批制度及时按级审批；在投资总额不超出初始动态总投资报价基础上，积极创造正变更条件，灵活推动变更依据获取，加快变更报批。目前，温岭联络线项目共发生变更63项，已经全部上报，审批流程已基本完成33项，报送率100%，报批完成率52.4%。其中根据现场实际需要，推动并促成了路面SMA-10（沥青玛琋脂碎石混合料）结构层集料改为玄武岩的变更（单项增加金额为2010万），并已获批，目前获批的正变更累计4082万元。

3）力推审计管理思路，明确投资确认安排

为使项目投资确认工作顺利完成，项目公司采用"先结算，后审计"的方式开展工程审计工作，导致审计确认工作存在一定滞后，采取了3项措施重点提高项目工程审计进度，一是联合指挥部，将后续计量结算与审计完成情况挂钩；二是质量部门实时统计每期资料缺失台账，按照由先及后原则逐期补齐资料、逐个销项；三是安排施工单位专人定时定点盯守审计进度、配合编制审计台账。后续计划在此基础上督促施工单位继续做好集中办公、后方增派资料编制人员的安排，为年度审计目标、整体投资确认工作添砖加瓦。

4）做好投资回收布局

温岭联络线项目位于浙江发达区域，区位优势突出、地方财政能力较好，资金回收保障工作主要依托地方财政支出。经分析，温岭市所有PPP项目年度支出责任之和占一般公共财政预算支出的比例未超过10%，预期收益较有保障。项目经营团队重点结合PPP合同可行性缺口补助支付资金来源为温岭市财政一般公共预算的约定，运用实施方案助推，已提前落实了温岭市人民政府将本项目跨年度财政支出责任纳入中期财政规划的批复，同时，项目公司成立了促回购领导小组，利用各种渠道、深入获取化债相关信息，跟进当地财政情况和后续化债政策，提前做好预判和筹划，有计划、有目标地做好投资回收整体布局。

3.1.3 扎实经营管理，掌握投资规模

1）建立合同执行偏差预判机制

温岭联络线项目涉及交叉施工、征地拆迁、服务等各类合同相对较多，完善合同管理制度、洞察过程管理并及时纠偏是管理水平提升的关键、也是项目推进的有力保障。合同履行过程中采取偏差预判管理方式，定期检查合同执行情况，以减少合同管理中后期争议的发生及避免措施建立的滞后性。对合同

的履行情况进行全程跟踪并进行总结，各部门对照合同检查执行情况，对产生的偏差进行分析，及时采取纠正措施，防止发生大的合同偏差。如甲供材料供应限额、供应质量等问题通过实时动态监控、实时配套形成正式文件以保障我方权益不受损失等。

2）实现投资控制与成本管控有机结合

项目公司、总承包部经管部门拉通管理，项目公司根据实际总投资预测情况动态纠偏，明确建设经营思路，做好过程监督，依托自营总承包部过程管理，稳步推进投资收益的正向控制，实现投资控制与成本管控有机结合：一是合理合规进行二次经营；二是在项目前期做好科学分析，结合施工单位成本测算情况，督促施工单位制定行之有效的成本计划，达到控制成本和提高施工利润的目的，项目公司提前介入，帮助施工单位减少亏损，在建设期推进解决如外购地材运距远、以措施费增加涉路施工交通组织费用等问题。

3）依托风险控制创效

风险防范措施是降低履约风险的重要环节，温岭联络线项目立足项目实际，以风险为导向、流程为纽带、控制为手段，梳理风险清单，形成风险处置台账，突出管理重点，紧盯风险苗头，通过风险归类在风险处置台账中明确责任领导、责任部门，归口部门第一时间提示和分阶段记录处置情况，通过专题会、总经理办公会等通报处置情况、集思广益商讨处置方案，有效解决职责重叠、久推无果等多种管理难点，效果显著。

4）确保日常经营工作稳定高效

项目公司根据建设期工作内容及运营期方案策划情况，结合合同招标项规定制订并报送招标计划，及时将招标事宜、招标结果上报及备案，做到过程监督、程序规范；结算工作以PPP合同、施工总承包合同为原则，以计量支付管理办法、安全费计取实施细则等规定为基础，过程中从0号台账、计量台账、审计台账多层次、多维度实现对计量结算的管控。

3.2 经营创效管理

3.2.1 加强过程成本管控

项目团队在项目中标后及时开展标后成本测算及前期策划工作，通过测算确定项目总成本目标及利润点，对利润高、效益好的项目制定切实可行的营收利润挖掘措施，同时对可能出现的亏损点进行深度剖析，在施工前结合项目实际情况，制定合理有效的施工方案与管控减亏方案，从项目施工一线挖掘降低成本的可能方向。

经过项目团队运作，PPP合同工程量清单中部分亏损项目通过变更方式成功实现扭亏，如滨海枢纽交通导改工程、大溪枢纽交通导改工程、外购甲控地材运费、路面SMA-10结构层石灰岩集料变更为玄武岩等。

3.2.2 开展项目二次经营

在温岭联络线项目建设过程中，项目公司结合项目特点合理开展二次经营创收增效：一是以深化总承包部管理权责为基础，要求另行招标引进单位与项目公司、总承包部签订三方协议，结算路径中增加总承包部，实现将营收留在路桥公司的目标；二是将项目路基挖方、弃方和隧道洞渣回收利用，实现施工收益创效；三是谋划将运营期的相关成本费用纳入项目总投资，为后期运营创效奠定基础。

3.2.3 优化结算助力生产

温岭联络线项目建设安装工程合同额为63.33亿元、桥隧结构占比达99.7%、材料比例较大，项目结算易受制于工程计量规则（混凝土龄期等）、已完未结台账清理不及时等情况导致结算进度与形象进度差距较大，由此，解决计量问题、清理已完未结台账是保障项目正常施工、生产进度不受影响的重要基础。

1）对外优化计量规则

项目团队以经营工作为突破点，解决现场施工资金运转问题，积极与监理办、审计单位、项目实施机构等沟通，合理调整计量规则，获项目实施机构认可后，制定土建和房建工程 7d 龄期混凝土计量、机电工程设备进场即按比例部分计量及路面工程单独结算计量的规则，为工程履约、项目维稳和生产进度推进奠定重要基础。

2）对内狠抓已完未结工程

项目团队督促施工单位及时高效办理结算的同时，从总包层面梳理复核已完未结台账，项目公司组织总承包部及各分部工程人员、经营人员定期召开已完未结工程推进会，从每个子目乃至每个桩号逐项对照，"落实到人、责任到天"地追踪资料的完成，双管齐下保障结算及时性，盘活了一线资金、有效解决了生产进度问题。

3.2.4 品牌带动市场开发

温岭联络线项目自开工建设以来就以争创"钱江杯"为目标推进项目实施，在工程质量、施工进度和安全环保等方面创优争先，提升了路桥公司品牌形象。项目公司以此为契机，立足履约项目本身，挖掘周边配套、交叉项目的市场机会，与政府方共同解决建设手续问题，于 2022 年 11 月及 2023 年 1 月份先后以不招标直接发包形式从政府方获取城北匝道项目及甬台温改扩建大溪枢纽段项目，为公司创造 1.7 亿元市场订单。

3.2.5 集约化项目群管理

本项目实际由温岭联络线项目、温岭古城路项目、温岭牧长路项目、城北匝道项目和大溪枢纽改扩建项目 5 个项目组成，合计建设安装工程产值达 71 亿元，5 个项目均依托项目经营团队进行项目管理，极大地降低了项目管理成本。

3.3 履约管理

3.3.1 以标准化建设为准绳

根据电建路桥公司、东南区域总部及浙江省行业主管部门标准化建设要求，项目公司制定了"甬台温高速至沿海高速温岭联络线 PPP 项目质量安全标准化建设指南"和"质量安全标准化建设方案"，从"三集中"场地建设、施工工艺、工点防护等方面积极推动落实标准化要求。

（1）全线高标准建设 6 处"三集中"场站，做到混凝土集中生产、钢筋集中加工、结构集中预制。将混凝土拌合站打造成为台州市第一批环保生态型拌合站。预制厂配备了智能化钢筋加工设备、自行式液压 T 梁模板、自动喷淋装置等设施。

（2）全线全力推行施工工艺标准化，以工艺标准化保证质量安全。墩柱、盖梁及桩基钢筋骨架采用工厂化生产，胎架法定型加工；预应力施工使用智能张拉与压浆方式；桥面调平层应用三维激光摊铺机；隧道施工全面应用"八台套"。从桩基、承台墩身、盖梁、挂篮、满堂支架、桥面系、隧道、路基边坡等工点，到两区三场工点，全力实现工点防护标准化。

（3）全线建设绿色工地，落实安全环保标准化。深入研究并全面推广使用机制砂，全线"百分百机制砂，用于百分百结构物"，助力绿色节能减排目标的实现，机制砂在浙江省全面推广起到了一定的示范作用。本项目还集中在红线内建设临时场站及施工便道，最大限度地节约用地。施工现场对主要道路和裸露地面进行硬化处理，无法及时运走的土方集中堆放并覆盖。全线产生的 110 万方桩基钻孔泥浆，采用固化设备固化处理后再运至政府指定消纳场。

3.3.2 以综合履约考核为抓手

按照电建路桥公司、东南区域总部的项目管理要求，项目公司编制了"总承包部综合履约考核管理办法""总承包部品质工程实施细则""总承包部'两美劳动竞赛'实施方案"等文件。以综合履约考核为抓手，以生产经营会及专项会议为协调部署平台，狠抓现场施工管理，项目施工管理取得了较好效果。项目公司定期组织各业务系统对各分部工程进行综合履约考核，并将考核结果通报分部母体公司，加强了项目公司与工程局的后方联动，促进分部母体公司对项目的关注和支持。

3.3.3 以标准化迎检促履约

温岭联络线项目打造标准化迎检流程，以迎检促履约，展现电建路桥公司在浙品牌。温岭联络线作为温岭市、台州市交通建设项目"一号工程"，同时也是浙江省交通运输厅重点高速公路工程，省市各级政府部门均非常重视。自开工以来，各级政府部门莅临指导频次极高，据不完全统计，频率平均可达到1次/3天（除去所有节假日时间），有时1天内有3个市级（以上）组团到项目检查督查，迎检工作成为常态。项目团队高度重视迎检工作，为确保迎检效果，项目团队提出以下标准化迎检工作思路。

（1）成立迎检工作专班，牵头制定迎检相关流程并部署落实，专班牵头、专人落实，保障迎检效果。工作专班组长为项目公司总经理，副组长为项目公司常务副总经理与总承包部常务副总经理，成员为其他领导及部门主任、各工程局项目经理及相关人员。

（2）打造标准化迎检工点。项目推进过程中，结合项目实际进度，动态优选迎检路线，优选相关工点作为迎检点，同时严格按照浙江省交通工程管理中心工点防护标准图册要求落实相关措施，打造标准化迎检工点。

（3）迎检工点的迎检设施设备配备齐全，展示电建风貌。每个迎检点标准化配置展板（包括五牌一图、工程形象展示图）、迎检展板、迎检相关设施设备（安全帽、音箱、话筒、讲解棒、宣传手册）等工具及设备。

（4）制定标准化迎检手册，让迎检及受检单位及时掌握检查相关工作的情况，确保迎检效果。

（5）制定标准化迎检汇报材料模板，并定时更新。

（6）配备专人做好迎检摄影相关工作，同时要及时在温岭联络线项目公众号等媒体平台发布各级领导检查动态，提升项目影响力。

3.3.4 以劳动竞赛为载体促外业保通目标

项目保通过程中，以立功劳动竞赛为载体，借助"奖先罚后"的策略，狠抓关键节点考核，形成"比学赶超"保通氛围。温岭联络线项目启动了"忠实践行'八八战略'、奋力打造'重要窗口'"交通重点工程和"八比八赛共建精品路、电建铁军决胜通车年"2023年度立功劳动竞赛。立功劳动竞赛奖项分为施工单位奖项和监理单位奖项，以施工单位奖项为主。施工单位奖项设置产值奖、关键节点奖、先进集体和先进个人4类奖项，各类关键节点奖合计161个，奖励金额合计约2000万。竞赛采取了月度考核、最终考核与综合履约考评相结合的方式，奖励坚持"取之于民，用之于民""计划在先，兑现在后""侧重关键线路节点""质量安全罚违规奖先进"等原则。

立功劳动竞赛充分调动了温岭联络线项目各参建单位的积极性和主动性，在全线形成了"比学赶超"良好氛围，打造品质工程，确保2023年底完工目标的顺利实现。

3.3.5 加强竣工资料管理促内业保通目标

温岭联络线项目结构物类型多，工程量大，资料编制任务异常繁重。竣工资料的编制签认能否及时完成同样是项目能否按时通车的关键。因此，为避免影响项目的按时通车，项目团队提出了以下4条竣工资料编制签认的工作思路。

（1）总承包部主导，梳理竣工资料清单，各工序开工前下发质检资料样板，实现资料格式统一，以解决不同区域要求不一、新老手与各作业班组间资料理解不一、监理意见不一等造成的反复修改返工问题，提高了资料编制和签认效率。

（2）加强协调与合作，分阶段做好培训。本项目建立了良好的沟通机制，定期召开会议，及时交流信息掌握资料进展情况，协调解决工作中的疑难点，根据项目阶段和专业工程类别组织竣工资料的培训。

（3）加强监督和检查。本项目成立了竣工资料管理工作组，工作组明确责任分工及节点任务，每月检查资料情况，交工前半年保证每周高频次地到分部检查和督促，牵头梳理问题并采取对应措施，对于有一定编制难度的专业工程，要组织精干力量集中办公、高效推进，并保持与后方工程局紧密对接，调动区域力量协助解决。

（4）把资料编制纳入劳动竞赛，实现奖罚刺激的激励效果。

3.3.6 超前布置交验工作促交工验收保通目标

结合浙江省公路项目交工验收的相关规定和惯例，本项目借鉴常山沿江公路和国道 351 公路项目超前布置并细化温岭项目交工验收工作。由于交工检测、质量评定会议和交工验收大会三个阶段紧密衔接，为避免出现等待时间，本项目采取以下 5 种措施保证验收工作的顺利完成。

（1）项目团队提前组织常山沿江公路项目到温岭联络线项目作交工验收工作培训，熟悉交工验收的工作安排和浙江公路行业的交验惯例。

（2）项目团队制定各参建单位详细交工计划，明确交工检测内容和完成时间，倒推项目尾工施工组织安排。合理安排检测穿插时间，实现交工检测灵活进行。

（3）加强监督和协调。项目团队成立交工验收领导小组，建立有效的监督机制，及时了解交工检测的进展情况并第一时间解决遇到的问题。

（4）项目团队提前半年策划交工验收大会，熟悉交（竣）验收相关系列办法，明确各参建单位工作清单及时间节点。

（5）项目团队在交工前先组织自查自改再报交工检测，预留一定时间整改，动态调整工作进度，确保交工验收顺利完成。

3.4 生产管理

3.4.1 发挥"网格化"管理优势

项目公司及总承包部引导并协助各分部按照网格化管理思路，合理分配各自项目的人力资源，梳理出真正能够与项目实际匹配的生产系统组织体系，即网格化管理"小队作战"模式，并最终形成团队向心力、凝聚力。

3.4.2 紧抓资源投入管控

紧抓人材机管理，使资源投入与项目总进度计划相匹配。项目公司、总承包部先后约谈一、二分部后方母体公司 5 次，约谈房建一标段项目部 1 次，在关键时间加强对关键节点工程的资源投入，确保土建工程能够按照总进度计划按时完成。加强对路面、房建标段、机电标段人材机施工资源投入的硬性管理，采取盯控与节点完成滞后强力纠偏的措施，有效推进房建、机电标段工程进度。

3.4.3 实行领导包保责任制

项目团队以领导包保责任制为抓手，对项目核心骨干实行段落节点包保制，划分责任田，全力解决制约关键节点的卡点、难点问题。打破管理体系界面，全员参与，促进温岭联络线项目土建、路面、房建和机电等工程的有效推进。项目团队成立项目"保通车"包保领导小组，保证全线 18 个重难点部位和关键节点落实到岗、明确到人、具体到事，做到事事有人管。各包保责任人下沉到各分部、重要施工部位，深入一线，坚持靠前指挥，为项目按时通车"保驾护航"。

3.4.4 强推全员盯控保落实

项目管理重心下沉一线，加大现场监督落实执行力。针对部分工点进度滞后问题，工程、安环、质量等部门全体员工实行现场盯控，督导施工进度，强化质量安全。针对节点滞后、交叉施工、资源调配等具体问题，及时现场解决。针对制约全线贯通关键部位，根据实际情况制定值班表，实行"5＋2"机制盯守。盯守人员统一接送，早出晚归，中午不休息。通过落实全员盯控举措，全线路面，新河及新街梁场占压段下部结构及桥面系，大溪枢纽及甬台温高速公路拓宽段、泽国、城北、新河互通区域，房建、机电工程等施工进度等均得到显著提升。

3.4.5 立足倒逼机制促生产

针对土建、房建、机电等工程间的交面时间问题，项目公司和总承包部科学谋划，采取"路面倒逼土建，房建倒逼土建，机电倒逼房建，交工验收倒逼收尾施工"的倒逼时序机制，即以沥青路面施工为主线，落实土建桥梁、路基的交验、交面时间；以房建综合楼、收费站及泵房变电所的基础施工为主线，落实土建梁场占压区等部位的交验、交面时间；以机电设备安装为主线，落实房建、收费站等部位的交验、交面时间；以交工验收为主线，落实土建、房建、机电等收尾工程交验时间。通过倒逼时序机制，有效明确了各个单位抢工的节点目标，精确实现各专业间的自动督促机制和"兵团作战"。

3.4.6 保证计划的刚性执行

项目公司以劳动立功竞赛为载体，通过不定期生产专题会和每月定期召开的立功竞赛考核评比总结会，总结分析关键节点、形象工程的完成情况，下达下一阶段重要考核节点计划，通过实施、检查、考核、纠偏、改进多个环节，保障各级节点目标按计划完成，最终确保总计划的刚性执行。

按照总体进度计划，温岭联络线项目中的马家山隧道要在2022年10月底前贯通，全线预制T梁要在2023月6底前完成，一分部跨江洋河挂篮施工要在2023年9月上旬完成，二分部跨金清港挂篮施工要在2023年11月初完成。通过计划的刚性执行，2022年10月12日，马家山隧道实现双洞贯通，标志着全线的关键性工程建设取得重大突破；2023年6月28日，全线14927片预制T梁全部完成，同时成功铺筑了桥面铺装下面层（SMA-10）沥青试验段，标志着项目全面进入路面施工阶段；2023年9月9日，一分部跨江洋河挂篮顺利合龙，标志着一分部所承建的14.698km路段全线顺利贯通。2023年11月5日，二分部跨金清港挂篮顺利合龙，标志着温岭联络线全线顺利贯通。

3.5 技术管理

1）健全技术保障体系

温岭联络线项目桥隧比极高，结构类型多，施工标准要求高，施工条件复杂，技术管理难度异常突出。项目前期对施工难度估计不足，人员配置不满足履约要求。电建路桥公司在2021年二、三季度陆续加强了技术人员配置，总承包部通过约谈、通报等形式促使分部增加有相关经验的管理人员，健全了技术保障体系，完善了技术管理制度，建立了人才培养激励机制，细化了技术人员分工及工作流程。在网格化管理中，项目公司建立了各级责任部门的沟通协作机制，与分部的界面划分更加清晰。责任部门会定期到各分部指导、梳理技术管理工作，使相关技术工作得到有效提升。

2）充分做好技术准备

强化技术工作对进度、质量、安全、成本的支撑性作用。重视施工进度计划编制及纠偏工作，合理谋划与落实年度、季度、月度进度计划编制工作，明确资源配置及保障措施，为施工提供了纲领性文件。本工程超危大分项工程数量多，技术准备工作量非常大，为确保施工方案编制的合理性，把好项目风险管控第一道关，项目公司组建了方案审核团队，投入大量精力编制施工方案157项，其中危大工程专项58项，组织专家论证超危大工程专项施工方案42项。施工方案编制规范，审批上报及时，多次被电建路桥公司作为范本表扬。项目公司还及时修正了水中承台围堰方案内支撑、箱梁0号块固结、超宽多室箱梁主桁架布置等问题，保证了结构的安全性。对于梁上运梁等设计有特殊要求的工序，通过验算、论证重新确定施工标准，极大优化了施工组织。

3）加强施工过程技术管理

本项目推行"样板引路"制度，实行首件工程认可制，对钻孔灌注桩、素混凝土桩、墩柱、盖梁、预制T梁、现浇梁等构件的首件工程进行验收和总结，并组织专家评审，查漏补缺，优化施工工艺，提高施工方案的适用性。加强技术交底管理，督促分部落实交底流程并存档。组织临建、危大工程方案施工验收。持续加强对基坑施工、高大支模、盘扣式支架搭设、涉水、涉铁、跨既有道路施工、架梁、挂篮、隧道等危大工程专项方案执行情况的检查，确保安全生产。规范测量工作、试验检测工作，为施工提供科学依据。项目公司及时解决施工过程中出现的各类技术问题，必要时沟通相关方完成设计变更。如大溪枢纽原设计的路基填筑后堆载预压变更为泡沫混凝土换填，节省工期6个月；对金清港的38号支架方案形式进行了优化，节省工期3个月；联树河桥与金清港之间的施工方案优化为架梁、桥面系与两侧挂篮同步施工，节省工期4个月；联树河桥与金清港变截面连续梁边跨支架现浇段与合龙段改为合并施工，节省工期半个月。

3.6 质量管理

1）全面提高质量管理标准

温岭联络线项目结构类型多、工程量大、施工点分散，质量管理难度大。同时浙江省高速公路建设标准要求高，参建团队相关经验不足，行业监管部门缺乏信任基础，给质量管理带来很大挑战。项目公司针对项目前期出现的质量问题进行了系统梳理，完善了质量奖罚细则等管理制度，督促分部设置了质量管理部。质量管理与生产管理形成联动，形成全员、全过程、全方位的质量管理氛围。项目公司建立了"总承包部-分部-班组"三级质量管控架构，完成总承包、分部到班组的管理人员质量责任登记，压实责任，强推质量管理网格化。严格落实工序验收"三检制"程序，施工原始记录齐全。对重要部位、关键工序，总承包部组织各个体系负责人联合验收。组织日巡检、月度/季度综合检查和专项检查，对质量问题"零容忍"，对违规行为严处罚。强化突出问题整治，逐步扭转前期被动局面。

2）组织开展各项质量管理活动

项目公司制定质量培训计划，提升项目团队成员的技术能力和专业素质，邀请石家庄铁道大学陈伟教授、北京科技大学吕祥峰教授、宏润建设集团股份有限公司副总工程师肖启文等行业专家组织开展了"平安百年品质工程创建示范宣贯及案例分析""预应力混凝土连续梁桥事故案例及分析""桥梁施工质量通病及防治措施"等培训50余次，形成了良好的学习氛围，提高了管理人员理论水平；组织开展了预制梁、桥面系、大挑臂盖梁、挂篮施工等专项检查及观摩学习，全线推广工艺亮点，提高项目整体质量管理水平；组织开展钢筋机械连接接头加工、钢筋焊接等技能比赛，提高了工人技能水平与质量意识；组织开展关于墩柱拆除等的反面警示教育活动，提高作业班组质量意识。连续两年承办了台州市交通建设平安百年品质工程现场会，台州市交通建设领域的300多名专家和领导进行了观摩和交流，对外展示了品质工程创建成果，塑造了良好的品牌形象。

3）重点提升关键质量指标

本项目重点提升混凝土强度标准差、钢筋保护层厚度、桩基I类桩合格率等影响创优的关键质量指标。通过采取各项质量管理措施，桩基完整性I类桩占比达到98.3%，桥梁墩柱、盖梁、T梁钢筋保护层合格率分别为97.4%、97.2%、97.3%，各等级混凝土强度标准差均降低到2MPa以下。质量管理成果"提高预制T梁交工验收一次合格率"获得浙江省优秀QC成果二等奖，"提高浙东海积平原深厚淤泥地质钻孔灌注桩I类桩占比""33m级宽箱多室现浇零号块膺架研制"获得浙江省优秀QC成果三等奖。

4）全力做好优质工程奖创建

以创建"钱江杯""李春奖"为目标，本项目高标准落实创优工作，完成了"钱江杯""省安全施工标准优良工地"挂牌，并通过了浙江省交通运输厅动态考核。项目公司申请加入浙江省公路学会、浙江省建筑业行业协会、浙江省质量协会，利用协会资源开展了创优培训、QC成果发布等活动；开展浙江省绿色施工示范工程创建，完成过程监督评审，助力优质工程奖创建；完成创优策划方案及实施细则，对照创优条件制定分解目标，明确具体事项及责任人，按节点督促相关单位或人员完成相关工作，定期召开推进会；与浙江省交通运输厅建管处、浙江省公路学会、台州市交通运输局多次对接"钱江杯"创建程序、创建要求。广泛应用四新技术，积极开展科技研发，获得多项科技奖项及大量专利，为创优提供有力支撑。

3.7 安全管理

项目跨路、跨线、桥面高空作业、特种设备使用等施工作业安全风险高，不可预见因素多，灾害事故发生的隐蔽性、复杂性、耦合性突出。开工以来，本项目严格落实项目公司、监理单位、总承包部、分包单位四级安全管控，狠抓安全风险管控和隐患排查治理，充分发挥各层级单位协同管理效能，实施安全生产、精准管理，推进温岭联络线项目实现本质安全。

1）树立"三零目标"

项目团队深入贯彻电建路桥公司、东南区域总部及地方主管部门的管理要求，做足、做实安全管理策划工作，确立了项目安全管理"三零目标"，即"零伤害""零事故""零损失"。实施过程中，按阶段划定目标，按岗位划定责任，明确各级管理人员安全责任，从思想上重视，行动上落实，统一思想，形成合力。

2）搭建安全管理体系，构建安全系统防线

项目公司按照系统安全管理理念，将安全管理体系分为四大块进行建设，并按照安全管理"关口前移"理念对各体系功能作用进行系统设计，即依靠"安全责任体系"把责任落实放在安全风险管控前面，依靠"风险管控体系"把安全风险管控放在安全隐患排查治理前面，依靠"隐患排查治理体系"把安全隐患排查治理放在应急救援前面，最后进行"应急救援"，实现安全管理链条式反应，"四管"齐下，以体系建设来夯实项目安全基础。并通过各项安全管理措施，保证安全管理体系高效运转。

3）突出专项行动开展，深入推进隐患治理

项目在建设期间，共开展了29个专项行动，其中浙江省交通运输厅13个、温岭市交通运输局8个、电建路桥公司8个。通过开展"安全生产专项整治三年行动""坚守工程质量安全红线""利剑行动""平安交通建设年专项整治""安全生产百日整治专项行动""平安护航建党百年"等专项行动，将专项行动和安全管理工作计划进行深度融合，将日常安全管理工作进行落实执行，强化了底线思维和红线意识，有效遏制了质量、安全事故的发生，安全防护标准化水平明显提升，设备设施安全管理水平显著提高，施工人员安全素养也有了明显提升。

4）加强应急体系建设，突出应急能力提升

总承包部根据温岭联络线项目工程特点，在危险源辨识、风险分析的基础上，建立健全生产安全事故应急预案体系，制定了综合应急预案4个、专项应急预案15个、现场处置方案15个，组织应急救援演练8次，积极与项目沿线周边医院、消防单位沟通，建立了应急联动管理体制。全线成立了两个抢险救援队，共计30人，应急设备85台套，均作为台州市交通运输局应急救援抢险队，为地方应急救援贡献电建力量。通过邀请红十字会到项目开展应急救护员培训，全线33人取得应急救护员证书，有力保证了施工现场的应急救护能力。项目建设过程中圆满完成了"烟花""灿都""轩兰诺""杜苏芮"等多个台风防御工作，其中应急管理体系建设为提升抗台风能力、减轻台风损失提供了坚强后盾。

项目建设期间，未发生质量、安全事故，整体质量、安全形势可控。

3.8 科研管理

3.8.1 科技研发创新

1）科技研发成果丰硕

温岭联络线项目桥隧比高，结构类型多，施工条件复杂，有较高技术难度。总承包部充分结合项目实际需求，积极开展科技攻关，依托本工程开展科研课题14项，研究内容涉及高速与市政道路共线水中承台围堰、预制梁智能化生产、超宽多室箱梁施工、凝灰岩机制砂在高等级混凝土中的应用等。已申报专利55项，其中发明专利16项，实用新型专利39项，授权（取证）专利共34项；登记软件著作权6项；发表学术论文4篇；获得中国公路建设行业协会科技进步奖特等奖1项，中国发明协会"发明创业奖项目奖"金奖1项，中国电建科学技术奖一等奖1项；已形成"超宽多室连续箱梁悬臂挂篮施工工法"企业级工法1项。研究成果解决了项目主要重难点问题，为项目推进提供了有效支撑。项目高新科研归集费用达2.1亿，助力电建路桥公司进行高新企业的申报与维护。

2）"四新技术"应用与"三微改"活动成效显著

温岭联络线项目以创建品质工程为目标，通过开展"四新技术"应用与"三微改"活动，有效提升了项目数字化、标准化、装配化水平；推广应用《建筑业10项新技术（2017版）》中9个子项的相关技术，包含预制构件工厂化生产加工技术、钢筋焊接网应用技术、钢与混凝土组合结构应用技术、基于BIM的现场施工管理信息技术、基于互联网的项目多方协同管理技术等新技术；积极应用成套系统的自动化、智能化的大型施工设备，以及成型式、装配式的安全防护设施，如智能钢筋加工设备、自行式液压T梁模板、三维激光摊铺机、隧道施工八台套等，取得了良好的经济效益和社会效益；积极开展"三微改"活动，研究并应用了轴承式锁扣固定定型胎架、数控内圆（加强筋）自动焊机、双刀环切＋液压环顶快速破桩头、钢筋笼不等直径加强筋加工装置、可移动式的保护二保焊焊机的装置等 10 余个设备，有效提升了项目质量、安全管控水平和施工效率。

3.8.2 数智高速公路建设

在数字化转型的时代背景下，温岭联络线项目以建设数字高速、智慧高速为目标，积极研究应用智慧化管控系统，推广应用一系列智能化施工设备和数字化施工技术，实现了工程建设数字化、智慧化管控，有效促进了工程建设品质的提升。

1）开发应用工程管理信息化云平台及物联网管控平台

本项目以工程建设过程管理为主要管理对象，实现各参建单位信息化云平台协同应用，将进度、质量、安全、计量、变更等业务模块数据与 BIM＋GIS（地理信息系统）模型关联，对工程业务进行集中管控，业务模块数据与 IoT（物联网）数据互联互通，通过大数据分析，达到统一平台、统一项目管理标准、信息共享的目的，将线下繁琐的工作转移到线上进行，提高了办公管理效率。

本项目开发应用 IoT 管控平台，对涉及质量和安全生产的数据进行自动采集、全程监控、实时管理，实现工地智慧化管控。通过智慧用电、视频监控、洞口闸机和人员定位，对区域整体状态做快速巡检，把握安全态势、及时响应，使现场可控、可指挥。通过物联设备和系统，对地质预报、力学试验、混凝土拌和、智能张拉、智能压浆等关键参数实时预警，科学高效管理，提升工程质量。物联管理开展特色应用，实现了物联数据和云平台的联通，减少人为失误，保证了信息化数据的准确性。通过路面试验室设备物联管控技术、沥青拌合站智能管控系统、沥青混合料运输管控系统、沥青路面智能摊铺系统、沥青路面智能碾压系统、路面施工工序智能验收技术、路面施工智能防碰撞技术提升安全、进度等的管理水平，助力实现路面工程施工管理目标。

2）BIM 建模及集成应用

温岭联络线项目主线桥隧比高达 99.7%。为提高建模效率和准确率，项目团队基于 Revit 定制开发了桥隧智能建模工具，科学编制 BIM 实施方案，多方讨论确定适合本项目的 BIM 建模标准，创建路桥隧 BIM 参数化族库，利用自主研发的 BIM 智能建模软件快速精准地创建了全线 BIM 模型，提高了建模的精准度，节省建模时间约 1 个月。

通过对施工图纸进行可视化审图，对复杂节点进行深化设计，对预应力钢筋碰撞检查，本项目共发现图纸问题 35 处，预应力钢筋碰撞较为严重的问题 56 处。利用三维模型可视化优势及时发现图纸问题并反馈给设计人员，避免了设计问题延伸到现场，节省材料约 200 万元，避免返工损失约 400 万元。

本项目研究 BIM 沙盘和全景时光机的结合应用，将项目投资、进度、质量、安全等模块串联，达到数据融合、一舱统揽，辅助项目决策，同时为项目竣工验收与后期运维提供数据支撑。

3.8.3 数智高速运营

浙江省交通运输厅印发的《浙江省交通数字化改革行动方案》，明确指出要构建公路设计、施工、运营等"一套模型、一套数据"，实现全生命期数字化。温岭联络线项目积极响应政府政策，努力创建数智高速运营体系。

1）创建智慧服务区

温岭联络线项目对新河服务区进行智慧化建设。新河服务区具备以下功能。

（1）视频监控功能。服务区通过内外场监控设备，及时发现、处置突发事件。

（2）车辆监测功能。服务区通过出入口卡口管控设备与本地服务区管理平台，监测重点车辆及服务区内停车位使用情况；

（3）人流监测系功能。服务区通过综合楼、公共厕所入口区域人流量检测设备，监控拥堵状况。

（4）能耗监控功能。服务区通过采集服务区用水、用电情况，对服务区日/周/月能耗数据实时统计。

（5）公众交流互动功能。通过信息发布系统向公众实时发布相关信息，通过二维码、网站等多种形式引导公众对服务区进行满意度评价。

（6）服务区建成了智慧收费系统，提升收费站出入口的通行效率，减少人员成本及设备维护压力。

2）建设智慧隧道

温岭联络线项目建设了马家山智慧隧道，旨在提高通行效率，提升交通安全，增强智慧管控。智慧隧道具备以下功能。

（1）防止事态扩大功能。隧道在入口和隧道内增加车辆的信息发布和管控手段，发生火灾时能够及时提醒并拦阻车辆进入隧道。

（2）方便人员疏散功能。发生火灾或重大事故后，隧道智能疏散系统通过与隧道火灾报警系统的联动，对疏散指示标志进行智能控制，为逃生人员指引最合理的疏散方向。

（3）提高通行效率。发生拥堵时，隧道可以及时有效地把疏导信息播送给司乘人员，减少隧道内超速或缓速行车现象。

（4）紧急停车带预警功能。马家山智慧隧道能够及时发现隧道紧急停车带内的车辆，能有效地建立起与故障车辆的联系，并对进出紧急停车带车辆后方车辆做出预警。

（5）隧道风机自动控制功能。风控制系统实时监测隧道内 CO（一氧化碳）、NO（一氧化氮）等参数，自动启停相应区域的风机。

3.9 财务管理

温岭联络线项目财务工作聚焦"风险防控、价值创造"，积极贯彻落实"提质增效""亏损治理"等专项行动，财务团队精细化开展财务管理活动，实现降本增效，预计建设期可产生利息费用 1.16 亿元，较投标概算价 4.75 亿元节省 3.59 亿元，较立项测算价 3.91 亿元结余 2.75 亿元；预计项目运营期累计发生财务费用 27.41 亿元，较立项测算 34.16 亿元节省 6.75 亿元。

3.9.1 融资到位及时

（1）确保项目融资到位时间与建设进度相匹配。项目权益融资工作主要是在公司章程有关规定下开展，项目公司积极研判项目建设进度与资金需求，及时提请各股东同比例、同期注入资本金，合理匹配股东出资义务与工程建设进度资金需求关系。在债务性融资方面，财务团队主要以长短结合的形式，根据项目的资金需要和特定时期上级单位的管控安排、科学筹措，以保证资金链安全为底线，全方位保障项目工程建设资金需求。

（2）充分发挥电建路桥公司融资优势。项目公司前后共对接 16 家金融机构，累计取得银行授信 166 亿元；同时与中企云链、电建保理、建设银行等供应链融资单位深入对接，开拓中企云链—邮储端口、中企云链—农业银行、中企云链—中国银行和电建保理、建设银行 e 信等供应链渠道，累计获得授信 15 亿元。授信和授信种类充足，可满足项目建设的各种业务需要。

（3）秉承全周期资金管理理念，本项目在不同建设阶段，搭配相应的融资方式。项目建设前期，以项目前期贷款和供应链融资为主；项目建设期中后期，以项目贷款和供应链融资为主；进入运营期后，项目通过引入流动贷款加强资金保障。多种融资方式与项目资金安排相结合，满足整个项目所有上、下游企业各个时期的资金需要。

3.9.2 资金周转快速

温岭联络线项目体量大、工期压力大，工程建设过程中的资金周转会直接影响建设进度，因此资金保障工作尤受重视。项目前期选定的合作银行都是大型国有银行，每月贷款额度和放款安排有保障；过程中与贷款合作行和供应链金融机构建立良好"银企关系"，临时、急需的用款需求都能在 2～3 个工作日内得到满足；与此同时，针对结算入账及支付审批环节，项目公司、总承包部、项目部建立高效办理机制，各层级专人紧盯审签流程，缩短审签时间，为资金周转赢得宝贵时间。回顾整个项目建设过程，工程项目建设资金都保证了第一时间投放，用于项目一线。

3.9.3 税务筹划积极

税务筹划工作是以风险防控为主，同时维护纳税信用级别，建立并维系良好"税企关系"。项目进场后积极开展工作部署，尽力及早取得留抵退税。温岭联络线项目在建设期提前取得留抵退税 4.01 亿元，通过利息结余和留抵退税，直接将原贷款资金需求降低了约 8 亿元，仅贷款额度的降低就直接减少了运营期财务费用 3.29 亿元（按目前贷款合同执行利率 3.43% 测算）。减少了项目贷款资金需求，优化了项目财务结构，降低了项目的融资成本。

3.10 运营筹备管理

3.10.1 系统筹划运营各环节，实现开通即运营

对于温岭联络线项目，项目公司高度重视运营筹备工作，于 2022 年 8 月启动了运营筹备工作，成立了运营筹备工作组。根据运营模式的调整，不断优化运营方案，根据运营筹备倒排工作计划，有序推进各项运营筹备工作。运营方案于 2023 年 9 月获得电建路桥公司批复，明确采用"自主运营管理＋市场化专业分包"模式，部分经营性业务采用租赁经营或合作开发模式。按照批复精神，项目公司及时启动委托运营、工程养护、清障救援、服务区及加油站、保险等招标工作，引进了各专业分包单位，提前做好各项运营准备。积极对接地方政府及应急、商务、交通、发改、税务、路网中心等部门，完成了收费权和加油站的相关手续办理，并完成了相关开户、票据申领、机电安装调试等工作，为运营工作打下良好基础。根据运营实际需要，项目公司制定了后勤配置方案，妥善解决了运营筹备的相关费用问题，及时完成了相关物资采购、后勤保障等工作，实现了建设与运营无缝衔接和过渡。

3.10.2 全寿命周期理念贯穿始终，运营眼光看建设

项目公司倡导"通过运营眼光看建设"思路。针对高速公路运营能耗高、碳排量大等问题，项目公司在建设期就开始谋划降低运营电费举措，建设光伏发电充电桩系统，创造经济效益，提升品牌影响力。一方面，落实"双碳"行动，是以习近平同志为核心的党中央统筹国内国际两个大局作出的重大战略决策，是着力解决资源环境约束突出问题、实现中华民族永续发展的必然选择，是构建人类命运共同体的庄严承诺；另一方面，高速公路服务区是高速公路对外展示的窗口，建设光伏发电充电桩系统不仅有助于企业宣传，还能降低运营成本，提升项目竞争力。光伏发电充电桩系统是温岭联络线项目运营期降低运营电费、提升运营效益的重要举措，更是"通过运营眼光看建设"思路的一次完美诠释。

根据运营工作需要，运营部门提前介入工程建设、机电安装调试、房建等，从运营角度看建设，从运营角度促建设，大胆提出意见和建议，包括各收费站秤台位置的安排，收费站进出口的调整，养护、路巡、清障办公用房的整合，管理中心和收费站办公室、宿舍的布局，厨房和卫浴的改装，水电表的加装等。建设阶段的不断优化和改进，为后期顺利运营奠定了良好基础。

3.11 信用评价 AA 等级保证举措

1）深研信用评价管理细则，指导项目履约管理

项目公司定期学习和宣贯浙江省公路水运建设工程从业主体信用评价管理细则，将管理细则内容融入到项目管理制度及管理行为中，指导项目履约管理，避免触发失信行为和负面清单。坚决落实立功竞赛活动，修炼内功，不断总结，提升内生动能，争创省市优秀项目，树立在浙品牌，争创守信企业，为信用评价创 AA 等级打下良好基础。

2）建立信用评价考核管理制度，建立健全组织管理机构

项目公司成立信用评价领导小组，按照信用评价管理细则加强对工程局的日常履约管理和定期考核，以解决问题和提升履约管理水平为导向，将问题消灭在萌芽状态，强化各单位履约管理意识，保障信用评价创 AA 等级。

3）专人负责，定期维护，沟通到位

项目公司安排专人负责信用评价考核具体工作，包括系统定期考核及定期维护，同时熟悉信用评价的各级扣分、加分、审批等流程，了解行业主管部门中需要重点考核的科室及部门，第一时间掌握失信行为信息，为及时沟通做好相关基础工作，尽量避免发生扣分行为。尤其重视与省、市交通行业主管单位和省、市行业监督单位的沟通联系，确保最终信用评价结果可控。

4）加强对施工单位履约本质管理，谁的行为谁负责

项目建设过程中，如因工程局及其他分包单位的履约不及时导致项目信用评价扣分，项目公司第一时间与行业部门沟通，争取将扣分行为的主体落到分包单位上，避免对电建路桥公司信用评价造成影响。

5）主动汇报，落实要求，争创亮点

项目公司加强与行业部门互动，定期汇报项目进展工作，严格落实行业部门相关要求，重视行业部门年度综合考核，同时积极承办省、市品质工程创建现场会等相关活动，为项目增加亮点，为考核赢得加分项。

电建路桥公司已连续4年（2020—2023年）获得浙江省公路水运建设工程从业主体信用评价AA等级，其中温岭联络线项目助力了3年。

3.12 党建引领点燃生产红色引擎

1）加强政治学习，深化党建引领

项目公司党支部坚持以习近平新时代中国特色社会主义思想为指导，深入学习贯彻党的二十大精神、习近平总书记重要讲话和重要指示批示精神，以党建为引领，不断强化党建与生产经营的深度融合、互促共进，把党建工作成效转化为项目的发展活力和竞争实力，助推温岭联络线项目生产经营指标的顺利完成和各项工作举措的落实落地。

2）完善组织建设，强化责任落实

项目公司党支部不断完善党的组织建设，积极推进"双引双建"和"六色工地"建设，完成了"三支队伍"的创建，围绕项目建设中心目标和各项重点工作，强化干部的担当作为，积极发挥"三支队伍"力量和党员的先锋模范作用，坚持"党旗在生产一线飘扬"，严格推进各项管理制度和规定落实落地，瞄准项目生产经营指标，建强战斗堡垒，夯实工作基础，唱响完成生产经营指标的政治强音。

3）聚焦廉政建设，强化纪检监督

项目公司党支部持续纵深推进全面从严治党，涵养风清气正的政治生态，深入推进廉洁风险联防联控工作，认真开展警示教育、廉洁提醒、廉洁谈话，构建以党风廉政建设巩固生产经营管理实效的廉洁高效模式。

4）激发群团活力，提升宣传力度

项目公司党支部全力支持工会分会及团支部工作，深入开展"立功劳动竞赛""我为群众办实事""抗疫志愿服务""爱心帮扶及扶贫""导师带徒"等活动，不断提升职工获得感、幸福感，增强职工企业向心力、凝聚力，助力青年职工成长成才，团结带领职工群众投身项目生产经营，助推企业高质量发展。项目公司以微信公众号为依托加大宣传力度，在电建路桥公司门户网站、浙江卫视、浙江交通旅游导报等发布多篇新闻稿件，大力宣传了温岭联络线项目，树立了电建路桥公司在浙的品牌形象。

3.13 人才培养和队伍建设

加强人才培养和队伍建设是推动企业高质量发展的重要方面，温岭联络线项目注重员工能力培养，着力打造了一支视野开阔、知识面广、专业能力强的高素质人才队伍。项目公司持续规范内部管理体系，强化运行机制，不断加强干部队伍建设，始终坚持让合适的人在合适的岗位，让想干事、能干事的人有事干、干成事，给广大干部职工提供立足岗位建功立业的平台。自2020年温岭联络线项目开工以来，项目公司共计引进新员工28人；累计提拔公司中层9人，公司领导班子3人；晋升区域中层3人，区域领导班子1人；调岗调档员工5人；借调管理人员转为自有管理人员1人；另为工程局培养14人（期间提拔4人）。在满足项目生产建设需要的基础上，有力地支持了电建路桥公司的建设和发展。

此外，在项目建设过程中，各个板块的管理骨干为解决实际问题，在技术与管理上进行了大量的改进、创新与探索，秉持着"完成一个项目，积累一套经验，培养一批人才"的理念，在项目通车前半年，组织各管理骨干及时撰写论文，总结项目管理经验，形成管理总结，同时计划出版温岭联络线项目论文集，为年轻员工的职称提升提供强有力的支持。管理总结及论文还可以供其他类似项目借鉴，为其他项目提供有益的参考。

3.14 铸就平台公司与工程局合作典范

在温岭联络线项目管理过程中，管理团队展现出了坚定的信念和高效的管理手段，明确各个环节的管理重点，确保了项目的稳定推进，充分体现了"应管、能管、敢管"的精神。管理团队总体按照项目公司管理思路和要求推进工程进度，同时站在工程局角度思考施工管理过程中的质量、安全、成本及进度等问题，对工程局采取监督和服务并重的工作举措。

（1）管理团队采取严格的对下管控措施，进行全方位的监督和检查，确保工程局在施工过程中严格遵守相关法规和标准，质量安全和工程进度受控，共同打造好电建路桥公司金字招牌。

（2）管理团队及时发现和解决问题，加强与工程局的沟通和协调，建立有效的反馈机制，对发现的问题督促整改并进行跟踪。

（3）管理团队积极为工程局提供全方位的支持和帮助，包括技术咨询、资源调配、人才培养等，加强对工程局的管理和指导，帮助其提升管理水平和效率，促进其稳健发展。

项目管理过程中，管理团队采用利益命运共同体思路，将严格管理与热情服务有机结合，与工程局互相支持、互相信任，共同面对挑战，开工至今从未出现管理失控的情况，也没有发生过任何内部争吵或互相诋毁的行为。这种成功的相处之道不仅为项目的顺利进行提供了有力保障，同时也为其他项目的团队合作树立了典范。

4 风险化解与处置措施

4.1 工期风险处置

温岭联络线项目涉铁涉路多，共线距离长，穿越乡镇多，穿越河流多，工程体量大，合同工期短，又逢全球疫情蔓延，每年多轮台风登陆，同时受征拆、甲供地材、渣土消纳等因素影响，面临着工期将滞后至少 10 个月的严重风险。

面对该风险，项目公司及总承包部一方面组织参建各方对全线工程量进行梳理，结合项目重难点倒排施工计划，重新确定节点，增加资源配置。通过调整施工组织，突击现浇梁段，优化架梁顺序，安排相应桥梁下部构造施工并调整梁片预制顺序，确保桥梁施工连续性，避免施工断点过多。通过对台座周转率、人日均生产力、模板周转率等关键指标分析，补齐短板，合理增加资源，提高梁片预制效率，确保计划执行到位。另一方面，项目公司及总承包部重视项目结算管理，每月将结算及时性作为合同经营板块督办事项，实现了及时结算。项目公司及总承包部灵活周转资金，根据项目资金情况，充分用好项目预付款，优先保证生产资金及时足额下拨。同时以劳动竞赛为载体，奖先罚后，用好用足奖金的刺激效应，持续推动项目各层级解决问题的能力，形成"一荣俱荣"的管理氛围，坚持领导分片包保监督，做到事事有人管，实行技术人员全员下沉一线盯控，用好专业时序间的倒逼机制，最终实现年底交工的工期目标，塑造了中电建路桥良好品牌形象。

4.2 合同转分包风险处置

为了防范和化解可能存在的违法转分包与失信风险，项目公司及总承包部加强了与各级行业监管部门的沟通对接，并组织完成了合同合规性的整改。对于不在不得分包之列的专业工程，总承包部与分包单位签订专业分包协议，委托分包单位以总包名义签订主材采购合同、劳务合作合同及设备租赁合同，并对其进行结算支付，相应结算款从总承包部对分包单位工程结算款中进行扣除，最终达到"三流合一"

及合法合规分包的目的。

4.3 环水保风险处置

温岭联络线项目工程体量大，施工环境复杂，需要临时占用大量土地和既有河道，同时施工产生的巨量泥渣等易对周边环境产生污染。而经济发达的浙江省东部地区，环境保护和水土保持要求都极为严格，施工期间以上问题若处置不当则极易造成环水保事故，给电建路桥公司带来行政处罚的风险，影响公司可持续发展。

温岭联络线项目在施工期间严格执行《中华人民共和国环境保护法》《中华人民共和国水土保持法》及各项有关规定和措施，严格按照环境保护"预防为主、防治结合、综合治理"的原则，采取了以下措施，确保环水保风险可控。

一是手续依法合规，节约土地资源。项目公司引入第三方专业环评机构给出生态环境保护及水土保持环评方案，全过程指导项目环水保相关工作措施落实。二是加强作业人员宣传和教育，提高全员环境保护、水土保持的意识。项目公司加大环境保护费用的投入，有针对性地做好防治污染或生态破坏的应急处置措施，配备充足的应急物资。三是科技创新加持，创建绿色工程。项目公司邀请环水保第三方咨询机构制订"混凝土拌合站环保整治提升方案"，通过整治提升，确保临建场地内雨、污水排放达标。四是尽量减少项目建设对河流行洪造成影响。依据"占补平衡"原则，项目公司优先组织加快涉河施工，组织好河道拓宽疏通、边坡河底铺砌、河岸挡墙等工作，确保同步建成，同步验收。

施工期间，项目团队受到当地环保部门表彰，项目入选温岭市重点工程自拌站首批"环保示范"工程项目。

4.4 信访维稳风险处置

温岭联络线项目信访维稳工作形势复杂，问题主要集中在施工引起的房屋受损、渣土泥浆污染道路及田地、噪声污染等，这些问题若解决不好，电建路桥公司将面临浙江省建筑施工企业信用评价系统不良信息扣分及行业监管部门行政处罚的风险。

项目公司及总承包部作为电建路桥公司下属单位，坚守社会责任，展现央企担当，始终贯彻群众路线。一是坚持不回避矛盾、不回避问题，联合指挥部，会同乡镇街道分管领导，进村入户进行政策宣讲，及时了解沿线民众合理诉求并及时处置，化解信访风险。二是建立温岭联络线项目信访工作微信群，发现信访苗头第一时间发给各位工作组成员，一线人员立即跟相关当事人联系，了解问题症状所在并进行处理。三是落实施工现场负责人约谈常态化、暗访常态化，了解实际情况，发现问题及时处理。四是在项目全线启动保护性施工，充分运用当地公安、执法和乡镇街道力量，为维护项目大局和谐稳定保驾护航，为项目顺利推进提供保障。

4.5 违法用地风险处置

温岭市自然资源和规划局每季度会通过遥感技术精确核查已审批用地情况，发现温岭联络线项目部分便道，大、小临设施存在违法用地现象，占用永久基本农田46.06亩，项目因此面临停工整改和较大数额罚款风险。为此，项目公司及总承包部加强对内、对外沟通，多举措化解违法用地风险。

（1）加强临时用地管理，采取强力措施对已违法用地进行整改。项目公司、总承包部积极与温岭市自然资源和规划局、乡（镇）国土资源管理所沟通，获取国土三调数据，确定临时用地中的合法用地，同时要求各分部对违法占用土地限期内完成整改。

（2）分层级对接温岭市自然资源和规划局，争取合理整改时间。项目公司、总承包部会同指挥部积极与温岭市自然资源和规划局密切沟通，争取了合理整改时间，圆满化解了行政处罚风险。

（3）加强各分部施工组织管理，在已审批用地时间内完成施工任务。项目公司及总承包部加强对各分部施工资源的调度、组织，按时完成敏感土地使用范围内的各项工程，及时拆除大、小临设施并恢复土地原样。

（4）建立临时用地管理机制。本项目建立指挥部—项目公司—总承包部—分部的项目内部临时用地管理机制，通过四级管理机制实现信息共享、合作分工。

在统一内部意见后与外部的乡（镇）、县、市、省各级自然资源和规划部门实现有效沟通，有效规避、化解违法用地风险。以项目泽国2号梁场为例，对于该项目违法用地，政府部门要求整改时间为3个月（2023年3—6月），项目公司、总承包部和指挥部通过与温岭市政府及温岭市自然资源和规划局积极联系、沟通，并邀请相关领导到现场进行指导，解释了T梁预制的施工工艺、工序，通车的进度计划及后续的恢复安排，成功争取到温岭市自然资源和规划局的支持，顺利将整改时间延长至2023年8月。其他个别项目需整改土地面积太大时，总承包部通过指挥部与温岭市自然资源和规划局提前沟通整改方案，即先启动小范围土地整改缓解整改压力（不影响生产的前提下），而后在工程施工过程中逐步完成整改，也成功延长了3个月的整改时间。

4.6　施工图出图滞后处置

对温岭联络线项目交安、绿化、机电、房建等专业工程，PPP合同仅以暂估价或暂估清单形式提供了方案，正式施工图及预算都未给出，可能对后期相关专业工程的招标工作及施工产生严重影响。

为保证后续施工正常开展，项目公司于2022年3月开始组织各参建单位对相关专业工程的初步设计方案进行多次分析、比选、论证，形成统一意见后发函至设计院，并明确出图节点。相关专业工程施工图及预算送审稿按节点要求给出后，及时组织各参建单位进行内审，同时结合咨询公司的初审报告在省交通运输厅组织施工图审查工作。然后依据专家组审查意见，督促设计院按节点要求进行修改完善。项目公司及时将相关专业设计"施工图预算审查表"报浙江省交通工程管理中心造价科进行审查，得到批复后再将相关专业工程施工图及"施工图预算审查表"报浙江省交通运输厅，获得"准予行政许可决定书"，最终于2022年12月中旬完成相关专业工程施工图设计的所有报批工作，为此后的招标工作及施工提供了条件。

4.7　履约人员备案风险处置

经温岭市政府招标确认，温岭联络线项目由电建路桥公司、水电四局、水电五局联合体中标，电建路桥公司作为联合体牵头人成立总承包部并负责交通工程施工，按行业规定，项目经理、总工等履约人员均须由电建路桥公司自有人员担任，否则将触发罚款及行政处罚风险。

由于电建路桥公司、水电四局、水电五局同为中国电力建设集团有限公司二级公司，考虑项目实际情况和温岭联络线项目联合体中标情况，由温岭联络线项目与行业主管部门进行沟通，最终由电建路桥公司和水电四局、水电五局人员共同担任本项目履约人员，化解了合同履约人员不能全部到位的履约风险。

5　不足与建议

5.1　甲供地材供需矛盾

根据合同清单可知，温岭联络线项目所需地材约有560万t，PPP合同约定为固定来源，供料点位于温岭市大溪镇塘岭矿，由市政府招标确定的温岭市资源综合利用有限公司供应。地材供应的供需矛盾对施工生产各个阶段产生了不同程度的影响，严重制约了项目的正常推进。

一是在项目前期，塘岭矿投产与项目施工生产严重不同步。施工现场投入了大量劳力、设备，混凝土搅拌合楼也已具备投产、生产条件，但因塘岭矿投产启动过晚，造成项目开工第一年浪费了大量时间，大幅增加了后期施工组织难度。

二是塘岭矿生产线的设置及机械配置不能满足本项目施工需求。经测算，塘岭矿既有设备满负荷运转产能约10万t/月，而施工高峰期砂石集料需求量达到30万t/月，塘岭矿产能与现场实际需求严重不匹配，通过项目公司自行组织部分地材外购后供需形势才有所缓解。

三是塘岭矿生产的地材部分技术指标不满足相关要求。尤其在开矿生产前期，粗细集料压碎值不合格、含泥量超标、亚甲蓝值不合格等质量问题突出。在塘岭矿加强了母材选料管理，增加了除泥设施、整形设备后，地材质量才逐步好转。另外，塘岭矿堆料场地狭小，导致地材含水率非常大，该问题未能有效解决，造成项目成本增加。

四是协调难度较大。因地材为固定来源，在生产、供应、使用、管理中涉及单位多，因供需双方立场不一，虽上报了温岭市政府相关部门进行协调，但关于产能、质量问题仍较长时间不能达成统一意见，严重影响项目现场施工生产。

建议后续项目提前预判甲供材料风险，项目前期进行深度调研后，与甲方确定较为稳妥的合作模式，或在合同谈判阶段增加甲供材料供应违约的相关条款，掌控材料供应能力与质量，为施工生产提供保障。

5.2 沥青采购履约问题

温岭联络线项目沥青采购中标单位签订合同后即出现履约问题，过程管理中虽多次沟通及采取处罚措施，但均未能有效解决相关履约问题，严重影响了项目生产进度。最终，沥青供应问题虽然在区域总部和电建路桥公司本部的大力支持下得以解决，但给项目管理带来了深刻教训。

一是制订招标文件时，不能一味追求减少工程成本而降低投标门槛，须按采购需求谨慎设置投标人资格条款，如本项目在设置资格条件时，应要求投标人除具有进口沥青代理销售资格外同时具备改性沥青加工能力。

二是制订合同文件时，各项条款约定应详尽务实，特别是违约责任判定条件和处罚条款应更加缜密。

三是采购环节管理时，须要求供应商出具其指定的联络人书面授权委托书，明确联络人职责范围；着重注意双方公文往来，物资需用计划应书面发文至供应商处，并确认供应商已收文；做好物资验收相关工作，对过程中的文件做好收集与整理；按合同约定时间与供应商完成采购核算，并及时完成付款，避免发生主动违约情况；当供应商出现违约苗头时，一定要具有"杀鸡用牛刀"的思维，立即进行处理。

5.3 渣土消纳困难

温岭联络线及市政道路项目渣土总量预计为 166 万 m^3，因政府方指定的渣土消纳场消纳能力有限（每天约能消纳 700m^3），大量的钻渣堆积在现场，占压桩基施工作业面，增加下构基坑开挖施工难度，且存在因偏心堆载导致附近桩基顶部偏位隐患及水土流失、污染环境隐患，也严重影响现场的标准化文明施工形象。为此，项目公司、总承包部想方设法打通各种渣土消纳渠道。

一是要求各分部安装 16 套泥浆固化设备，对全线钻渣、泥浆进行压滤处理后运至消纳场，提升了文明施工形象。

二是多渠道寻找渣土消纳场地，打通各处渣土消纳通道。2021 年全线桩基施工遍地开花，为了快速推进工序转换，项目公司、总承包部牵头，联合指挥部、分部寻找各种合法合规的渣土消纳场地，最终实现每天新增钻渣与当天消纳量基本持平的局面，解决了新增渣土占压工作面的问题。

虽采取相关措施解决了现场渣土消纳、堆积引起的部分问题，但是巨额的渣土消纳费用给项目带来了极大负担。初步估计，各分部仅用在渣土消纳上的费用就超过 1 亿元，该部分费用的产生导致大量工序进入下部结构施工后出现资金紧张问题，转换缓慢，给整个项目工期带来了不利影响。

5.4 项目策划深度不足

（1）在确定与项目需求匹配的管理团队时，项目策划未能充分结合项目特点，导致前期不少管理工作异常被动，对此后方公司在 2021 年度陆续进行了调整。

（2）项目合作模式规划不合理，合规性存在问题，开工后付出了大量精力进行合同整改。

（3）项目总体进度计划研究不够深入，主要节点与施工资源配置不够合理，履约过程中进行了大幅调整。

（4）规划的三集中场地等临建设施规模偏小，人为增加了项目履约风险，后期通过外租场地等措施逐步扭转局面。

因此，公司应重视并加强重大项目的前期策划，充分预判项目风险，合理确定组织模式与资源投入，为项目顺利推进奠定基础。

5.5 分标规划不合理，关键线路施工组织不畅

项目对工程局的分标规划不合理，导致水电四局、水电五局及不同施工班组存在交叉作业，相互影响，协调配合难度大。

本项目预制 T 梁达到 14927 片，部分梁场存在建设滞后、存梁能力不足等问题，对后续专业施工产生影响。部分跨河、跨路等连续梁挂篮施工启动较慢，影响架梁。受下部结构及跨河、跨路等连续梁等断点影响，T 梁积压梁场，梁场产能下降，一定程度上影响了工期。项目虽然采取了增加台座、多处存梁、吊车架梁等措施，解决了以上相关问题，但也增加了施工成本。

5.6 房建、机电等专业工程启动滞后

房建、机电设计图纸出图滞后，导致房建、机电工程招标启动相应滞后，使得房建、机电施工单位进场时间比原计划滞后两个月。因土建分部梁场占压房建部位，且移交缓慢，给房建的施工造成了较大压力。房建施工滞后，造成移交机电的时间相应推迟，增加了项目保通车压力。因此，在今后遇到类似项目时，房建、机电等专业工程应尽早启动，给房建、机电留足施工时间，确保房建、机电工程不影响项目的交工验收。

5.7 贷款到位滞后

温岭联络线项目融资方面存在不足，主要是项目贷款落地时间滞后。温岭联络线项目公司成立于 2020 年 9 月 23 日，银团贷款合同直到 2022 年 2 月份才签署。因项目体量大，项目贷款银行的选定和融资方案的确定直接由股份公司以公开比选方式决定，期初选定由中国工商银行杭州朝晖支行为牵头行的 6 家银行和电建财务公司共 7 家单位以标准银团模式实施温岭联络线项目贷款。贷款成员银行较多，增加了大量的沟通成本，中间出现电建财务公司单方面宣布退出的变故，拉长了贷款合同审批时间，给项目前期的资金需求造成了一定压力。为此，温岭联络线项目开展股东拆借资金、供应链融资和项目前期贷款等多种融资方式，充分结合项目实际建设情况，合理安排公司章程中约定的注册资本金的使用时间，圆满保障项目前期资金需求，没有出现资金链断裂、逾期兑付等资金风险。

6 项目感受

（1）事虽难，做则必成，事在人为。温岭联络线项目的难点错综复杂、交织成网、千头万绪，项目能否顺利实施，对项目管理团队提出了很大挑战。

该项目桥梁结构类型多，施工工艺复杂，技术难度大，质量要求高，高峰时期作业人员超 5000 人，施工组织难度大；涉铁涉路多，共线距离长，交通疏导复杂，安全隐患大；沿线居民居住集聚，施工干扰多，管理难度大；沿线水系发达，航道河流密布，环水保投入费用高，任务艰巨；浙江省高速公路行业监管要求高，易受到行政处罚，给质量管理带来很大挑战；99.7%的桥隧比导致全线均为高空作业，安全管理压力异常严峻；施工过程中对外协调工作多，如省、市、县十余部门及百姓的相关沟通协调工作；政府、行业各级部门关注度高、检查多，抓履约的同时还要抓好迎检效果；同时，由于新冠疫情影响持续两年多，甲供地材供应不足贯穿项目始终，每年台风季多轮超强台风肆虐，导致项目进度一度严重滞后。

但项目管理团队始终保持坚定的信心，不断摸索、吸取教训、总结经验，采取合适的方式与方法，严格对上对下高效履约、凝心聚力，全力以赴做好每一件事情。经过攻坚克难，温岭联络线高速公路于 2024 年 2 月 2 日按时通车运营。

（2）解决项目问题最好的方法是积极沟通、坦诚相见、换位思考，腹黑套路并不能真正解决问题。

项目管理归根结底还是人与人之间的沟通交流，每个人对每一件事情都具有独立的思维意识和思考能力，说服别人或者获得别人的认可往往不是一蹴而就的，尤其是大家站在不同的角度看待同一个问题

的时候，解决问题的难度骤增。不管是对内、对外、对上、对下，高效的沟通能使人左右逢源，调动团队的集体智慧，使团队配合默契。一次次变更会议的召开，一次次问题清单的减少，一次次生产资源的投入，一次次方案的顺利通过，诸多工作的推进都证明了沟通要讲究方式方法，学会换位思考，坦诚相见、不套路，最终才能建立信任，真正解决问题。

真诚的沟通，使内部和谐，运行顺畅、高效，使外部赢得宽松的环境，保证项目顺利实施。

（3）一条船思想联动参建各方，助推项目建设。项目公司充分发挥建设单位的牵头引领作用，围绕项目履约主线解决各单位施工过程中的分歧，用换位思考拉近政府实施机构、参建工程局及分包队伍，让大家思想和行为统一到项目公司决策部署上，统一到一切为项目推进着想上。联动各单位既要树立底线思维、红线意识、规矩意识，又要具备服务意识、协同配合意识及荣辱与共意识，全力推进项目建设，最终实现项目通车目标。

（4）中电建利益命运共同体是项目攻坚履约基础。温岭联络线项目业务模式属投资带动总承包模式，投资和履约都极为重要，只有良好的履约结果才能保障最大的投资收益。

项目履约过程中，电建路桥公司始终坚持这一工作思路，站在项目整体角度看问题，换位思考施工管理过程中的质量、安全、成本及进度等问题，对工程局采取严格管理和热情服务并重的工作举措。对内共同提升履约管理水平，创造企业收益；对外共同维护中电建品牌形象，形成项目利益命运共同体，助推项目履约建设。

（5）推进各层级解决问题的能力是项目管理成败的关键。项目管理过程中，随着项目不断推进，工作任务不断增加，问题不断增加，只有不断地面对和解决各种问题，项目才能有序推进，这就需要发挥团队作战的能力，最重要的是主动提升项目建设体系中政府实施机构、监理单位、设计单位的协调推进能力和效率，以及项目团队内部组织机构中科员、中层及班子各个层级的解决问题的能力，温岭联络线项目以细化总经理办公会督办责任清单、包保责任田、现场主动盯守、专题会等方式压实压细各层级工作内容，确保各层级解决问题的效果，使得项目的阶段性节点不断突破，项目的各项指标逐年实现，通车目标在望。

（6）促进体系正常运转是各层级团队建设和机构正常运行的保障。项目管理过程中，体系的建设和运转对项目履约结果同样重要，任何一个项目首先要做的就是建立健全体系和制度，紧接着就是要保障体系正常运转。

项目管理体系从机构设置角度分为内部体系和外部体系。外部体系包括行业主管部门—建设单位—审计、设计、监理单位、第三方服务单位—施工单位体系；内部体系包括项目公司、总承包部—工程局—各施工队伍、班组体系。从职能角度则有质量保证体系、安全方面的4个责任体系、生产进度体系、技术保障体系等。采取明确计划目标、细化工作清单、过程监督检查考核、不断总结提升的管理手段，不断促进各类体系正常运转。

（7）管项目不能当甩手掌柜，命运掌控在自己手中。工程项目管理是一个复杂系统，多人共同完成不同工作内容的一项工作，其管理过程充分体现了管理水平的高低，项目是否成功，往往与过程管理能力息息相关。过程管控更强调精细化管理，细节往往决定成败，尤其是班子领导，决不能当"甩手掌柜"和"二传手"。温岭联络线项目实施过程中，要注重党建引领促生产工作，注重各级各部门的组织领导、安排部署，亲自谋划、靠前指挥，及时研究解决有关重大问题，真正做到高起点谋划、高标准推进、高质量落实。

（8）"杀鸡用牛刀"，强化风险预判，将问题扼杀在苗头阶段。"凡事预则立，不预则废"，任何事情都要有计划、有准备、有方案地实施，项目管理更是如此。温岭联络线项目在履约过程中，重点做好了项目策划、风险研判、风险管控、风险处置几个环节。项目建设过程中，针对项目内容特点，预判进度、技术、质量、安全、环水保、商务合同等各类风险，然后通过研判风险，划分风险等级，制定风险管控措施，形成管控处置方案，最终实现风险总体可控，将问题扼杀在苗头阶段。

（9）管控好项目的重大经营风险是项目经营班子守土之责。凡事皆有风险，干项目更是如此。任何项目在建设过程中都存在或大或小的经营风险，尤其是 PPP 项目，电建路桥公司在风控管理制度中明确了 ABC 类风险类别，不管哪一类风险，都需要项目经营班子全力化解，让风险处于可控状态，防止风险等级上升，避免风险失控，否则将导致项目乃至电建路桥公司产生重大损失。

（10）责任心至关重要。

（11）学会当伯乐，三人行必有我师，多发现别人的闪光点。

（12）好的团队建设能够凝聚正能量，促进项目建设、增强员工归属感。

凝灰岩机制砂在 C50 混凝土中的应用研究

孙业发[1]　张里奇[2]　潘康福[3]　李成志[3]　丁融[3]

（1. 中电建路桥集团有限公司　北京　100048；2. 台州市交通工程管理中心　浙江台州　318000；
3. 贵州顺康检测有限公司　贵州贵阳　550001）

摘　要：随着天然砂的逐渐匮乏，机制砂在各类混凝土中的广泛应用已成定局。C50 混凝土因多用在重要结构，故各项技术指标要求较高。依托温岭联络线项目，研究凝灰岩机制砂在 C50 混凝土中的应用，合理确定机制砂质量控制指标及相应生产工艺，优化配合比设计，满足了不同类型结构施工早强、抗裂、抗渗等特殊需求，进而实现项目 100%结构物应用 100%机制砂目标，为机制砂在重要混凝土结构中的推广应用提供借鉴。

关键词：凝灰岩；机制砂；整形工艺；早强；抗裂

1　研究背景

随着我国基础设施建设的快速推进，天然砂日渐匮乏，其生产能力远不能满足工程建设需要，因此机制砂的需求量与日俱增。但由于技术不够成熟，行业管理不够规范，部分重要结构限制机制砂的使用，影响了机制砂的全面推广。在我国东部，尤其是东南沿海地区，凝灰岩分布广泛，但关于凝灰岩的相关研究还比较少。丰富的凝灰岩若能得到大量开发利用，将成为一种重要的非金属矿产资源，在国民经济中发挥突出价值。温岭联络线项目工程体量大，混凝土使用量高达 244 万 m^3，其中重要结构采用的 C50 混凝土达到 84 万 m^3，对地材需求量很大。为避免地材供应问题影响工期，项目团队通过研究塘岭矿凝灰岩机制砂在 C50 混凝土中的应用，实现机制砂在温岭联络线项目的全面应用，为项目按期交工提供了关键支撑。

2　C50 混凝土技术要求

温岭联络线项目需应用 C50 混凝土的结构物主要包括大挑臂盖梁、预应力盖梁、支架现浇连续箱梁、悬臂现浇连续箱梁、预制 T 梁、湿接缝横隔板及伸缩缝等。预制 T 梁的混凝土需同时满足台座快速周转需要与工厂化生产高品质要求；大挑臂盖梁、悬臂现浇连续箱梁等结构的混凝土需同时满足大体积混凝土抗裂与模板周转要求；伸缩缝等特殊结构的混凝土需满足抗裂、抗渗等相关要求。所有结构的混凝土除满足技术要求外，还应满足经济性要求。

3　机制砂生产质量控制

3.1　机制砂关键技术指标

凝灰岩机制砂的各项技术指标都会对混凝土的性能产生一定的影响，其中石粉含量、粒型、亚甲蓝值（MB 值）、细度模数、级配等指标尤为关键。

1）石粉含量与细度模数

机制砂混凝土离析、泌水的倾向较为明显，混凝土中的自由水易富集在粗集料表面，弱化了混凝土的界面过渡区，降低了混凝土的力学性能。当机制砂中含有一定的泥粉（即 MB 值提高），且细度模数适中时，能明显改善新拌混凝土的保水性[1]，使自由水在粗集料表面富集的状况得到改善，提高混凝土界面过渡区性能，从而在一定程度上改善路面混凝土的力学性能。为研究石粉含量与细度模数对混凝土拌合物性能的影响，本文采用不同石粉含量及细度模数的机制砂进行混凝土试拌试验，试验结果见表 1。

混凝土拌合物性能汇总　　表1

试验样本	石粉含量（%）	细度模数	亚甲蓝值（g/kg）	棍度	含砂量	黏聚性	泌水情况
1	3.0	3.67	0.2	中	多	良好	少量
2	4.0	3.45	0.5	中	多	良好	少量

续上表

试验样本	石粉含量（%）	细度模数	亚甲蓝值（g/kg）	棍度	含砂量	黏聚性	泌水情况
3	5.0	3.19	0.5	上	多	良好	无
4	6.0	2.92	0.8	上	多	良好	无
5	7.0	2.70	0.8	上	多	良好	无
6	8.0	2.44	0.8	上	多	良好	无
7	9.0	2.21	1.0	中	多	良好	少量
8	10.0	2.03	1.2	中	多	差	少量

综合混凝土试拌试验结果与本项目机制砂应用情况可知，当机制砂细度模数为 2.8～3.2、石粉含量为 5%～8%时，混凝土拌合物的黏聚性、保水性良好，可满足高等级混凝土性能要求。

2）粒型

机制砂因颗粒表观形态与天然砂有一定差距，故其相关性能与天然砂有所不同，下面采用图像采集法对机制砂粒型进行研究。选取原装机制砂放入数显鼓风恒温干燥箱进行烘干处理，筛分后选取 2.65～4.75mm、1.18～2.65mm 两种粒级，每种粒级随机选取 36 个机制砂颗粒为一组，并排列成 6×6 方阵放在暗箱模型顶部，模型底部设有逆向光源，四周内壁漆黑屏蔽自然光，顶部为透光玻璃板，该暗箱模型可避免正向光源对图像采集过程的干扰，使采集到的颗粒图像颜色深暗，如图 1 所示。通过暗箱模型采集原始图像，降低无关信息色彩，主要突出机制砂颗粒投影形状，然后分别采用 rgb2gray（彩色图像转换为灰度图像函数）和 im2bw（灰度图像转换为二值图像函数）两种函数将采集图像转为二值（黑白）图像，并采用中值滤波法对图像去噪（图 2）。应用 IPP 软件提取出颗粒图像的弗雷特直径、内径、外切四边形的长、二维投影面积和周长等相关参数。通过一系列试验发现，塘岭矿凝灰岩机制砂需经过整形处理，球体类似度接近 0.6 后，方可满足本工程 C50 和 C55 混凝土配制需要。

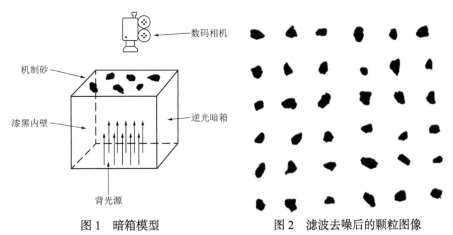

图 1 暗箱模型　　图 2 滤波去噪后的颗粒图像

3.2 机制砂生产工艺

机制砂性能主要受母岩的物理性能及生产工艺影响。塘岭矿凝灰岩母岩单轴抗压强度 186.4MPa，软化系数 0.95，饱水系数 1.00，各项物理性能良好。我国幅员辽阔，机制砂生产工艺有很大的区别，不过大致可分为几个阶段：原料→粗碎→中碎→粗筛→细碎→细筛→机制砂。

机制砂含泥量对混凝土会产生一定的不良影响，因此在机制砂生产过程中会采取相关措施来降低含泥量。本项目塘岭矿机生产工艺为：喂料→颚破（粗碎）→圆锥破（中碎）→圆锥破（细碎）→立式冲击破（整形）→筛分（筛出部分碎石制砂）→制砂→筛分→水洗→脱水（增加旋流器回收石粉）→机制砂。机制砂经过水洗及筛分等工序后，会将其本身的石粉清洗掉，影响到机制砂的颗粒级配及石粉含量，为此本项目增设旋流器将遗留在水中的石粉回收到机制砂中，将石粉含量控制在合理区间内。矿山采用一次性揭盖山，去掉表层宕渣，选择粒径大于 10cm 的石料进入喂料机，喂料机增设除泥条筛，并选择功率匹配的立式冲击破碎机，以达到整形效果。塘岭矿凝灰岩机制砂部分指标检测结果见表2。

塘岭矿凝灰岩机制砂部分指标检测结果（平均值） 表2

指标名称	细度模数	MB值（g/kg）	石粉含量（%）	球形类似度
检测结果	2.95	0.8	6.4	0.56

级配曲线

4 凝灰岩机制砂C50混凝土配合比设计

本文采用响应面（RSM）法完成凝灰岩机制砂C50混凝土配合比设计优化，通过合理的试验设计获得试验结果，并结合数学与统计学，建立水胶比、粉煤灰比、矿粉比、砂率等参数与多个响应之间的数学模型，通过RSM各参数间的交互作用规律，获得最佳配合比。

4.1 预制T梁混凝土配合比设计

温岭联络线项目预制T梁高达14927片，T梁预制需要实现台座快速周转，7d强度满足张拉要求，同时不出现裂缝，观感质量满足要求。浙江温岭地处亚热带季风气候带，7月份平均温度25～34℃，1月份平均温度4～12℃，预制T梁需分别设计冬季及夏季施工配合比。表3、表4分别为配合比设计方案与检测结果。

预制T梁混凝土配合比设计方案 表3

季节	水泥（kg/m³）	粉煤灰（kg/m³）	矿渣粉（kg/m³）	机制砂（kg/m³）	碎石（kg/m³）	水（kg/m³）	外加剂（kg/m³）	设计坍落度（mm）	砂率（%）	水胶比
冬季	365	55	55	762	1011	152	5.70	180±20	43	0.32
夏季	333	71	71	745	1028	152	6.65	180±20	42	0.32

预制T梁混凝土检测结果 表4

季节	混凝土拌合物性能				表观密度（kg/m³）	坍落度（mm）	7d标养抗压强度（MPa）	28d标养抗压强度（MPa）	7d同养抗压强度（MPa）	28d同养抗压强度（MPa）
	棍度	含砂量	黏聚性	保水性						
冬季	上	多	良好	无	2410	180	53.6	64.1	48.2	60.5
夏季	上	多	良好	无	2420	175	52.5	63.8	49.0	62.1

冬季气温较低，适当提高水泥用量、砂率保证混凝土前期强度；夏季气温较高，可增加胶凝材料中粉煤灰及矿粉用量，并提高外加剂用量保证混凝土的拌合物性能，同时可降低施工成本。通过不断调试，确定采用冬季与夏季配合比的混凝土拌合物和易性、流动性、包裹性较好，硬化后的物理性能良好，7d同条件养护强度分别达到48.2MPa、49.0MPa，超过设计强度90%，符合张拉条件，并且混凝土外观色泽

均匀、光滑，无孔洞，满足观感质量要求。

4.2 大体积混凝土配合比设计

温岭联络线项目预应力盖梁、现浇变截面连续梁等结构物采用C50大体积混凝土，需满足混凝土抗裂要求[2]，同时要考虑模板周转效率。因此，大体积混凝土的配合比重点考虑降低混凝土水化热，尤其是降低混凝土前期水化热，采用非早强低热水泥，减少水泥用量，增加粉煤灰与矿粉用量。经过一系列对比试验确定了最佳配合比，具体配合比方案见表5，各配合比方案的混凝土拌合物检测结果见表6。

大体积混凝土配合比设计方案 　　表5

序号	水泥（kg/m³）	粉煤灰（kg/m³）	矿渣粉（kg/m³）	机制砂（kg/m³）	碎石（kg/m³）	水（kg/m³）	外加剂（kg/m³）	设计坍落度（mm）	砂率（%）	水胶比
1	313	106	106	726	1014	147	6.30	180±20	42	0.28
2	265	96	96	764	1014	147	5.70	180±20	43	0.31
3	258	87	87	801	1020	147	5.18	180±20	44	0.34
4	267	129	129	726	1022	147	6.30	180±20	42	0.28
5	241	117	117	764	1014	147	5.70	180±20	43	0.31
6	220	106	106	801	1020	147	5.18	180±20	44	0.34

各配合比方案的混凝土拌合物检测结果 　　表6

序号	混凝土拌合物性能				表观密度（kg/m³）	坍落度（mm）	7d标养抗压强度（MPa）	28d标养抗压强度（MPa）	7d同养抗压强度（MPa）	28d同养抗压强度（MPa）	7d抗压弹性模量（MPa）	28d抗压弹性模量（MPa）
	棍度	含砂量	黏聚性	泌水情况								
1	上	多	良好	无	2420	200	56.6	69.5	54.0	68.5	39100	43500
2	上	多	良好	无	2410	195	51.3	65.6	48.7	64.0	37800	42400
3	上	多	良好	无	2400	190	44.6	59.9	41.8	58.9	34100	34800
4	上	多	良好	无	2410	185	53.5	66.6	50.6	64.2	38100	42800
5	上	多	良好	无	2400	180	47.7	62.2	45.5	60.3	37600	41600
6	上	多	良好	无	2390	175	42.5	57.6	40.3	55.0	33600	34200

由表6可知，5号配合比方案的混凝土拌合物7d同养抗压强度达到设计强度的90%，不影响模板周转，28d标养抗压强度满足试配强度要求，弹性模量符合规范要求，体积稳定性能良好，同时水泥用量较低，能够有效降低混凝土水化热，有利于混凝土抗裂，因此选用为施工配合比。通过配合比优化，彻底解决了前期存在的大挑臂盖梁横向裂缝、悬臂浇筑连续梁0号块与1号块约束裂缝问题。

4.3 特殊用途混凝土配合比设计

本项目涉及多种特殊用途混凝土。如用于桥面铺装的C50抗渗混凝土，用于伸缩装置、湿接缝等的C50钢纤维混凝土，以及用于现浇桥面板等的C50微膨胀混凝土[3]等。结合相关规范及施工要求完成了相关配合比设计，发现凝灰岩机制砂在C50抗渗混凝土、钢纤维混凝土、微膨胀混凝土中也能表现出优异性能，可满足抗渗、抗裂等特殊需求，保证了工程质量。具体配合比设计方案见表7，相对应的混凝土检测指标见表8。

特殊用途混凝土配合比设计方案　　表7

混凝土等级	水泥（kg/m³）	粉煤灰（kg/m³）	矿渣粉（kg/m³）	膨胀剂（kg/m³）	钢纤维（kg/m³）	机制砂（kg/m³）	碎石（kg/m³）	水（kg/m³）	外加剂（kg/m³）	设计坍落度（mm）	砂率（%）	水胶比
C50（P4）	333	71	71	—	—	745	1028	152	5.70	180±20	42	0.32
C50钢纤维	333	71	71	—	78	822	891	152	5.70	140±20	48	0.32
C50微膨胀	343	49	49	49	—	789	964	157	5.88	180±20	45	0.32

特殊配合比混凝土检测指标汇总　　表8

混凝土等级	混凝土拌合物性能				表观密度（kg/m³）	坍落度（mm）	7d抗压强度（MPa）	28d抗压强度（MPa）	7d抗折强度（MPa）	28d抗折强度（MPa）
	棍度	含砂量	黏聚性	保水性						
C50（P4）	上	多	良好	无	2400	195	51.3	61.4	—	—
C50钢纤维	上	多	良好	无	2420	160	53.5	63.0	9.0	10.3
C50微膨胀	上	多	良好	无	2420	190	57.7	67.5	—	—

5 结论

凝灰岩机制砂配制的各种C50混凝土，黏聚性、保水性和流动性等较好，结构物色泽均匀，表观缺陷少，强度、耐久性等指标优良，同时可满足各种特殊需求。通过研究C50混凝土应用凝灰岩机制砂，温岭联络线项目就地取材，利用项目附近塘岭矿满足项目粗、细集料的全部需求，实现项目100%结构物应用100%机制砂目标，大幅减少工程材料采购与运输成本，可以为东南沿海地区其他工程项目全面推广应用凝灰岩机制砂提供借鉴。

参考文献

[1] 李殿勤. 机制砂石粉含量对高标号混凝土性能的影响[J]. 建材世界, 2018, 39(04): 34-37.
[2] 王旭昊, 王亚坤, 余海洋, 等. 凝灰岩机制砂混凝土性能及开裂风险评估[J]. 哈尔滨工业大学学报, 2023, 55(11): 25-35.
[3] 宋普涛, 李北星, 房艳伟. 机制砂配制自密实微膨胀混凝土的研究[J]. 建材世界, 2009, 30(03): 5-7.

基于状态转移的温岭联络线项目桥梁技术状况预测方法研究

聂廷武　杨　敏

(中电建路桥集团有限公司　北京　100048)

摘　要：本文通过马尔可夫链状态转移方法将温岭联络线项目桥梁技术状况离散化，同时借鉴其他相关桥梁技术状况历史统计数据，建立温岭联络线项目桥梁技术状况退化模型，模拟预测其桥梁技术状况在 4 种不同服役环境下的状态转移退化情况，得到桥梁期望状态与服役年限的关系曲线，可确定温岭联络线项目桥梁预防性养护的大致时机，及时改善桥梁技术状况，为桥梁养护提供理论依据。

关键词：桥梁技术状况；马尔可夫链；状态转移；退化预测

1　引言

甬台温高速至沿海高速温岭联络线项目高速公路全长 32.871km，主要结构为三桥一隧少路基，包含 1 座 3828m 桥梁、1 条 1702m 隧道、1 座 1602m 桥梁、1 座 23895m 桥梁与 98m 路基，主线桥隧比高达 99.7%。运营服役期内温岭联络线项目高速公路桥梁随着外部环境因素的影响及服役时间的持续增长，技术状况会发生不同程度的退化，研究其桥梁技术状况退化预测方法，可为管养部门对服役桥梁进行科学系统的管理养护提供理论指导。

2　马尔可夫链的基本原理

马尔可夫链是重要的随机退化建模方法，被广泛应用于网络级基础设施未来状态的预测。马尔可夫链可以使用当前的条件评级数据来预测未来的条件状态，而历史状态与预测当前以后的未来状态是无关的。在马尔可夫链的每一个阶段，桥梁结构的状态会按照一定的概率转移到下一个状态，或以一定的概率维持在当前状态，这些概率总和始终等于 1。图 1 表示了三个状态间演化的马尔可夫链。

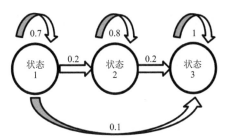

图 1　三个状态之间演化的马尔可夫链

2.1　马尔可夫过程

对于离散时间的随机过程 $\{X(t), t \in T\}$，给定任意的正整数 n，任意的 $t_1 < t_2 < \cdots < t_{n+1}, t_k \in T, k = 1, 2, \cdots, n+1$ 和任意状态 $s_1, s_2, \cdots, s_{n+1} \in S$ 均有：

$$P\{X(t_{n+1}) = s_{n+1} | X(t_1) = s_1, X(t_2) = s_2, \cdots, X(t_n) = s_n\} = P\{X(s_{n+1}) = i_{n+1} | X(t_n) = s_n\} \quad (1)$$

则称此过程 $\{X(t), t \in T\}$ 为马尔可夫过程，或称该随机过程具有马尔可夫属性。马尔可夫具有无记忆性，其要点如下：

（1）状态空间 S 包括了所有的历史相关信息。
（2）一旦 t 时刻状态 s_t 确定，那么 $s_1, s_2, \cdots, s_{n+1} \in S$ 都可以忽略。
（3）$t+1$ 时刻的状态 s_{t+1} 只取决于 s_t。

2.2　马尔可夫链的定义

设随机变量 $X = \{X(t), t \in T\}$ 为取值于有限集合 S（状态空间）的随机过程，其中 T 也是有限集合，表示马尔可夫过程的所有时刻集合。如果对任意给定的正整数n，任意的$t_1 < t_2 < \cdots < t_{n+1}, t_k \in T, k = 1,2,\cdots,n+1$及$s_1, s_2, \cdots, s_{n+1} \in S$均有式(1)，则称此随机过程为马尔可夫链。

马尔可夫链描述了系统在任何给定时刻只能处于多个可能状态中的一个，并且可以根据固定的概率在某个时刻转移到其他任何一个可能状态的过程，可以用三元组$(\boldsymbol{S}, \boldsymbol{P}, \boldsymbol{D})$来表示，其中：

（1）$\boldsymbol{S}$是桥梁所有可处状态的集合。

（2）$\boldsymbol{P}$是状态转移矩阵。

（3）$\boldsymbol{D}$是初始状态概率分布。

马尔可夫链以初始状态概率分布作为桥梁结构退化过程的函数，使用的马尔可夫状态转移概率矩阵为随机矩阵，每一行元素的和为1。桥梁结构退化过程实际是在连续的时间内演化的，本文为了简化，用离散时间表示这个过程，研究过程中以离散时间马尔可夫链作为预测桥梁技术状况模型。

2.3 状态转移概率和状态转移概率矩阵

若系统在t时刻处于状态i，在$t+1$时刻转移到状态j的概率就叫作一步状态转移概率，记为p_{ij}，以p_{ij}为元素构成的矩阵就是一步状态转移概率矩阵。同时，p_{ii}表示系统t时刻处于状态i，在时刻$t+1$仍然处于状态i的概率，也叫状态保持概率，若桥梁结构有k个状态，则对应的一步状态转移概率矩阵$\boldsymbol{P}$可写为：

$$\boldsymbol{P} = \begin{bmatrix} p_{11} & p_{12} & \cdots & p_{1n} \\ p_{21} & p_{22} & \cdots & p_{2n} \\ \vdots & \vdots & \cdots & \vdots \\ p_{n1} & p_{n2} & \cdots & p_{nn} \end{bmatrix} \tag{2}$$

在一个马尔可夫链中，一步状态转移概率矩阵$\boldsymbol{P}$有如下性质：

（1）矩阵里所有元素均为非负数，即：

$$p_{ij} \geqslant 0 \quad (i = 1,2,\cdots,k; \ j = 1,2,\cdots,k) \tag{3}$$

（2）矩阵里每一行的元素相加得到的和为1，即：

$$\sum_{j=1}^{k} p_{ij} = 1 \quad (i, j = 1,2,\cdots,k) \tag{4}$$

由马尔可夫链可知，桥梁结构所处状态随着时间的变化在不停地发生转移，若定义一个单行矩阵$\boldsymbol{d}$，表示桥梁结构的初始状态概率分布，温岭联络线项目运营期为20年，本文假定1年为一个状态转移周期，在马尔可夫链中，经过一个周期的新状态概率分布等于初始状态概率分布$\boldsymbol{d}$乘以一步状态转移概率矩阵$\boldsymbol{P}$，因此可知：

一年转移之后的状态概率分布为：

$$\boldsymbol{d}_1 = \boldsymbol{d} \cdot \boldsymbol{P} \tag{5}$$

二年转移之后的状态概率分布为：

$$\boldsymbol{d}_2 = \boldsymbol{d} \cdot \boldsymbol{P}^2 \tag{6}$$

以此类推，20年之后的状态概率分布为：

$$\boldsymbol{d}_{20} = \boldsymbol{d} \cdot \boldsymbol{P}^{20} \tag{7}$$

因此，若温岭联络线项目桥梁结构初始状态概率分布已知，一旦确定其桥梁结构一步状态概率转移矩阵，就可以得到桥梁结构未来每个时刻的状态概率分布，从而可对温岭联络线项目桥梁结构未来状态进行预测。

3 桥梁技术状况退化预测模型

前文阐述了马尔可夫链状态转移的基本原理，在此基础上，本文将温岭联络线项目桥梁结构分为5种状态，通过引入一步状态转移概率矩阵，对其未来状态进行预测，为确定桥梁结构的维修优化奠定基础。

3.1 桥梁状态空间划分

马尔可夫链状态转移理论中状态空间$\boldsymbol{S}$为离散集，桥梁退化过程中其技术状况评分逐渐降低，需要划分连续的评分区间构成桥梁技术状况的离散状态空间。我国现行公路桥梁养护、评定规范《公路桥涵养护规范》(JTG 5120—2021)和《公路桥梁技术状况评定标准》(JTG/T H21—2011)分别对桥梁技术状况评分和等级做了规定[2,3]。其中,《公路桥梁技术状况评定标准》(JTG/T H21—2011)将桥梁技术状况等级分为5类,本文借鉴该规范的标准将温岭联络线项目高速公路桥梁退化状况分为5个状态,随着桥梁技术状况的退化,其状态值增加,具体桥梁技术状况评分、技术状况等级和退化状态空间取值的对应关系见表1。

本文桥梁技术状况退化状态空间划分表　　　　表1

状态空间值	技术状况等级	技术状况评分
1	1类	$95 \leqslant Dr \leqslant 100$
2	2类	$80 \leqslant Dr \leqslant 95$
3	3类	$60 \leqslant Dr \leqslant 80$
4	4类	$40 \leqslant Dr \leqslant 60$
5	5类	$0 \leqslant Dr \leqslant 40$

3.2 自然退化状态转移矩阵

根据2.1节将温岭联络线高速公路桥梁结构划分为5个状态等级,由于桥梁结构退化具有不可逆性,只能从好状态向差状态转移,那么式(2)中的一步状态转移概率矩阵 P 左下角的元素全为零,为一个上三角矩阵。因此,其桥梁结构在自然退化下的一步概率转移矩阵表示如下:

$$P^S = \begin{bmatrix} p_{11} & p_{12} & p_{13} & p_{14} & p_{15} \\ 0 & p_{22} & p_{23} & p_{24} & p_{25} \\ 0 & 0 & p_{33} & p_{34} & p_{35} \\ 0 & 0 & 0 & p_{44} & p_{45} \\ 0 & 0 & 0 & 0 & p_{55} \end{bmatrix} \tag{8}$$

式中,P^S——表示桥梁自然退化一步状态转移概率矩阵;

p_{ij}——表示桥梁自然退化一年后从状态 i 到状态 j 的转移概率。

由马尔可夫链状态转移基本原理可知,桥梁结构未来状态概率分布只与初始状态概率分布和一步状态转移概率矩阵有关。划分状态空间后,可以给出桥梁结构的初始概率分布为 $d = [d_{01}, d_{02}, d_{03}, d_{04}, d_{05}]$。假定温岭联络线项目桥梁结构状态转移周期为1年(即运营期内一年检测一次),那么第 t 年其桥梁结构状态概率分布为:

$$d_t = d \cdot P^{St} = [d_{01}, d_{02}, d_{03}, d_{04}, d_{05}] \cdot \begin{bmatrix} p_{11} & p_{12} & p_{13} & p_{14} & p_{15} \\ 0 & p_{22} & p_{23} & p_{24} & p_{25} \\ 0 & 0 & p_{33} & p_{34} & p_{35} \\ 0 & 0 & 0 & p_{44} & p_{45} \\ 0 & 0 & 0 & 0 & p_{55} \end{bmatrix}^t \tag{9}$$

可以得到第 t 年桥梁结构所处的期望状态为:

$$E(s_t) = d_t \cdot [1,2,3,4,5]^T \tag{10}$$

3.3 桥梁技术状况退化预测

鉴于目前温岭联络线项目高速公路即将开始运营,暂时没有足够的统计资料,不具备计算出状态转移概率矩阵的条件,且本文重点研究马尔可夫链状态转移理论预测温岭联络线项目桥梁技术状况的方法。

因此,本文在确定转移概率矩阵时会综合考虑相关学者对桥梁结构在不同服役环境下的抗力退化的研究结果,同时根据大溪枢纽主线桥、大溪1号桥、大溪2号桥、泽国互通主线桥、泽国1号、泽国2号桥、城北互通主线桥、新河1号桥、新河互通主线桥、新河2号桥、新街高架桥、滨海高架桥和滨海枢纽主线桥所处的地质环境,将温岭联络线高速公路13座桥梁分别归类至基本无腐蚀环境、轻微腐蚀环境、中等腐蚀环境和严重腐蚀4种服役环境中。得到的各个桥梁结构在4种服役环境下,以1年为一个转移周期的自然退化状态转移概率矩阵分别如下:

$$\begin{bmatrix} 0.93 & 0.06 & 0.01 & 0.00 & 0.00 \\ 0.00 & 0.89 & 0.06 & 0.05 & 0.00 \\ 0.00 & 0.00 & 0.92 & 0.06 & 0.02 \\ 0.00 & 0.00 & 0.00 & 0.90 & 0.10 \\ 0.00 & 0.00 & 0.00 & 0.00 & 1.00 \end{bmatrix} \qquad \begin{bmatrix} 0.87 & 0.11 & 0.01 & 0.00 & 0.01 \\ 0.00 & 0.82 & 0.07 & 0.06 & 0.05 \\ 0.00 & 0.00 & 0.84 & 0.11 & 0.05 \\ 0.00 & 0.00 & 0.00 & 0.75 & 0.25 \\ 0.00 & 0.00 & 0.00 & 0.00 & 1.00 \end{bmatrix}$$

（Ⅰ）基本无腐蚀　　　　　　　　　　（Ⅱ）轻微腐蚀

$$\begin{bmatrix} 0.80 & 0.13 & 0.05 & 0.02 & 0.00 \\ 0.00 & 0.70 & 0.17 & 0.05 & 0.08 \\ 0.00 & 0.00 & 0.75 & 0.15 & 0.10 \\ 0.00 & 0.00 & 0.00 & 0.60 & 0.40 \\ 0.00 & 0.00 & 0.00 & 0.00 & 1.00 \end{bmatrix} \qquad \begin{bmatrix} 0.62 & 0.24 & 0.10 & 0.00 & 0.04 \\ 0.00 & 0.54 & 0.23 & 0.15 & 0.08 \\ 0.00 & 0.00 & 0.61 & 0.28 & 0.11 \\ 0.00 & 0.00 & 0.00 & 0.50 & 0.50 \\ 0.00 & 0.00 & 0.00 & 0.00 & 1.00 \end{bmatrix}$$

（Ⅲ）中等腐蚀　　　　　　　　　　（Ⅳ）严重腐蚀

温岭联络线项目运营期为20年，第1年桥梁处于最好的状态即状态1，那么对应的初始状态概率分布 $d = [1,0,0,0,0]$，则通过马尔可夫链状态转移理论可计算得到4种不同服役环境下桥梁结构所处的期望状态与其服役年限关系曲线，如图2所示。

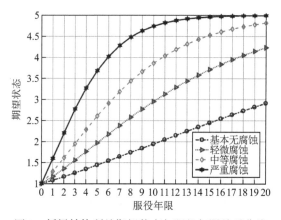

图2　桥梁结构所处期望状态与服役年限关系曲线

由图2可以得到4种服役环境下桥梁结构在每年所处的期望状态，还可以得到桥梁结构期望状态随着服役年限的增加逐渐从最好的状态1向最差的状态5转移的情况。

假定桥梁处于状态5时需要更换构件，处于状态4时需要大修，处于状态3时需要中修，处于状态2时小修，则根据图2可知，以中等腐蚀服役环境为例，第3年小修，第6年中修，第11年大修，第20年接近更换构件状态。

同时，计算得到4种不同服役环境下桥梁结构处于状态1~5的概率与服役年限的关系曲线分别如图3~图6所示。

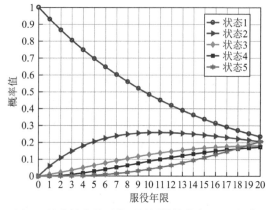

图3　基本无腐蚀环境下桥梁结构状态1~5概率与服役年限关系曲线

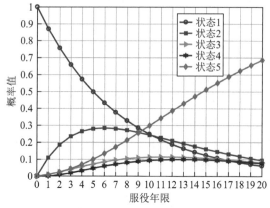

图4　轻微腐蚀环境下桥梁结构状态1~5概率与服役年限关系曲线

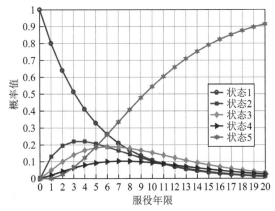 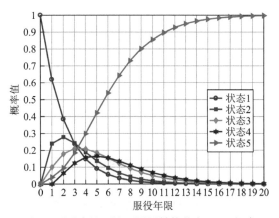

图 5 中等腐蚀环境下桥梁结构状态 1~5 概率与服役年限关系曲线　　图 6 严重腐蚀环境下桥梁结构状态 1~5 概率与服役年限关系曲线

由图 5 可得到中等腐蚀环境下桥梁结构状态 1~5 随服役年限的概率分布情况。其中，桥梁结构处于状态 1 的概率随着服役年限的增长而减小，处于状态 2、状态 3 和状态 4 的概率随着服役年限的增加先变大后减小，处于状态 5 的概率随着服役年限的增加而一直增大。

由图 3~图 6 的计算结果可知，随着服役环境越来越恶劣，桥梁结构处于状态 1 的概率随着服役年限的增长而减小的速度越来越快。严重腐蚀环境下，第 11 年时桥梁结构处于状态 1 的概率就达到了零；同时，在前 8 年，处于状态 5 的概率随着服役年限的增长而变大的速率不断增大。严重腐蚀和中等腐蚀环境下，处于状态 1~4 的概率最终都达到或接近零，其中严重腐蚀环境下，桥梁结构处于状态 1~4 的概率达到零的时间最早。

4 结论

桥梁技术状况预测是当前桥梁养护管理的重点研究内容之一，能够科学、准确地预测桥梁技术状况退化趋势，是温岭联络线项目运营期内桥梁管理养护部门制定养护维修计划的前提条件。考虑到温岭联络线项目高速公路主线极高的桥隧比和实际养护的需要，其桥梁技术状况的预测理论方法研究具有实际指导意义和工程应用价值。

参考文献

[1] 刘克. 实用马尔可夫决策过程[M]. 北京: 清华大学出版社, 2004.
[2] 中华人民共和国交通运输部. 公路桥涵养护规范: JTG 5120—2021[S]. 北京: 人民交通出版社, 2004.
[3] 中华人民共和国交通运输部. 公路桥梁技术状况评定标准: JTG/T H21—2011[S]. 北京: 人民交通出版社, 2011.

大跨度共线悬臂现浇箱梁施工安全管理研究

杨 柳[1]　孙立人[2]

（1. 中电建路桥集团有限公司　北京　100048；2. 浙江同源工程咨询有限公司　浙江杭州　311200）

摘　要：受到土地资源、路线走向、城市环境限制，不同功能、不同等级的道路桥梁同步设计、同步建造成为节约资源的一个重要途径。尤其是在横跨江河、主干道路的情况下，大跨度的连续悬臂现浇箱梁以其杰出的跨越能力和良好的经济性成为了桥梁设计者的首选，而这种复杂环境下的大跨度上下共线的连续箱梁也为建造者们在建造过程中的安全管理带来了更大的挑战。本文对甬台温高速至沿海高速温岭联络线项目和温岭市牧长路建设项目同步建造过程中安全管理实践进行总结和研究，探索出了一套行之有效的安全管理方法，对以后类似工程的安全管理具有一定的借鉴意义。

关键词：复杂环境；安全管理策划；风险分级；网格化；班组建设；分工合作

1　概况

甬台温高速至沿海高速温岭联络线PPP项目采用双向六车道高速公路标准，设计速度100km/h，桥梁宽度33.5m（双向6车道），该项目的新河1号高架桥第11联采用整幅(45 + 75 + 45)m变截面连续箱梁横跨金清港航道。温岭市牧长路建设项目与温岭联络线项目上下共线，采用分幅式双向六车道主干道市政道路标准，设计速度60km/h，分幅式桥梁宽度16.5m，该项目的金清港大桥第4联采用(45 + 75 + 45)m变截面连续箱梁横跨金清港航道。两条道路桥梁下部构造均采用墩台式结构，呈前后错开的台阶状分布，桥梁上部构造均采用悬臂浇筑工法（挂篮法）施工，桥梁相互关系如图1、图2所示。

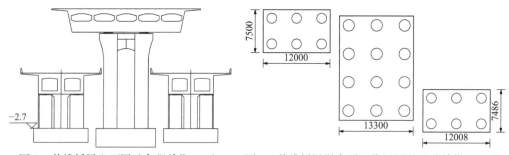

图1　共线桥梁立面图（高程单位：m）　　图2　共线桥梁墩台平面位置图（尺寸单位：mm）

2　安全管理思路与实践

2.1　建立工点级会商协商机制

温岭联络线和牧长路分别属于两个建设项目，有各自不同的建设单位、监理单位、行业监管部门，但由同一个施工单位施工。温岭联络线的新河1号高架桥第11联和牧长路金清港大桥第4联作为各自项目的一个关键性工点，如果按照常规做法分配到该工点的管理资源会非常有限，因此作为施工单位把这两个工点合二为一同步实施是最优的选择，而这也增加了施工组织难度和过程管理复杂性。

施工单位指定了该工点的专门负责人，成立了以施工单位为主，两项目的建设单位、监理单位、施工劳务协作单位共同参与的协调小组，主要解决施工方案的制定、施工节奏的把控、安全措施的制定等问题。通过会商协商，各方一致同意在墩台施工时将河岸同一侧的三个墩台围堰完全打通合并为一个围堰实施，充分发挥了施工机械的效率，避免了单独施工的相互干扰。在挂篮施工阶段，上下两层同时施工并使用同一个劳务协作队伍，在上层每一节段的混凝土等强期将作业人员全部转移至下层施作模板、钢筋、混凝土等分项工程，有效避免了上下交叉作业。

通过会商协商机制，本项目在各作业项目实施之前完全规避了不合理的施工组织所造成的安全风险，避免了多头管理造成的资源浪费和管理真空。

2.2 合理划分作业单元，做好风险评估

专项风险评估在合同段的层面上，以分部、分项工程为评估单元对整个施工组织方面起到了总体性、指导性的作用，但是在具体施工作业层面显然难以直接应用。悬臂浇筑施工在安全管理方面具有工序多、专用设备（挂篮）零部件众多、施工环境复杂的特点，需要关注的安全要素相当庞大。本项目在该工点开展了以每道工序作业为基础的风险评估工作，评估时采用头脑风暴法收集尽可能多的影响因素，将每道工序所涉及的人员、设备、作业环境等因素运用LEC法（作业条件危险性分析法）进行半定量分析，对每道作业工序的风险等级作出了评估，见表1，并依据风险等级状况开展日常的安全管理。

悬臂现浇箱梁工序划分及风险等级　　　　　　　　　　　　　　　　　　　　　　　　　　　　　表1

作业单元	工序划分	主要作业内容	作业内容风险	风险等级
0号块施工	0号块支架搭设及预压	焊接切割、起重吊装	水上作业、高处作业	三级
	模板安装及拆除	模板拼装、起重吊装	临边、临水高处作业	二级
	钢筋及孔道安装	钢筋焊接绑扎、起重吊装	作业人数多	二级
	混凝土浇筑	泵送混凝土、作业人数多	临边、临水高处作业	一级
	钢绞线穿束及张拉	穿束张拉设备操作	临边、临水高处作业	二级
节段现浇施工（挂篮法）	挂篮安装	焊接切割、起重吊装	临边、临水高处作业	二级
	挂篮预压	起重吊装	高处作业	二级
	底模前移（安装）	张拉设备	作业人数多	二级
	钢筋及孔道安装	钢筋焊接绑扎、起重吊装	作业人数多	二级
	混凝土浇筑	泵送混凝土、作业人数多	临边、临水高处作业	一级
	钢绞线穿束及张拉	穿束张拉设备操作	临边、临水高处作业	二级
	挂篮行走	千斤顶作业、锚杆拉杆锚固与解除、构件连接		四级
边跨支架现浇施工	支架搭设及拆除	起重吊装、架子工作业	临边高处作业	二级
	支架预压	起重吊装	高处作业	二级
	模板安装	模板拼装、起重吊装	临边、临水高处作业	二级
	钢筋及孔道安装	钢筋焊接绑扎、起重吊装	作业人数多	二级
	混凝土浇筑	泵送混凝土、作业人数多	临边、临水高处作业	一级
	钢绞线穿束及张拉	穿束张拉设备操作	临边、临水高处作业	二级
合龙段施工	吊架搭设	焊接切割、起重吊装	水上高处作业	二级
	钢筋及孔道安装	钢筋焊接绑扎、起重吊装	作业人数多	二级
	混凝土浇筑	泵送混凝土、	作业人数多、高处夜间作业	一级
	钢绞线穿束及张拉	穿束张拉设备操作、	临边作业、有限空间作业	三级
	劲性骨架安装与拆除	焊接切割、起重吊装	高处作业	二级
	挂篮拆卸	起重吊装、船舶操作、焊接切割	水上作业	四级

注：为使风险等级与管控级别相对应，将LEC法的5个等级调整为4个等级，四级为最高等级。

2.3 实施网格化风险分级管控

本工点在项目层面属于较大风险工点，必须要在项目部层面管控，在施工过程中依据表1分级情况将责任分配到个人（表2），落实施工现场安全管理措施。一级风险工序管理由劳务协作单位牵头实施并做好记录；二级风险工序由项目部施工员牵头安全管理，对作业班组工人进行安全技术交底，项目部安全员对工序开展每日安全巡查并做好记录；三级风险工序由项目部生产部长牵头安全管理，组织该工序开工前的安全生产条件核查工作，主持施工组织并对施工员、班组长开展安全技术交底，项目部安全部长签认安全生产条件核查记录并在现场进行监护作业；四级风险工序由项目部生产副经理牵头安全管理，

组织该工序开工前的安全生产条件核查工作，协调各种资源保证施工现场安全可控，项目部安全总监签认安全生产条件核查记录并在现场监护作业。

风险分级管控责任划分表　　　　　　　　　　　　　　　　　　　　　　　表 2

工序风险等级	管控级别	责任划分		主要措施
一级风险	一级管控	直接责任人	班组长	班前会议、现场带班、工人自我管控
		安全监督责任人	协作单位安全员	不得离开现场，现场监督
二级风险	二级管控	生产责任人	项目部施工员	现场技术交底，安全管理
		安全监督责任人	项目部安全员	每日巡查并记录安全管理情况
三级风险	三级管控	生产责任人	项目部生产部长	组织工序验收安全生产条件核查
		安全监督责任人	项目部安全部长	签认安全生产条件核查记录并现场监护
四级风险	四级管控	生产责任人	项目部生产副经理	组织工序验收及安全生产条件核查
		安全监督责任人	项目部安全总监	签认安全生产条件核查记录并现场监护

通过对各道工序的风险分级和分工，工序安全管控责任和具体工作落实到个人，保证了现场管理工作的有序推进，避免了相互推诿和安全管理"麻木"现象。

2.4 抓实安全生产条件核查

凡事预则立不预则废，每道工序的安全生产条件核查就是施工过程的"预"，通过对每道工序的风险分级和责任划分充分暴露出每道工序的关键点、防控点，做到有的放矢。项目部、安全部专门针对三级和四级风险的重点管控工序制定了安全生产条件核查记录表（图 3），记录表包含了该工序的程序要求、作业人员要求、临时用电要求、高处作业要求、安全通道要求、机械设备要求等内容，把"安全第一，预防为主"安全管理这一方针落到实处。同时通过多部门同时在现场一条条验收核查这一形式向作业工人传达了对该项工作重视程度，营造重视安全管理这一良好氛围。

a) 落地式作业平台验收样表　　b) 人行塔梯验收样表　　c) 挂篮移篮验收样表

图 3　安全生产条件核查验收样表

2.5 强化班组安全文化建设

班组作为施工过程的直接参与者，在一定程度上代表了工点的安全水平。班组的安全文化是在规范的管理、正确的行为、良好的习惯下所产生的一种积极向上的安全氛围，是生产活动所产生的附加产物，是一种管理的结果。那么在管理过程中，温岭线项目采取了教育培训、轮值安全员、安全行为积分考核、行为之星表彰等活动促进这种氛围的产生。刚开始项目部的安全管理行为不被作业工人所接受，在经过事故警示教育和轮值安全员活动之后，作业工人的服从配合意识得到明显进步，在施工现场朝夕相处大约 3 个月之后，各种"三违"现象明显减少；同时项目部专门从安全生产费用中拿出 5%作为奖励费用，在项目部的表彰大会上直接发放给安全考核优秀的班组、工人，有效地提升了班组、工人的自我安全管理的积极性。

安全文化的形成不是一朝一夕所能形成的，需要各个层级管理者共同推进才能形成合力，才能达到事半功倍的效果，才能促进项目的平安建设。

3 结论

（1）大跨度共线悬臂现浇箱梁在复杂环境下的安全管理必须要在施工组织设计阶段开始谋划、策划，才能避免实施过程中的安全死角。

（2）专项施工方案编制阶段必须细之又细地明确各个分项工程甚至工序的安全保证措施，包括通道设置、吊装路线、挂篮的安全通道及附件等内容，编制过程要慎之又慎，实施过程要严之又严。

（3）安全管理是在与人的惰性、习惯性、麻痹性做斗争，最终的落脚点在于责任的落实，通过对客观风险的评判和责任的划分，达到分工合作的目的是追求本质安全不可或缺的一环。

参考文献

[1] 中华人民共和国交通运输部. 公路桥涵施工技术规范: JTG/T 3650—2020[S]. 北京: 人民交通出版社股份有限公司, 2020.

[2] 中华人民共和国住房和城乡建设部. 桥梁悬臂浇筑施工技术标准: CJJ/T 281—2018[S]. 北京: 中国建筑工业出版社, 2018.

[3] 罗云. 注册安全工程师手册[M]. 3 版. 北京: 化学工业出版社, 2020.

浅谈甬台温高速公路至沿海高速公路温岭联络线项目沥青路面数字化应用

侯文学　陈文涛

(中电建路桥集团有限公司　北京　100048)

摘　要：随着国家在 5G（第 5 代移动通信技术）、人工智能、大数据、工业互联网、基础建设等领域的应用及布局，数字化管控手段在各行业的应用逐渐成熟并不断创新。本文主要论述高速公路沥青路面施工阶段，利用互联网、北斗定位系统、物联设备等数字化设施及手段对沥青混合料生产拌合、施工全过程、试验检测、过程安全管理等方面进行数字化管控，实现数字赋能项目管理，从而提升路面施工质量，建设高品质路面工程，为企业高质量发展奠定基础。

关键词：沥青路面；数字化；预警闭环

1　概况

1.1　路面简介

甬台温高速至沿海高速温岭联络线项目（以下简称为温岭联络线）是浙江省综合交通运输发展"十三五"规划重大建设项目，全长 32.871km，主线采用双向六车道高速公路，设计速度 100km/h，路基宽度 33.5m。全线桥梁 29307m，其中主线高架桥 8 座，互通枢纽主线桥 5 座；隧道 1 座，隧道左洞长 1670m，右洞长 1700m；桥隧比高达 96.68%。全线路面结构的形式为：桥梁沥青路面结构为双层 SMA（沥青玛琋脂碎石混合料）结构，上面层为 SMA-13，下面层为 SMA-10；路基段与隧道路面上面层为 SMA-13，中、下面层分别为 sup-20、sup-25。

1.2　路面设计特点

温岭联络线项目桥梁段沥青路面设计选用了双层 SMA 倒装结构，该设计在国内公路项目中十分少见，更是台州市交通建设工程路面结构设计中的首例。采用双层 SMA 结构后，路面的高温抗车辙能力强，承载能力得到了显著提高，抗老化性能和抗疲劳性能优良，能够有效延长路面的使用寿命，而且工艺简单、施工效率高。同时倒装结构充分发挥了上面层耐磨、抗滑性能与下面层防渗性能，既满足了路面自身功能要求，又有利于保护下部混凝土结构。

1.3　界面处理工艺

温岭联络线项目桥梁段路面施工前，综合考虑施工工艺、成本、质量及运营期等诸多因素，将沥青路面施工前界面处理采用的抛丸工艺改为精铣刨工艺。采用精铣刨工艺可使得浮浆效果更好，易获得细密均匀的粗糙表面，增强混凝土和防水黏结层的黏连性，提高桥隧路面的使用寿命，而且施工速度快，能够对横坡和纵坡进行修正，同时也能有效降低运营期的养护成本，为机械化和数字化施工创造有利条件。

2　数字化实施内容

温岭联络线项目以路面工程建设过程为依托，借助云计算、大数据、物联网、移动互联网、人工智能等各类信息化手段，建立协同统一、信息共享的沥青路面施工质量动态监控系统，对原材料运输、原材料检测、混合料拌合生产、混合料运输、混合料摊铺、混合料碾压、成品工后质量检测、施工安全、试验室等方面进行数字化管控，动态预警，动态管控，及时形成质量整改资料，形成质量追溯闭环体系，进一步提升沥青路面施工数字化水平，提升沥青路面施工质量管控水平[1]。

2.1 原材料数字化管控

温岭联络线项目的原材料数字化管控的内容主要为以下两个方面。

一是对厂家沥青的运输过程实施监控，防止运输过程中人为因素造成沥青以次充好，降低原材料质量。实施方式是通过在每辆运输沥青的车辆上安装卫星定位系统（GPS），对沥青原材料厂家发车车次和运输轨迹实时记录监控，使沥青原材料顺利进入沥青混合料拌合站，从而保证沥青原材料的质量。

二是在施工前建设高标准沥青试验室，建立试验设备物联监控系统，通过对沥青针入度检测仪、软化点检测仪、延伸度检测仪三大指标检测仪器及红外光谱仪等试验仪器进行物联改造，每车沥青进场后第一时间进行检测，实现试验检测过程实时监控、试验检测数据实时抓取、试验检测报告结果实时上传，有效解决工地试验室试验数据人为篡改、存档混乱、数据查询及管理困难等问题，并可以进行历史数据的查询、综合分析和汇总评定。

2.2 混合料生产质量数字化管控

沥青、粗集料、细集料、矿粉、木质纤维素等原材料，进场后经验收达到要求，进行生产拌合。沥青混合料生产质量数字化管控是在混合料生产过程中，建立沥青拌合站生产管控平台。首先在沥青拌合楼安装数据采集终端，然后利用物联网技术，对沥青混合料各材料用量、加热温度、级配、油石比、拌合时间等关键参数实时采集、传输至生产管控平台，并针对各参数设定分级预警，明确各层级处理预警值，层层把关、层层落实、层层闭合，提高各方管理水平。项目管理人员可实时查看相关数据信息，及时进行分析、预警，并及时纠偏，保证沥青混合料生产质量。材料用量、油石比走势图如图1所示，级配分析图如图2所示。

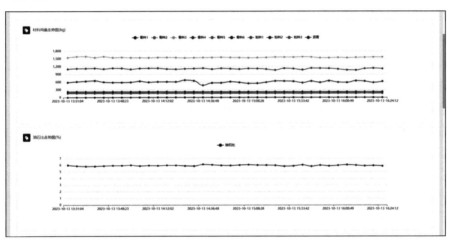

图1 材料用量、油石比走势图

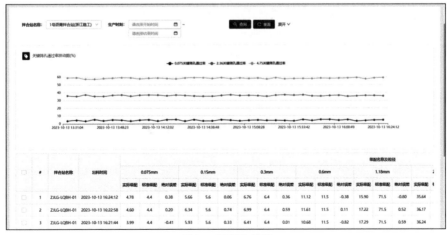

图2 级配分析图

2.3 沥青混合料运输数字化管控

混合料运输数字化管控主要是通过在沥青拌合站出料口、摊铺机和运输车辆上安装 RFID（射频识别）、定位设备及测温设备，实时监控运输车辆的接料信息、接料时长、行驶轨迹、运输时长等数据，对每一盘混合料的去向都能够及时进行跟踪，相关数据均同步至生产管控平台，实现运输超时和轨迹偏离预警，将混合料摊铺位置和拌合信息相对应，起到对混合料质量溯源的作用，确保源头质量管控效果。

2.4 沥青混合料摊铺数字化管控

沥青混合料摊铺数字化管控主要通过在摊铺机设备上安装高精度智能传感器、RTK（实时动态载波相位差分）定位终端和远程视频监控等设备设施，利用摊铺碾压在线监测云平台实时采集摊铺温度、速度、位置、轨迹等关键质量参数和摊铺现场的影像资料，如图 3 所示。

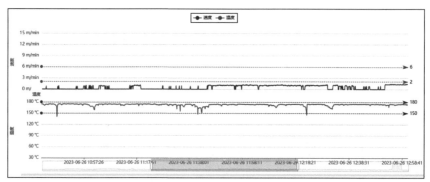

图 3　摊铺走势图

2.5 沥青混合料碾压数字化管控

沥青混合料碾压数字化管控主要是通过摊铺碾压在线监测云平台，使用 RTK 实现厘米级定位精度，结合红外测温传感器，摊铺碾压在线监测云平台可实时采集压路机位置信息、碾压温度、碾压速度、碾压遍数、碾压区域等参数信息。同时在压路机驾驶舱内安装碾压作业指示平板，指示平板同步连接摊铺碾压在线监测云平台，可实时显示摊铺碾压的相关参数信息，并且指示平板可实时引导压路机操作手及时对薄弱区域加强碾压，为现场一线作业人员提供管控意见和指导。同时，温岭联络线项目针对碾压作业还开发了移动终端，名为智能碾压 APP（手机应用程序），监理及现场施工管理人员可通过 APP 实时查看碾压施工情况，实时掌握相关参数，及时查看施工中存在的问题并进行管控。碾压云图如图 4 所示，碾压走势图如图 5 所示。

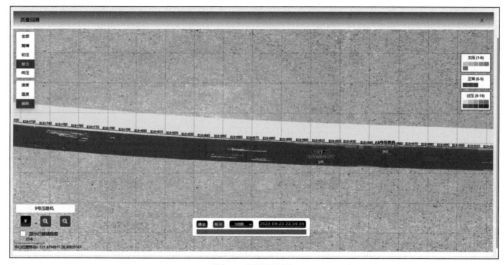

图 4　碾压云图

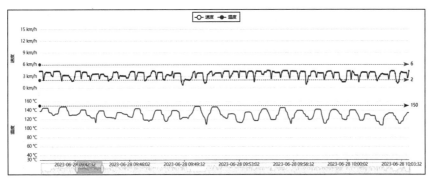

图 5 碾压走势图

2.6 施工安全数字化管控

施工安全数字化管控主要通过在摊铺机和压路机上安装相关传感器及监控设备,对施工过程及时预警和管控,消除施工安全隐患。

1)摊铺机安全数字化管控

摊铺机安全数字化管控通过在摊铺机上安装蜂鸣报警器,并设置360°全景影像系统,对周围作业机械和人员施工状态进行观察,从而有效避免人身伤害,减少设备损伤,为摊铺机作业提供安全保障。

2)压路机安全数字化管控

压路机安全数字化管控使用的是压路机智能防碰撞系统,主要由360°全景影像、防碰撞雷达、防撞护栏3部分组成。利用360°全景影像可实时查看压路机四周环境;压路机前后分别安装防碰撞雷达,可前后是否存在行人或障碍物,使用防撞雷达和防撞护栏可有效避免人身伤害,减少设备损伤,为压路机作业提供安全保障。

3 成果成效

温岭联络线项目沥青路面工程数字化实施成果主要包括:一整套贯穿沥青路面施工全过程的数字化管控系统即沥青路面数字化管控中心、一项智能摊铺碾压技术的应用、一项智能安全管理措施的应用。

3.1 沥青路面数字化管控中心

沥青路面数字化管控中心集成拌合站生产管控平台、摊铺碾压在线监测平台,试验室沥青指标检测平台、智慧监控等模块,形成了综合数智化管控驾驶舱,对沥青路面施工的全过程进行管控,实现行业监管部门、项目建设单位、监理单位及施工单位管理人员一舱统揽,实时监督。

3.2 智能摊铺碾压管控数字化应用的价值体现

摊铺碾压在线监测云平台通过实时采集相关数据并进行实时分析,用黄、绿、红3种颜色对压实质量进行实时显示。其中黄色代表此处压实质量尚未达到压实标准(欠压),绿色代表此处压实质量达到压实标准,红色代表此处压实质量已超过压实标准(过压)。通过实时分析、实时预警,参建各单位管理人员可通过云平台系统对现场进行远程指挥或现场管控,实时采取管控手段,指导一线作业人员及时进行补压等操作,达到沥青路面施工过程质量管控的目标,确保碾压质量。

对于施工单位和建设单位而言,在路面施工过程中及施工完成后,可通过云平台对全线局部段落、全线局部时间段的摊铺碾压走势图进行查看,对云平台反映出的预警异常薄弱区域进行针对性检测,如发现过压或者欠压,可以结合现场实际施工情况,从原材料、生产摊铺碾压设备、施工工艺及方法、操作人员及管理人员、施工外部环境等方面进行原因分析,及时调整材料配合比、机械配置组合、施工工艺或施工班组,以保证沥青路面的施工质量。

对于行业部门而言,行业部门可实时查看施工过程中的相关情况,也可及时了解和监督施工预警的处置措施,实现实时监督。对于施工后场沥青混合料拌和各项指标及前场摊铺碾压过程中的初级、中级、高级三级预警数据,相关管理人员会及时上传至系统平台进行留存,形成管理闭环,保证路面施工质量。

另外，路面施工中的所有数据均保留在系统平台中，相关数据可以移交后期运营单位，为其提供运营期路面养护的支撑性材料，使其可制定有针对性的运营养护方案，对病害进行准确分析及治理，从而降低运营成本。

4 结论

温岭联络线项目沥青路面工程通过应用数字化手段，可以实时采集施工过程中的各类施工参数、指标等数据，避免了人为因素对数据的干扰，保障了管理数据的真实性；同时利用精准的差分定位、红外感温等技术，实现原材料和沥青路面施工全过程的精准反应，确保了施工过程质量管控效果；数字化管控的应用为建设期和运营期都起到了降本增效的作用；最终形成了一套标准化的数字化施工工艺和管控流程，丰富了沥青路面施工质量管控手段，尤其提升了作业班组的施工水平，孕育了专业化的作业班组，进而提升了沥青路面施工管理水平，真正实现赋能管理、提质增效实的目的。

参考文献

[1] 浙江省交通运输厅. 省交通运输厅关于进一步提升全省公路沥青路面工程质量的十条指导意见[EB/OL]. (2022-12-21)[2024-04-18]. http://jtyst.zj.gov.cn/art/2022/12/21/art_1229114320_2452278.html.

海积软土地质共线桥梁跨河承台围堰与箱梁 0 号块支架方案研究

杨 柳[1]　曾玲辉[2]　孙业发[1]　赵显焦[1]

（1. 中电建路桥集团有限公司　北京　100048；2. 温岭联络线建设指挥部　浙江台州　317500）

摘　要：海积软土地质市域高速公路与市政路共线桥梁跨河水中桥墩与箱梁施工难度大，依托温岭联络线项目金清港大桥，研究确定共线桥梁水中承台共用复杂结构围堰方案与新型箱梁 0 号块支架方案，解决受限空间施工干扰等问题，结构安全，经济合理，满足工程施工特殊需要，可为类似工程提供借鉴。

关键词：共线桥梁；承台围堰；箱梁支架；海积软土地质；封底混凝土

1　施工条件

甬台温高速至沿海高速温岭联络线位于台州温岭市，全长 32.871km，主线采用双向六车道高速公路，设计速度100km/h。其中，新河 1 号高架桥金清港大桥（高速公路桥梁）是全线关键线路，为(45 + 75 + 45)m 整幅式变截面连续箱梁桥。下方共线牧长路桥梁（市政路桥梁）采用分幅双向六车道设计，分别位于联络线桥下墩柱两侧，金清港大桥主墩与牧长路桥梁的主墩前后错开布置，均位于金清港河中。金清港大桥与牧长路桥梁典型断面图如图 1 所示。

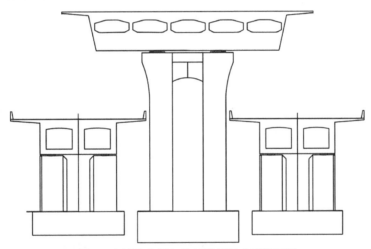

图 1　金清港大桥与牧长路桥梁典型断面图

桥址区为海积平原区，地势平坦。浅表层以粉质黏土为主，俗称"硬壳层"，往下为淤泥层，流塑状，层厚 14.3～22.1m，具有高压缩性，物理力学性质差。然后依次为淤泥质黏土、黏土、圆砾等。局部揭露基岩，风化强烈，中风化凝灰岩面起伏较大，为典型的海象沉积地质。

2　共线桥梁跨河承台围堰方案

2.1　结构形式

高速公路桥梁水下承台平面尺寸为 18.3m × 13.3m，两侧牧长路承台单侧 12m × 7.5m，结构间隙为 1.2m。分别设计围堰作业则空间不足，因此考虑高速公路与市政路桥梁 3 个承台共用围堰方案。根据地质土层参数、水流速度、围堰安全等级，进行荷载分析和围堰稳定性、围护桩及支撑结构内力计算。采用钢管桩 + 锁扣拉森钢板桩[1]组合成"Z"形围堰，面积 750m²，用钢量 1602t。钢管桩 + 锁扣拉森钢板桩组合结构内部焊钢围檩加劲，再增加钢支撑形成支撑体系，底部设置封底混凝土[2]与围堰体密贴。高速公路桥梁 38 号、39 号主墩施工沿用前期灌注桩施工平台，平台高 5.0m，施工水位 1.5m，承台顶标高 −2.7m，承台底标高−6.7m，封底混凝土厚度1.5m，基坑底标高−8.2m，封底后基坑深度8.7m。φ630钢管桩长28m，拉森桩长18m，钢管桩桩间距1.30m，钢管桩顶标高+4.0m，钢管桩底标高−24.0m，围堰尺寸比承台每侧扩大1.5m。设置两道支撑体系，标高为+2.5m、−1.5m。两道围檩采用双拼H700×300型钢，第一道内支撑采用φ609mm×16mm钢管，第二道内支撑采用φ800mm×16mm钢管。承台围堰平面布置图如图2所示。

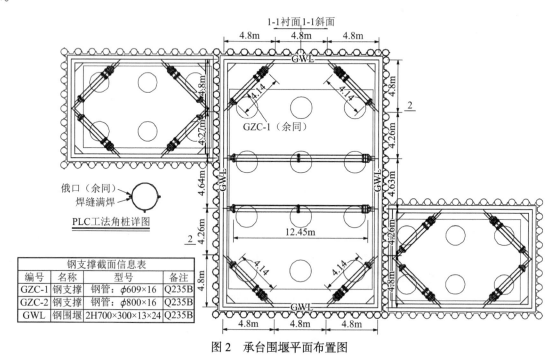

图2 承台围堰平面布置图

2.2 施工工艺

承台基坑围堰φ630mm钢管桩与Ⅵ型锁扣拉森钢板桩沉桩，采用85t履带式起重机和90t振动锤施工，钢管桩围堰的基坑坑底浇筑150cm厚的C25混凝土封底，深基坑施工顺序为：根据现场实际情况制定深基坑开挖、支护方案→深基坑施工准备→基坑钢管组合桩围堰→基础清理及封底混凝土浇筑→基坑支护与排水→基坑安全防护→基坑整理→基坑检验→承台施工。钢围堰施工阶段钢栈桥及支栈桥不做拆除，留作后续承台、墩柱、箱梁0号块及挂篮悬浇施工作业通道，仅拆除围堰范围的水上钢平台。

为了减少插打时锁口间的摩擦和钢管桩围堰的渗漏[3]，钢管桩锁口内涂抹黄油混合物油膏（重量配合比为：黄油：沥青：干锯末：干黏土＝2：2：2：1）。施工必须始终控制每根桩的垂直度，采用千斤顶、木楔、导链等进行适时调整，插打过程中，须遵守"插桩正直，分散即纠，调整合拢"的施工要点。

封底混凝土需要充分考虑抗浮因素，浇注过程中注意控制每一浇筑点标高及周围2.5m范围内的测点。

3 箱梁0号块支架方案

3.1 箱梁0号块组合支撑架设计

受下方市政路桥梁施工限制，高速公路桥梁箱梁0号块支架充分利用自身承台、墩柱作为支撑基础，通过钢管支撑、型钢连接、锚固、调节，外悬箱室采用三角支撑进行设计[4]，同时采用预应力筋拉结。0号块伸出墩顶部分采用托架浇筑，悬出墩顶纵桥向的长度3.5m；0号块箱梁高度变化为5.000～4.403m；组合支撑架由钢管立柱、斜杆、三角托架、承重横梁、分配梁及模板系统等6部分组成。支架沿纵桥向设置2排钢管立柱，纵桥向间距3.43m；横桥向设置7根钢管立柱，间距为(5.86 + 2.83 + 2.7 + 2.7 + 2.83 + 5.86)m，中间5根φ529mm×10mm钢管，外侧为φ630mm×12mm钢管。钢管之间用平联[18型钢、双拼[25型钢连接以保证整体稳定性。墩柱两侧第1排 φ529mm×10mm钢管采用φ32mm精轧螺纹钢对拉连接。钢管立柱上焊接三角支架，三角支架水平杆为双拼[25型钢，斜杆为双拼[32型钢。支架上放置4排双拼I60型钢，纵向间距为3.43m。分配梁由I36型钢组成，底板下间距80cm，腹板下间距40cm。箱梁0号块组合支架结构如图3所示。

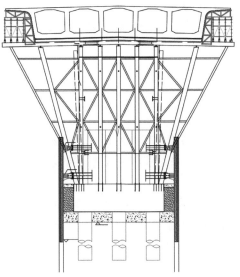

图3　高速公路桥梁箱梁0号块组合支架结构

3.2　墩梁临时固结

现浇梁在分段施工过程中会产生部分不平衡荷载，主要为三部分：堆放在已施工节段上的料具、钢材，以及施工人员等临时荷载引起的不均衡荷载，此部分荷载为主荷载；箱梁构件自重因施工产生的误差及T构自身两端设计重量偏差引起的不均衡荷载，此部分荷载较小；钢管柱及连接系施工完毕后，在三角托架上依次安装脱模垫块、横梁、排架、方木和底膜，并调整标高，使其符合设计要求。为保证变截面连续箱梁在悬臂浇筑过程中保持稳定，采取以下两种临时固结措施。

1）体外临时固结

墩柱纵向各设一排5φ1000mm×10mm钢管柱，横向间距分别为1.72m、2.5m、2.43m、2.43m、2.5m、1.72m。承台施工时预埋钢管底座钢板、精轧螺纹钢，钢管柱下方连接法兰和承台预埋螺栓连接。钢管内设置4×φ32mm的精轧螺纹钢与箱梁固结，精轧螺纹钢外套PVC（聚氯乙烯）管，钢管内灌C40混凝土，在箱梁底板顶部设置拧紧槽口，达到固结效果[5]。通过临时固结将变截面连续箱梁与承台连接成一个整体。

2）墩顶临时固结

墩顶设置4个2.6m×0.48m C50混凝土临时支座，内埋设@150mmφ32mm精轧螺纹钢。每个支座内设置34根φ32mm精轧螺纹钢，精轧螺纹钢上端锚入箱梁1.1m，下端锚入墩身1.2m。临时锚固措施中支点处应能承受176021.6kN·m不平衡弯矩及62573kN支反力。

3.3　支架施工

临时固结钢管立柱长达20m，根据现有材料和起重设备吊高限制，钢管桩需要进行现场对接接长，接桩时确保桩的轴线在同一条直线上，偏斜不大于5‰。施工现场进行焊接，桩周焊接6块150mm×200mm×14mm钢板。钢管立柱和三角托架是整个托架受力的关键部分，杆件之间的连接方式为焊接，在施工现场加工好后进行吊装安装，通过预埋螺栓固定在承台上。临时固结钢管柱间采用平联和连接系连接。钢管柱连接系采用2[16a型钢，焊接形式根据支架图纸要求进行施工，钢管柱与墩柱采用2[16a型钢与墩柱预埋件焊接连接；临时支架立柱平联和连接系采用[18a型钢及双拼[25a型钢，采用焊接形式，钢管桩与型钢满焊，钢管柱与墩柱采用[18a型钢与墩柱预埋件焊接连接。钢管柱及连接系施工完毕后，在三角托架上依次安装脱模垫块、横梁，排架、方木和底模，并调整标高，使其符合设计要求。

4 结论

依托温岭联络线项目金清港大桥，本文研究确定共线桥梁水中承台共用复杂结构围堰方案与新型箱梁 0 号块支架方案，设计钢管桩＋锁扣拉森钢板桩组合成"Z"形围堰、箱梁 0 号块三角支撑支架与临时固结措施，克服空间受限等问题，满足承台及箱梁施工特殊需要，结构安全，经济合理，具有一定推广价值。

参考文献

[1] 魏鹏飞, 刘杰. 软土地基深基础组合结构支护技术研究[J]. 公路, 2019, 64(1): 136-140.

[2] 徐立生, 黄继辉, 陈小羊, 等. 水中围堰封底混凝土厚度的理论分析与验证[J]. 公路与汽运, 2023(5): 128-131.

[3] 律建华. 锁扣钢管桩围堰施工关键技术[J]. 科学技术创新, 2023(11): 139-142.

[4] 成先伟. 超宽箱梁 0#块钢管支架设计与施工[J]. 城市道桥与防洪, 2018(10): 138-141.

[5] 张向东, 唐永祥, 黄春亮. 矮塔斜拉桥 0#块临时固结施工方案对比分析[J]. 工程建设, 2021, 53(02): 54-59.

高速公路大跨径超宽桥梁支架法现浇连续箱梁施工关键技术研究

秦 超[1] 侯文学[2]

(1. 中国水利水电第四工程局有限公司 青海西宁 810000；2. 中电建路桥集团有限公司 北京 100048)

摘 要：本文针对高速公路大跨径超宽桥梁在采用支架法现浇连续箱梁施工时的关键技术进行了深入的研究和探讨。首先，通过对甬台温高速至沿海高速温岭联络线 PPP 项目的工程概括，明确了研究背景和现实意义。进一步从桥梁的重要性和现浇连续箱梁的优势两方面论述了大跨径超宽桥梁的特点和应用背景。在此基础上，对支架法现浇连续箱梁施工关键技术进行了系统的阐述和分析。最后，总结了现浇连续箱梁施工的经验和教训，为同类工程提供参考和借鉴。

关键词：高速公路；大跨径超宽桥梁；现浇连续箱梁；挂篮施工

1 引言

随着我国高速公路建设的持续推进，桥梁工程在交通建设中的比重越来越大，而如何安全、快捷、高效地完成桥梁的建设，尤其是大跨径超宽桥梁的施工，已经成为业内关注的焦点。其中，支架法现浇连续箱梁因其独特的工艺优势，在大型桥梁施工中得到了广泛的应用。但与此同时，这一方法也带来了一系列技术难题，如何解决这些技术问题，确保施工的安全与质量，是本文试图探索的核心内容。

2 工程概况

甬台温高速至沿海高速温岭联络线项目位于台州温岭市，是一条东西向总长 32.871km 的高速公路，其中包括 13 座桥梁、1 座隧道和多个互通枢纽。该项目连通了温岭的多个乡镇和街道，设计为双向六车道，设计速度为 100km/h。主要工程内容除了公路主体建设外，还涉及了大量的土方工程，包括 77 万 m^3 的填方、119 万 m^3 的路基挖方和 49.5 万 m^3 的隧道开挖。此外，为解决软基问题，工程在 1.78km 的区段采用了预应力管桩、素混凝土桩和泡沫混凝土处理技术。此项目不仅有利于为沿线居民提供便捷的交通出行方式，更是温岭市区域交通网络的关键部分。

3 桥梁的重要性与现浇连续箱梁的优势

3.1 大跨径超宽桥梁的特点与应用

大跨径超宽桥梁在现代交通工程中具有不可替代的重要性。其显著的特点是横跨度大、结构宽度宽，这使得其能够满足现代交通的大流量、多车道的需求，尤其适用于城市快速路、高速公路等交通密集区域。大跨径设计能够减少中央分隔带和桥墩的数量，这不仅可以降低工程造价，减少土地占用面积，还能为车辆提供更加流畅、安全的通行环境。同时，超宽的设计使得桥梁能够容纳更多的车道，从而有效提高道路的通行能力。此外，从城市规划和景观美化的角度看，大跨径超宽桥梁具有更佳的空间尺度和视觉效果，有助于提升城市的整体形象和品质。在实际应用中，大跨径超宽桥梁已经成为连接城市主干道、跨越主要交通要道的首选方案。

3.2 现浇连续箱梁的优点与应用背景

现浇连续箱梁作为一种优越的桥梁结构形式，在现代桥梁工程中得到了广泛应用。其核心优点在于其连续性和箱形结构：连续性使得桥梁在受力时能够实现力的平稳传导，显著提高桥梁整体抗震性和稳定性；箱形结构则提供了高的扭转刚度和抗弯矩能力，可适应复杂的荷载和不同的工况需求。此外，现浇连续箱梁由于其现场施工特性，具备极高的结构自适应性，能够满足特定场地和特殊设计要求，避免了预制构件的运输和安装问题。同时，与分段式梁相比，现浇连续箱梁的结构整体性更强，维护成本相对较低[1]。其应用背景主要是在交通繁忙、跨越要求高或地形、地质复杂的区域，如大城市的主要交通干道、跨越大河的主要通道或山区、峡谷等特殊地段。

4 支架法现浇连续箱梁施工关键技术

4.1 模板与支架系统设计

1）支架布置策略

在大跨径超宽桥梁的现浇连续箱梁施工中，支架的布置策略是确保工程质量、安全和施工效率的关键。首先，支架必须选择具有足够承载能力、稳定性及耐候性的材料，如优质的钢材，确保在施工过程中，支架不会发生形变或失稳。此外，支架的布置密度应基于梁段的几何尺寸、预期荷载和施工工况进行精确计算，避免出现过密或过疏的情况，前者会增加材料成本和施工难度，后者可能会导致支撑不足，影响工程安全。

布置策略中，施工顺序和阶段也至关重要。为了最大化施工效率，支架布置需与混凝土浇筑的进度同步，确保在关键位置有足够的支撑。同时，应留意连续箱梁的收缩和徐变，预设一定的调整空间，使得在梁体初期强度发展或温度变化时，支架可以相应调整，保持结构平衡。

技术上，利用现代的数值模拟技术和软件工具，如有限元分析软件可以对支架布置进行优化设计，确保支架在满足安全要求的同时，实现材料和工时的经济效益。再者，为了增强施工现场的实时监控，可以采用传感器技术，对支架的受力、位移和变形进行持续监测，及时发现和处理潜在问题。

2）超宽模板设计

在大跨径超宽桥梁的现浇连续箱梁施工中，模板作为直接与混凝土接触并决定其外观品质的组成部分，其设计显得尤为关键。尤其是在超宽的桥梁结构中，模板的设计和稳定性直接影响到整体工程的质量和施工安全。

超宽模板的材料选择应兼顾其自身的刚度和重量。由于超宽的特点，模板需要承受更大的混凝土浇筑荷载，因此，其材料必须具有足够的抗弯、抗拉和抗压性能。多数情况下，选择高品质的钢材或特制的木材[2]。这些材料不仅可提供必要的强度，还由于其表面平滑性，可以确保浇筑后的混凝土表面质量。

为了确保模板在施工过程中的稳定性，超宽模板的支撑和固定系统设计也至关重要。考虑到混凝土在浇筑过程中可能产生的振动和分布不均的荷载，支撑系统应均匀分布，并有足够的间距以确保模板的整体稳定性。固定系统，如螺栓和连接件，则需要经过精确的计算，确保其承载能力足以支撑模板和混凝土的重量。

技术上，应考虑超宽模板的收缩和膨胀问题。由于温度和湿度的变化，模板材料可能会发生微小的形变。因此，在设计中，应预留适当的调整和变形空间，防止产生由于外部环境导致的模板变形。

此外，为了简化施工流程并提高施工效率，超宽模板的拼装和拆卸设计也需要进行详细的考虑。优化的模板连接方式不仅可以加速施工进度，还可以确保模板之间的接缝严密，避免混凝土渗漏。

4.2 现浇混凝土的配合比选择与性能研究

1）材料选择

现浇混凝土作为桥梁结构中不可或缺的构成部分，其品质直接影响到整体工程的强度、耐久性和安全性。在混凝土的配制中，材料的选择对于混凝土的性能和工作性具有决定性的影响。

首先，不同种类的材料对混凝土的性能会产生不同的影响。混凝土集料通常由砂、石等组成，是混凝土体积的主要部分，直接影响着混凝土的强度和耐久性。选择适当级配的集料，确保其干净、无杂质，是关键。特别是在大型结构中，如超宽桥梁，选择适当粒径的集料对于确保混凝土的工作性能和减少孔隙率尤为重要。

其次，胶凝材料（水泥、矿物掺合料等）决定了混凝土的凝结性、强度发展和耐久性。为应对复杂的环境条件，如海洋环境、冻融循环等，胶凝材料的选取应该合理，并考虑使用如粉煤灰、硅粉和矿渣等矿物掺合料，这些矿物掺合料不仅可以提高混凝土的工作性能，还可以增强混凝土对侵蚀的抵抗力。

再者，选择适当类型和数量的混凝土外加剂，如减水剂、空气引入剂和缓凝剂等，可以极大地优化混凝土的施工性能和终端性能。例如，高效减水剂可以显著提高混凝土的工作性能，缓凝剂则可以延长混凝土的凝结时间，为现场施工提供更大的灵活性[3]。

最后，对于超宽桥梁的现浇混凝土，特别要考虑混凝土的温度控制和裂缝防护。因此，在材料选择中，应考虑采用低热水泥或加入冷却集料，以及适当的裂缝控制策略，如采用纤维增强混凝土等。

2）试验与性能分析

为确保现浇连续箱梁的工程质量与持久性，对混凝土的性能进行深入分析是关键。混凝土配合比试验与性能试验有助于针对现场环境和设计要求优化混凝土配合比，确保混凝土长期满足稳定性和耐久性要求。具体试验数据见表1。

混凝土的配合比与性能的试验数据　　　　表1

配合比编号	水泥（kg/m³）	粉煤灰（kg/m³）	集料（kg/m³）	水（kg/m³）	减水剂（%）	抗压强度（MPa）	劈裂强度（kPa）
A1	300.0	50.0	1800.0	160.0	1.2	35.0	400.0
A2	320.0	45.0	1750.0	155.0	1.5	37.0	420.0
A3	310.0	48.0	1780.0	158.0	1.3	36.0	410.0
A4	305.0	52.0	1790.0	157.0	1.4	36.5	415.0

根据表1的数据可以观察到：不同配合比对混凝土性能的影响，例如，配合比A2具有最高的抗压强度，达到37MPa，而配合比A1的劈裂强度最低，为400kPa。

进一步分析可知，增加水泥的含量可以提高混凝土的抗压强度，但可能降低其劈裂强度。而粉煤灰作为一种矿物掺合料，可以在一定程度上替代水泥，增加其用量可以提高混凝土的劈裂强度，但可能稍微降低抗压强度。此外，适当的减水剂使用量可以显著提高混凝土的工作性能，但其对强度的影响则取决于具体的类型和添加量。

此外，混凝土现浇施工过程还需要注意温度和环境因素对混凝土凝固过程的影响。工作人员应采取保温措施，防止混凝土的快速干燥和开裂。同时，施工现场的环境卫生和安全也需要得到高度重视，以确保施工过程的顺利进行。

4.3　施工顺序与过程控制

1）施工顺序策略

施工顺序对于现浇连续箱梁的结构稳定性和施工安全性起着决定性作用。首先在预施工阶段，应全面完成现场测绘、材料与设备调配、技术交底和安全预案。随后，着手进行地基处理和基础施工，确保土方开挖、支模系统的设置和混凝土浇筑达到预定标准。桥墩施工紧随其后，需严格按照垂直和水平标线进行模板安装和混凝土浇筑。当桥墩完成后，进入核心的现浇连续箱梁施工阶段，其中预应力钢筋的安装、模板的稳固性及混凝土的固化都是施工关键。最后，确保结构接头、伸缩缝得到妥善处理，并完成结构的荷载测试，确保整体施工满足设计与安全要求。这一连贯、高效的施工顺序策略考虑了各种环境因素和材料供应因素，为现浇连续箱梁的施工打下坚实的基础。

2）关键节点施工控制

关键节点施工控制在现浇连续箱梁建设中是确保结构安全和工程质量的重要环节。在施工过程中，诸如混凝土浇筑、预应力张拉、结构连接及伸缩缝处理等均属于关键节点。首先，混凝土浇筑时需确保其配合比的稳定性、浇筑速度的均匀性及后期养护的充分性，以确保混凝土达到设计强度且无质量缺陷。在预应力张拉阶段，张拉力度、顺序和锚固的精确控制尤为关键，以防止结构裂缝或变形。对于结构连接和伸缩缝处理，要确保密封、连接紧固，且材料质量和施工工艺要符合施工要求，以确保结构的整体性和耐久性。此外，实时监测和数据记录在每一关键节点均应执行，确保每一步施工都在控制之下，从而确保整体工程的成功与安全。

4.4 后张拉技术

后张拉技术是现代预应力混凝土结构中的核心技术，其是在混凝土硬化并达到一定强度后，对预应力筋或钢束施加张拉力，并将其锚固于混凝土中。该技术的核心优势在于能够为混凝土结构提供额外的抗压应力，有效地减少或消除裂缝，提高结构的承载能力和耐久性。具体的操作过程包括筋束或钢索的定位、张拉、锚固及对接。随着张拉技术的应用，混凝土构件在承受外部载荷时能够更好地抵御拉应力产生的裂缝，从而提高了其整体性能[4]。这种技术在桥梁、高层建筑和其他大型结构中尤其重要，因为该类建筑结构经常需要承受巨大的荷载和变形。

4.5 温度与裂缝控制技术

温度与裂缝控制技术在现浇混凝土结构中扮演着至关重要的角色，尤其是在大型结构和高性能混凝土应用中。混凝土在水化过程中会产生大量的热量，如果不进行有效控制，产生的温度差异可能会引发内部应力，进而在混凝土中产生裂缝。此外，环境因素，如夏季高温或冬季低温，都可能对混凝土的养护造成挑战。为应对这一问题，采取特定的混凝土配方、选择合适的材料如低热水泥、使用冷却管道或采用混凝土外部喷淋等技术，可以有效地控制混凝土内部的温度。

5 结论

随着高速公路建设的加速与城市化进程的不断推进，桥梁成为连接城市与乡村、山区与平原的重要结构。特别是大跨径超宽桥梁，因其结构复杂、承载能力强而受到广泛关注。现浇连续箱梁作为一种高效、经济的施工技术，在此类桥梁建设中展现了不可或缺的优势。本文深入探讨了支架法现浇连续箱梁施工的关键技术，以确保施工的安全性、精确性与经济性。但每一项技术都需要根据实际工程需求进行适应性调整，确保施工的顺利进行。

参考文献

[1] 刘杰, 王常书. 大跨径曲线变截面现浇连续箱梁盘扣式支架法施工[J]. 云南水力发电, 2022, 38(7): 98-100.

[2] 卜石朋. 变截面连续箱梁支架法现浇施工技术研究[J]. 交通世界, 2020(27): 96-97.

[3] 罗上玉. 满堂支架法现浇混凝土连续箱梁施工技术探讨[J]. 建筑与预算, 2021(1): 71-73.

[4] 邓富华. 支架法连续现浇箱梁施工方案及要点[J]. 交通世界, 2018(32): 137-138,140.

温岭联络线项目双柱式大挑臂预应力盖梁支架施工技术研究

聂廷武　侯少梁　任聪聪　蒙　雨

（中电建路桥集团有限公司　北京　100048）

摘　要：甬台温高速至沿海高速温岭联络线项目预应力盖梁中双柱式大挑臂预应力盖梁占比约为70%，在施工过程中，主要采用钢管支墩贝雷主梁组合支架体系。本文对钢管支墩贝雷主梁组合支架体系与满堂支架两种方案进行了优缺点的对比分析，并详细介绍了钢管支墩贝雷主梁组合支架体系的设计与验算，可为后续同类项目结构支架施工提供参考。

关键词：双柱式大挑臂；盖梁；组合支架体系；施工技术

1　工程概况

甬台温高速至沿海高速温岭联络线起点位于台州温岭市大溪镇，终点位于沿海高速温岭北互通南侧2.0km，全长32.871km。主线采用双向六车道设计，路基宽度33.5m，设计速度100km/h，主要结构为三桥一隧少路基，包含1座3828m桥梁、1座1702m隧道、1座1602m桥梁、1座23895m桥梁与98m路基。公路桥梁下设市政道路古城路1.85km、牧长路9.04km，形成"上层高速＋下层地面道路"的双层布置形式，温岭联络线与牧长路共线段效果图如图1所示。与市政道路共线部分的下部结构主要采用双柱大挑臂预应力盖梁、三柱大挑臂预应力盖梁及四柱大挑臂预应力盖梁，共392个。其中双柱式大挑臂盖梁269个，具体情况见表1。

图1　温岭联络线与牧长路共线段效果图

双柱式大挑臂盖梁统计表　　表1

桥梁名称	盖梁类型	型号（高×宽）	数量（个）	墩号	跨度（m）	总长（m）
大溪枢纽主线桥	双柱式大挑臂盖梁	3.1m×2.5m	5	M（14-18）	32.11	32.11
大溪1号高架桥	双柱式大挑臂盖梁	3.1m×2.5m	49	1-19、20、23、24-43、47-54	32.11	32.11
泽国2号高架桥	双柱式大挑臂盖梁	3.1m×2.5m	96	1-7、10-16、19-40、43-63、66-82、85-88、91-108	32.11	32.11
城北互通主线桥	双柱式大挑臂盖梁	3.1m×2.5m	29	2-12、21-23、34-38、41-42、56-63	32.11	32.11
新河1号高架桥	双柱式大挑臂盖梁	3.1m×2.5m	90	1-17、22-36、41-60、61-88、90-94	32.11	32.11

盖梁长32.11m，宽2.5m，单侧悬挑11.56m。设计图及现场施工图如图2、图3所示。

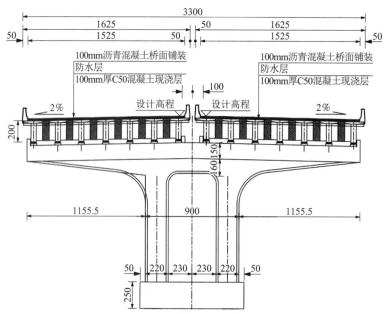

图2 双柱式大挑臂盖梁设计图（尺寸单位：mm）

图3 双柱式大挑臂盖梁现场施工图

2 方案对比

双柱式大挑臂盖梁组织施工时重点考虑满堂支架和钢管支墩加贝雷主梁组合式支架，两方案对比情况见表2。项目团队结合项目实际情况，综合考虑方案优缺点后决定选择钢管支墩贝雷主梁组合式支架为主要施工方案。

两种支架方案对比　　　　　　　　　　　　　　　　　表2

支架类型	优点	缺点
满堂式支架	施工费用低，交通组织难度低，整体性好，安全性较高	临时道路改移征地难度大，管线拆迁较多，压缩了施工区域，两侧商铺、居民、厂房较多，无法改道搭设支架
钢管支墩贝雷主梁组合式支架	在支架下方设置门洞进行交通组织，无需改移道路，中支点位于承台上，受力较好，外侧支点进行扩大基础处理，支墩间距合理，安装和拆除方便	高空作业时间长，整体性略差，施工及周转速度略慢

3 支架设计

盖梁支架由下至上主要由钢管柱、贝雷梁、分配梁、盘扣架、模板组成，双柱式大挑臂支架设计如图4所示，支架材料及型号见表3。钢管桩纵向步距为10.5m、3m、10.5m，横向步距为3.0m；承重梁为双拼

Ⅰ45a 工字钢；Ⅰ25a 工字钢横向间距为 60cm；321 型贝雷片支架间距 45cm，两组贝雷片之间间距 300cm。

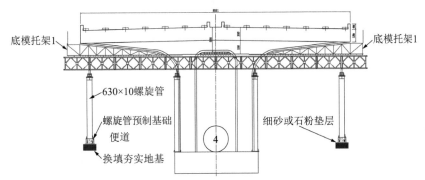

图 4 双柱式大挑臂支架设计图（尺寸单位：mm）

支架材料及型号　　　　　　　　　　　　表 3

材料名称	规格	材质	间距（cm）
钢管桩	φ630mm×10mm	Q235	300/1050
平联	φ450mm×9mm	Q235	—
剪刀撑	φ450mm×9mm	Q235	—
承重梁	双拼Ⅰ45a 工字钢	Q235	—
分配梁	Ⅰ25a 工字钢	Q235	60
贝雷梁	321 标准型	16Mn	300/45
条形基础	5m×1m×1.2m	C30	—

4 支架验算

4.1 计算参数

1）材料参数

现浇箱梁支架设计计算过程中使用到的材料及设计参数取值如下，其中钢材强度设计值见表 4。

钢材弹性模量：$E=2.06\times10^5$MPa，密度：$\gamma=7850$kg/m³，泊松比：$\nu=0.3$，线膨胀系数：$\alpha=1.2\times10^{-5}$。

钢材强度设计值（单位：MPa）　　　　　　表 4

应力种类	构件钢材					
	Q235	Q345	45 号钢（调质）	40Cr	30CrMnTi（贝雷销）	PSB830 精轧螺纹钢
抗拉、压、弯强度	215	295	624	940	1105	1030
抗剪强度	125	170	188	402	585	—

贝雷梁桁架单元杆件性能见表 5 和表 6。

构件容许内力表　　　　　　　　　　　　表 5

构件名称	材料	理论容许力（kN）	屈服强度（MPa）	容许主应力（MPa）	容许剪应力（MPa）
弦杆	16Mn	560	350	275	210
直杆	16Mn	210	350	275	210
斜杆	16Mn	171	350	275	210
销子	30CrMnTi	—	1300	1105	585

桁架容许内力表　　　　　　　　　　　　　　表6

结构构造		W（cm³）	I（cm⁴）	M许（kN·m）	Q许（kN）
单排单层	不加强	3578.5	250497.2	788.2	245.2
	加强	7699.1	577434.4	1687.5	245.2
双排单层	不加强	7157.1	500994.4	1576.4	490.5
	加强	15398.3	1154868.8	3375	490.5
三排单层	不加强	10735.6	751491.6	2246.4	698.9
	加强	23097.4	1732303.2	4809.4	698.9

计算结果校核时，对简支梁或连续梁结构，主要受力构件变形$\Delta L < L/400$，次要构件变形$\Delta L < L/250$（悬臂梁或伸臂梁结构L值取2倍大）。

2）验算准侧[1]

风力在6级以上时应停止管桩支架高处作业；在现浇盖梁施工过程中，管桩支架应满足现浇盖梁浇筑的安全性和适用性的要求，并具有良好的安全储备。

（1）模板支架自重：本次计算采用有限元软件Midas进行辅助计算，计算时支架结构的自重通过软件自行加载，其重力加速度取10m/s²考虑，模板荷载按1.5kPa考虑。

（2）新浇筑的箱梁混凝土自重：盖梁混凝土荷载分解计算时，分别按墩柱顶、七个悬空区域进行荷载分解计算，各区域对应的荷载分别加载于对应位置投影下方的分配梁上，计算示意如图5所示。

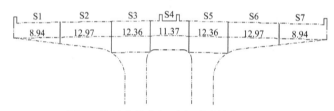

图5　箱梁荷载分解示意图（单位：m）

根据盖梁截面的构造，把盖梁分七个区域，盖梁荷载分解图计算结果如下：

S1 = 8.94m，面荷载46.91kN/m²；S2 = 12.97m，面荷载62.49kN/m²；S4 = 11.37m，线荷载73.93kN/m²。

（3）施工人员和施工材料、机具等行走运输或堆放的荷载：取2kN/m²。

（4）振捣混凝土时产生的振动荷载：取2kN/m²。

（5）新浇筑的混凝土对侧面模板的压力：支架计算时不考虑该部分荷载。

（6）倾倒大方量混凝土时产生的水平方向的冲击荷载：支架计算时不考虑该部分荷载。

（7）风荷载：经计算取0.273kPa。

4.2 荷载组合

对支架结构的受力按照承载能力极限应力状态法进行计算[2-3]，结构的强度和刚度计算分别取基本组合和标准组合两种荷载组合形式进行加载计算，其效应组合表达式如下：

$$S_z = \sum_{i=1}^{m} \gamma_{Ji} S_{Ji} + \sum_{j=1}^{n} \gamma_{Dj} S_{Dj}$$

基本组合：用于强度、稳定性及抗倾覆性计算（8级风荷载），风荷载组合系数为0.6。

$$S_1 = 1.2 \times (1+2) + 1.4 \times (3+4+7)$$

标准组合：用于刚度（变形）计算。

$$S_2 = 1.0 \times (1+2+7)$$

4.3 建立模型

现浇盖梁支架结构采用Midas有限元软件辅助计算。荷载按节点、梁单元荷载等效施加，人群荷载机械换算为线荷载等效施加。管桩为一般支撑，3个自由度均束缚，其余为弹性连接。盖梁支架按最不利荷载工况进行建模验算，计算模型如图 6 所示。

图 6　现浇盖梁支架有限元计算模型

4.4　支架有限元计算

1）分配梁

分配梁的计算结果如图 7～图 9 所示。

组合应力 σ_{max} = 181.79MPa < $[\sigma]$ = 215MPa，满足要求。

剪应力 τ_{max} = 76.52MPa < $[\tau]$ = 125MPa，满足要求。

最大挠度 5.93mm < $L/400$ = 3000/400 = 7.5mm，满足要求。

2）承重梁

承重梁的计算结果如图 10～图 12 所示。

组合应力 σ_{max} = 39.9MPa < $[\sigma]$ = 215MPa，满足要求。

剪应力 τ_{max} = 32.7MPa < $[\tau]$ = 125MPa，满足要求。

最大挠度 1.77mm < $L/400$ = 3000/400 = 7.5mm，满足要求。

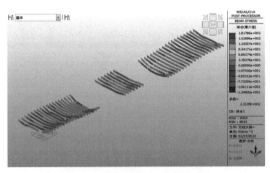
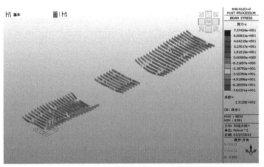

图 7　分配梁最大组合应力　　　　　　　　图 8　分配梁最大剪应力

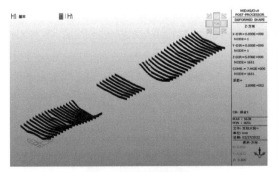

图 9　分配梁变形图　　　　　　　　图 10　承重梁最大组合应力

图 11 承重梁最大剪应力

图 12 承重梁变形图

3）横联

横联的计算结果如图 13、图 14 所示。

组合应力 σ_{max} = 16.46MPa < $[\sigma]$ = 215MPa，满足要求。

剪应力 τ_{max} = 1.76MPa < $[\tau]$ = 125MPa，满足要求。

图 13 横联最大组合应力

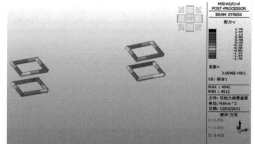
图 14 横联最大剪应力

4）斜撑

斜撑的计算结果如图 15、图 16 所示。

组合应力 σ_{max} = 26.45MPa < $[\sigma]$ = 215MPa，满足要求。

剪应力 τ_{max} = 5.44MPa < $[\tau]$ = 125MPa，满足要求。

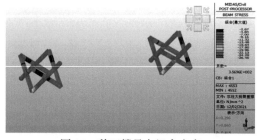
图 15 剪刀撑最大组合应力

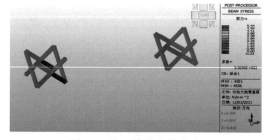
图 16 剪刀撑最大剪应力

5）贝雷弦杆

贝雷弦杆的计算结果如图 17、图 18 所示。

组合应力 σ_{max} = 207.66MPa < $[\sigma]$ = 275MPa，满足要求。

剪应力 τ_{max} = 170.36MPa < $[\tau]$ = 210MPa，满足要求。

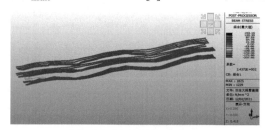
图 17 弦杆最大组合应力

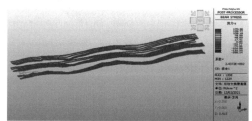
图 18 弦杆最大剪应力

6）贝雷腹杆

贝雷腹杆的计算结果如图 19、图 20 所示。

组合应力 $\sigma_{\max} = 231.79\mathrm{MPa} < [\sigma] = 275\mathrm{MPa}$，满足要求。

剪应力 $\tau_{\max} = 16.06\mathrm{MPa} < [\tau] = 210\mathrm{MPa}$，满足要求。

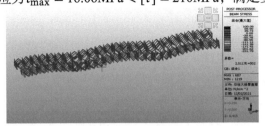

图 19　腹杆最大组合应力　　　　　图 20　腹杆最大剪应力

7）贝雷斜撑

贝雷斜撑的计算结果如图 21、图 22 所示。

组合应力 $\sigma_{\max} = 117.86\mathrm{MPa} < [\sigma] = 275\mathrm{MPa}$，满足要求。

剪应力 $\tau_{\max} = 5.01\mathrm{MPa} < [\tau] = 210\mathrm{MPa}$，满足要求。

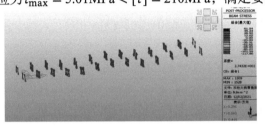

图 21　斜撑最大组合应力　　　　　图 22　斜撑最大剪应力

8）钢管桩

钢管桩的计算结果如图 23、图 24 所示。

组合应力 $\sigma_{\max} = 58.02\mathrm{MPa} < [\sigma] = 215\mathrm{MPa}$，满足要求。

剪应力 $\tau_{\max} = 3.78\mathrm{MPa} < [\tau] = 125\mathrm{MPa}$，满足要求。

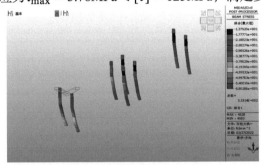

图 23　钢管最大组合应力　　　　　图 24　钢管最大剪应力

9）钢管稳定性验算

钢管稳定性验算计算结果如图 25 所示。

钢管立在混凝土条形基础上，根据计算，钢管桩的最大轴向力为 694.26kN；钢管桩 $\phi 630\mathrm{mm}$，回转半径 $i = 219.48\mathrm{mm}$；钢管桩自由长度为 $L = 10000\mathrm{mm}$；钢管桩壁厚 10mm，截面面积 $A_\mathrm{m} = 19468\mathrm{mm}^2$；长细比 $\lambda = 10000/219.48 = 45.56$，查受压构件稳定系数表，稳定系数 $\varPhi = 0.929$。

则钢管容许压力：

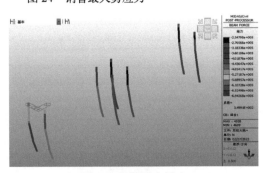

图 25　钢管最大轴力

$[N] = \Phi \times A_\mathrm{m} \times [\sigma] = 0.929 \times 19468\mathrm{mm}^2 \times 215\mathrm{MPa} = 3888.44\mathrm{kN} > 694.26\mathrm{kN}$，单桩稳定性满足要求。

5　结论

大跨径、大挑臂双柱式预应力盖梁在"上桥下路"共线段施工时，采用钢管支墩贝雷主梁组合式支架方案具有以下优点：

（1）能够提供稳定的支撑，有效防止盖梁在施工过程中发生倾覆或变形。

（2）能够承受较大的荷载，确保施工过程中的结构稳定性。

（3）该支架方案结构简单，安装方便，能够提高施工效率，从而降低整体施工成本。

（4）能够确保盖梁在施工过程中保持准确的几何形状和尺寸。

（5）可保证荷载均匀分布，避免盖梁在施工过程中出现应力集中或变形等问题，从而保证盖梁施工质量。

总之，双柱式大挑臂预应力盖梁采用钢管贝雷片支架方案施工具有显著优势，能有效提高施工安全，降低施工成本，保证工程质量，可为类似工程盖梁施工提供经验和借鉴。

参考文献

[1] 中华人民共和国交通运输部. 公路桥涵施工技术规范: JTG/T 3650—2020[S]. 北京: 人民交通出版社股份有限公司, 2020.

[2] 中华人民共和国交通运输部. 公路桥涵设计通用规范: JTG D60—2015[S]. 北京: 人民交通出版社股份有限公司, 2015.

[3] 中华人民共和国交通运输部. 公路桥涵地基与基础设计规范: JTG D63—2007[S]. 北京: 人民交通出版社股份有限公司, 2019.

宽多室连续箱梁应力集中分析及抗裂措施研究

赵显焦　杨　柳

（中电建路桥集团有限公司　北京　100048）

摘　要：本文以某超宽多室连续箱梁为例，通过对应力集中与易裂化破坏位置进行分析，结合数值模拟结果，提出抗裂方案，指导现场施工。

关键词：超宽多室连续箱梁；应力集中；数值模拟；抗裂

1　概述

本文以甬台温高速至沿海高速温岭联络线项目新河 1 号高架桥第 11 联上部结构采用的 (45＋75＋45)m 整幅预应力混凝土变截面连续箱梁为例。该处连续箱梁采用单箱五室斜腹板截面，箱梁顶宽33m，底宽24～25.3m，箱梁根部断面梁高 5m，跨中和边跨现浇梁段梁高 2m，底板及顶底板设置双向人字形渐变横坡。箱梁 0 号块梁段长度为 12m，悬臂标准节段梁长 3～4m，边、中合拢段长为 2m，悬臂浇筑的箱梁中最重块段为 1 号块，重 355.63t。该处挂篮设计方案拟定为四榀菱形主桁架，通过对应力集中与易裂化破坏位置进行分析，结合数值模拟结果，提出抗裂方案。

2　应力集中与易裂化破坏位置分析

在荷载长期作用下，由于混凝土的徐变和拉应力的松弛，裂缝间的受拉混凝土将不断退出工作，使裂缝宽度逐渐增大，直到丧失承载力。预应力混凝土桥梁在静荷载、动荷载或次应力作用下容易产生裂缝[1]，因此下面分别从直接应力和次应力两方面对裂缝进行分析。

1）直接应力裂缝

直接应力裂缝往往是外界荷载直接施加在结构上所引起的，其产生的原因在设计、施工、使用阶段都有涉及。设计阶段中主要是对结构计算不准确或误算而导致的，如计算模型的结果与实际结构差距大、荷载少加或漏算、结构安全系数不够、设计时不考虑施工方面、截面设计不合理、钢筋布置有偏差导致梁体刚度不足、设计图纸表述不详细等。施工阶段中主要有施工现场管理不当，大型施工机具的过多堆放导致桥面外荷载过大，超过设计值；不参照设计图纸施工，施工顺序与设计要求不符，导致结构的受力模式发生变化；不对结构进行预压、试压[2]。在使用阶段，自然灾害如大风、大雪、地震等或超过允许载重的重型货车经过等因素都会产生直接应力裂缝。

2）次应力裂缝

实际桥梁工程中，梁体的次应力是诱导梁体产生荷载裂缝的普遍原因，表现为剪切、张拉、劈裂状态[3]。外荷载引起的次应力裂缝，计算起来比较麻烦，但是随着科学技术的进步，有限元软件的发展，计算机也能够做到对次应力裂缝进行合理验算，比如对徐变、预应力、次应力的验算等，这在 30 年前还是很困难的事情。在箱梁结构的处理上要防止局部或断面的突变，如遇到此类情况，应对局部进行过渡处理、突变处作渐变处理、转角处配斜向钢筋。

2.1　应力集中系数和基准应力

某应力构件上的应力分布不均，在部分区域产生的应力偏差即应力峰值的情况，通常称为"应力集中"，应力集中系数表示应力集中的程度。应力集中系数（用α表示）由最大应力或峰值应力σ_m和基准应力σ_0之比表示。

$$\alpha = \frac{\sigma_m}{\sigma_0}$$

2.2 应力集中的扩散

如前所述,应力集中或应力分布不均由物体的边界条件即形状和荷载引起,这种应力集中或应力分布不均具有这样一种性质,即不涉及该物体的扩大范围,而且距离应力集中因素存在的部位越远,其影响越小,最后乃至消失。也就是说,应力集中只限于较小的范围,而不涉及物体远方,圣维南(Saint-Venant)定理也适用于应力集中。

从通常的结构观点来看,应力集中范围的宽窄并不那么重要,而应特别注意的是最大集中值本身。

3 结构受力数值模拟

在以往的斜腹板箱梁施工时,也有梁顶板纵向开裂的情况发生,但多认为是由于以下3个原因造成的。

(1)单束预应力钢束张拉力过大,造成沿波纹管方向的纵向裂缝。

(2)由于水化热造成的裂缝。

(3)由于混凝土顶板较宽,施工时间较长,混凝土产生收缩,进而造成沿顶板的纵向裂缝。

项目组仔细研究了箱梁在施工过程中的受力情况,认为顶板纵向裂缝可能是由另外的原因造成的。

由于在悬臂施工时,施工节段的混凝土重量要通过挂篮加到前一节段的混凝土梁上,因此项目组对挂篮受力进行了详细分析。结合拟定的四榀菱形主桁架方案,项目组利用 Midas 程序建立三维模型[4],分析了挂篮受力情况,在保证挂篮安全的前提下,提取挂篮作用在混凝土梁上的反力。挂篮杆件正应力图和挂篮支反力图分别如图1和图2所示,箱梁横向计算图示如图3所示。

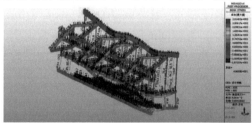

图1 挂篮杆件正应力图

图2 挂篮支反力图

由图3可知,挂篮前支腿处的压力大小为:中间支腿 2138kN,外侧支腿压力 1571kN。把这些力加到箱梁横向计算的模型中,对挂篮压力在箱梁中产生的内力、位移进行计算(计算结果如图4～图8所示),根据计算结果分析箱梁顶板的受力状态、变形情况,并判断是否会产生裂缝。

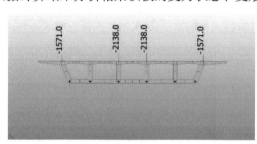

图3 挂篮前支腿处压力(单位:kN)

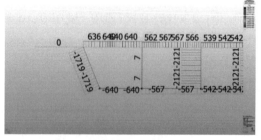

图4 箱梁轴力(单位:kN)

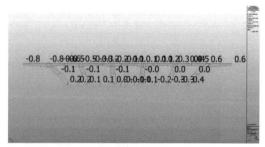

图5 箱梁变形(单位:mm)

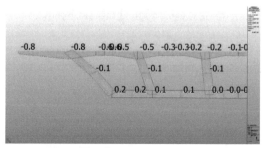

图6 箱梁弯矩(单位:kN·m)

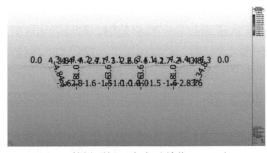 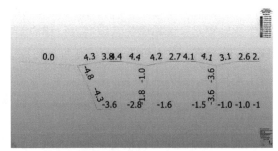

图 7 箱梁顶板正应力（单位：MPa）　　图 8 箱梁顶板局部正应力（MPa）

由图 4 可知，箱梁边箱顶板产生了 640kN 的轴向拉力。由图 5～图 8 可知，在挂篮支腿压力的作用下，箱梁边箱顶板中部有 0.8mm 的伸长量，而顶板中存在 3.8MPa 的拉应力，考虑到此处因预应力管道的存在而产生截面削弱，因此在挂篮支腿压力作用下，斜腹板箱梁顶板处会产生混凝土裂缝。

4 抗裂方案优化研究

4.1 方案优化

为减少裂缝的长度及避免裂缝的出现，项目组拟采用改变悬臂浇注预应力混凝土箱梁的横向预应力施工工艺。通常横向预应力的张拉会滞后两个节段，但考虑到在斜腹板箱梁顶板中会存在较大的水平拉力，因此可在移动挂篮后，浇注下一节段箱梁混凝土前，进行横向预应力束的张拉，但也要注意不能一次性张拉到位，否则会引起反向裂缝的产生。

根据本项目施工方案中挂篮采用的是四片主桁的结构形式，斜腹板箱梁顶板受力不利，因此建议增加主桁的片数，采用 6 片主桁（图 9），减小每个主桁下的支腿压力，尤其是减小斜腹板上面的压力，这样可以减小顶板中水平拉力的大小，从而避免顶板裂缝的产生。

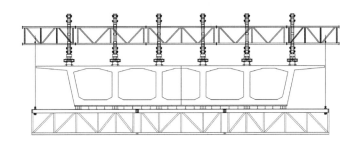

图 9 建议采用的挂篮形式

4.2 优化方案结果

根据混凝土性能及施工工艺参数，结合施工图纸，项目团队建立连续箱梁仿真模型，对连续箱梁进行受力仿真分析，得到连续箱梁不稳定、易裂化区域的信息，并将该信息输入连续箱梁仿真模型中，识别出施工过程中连续箱梁不稳定、易裂化区域，最后通过数字监测设备对连续箱梁不稳定、易裂化区域进行全过程数字监测，分析处理得到连续箱梁施工全过程的裂化情况及裂缝区范围。

本项目通过全过程数字监测方法进行监测预警，解决桥梁施工过程中裂缝的探测、监控、修复、加固等问题。根据施工设计图、真实施工工艺，并考虑水化热对混凝土影响，项目团队对连续箱梁进行三维建模，得到三维仿真模型，该模型包括全桥梁有限元计算模型、自重荷载作用模型、温度变化影响模型、挂篮不均匀分布模型、水化热影响模型等。在有限元 FEA 软件上进行建模仿真，将施工中箱梁的数据进行三维呈现，利用 FEA 软件对箱梁中易裂化区域的仿真模型进行操作，对在实际施工过程中可能出现的裂缝产生的影响因素和变化规律进行预警监控。

本项目利用全天候、全过程数字监测设备，对连续箱梁施工易裂化区域进行数据监测，通过 MATLAB

软件分析处理得到施工全过程中的裂化情况及裂缝区范围。并与连续箱梁施工现场实测结果进行对比分析，根据对比结果对连续箱梁仿真模型进行相应调整，扩大或增加数字检测范围，对易裂化区的裂缝发展情况进行安全预警，在本阶段进行网状加固以防止裂缝加大开裂，并在施工下一阶段中，在挂篮刚度、控制混凝土水化热、调整横向配筋率等方面采取措施来防止裂缝的产生。

应力结果分析中，分别取顶板与底板上三个监测点的平均值作为相应实际应力值，依据模拟理论值进行对比分析。

A-A 截面为悬臂根部不利截面，在此区域最易产生裂缝，主要监测该截面悬臂浇筑阶段及合拢后的应力状态。如图 10 所示，实测应力均大于理论应力，整体变化趋势相同；顶板应力大于底板应力，顶板近合拢段相差最大为 2.48MPa，合拢后相差 2.78MPa；底板最大应力相差 1.69MPa，合拢后相差 1.92MPa，无应力异常情况。详细结果见表 1。

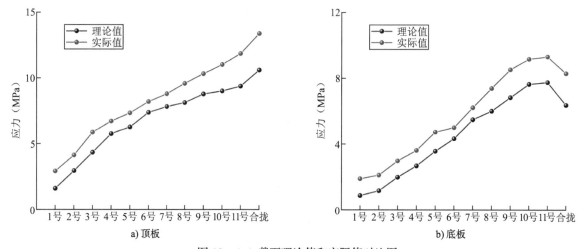

图 10　A-A 截面理论值和实际值对比图

A-A 截面应力监测结果　　　　　　　　　　　　　　　　表 1

工况	顶板测点（MPa）			底板测点（MPa）		
	理论值	实际值	差值	理论值	实际值	差值
1 号块张拉后	1.63	2.94	1.31	0.88	1.90	1.02
2 号块张拉后	2.97	4.15	1.18	1.17	2.12	0.95
3 号块张拉后	4.36	5.88	1.52	1.99	2.98	0.99
4 号块张拉后	5.77	6.73	0.96	2.68	3.62	0.94
5 号块张拉后	6.28	7.35	1.07	3.57	4.73	1.16
6 号块张拉后	7.39	8.21	0.82	4.33	5.01	0.68
7 号块张拉后	7.53	8.80	1.27	5.49	6.22	0.73
8 号块张拉后	8.13	9.58	1.45	6.01	7.39	1.38
9 号块张拉后	8.78	10.32	1.54	6.83	8.52	1.69
10 号块张拉后	9.01	11.01	2	7.64	9.17	1.53
11 号块张拉后	9.37	11.85	2.48	7.75	9.31	1.56
中跨合拢后	10.59	13.37	2.78	6.37	8.29	1.92

B-B 截面同为悬臂根部不利截面，B-B 界面与 A-A 截面虽同处于墩顶两侧，但施工阶段未出现完全

对称情况，监测中实际值与理论值整体变化趋势相同；浇筑过程顶板应力最大相差为 2.35MPa，合拢后相差 2.79MPa；底板最大应力相差 1.67MPa，合拢后相差 7.3MPa，无应力异常情况。B-B 截面理论值实际值对比见图 11，详细结果见表 2。

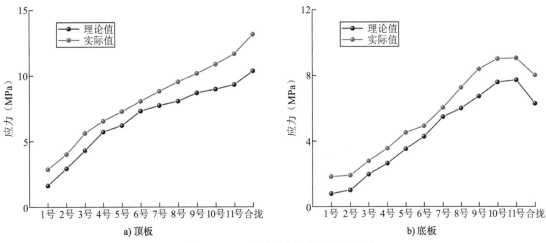

图 11　B-B 截面理论值实际值对比图

B-B 截面应力监测结果　　　　　　　　　　　　　　　　表 2

工况	顶板测点（MPa）			底板测点（MPa）		
	理论值	实际值	差值	理论值	实际值	差值
1 号块张拉后	1.63	2.87	1.24	0.79	1.83	1.04
2 号块张拉后	2.93	4.01	1.08	1.01	1.91	0.9
3 号块张拉后	4.31	5.63	1.32	1.97	2.78	0.81
4 号块张拉后	5.73	6.55	0.82	2.63	3.55	0.92
5 号块张拉后	6.22	7.28	1.06	3.51	4.52	1.01
6 号块张拉后	7.31	8.05	0.74	4.27	4.92	0.65
7 号块张拉后	7.73	8.81	1.08	5.47	6.03	0.56
8 号块张拉后	8.06	9.53	1.47	5.99	7.25	1.26
9 号块张拉后	8.69	10.18	1.49	6.72	8.39	1.67
10 号块张拉后	8.97	10.87	1.90	7.58	9.01	1.43
11 号块张拉后	9.31	11.66	2.35	7.71	9.05	1.34
中跨合拢后	10.36	13.15	2.79	6.28	8.01	1.73

C-C 截面为桥梁 $L/2$ 处（L 为桥梁跨径），在模拟中产生最大竖向位移的截面。监测结果显示，中跨合拢后底板应力大于顶板应力，顶板相差 1.25MPa，底板相差 0.65MPa，无应力异常情况，见表 3。

C-C 截面应力监测结果　　　　　　　　　　　　　　　　表 3

工况	顶板测点（MPa）			底板测点（MPa）		
	理论值	实际值	差值	理论值	实际值	差值
中跨合拢后	2.92	4.17	1.25	4.82	5.47	0.65

综上所述，在施工监测过程中各工况的实际值均大于理论值；受外界因素影响，实际监测中应力值变化趋势出现轻微抖动；两者整体变化趋势相同差值保持在 3MPa 以内，受力合理，满足设计要求，整体施工过程中箱梁结构安全可控。

5 结论

（1）采用四榀主桁架的结构形式，对斜腹板箱梁顶板受力不利，建议增加主桁的片数，采用 6 片主桁，以减小每片主桁下的支腿压力，尤其是减小斜腹板上面的压力，由此可以减小顶板中的水平拉力的大小，从而避免顶板裂缝的产生。

（2）根据目前此类问题研究中存在的研究数据来源不足和缺乏有效的裂缝监测方法的现状，建议在施工过程中，加强斜腹板箱梁顶板纵向裂缝的寻找和观测。为方便寻找裂缝，建议在顶板养护和施工过程中，避免杂物堆积，同时要注意顶板收面的平整度；在发现微裂缝后，建议进行宽度和深度的测量，为今后的分析研究提供关键数据。同时也便于施工时及时采取措施，避免裂缝的进一步发展。

参考文献

[1] 王铁梦. 工程结构裂缝控制[M]. 北京: 中国建筑工业出版社, 1997.
[2] 窦文林, 安康月. 高速公路特大桥预应力连续梁桥悬臂施工控制研究[J]. 公路工程, 2019, 44(03): 112-116.
[3] 朱江. 预应力混凝土连续梁桥悬臂施工与监控的关键技术研究[D]. 镇江: 江苏大学, 2018.
[4] 朱耀台. 混凝土结构早期收缩裂缝的试验研究与收缩应力场的理论建模[D]. 杭州: 浙江大学, 2005.

挂篮法悬臂施工关键技术研究

张弟伟　聂晨瑶

（中国水利水电第四工程局有限公司　青海西宁　810000）

摘　要：本文以甬台温高速至沿海高速温岭联络线PPP项目为案例，对挂篮法悬臂施工技术进行研究。在总长32.871km的项目中，桥梁悬臂浇筑施工工艺成为焦点，特别是挂篮施工。本文详细介绍了挂篮的设计、安装、操作平台安装、预压、悬浇施工、预应力施工及拆除过程。通过挂篮预压加载消除非弹性变形，确保底模板的立模高度。通过本文的研究，为类似工程提供了有益的参考，助力深厚软土地质条件下长式桩基施工技术的进一步发展。

关键词：悬臂施工；挂篮技术；预应力施工；桥梁工程

1　引言

在现代交通基础设施建设中，桥梁工程作为连接城市、促进经济发展的重要环节，日益受到广泛关注。然而，在复杂多变的地质条件下，尤其是深厚软土地质条件下，桥梁施工所面临的挑战极为复杂[1]。甬台温高速至沿海高速温岭联络线PPP项目作为一个典型案例，自西向东贯穿台州温岭市，涵盖了丰富的地质特征与复杂的交通需求。在这个项目背景下，本文将聚焦于在深厚软土地质条件下进行长式桩基施工的技术研究，探讨如何克服地质挑战，优化施工过程，以及如何应用先进的挂篮设计与预压技术，为类似地区的桥梁工程提供经验与指导。通过深入研究与分析，本文旨在为解决深厚软土地质条件下桥梁施工问题提供有益的参考与启发。

2　项目背景与介绍

2.1　甬台温高速至沿海高速温岭联络线PPP项目概述

甬台温高速至沿海高速温岭联络线PPP项目位于台州温岭市，自西向东贯穿，起于台州温岭市大溪镇，终点位于沿海高速温岭北互通南侧，全长32.871km。项目设计目标为建设一条双向六车道的高速公路，设计速度100km/h，涵盖了大溪、泽国、城北、新河、滨海等乡镇和街道，充分满足了当地交通需求，有效促进了经济发展。其中，项目涉及大规模的桥梁建设，高架桥、隧道、互通枢纽等工程在深厚软土地质条件下的施工具有一定的挑战性。

2.2　桥梁悬臂浇筑工艺与挑战

在深厚软土地质条件下进行桥梁悬臂浇筑施工是该项目中的一项重要任务，然而这一工艺面临着多重挑战。首先，地质条件可能导致土壤沉降，进而影响悬臂浇筑过程的稳定性。其次，悬臂在浇筑过程中可能会受到自身重量及施工荷载的影响，容易产生结构变形[2]。同时，气温变化也可能引发材料膨胀与收缩，进一步增加施工的复杂性。为克服这些挑战，项目采用了先进的挂篮设计和预压技术，以确保施工安全与质量。挂篮现场照片如图1所示。

图1　挂篮现场照片

在挂篮设计方面，考虑到悬臂浇筑过程中可能存在的变形与应力集中问题，本项目采用了菱形主桁结构挂篮，通过合理的结构布局及材料选用，提高了挂篮的稳定性和承载能力。同时，挂篮的预压也成为关键措施之一，通过加载沙袋进行预压，消除挂篮的非弹性变形，为后续浇筑提供了稳定的施工条件。

然而，在实际施工中，挂篮的操作平台安装、挂篮预压过程、节段钢筋布置、混凝土养护等方面也存在一系列具体的工程技术问题需要解决。针对这些问题，项目团队进行了详尽规划与调试，确保了施工的顺利进行和工程的高质量完成。

3 挂篮设计、安装与操作平台

3.1 挂篮设计原则与结构

挂篮作为桥梁悬臂浇筑过程中的重要设备，其设计原则和结构对工程施工的稳定性和安全性具有至关重要的影响。在甬台温高速至沿海高速温岭联络线 PPP 项目中，挂篮设计遵循一系列原则，以应对深厚软土地质条件下的挑战。

挂篮设计首先强调结构的稳定性和承载能力。通过在悬臂挂篮的结构中采用合理的几何形状和材料强度，确保了挂篮在悬挂状态下的稳定性，同时悬臂挂篮也具备了足够的承载能力。此外，挂篮设计还考虑了施工现场的实际情况，充分适应了不同桥梁段的几何形状和尺寸变化，保障了施工的全程顺利进行。具体如下：①挂篮结构的设计尽可能减少对桥梁结构的干扰；②通过合理布置支撑点和连接方式，降低挂篮对桥梁主体结构的影响，确保桥梁的整体稳定性和安全性；③挂篮的结构设计考虑施工人员的操作便利性，为后续的操作平台搭建提供基础。

3.2 挂篮安装与操作平台

挂篮的安装和操作平台的设置是悬臂浇筑工艺中的关键环节，也是确保施工效率和质量的重要保障。在甬台温高速至沿海高速温岭联络线 PPP 项目中，挂篮安装与操作平台的设计和实施充分考虑了工程的具体情况。

挂篮安装过程中，项目组进行了现场勘测，根据桥梁的实际尺寸和形状，确定合适的支撑点和悬挂方式。随后，根据设计原则搭建挂篮结构，确保其稳定性和承载能力。操作平台的设置则考虑了施工人员的作业需求，通过安装护栏、防滑设施等，为施工人员提供安全舒适的作业环境。挂篮施工示意图如图2所示。

图 2 挂篮施工示意图

挂篮操作平台的设置也充分利用了现代技术手段，以提高施工效率和精度。项目团队通过先进的测量仪器和图像识别技术，实现了对挂篮位置和状态的实时监测，确保了施工的准确性。同时，在操作平台的布置中，合理设置了施工人员工作区和材料存放区，提高了作业的整体效率。

4 挂篮预压与悬浇施工

4.1 挂篮预压技术及加载过程

在甬台温高速至沿海高速温岭联络线 PPP 项目中，挂篮预压技术作为关键施工步骤之一，扮演着确保桥梁结构稳定性和施工安全性的重要角色。该技术通过向悬挑桥梁结构施加预定荷载来调整应力分布，以减小变形并优化结构性能。

挂篮预压技术的应用过程首先要确定预应力的大小，该应力的选择需要考虑诸多因素，如桥梁几何形状、材料特性和设计要求等。其次，接下来的预应力索的布置也至关重要，预应力索的位置和数量需要根据结构特点进行精确计算，以确保预应力荷载能够有效传递到结构中。

在加载过程中，预应力索首先被张拉到预定张力，然后逐渐施加荷载至预定值。这一过程需要精确控制，以避免产生过大的变形和应力集中。在加载过程中，工程人员需要实时监测挂篮和桥梁结构的响应，确保加载过程安全可控。

挂篮预压技术的成功应用，不仅需要先进的施工设备和技术手段，还需要丰富的经验和精湛的技术。在预压加载过程中，工程人员需密切关注，确保预应力与桥梁结构性能相匹配。预应力施工还需要考虑施工时机、温度变化等因素，以保证预应力效果的稳定性和可靠性。

4.2 悬浇施工与线形控制

悬浇施工作为甬台温高速至沿海高速温岭联络线PPP项目桥梁建设的关键环节之一，旨在确保桥梁结构的稳定性和施工质量。该施工过程需紧密结合线形控制技术，以确保悬挑桥梁的准确对接和稳定施工。

在悬浇施工过程中，首先进行模板搭设和钢筋布置。模板的精确搭设对于保证混凝土浇筑的准确性至关重要，而钢筋的合理布置则能够增强混凝土的承载能力和耐久性。

紧接着是混凝土的搅拌和浇筑。混凝土的搅拌需要严格控制配比和搅拌时间，以确保混凝土的均匀性和强度。浇筑过程中，工作人员需要协调配合，保持连续性，防止混凝土浇筑中产生冷接缝和孔洞等缺陷。

在悬浇过程中，线形控制技术的应用至关重要。精确的线形控制，可以确保悬挑桥梁的准确对接，避免因线形偏差而导致的施工错误。工程人员会借助先进的测量仪器和技术手段，实时监测桥梁的线形状态，及时进行调整和纠正。

此外，悬浇施工过程还需要注意环境因素对混凝土固结过程的影响。工作人员会采取保温措施，防止混凝土的快速干燥和开裂。同时，施工现场的环境卫生和安全也需要得到高度重视，以确保施工过程的顺利进行。

4.3 预应力施工与质量保障

预应力施工作为甬台温高速至沿海高速温岭联络线PPP项目桥梁建设的重要组成部分，旨在提升桥梁结构的承载能力和稳定性。在预应力施工过程中，根据设计要求，桥梁结构中需要设置钢束，并通过张拉设备对钢束进行预应力张拉，使其产生一定的预应力[3]。通过预应力张拉，可以有效调整桥梁的内力分布，增加桥梁的荷载承载能力。

紧接着是锚固预应力钢束。在预应力施工过程中，预应力钢束的锚固是确保施工质量的关键环节。工程人员应严格按照设计要求和施工规范，采用专业的锚固设备和技术，对预应力钢束进行可靠的锚固，以防止预应力的损失和钢束的松动。

同时，在预应力施工过程中，质量保障也是至关重要的。工程人员会采取严格的施工工艺控制措施，确保预应力钢束的张拉力值和锚固质量的稳定性。会定期进行张拉力检测和锚固质量检验，及时发现并处理施工中的问题和隐患。

为了保证预应力施工的质量，工程人员还会对预应力钢束进行防腐处理，以提高其耐久性。此外，施工现场的环境卫生和安全管理也会得到高度重视，确保施工过程的安全性和顺利进行。

5 拆除与总结

5.1 挂篮拆除过程

挂篮拆除是甬台温高速至沿海高速温岭联络线PPP项目桥梁建设的最关键的阶段，该阶段的成功实施需要工程团队极高的专业素养和协同合作。拆除过程的每个环节都至关重要，以下将详细描述这个过程。

首先是对拆除区域的详细评估和准备工作。工作人员会仔细检查挂篮所在位置的周边环境，并根据挂篮的结构和位置制定拆除方案。在制定方案时，安全因素是最重要的，工作人员会充分评估风险，并制定相应措施，以确保施工人员的安全。

随后，开始挂篮的逐步解体。工作人员会根据拆除方案，有条不紊地拆卸挂篮的各个组件。这需要工程人员熟练的操作技能和良好的协同配合。在挂篮拆卸过程中，工作人员会使用起重机等专业设备，确保每个组件都能够稳定且安全地卸下。

环境保护在整个拆除过程中也得到了充分的重视。工作人员会采取措施，避免拆除过程中产生的废弃物和物料对周围环境造成污染，如使用防护罩等设备防止材料的飞散，并在必要时进行沉降池的搭建，防止污染物进入水体。

同时，降噪措施也是拆除过程中的重要一环。工程团队会在拆除现场周围设置隔音板和隔音围挡，以减少施工噪声对周边居民的影响。

随着各个组件的拆卸完成，整体拆除的阶段即将开始。这需要工程团队的精准操作和协调配合。其会根据挂篮的结构特点，制定降落方案，确保挂篮能够平稳地降落在预定区域内，避免对桥梁结构和周围环境造成损害。

5.2 结果与经验总结

甬台温高速至沿海高速温岭联络线PPP项目的桥梁悬挑浇筑工程取得了显著的成果，并从中积累了宝贵的经验。

在挂篮设计与安装方面，通过严格遵循设计原则并采取合适的结构，确保了挂篮的稳定性和安全性。挂篮操作平台的合理设计使得施工人员能够高效而安全地进行工作。

在挂篮预压与悬挂浇筑阶段，采用的预应力技术和悬挂浇注工艺有效地提升了混凝土的力学性能和耐久性。通过精确的线形控制，成功保证了桥梁的几何形状与设计要求的一致性。

预应力施工的实施为桥梁的使用寿命和性能提供了可靠的保障，确保了桥梁在长期荷载作用下的稳定性。

在挂篮拆除阶段，科学合理的拆除过程不仅使工程顺利完成，还保护了桥梁的完整性。

这些项目经验和取得的成就为未来类似的桥梁悬挑工程提供了宝贵的参考，对于提高工程质量、安全性和施工效率具有重要的借鉴意义。

6 结论

本文详细探讨了甬台温高速至沿海高速温岭联络线PPP项目中桥梁悬挑浇筑工程的关键内容，以及挂篮设计、安装、预压施工、拆除等方面的技术和挑战。通过项目实践，充分展现了高速公路桥梁建设领域的创新成果和工程经验。项目成果不仅体现在高效完成了复杂的悬挑浇筑工程，还在挂篮设计与预应力施工等方面取得了显著的技术突破。成功应用的挂篮设计原则和结构，为类似工程提供了设计参考，而预应力技术的应用则延长了桥梁的使用寿命，为公路交通的安全运行提供了可靠保障。

参考文献

[1] 肖正恩, 朱江川, 王寿武. 粉质软土粘土条件下深水超长钢板桩围堰施工技术研究[J]. 中国水运, 2022,(7): 125-127.
[2] 徐雷. 深厚软泥地质条件下桩基旋挖钻施工技术[J]. 公路, 2020, 65(9): 364-367.
[3] 叶坤兴. 软基地质条件下PHC管桩施工技术要点研究[J]. 四川水泥, 2021(11): 183-184.

33m级宽箱多室现浇箱梁0号块膺架研制

钟长海 陈小锐 张国清 袁 豹

(中国水利水电第五工程局有限公司第一分局 四川成都 610066)

摘 要：温岭联络线新河1号高架桥为高速公路与市政道路共线桥梁，跨金清港错距0号块设计，对于金清港大桥0号块的支架设计，通过方案比较，采用新型0号块膺架设计。支架利用水下承台、墩柱为支撑基础，通过立柱、斜钢管组合、连接件进行设计，结构安全，经济合理，可减少施工干扰。本文以金清港大桥0号块膺架施工为例，对施工方案的选择进行阐述，通过确定最优施工方案，有效保证0号块的施工质量。

关键词：0号块；支架设计；施工质量

1 工程概况

浙江省温岭市甬台温高速公路至沿海高速公路温岭联络线为满足跨越金清港要求，采用跨径(45＋75＋45)m变截面连续箱梁布置，温岭联络线和市政道路——牧长路共线设置，垂直布置为牧长路桥桥梁和金清港大桥。温岭联络线变截面连续梁结构为单箱五室，桥面宽度33m，下部结构由桩基、承台、花瓶墩组成。该地区土层均为海积软土，河床内摩擦桩约为100m，花瓶墩、水中承台尺寸较小，五箱室梁左右各有一箱室悬挑河中，0号块节段长度为12m，混凝土强度等级为C50，共计965m³，质量约2509t（按2.6t/m³计）。

根据政府要求，该处桥梁采用充分利用桥下空间的设计理念，提高土地利用率，设计构件具有大悬臂窄墩柱的特点，给跨河桥梁施工带来了非常大的难度。多组0号块设计位置图如图1所示，主要临建设施钢材用量见表1。

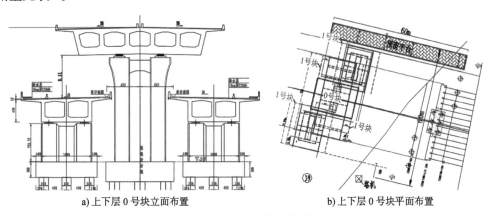

a) 上下层0号块立面布置　　b) 上下层0号块平面布置

图1 多组0号块设计位置图

主要临建设施钢材用量表　　　　　　　　　　　　　　　　　表1

序号	部位名称	材料类别	单位	数量
1	钢便桥	钢管桩、贝雷片、钢板	t	2073.2
2	钢平台	钢管桩、贝雷片、钢板	t	1205.7
3	钢围堰	PC（聚碳酸酯）钢管、拉森钢板	t	2492
4	金清港大桥0号块支架	钢管、型钢连接、工字钢	t	636
5	牧长路桥梁0号块支架	钢管、型钢连接、工字钢	t	298
合计			t	6704.9

现有设计图纸推荐采用辅助灌注桩＋临时支撑条形基础＋支撑钢管＋连接件＋分配工字钢组合为

0号块支架体系，此种支撑体系的缺点是施工期间需要加大钢围堰尺寸[1]，并且采用辅助灌注桩+临时支撑条形基础，需要设置水中临时支撑基础，费用较高，影响牧长路桥梁0号块支架搭设。

按照建设单位要求，本项目需要优化支架设计，研究人员通过多次试验决定采用"超宽多室箱梁0号块膺架设计"，即利用现有承台、墩柱作为支撑基础，通过钢管支撑及型钢连接、锚固、调节部件，外悬箱室采用三角支撑进行设计，同时采用预应力筋拉结，牧长路桥梁0号块支架可同时支立，节约成本。0号块结构及支架三维图如图2所示。

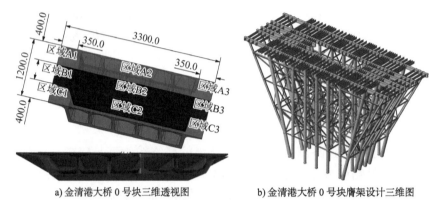

a) 金清港大桥0号块三维透视图　　b) 金清港大桥0号块膺架设计三维图

图2　0号块结构及支架三维图（尺寸单位：mm）

2　选择课题

2.1　提出需求

现有设计图纸推荐的支架体系，水中深度为3m左右，此种支撑体系存在以下问题：

（1）施工期间需要加大钢围堰尺寸或采用辅助沉箱。

（2）辅助灌注桩+临时支撑条形基础处于水中，施工费用高。

（3）灌注桩和混凝土条形基础一次性投入，会影响牧长路桥梁0号块支架搭设。

（4）钢围堰搭设工程量大。

（5）0号块浇筑完成后覆盖面积大，净高12m（钢平台至箱梁底），现浇箱梁浇筑后作业空间受限，支撑体系拆除困难，同时会影响牧长路桥梁0号块支架搭设。

设计图纸推荐0号块支架形式如图3所示，常规0号块支架照片如图4所示。

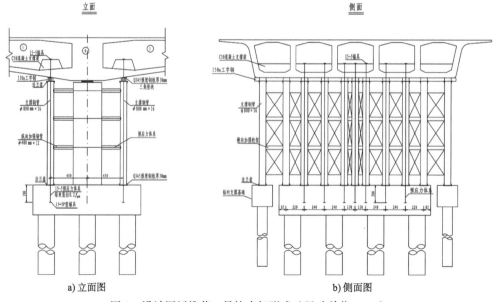

a) 立面图　　b) 侧面图

图3　设计图纸推荐0号块支架形式（尺寸单位：cm）

图 4 常规 0 号块支架

2.2 需求分析

(1) 根据本地区地质条件，2 个 0 号块需要 12 根辅助灌注桩（直径 1.2m），桩长按 40m 计算，则需要施工费用 12×40×1500＝72 万元，需一次性投入且无法回收利用，后期为避免影响航道安全，还需破除露出河床部分，所需费用约为 5 万元。

(2) 4 个条形基础增加混凝土用量 400m³，需要施工费用 400×490＝19.6 万元，需一次性投入且无法回收利用，后期为避免影响航道安全，也需破除露出河床部分，所需费用约为 5 万元。

钢围堰面积为 903m²，PC 钢管桩深度为 35m，钢围堰用钢量 3500t，钢围堰的拆除需要在 0 号块支架立杆搭设完成后进行，租赁期约 10 个月，租赁费用约 525 万元。0 号块支架及临时固结材料用量见图 5。

一个墩支架数量表					
品名	规格	单位	数量	重量（t）	备注
螺旋管	52.9×10	m	465.00	59.50	
	63.0×12	m	238.00	43.50	
槽钢	H32B	m	402.00	17.33	
	H25B	m	929.00	29.11	横梁下平联
	H18B	m	928.00	21.30	
钢板	150×70×2	块	12.00	1.98	
	70×70×2	块	48.00	3.69	
	14×14×2	块	16.00	0.05	
墩身预埋钢板	80×40×2	块	4.00	0.20	
	40×20×10	块	8.00	0.10	
H60工字钢	H60	m	180.00	24.00	
钢垫梁	2H16B×500	个	32.00	0.63	
加劲板	22×10×2	块	70.00	0.22	
精轧螺纹钢	φ32psb930	m	48.00	0.32	
螺母	φ32	只	64.00	0.00	
锚固1	φ32×120	根	48.00	0.38	精轧钢
锚固2			150.00		钢筋
钢绞线	15.2	m	285.00	0.31	横梁处三排管
工字钢	H36B×600	根	87.00	34.29	分配梁
双拼槽钢	2H36B1200	根	8.00	10.30	翼缘板下
圆环加强内衬钢板		块	36.00	0.45	

一个墩固结材料表					
品名	规格	单位	数量	重量（t）	备注
螺旋管	φ1000×10	根	208	50	10根
钢板120×120×2	1200×1200×20	块	20	4.521000	
平联16号槽钢	H16B	m	407	8.0390	
精轧钢锚固	φ32×1200	根	120	0.936	
φ32精轧钢螺母	φ32	只	160		
14×14×2钢板	140×140×2	块	40	0.1230	
φ32链接器	φ32	只	80		
墩身预埋钢板	250×150×10	块	12	0.0350	
加劲板	220×100×20	块	200	0.0345	
精轧螺纹钢	φ32psb930	m	973.0000	6.4700	

a) 0 号块支架材料表　　　　　　　　b) 0 号块临时固结材料表

图 5　0 号块支架及临时固结材料用量

2 个 0 号块支架搭设所需钢材约 636t，2 个 0 号块临时固结所需钢管约 150t，因临时固结所用钢管需要合龙后拆除，故要采用购买形式，其他材料租赁期约 3 个月，所需材料费用共为 28.6＋90＝118.6 万元。

费用合计为 72＋5＋19.6＋5＋525＋118.6＝745.2 万元。并且这种形式施工周期较长、费用较高。从以上各分项费用分析可知，如果采用设计图纸推荐的 0 号块支架形式，则围堰面积较大，远超承台尺寸，且使用时间较长；辅助灌注桩和条形基础需一次性投入且无法回收利用，后期还需要水下拆除，增加施工费用。根据建设单位要求，该工点项目前期策划 0 号块支架施工预算为 540 万元，故该施工方案经济性差，无法满足要求。

2.3 优化设计

0 号块支架有 2 种支撑体系，一是利用结构本身的承载体作为支撑基础，二是采用辅助支撑基础。如果去掉辅助灌注桩和条形基础，0 号块施工期的上部荷载通过支架杆件全部传递到承台或墩柱上，可以达到优化 0 号块支架设计方案的目的，并且可以提高材料周转率和钢材回收率，可提前拆除钢围堰、钢平台，同时达到降低施工成本的目的[2]。0 号块支架优化部位如图 6 所示。

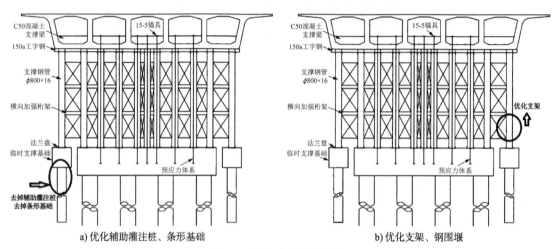

图 6　0 号块支架优化部位

3　设定目标及目标可行性论证

3.1　设定目标

为优化支架方案、加快施工进度、节约施工成本，项目部采用了"超宽多室箱梁 0 号块膺架设计"，该方案可节约成本，将本次成本目标由 745.2 万元降至 540 万元以下。

3.2　目标可行性论证

通过钢管支撑及型钢连接、锚固、调节部件，外悬箱室采用三角支撑体系，可减少辅助灌注桩、钢筋混凝土条形基础数量和钢围堰面积等[3-4]。项目部咨询行业专家并邀请第三方计算单位复核优化后的支架方案证明施工成本得到降低，优化后的施工成本见表 2。

优化后施工成本调查统计表　　　　表 2

序号	项目名称	主要工程量	费用（万元）
1	辅助灌注桩	减少 12 根辅助灌注桩（ϕ1.2m），桩长 40m	0
2	条形基础	减少 4 个条形基础，混凝土用量 400m^3	0
3	钢围堰	减少 1000t 用量，用量 2500t，10 个月	375
4	0 号块支架	用量 636t，3 个月，2 个 0 号块临时固结所用钢管 150t 为一次性投入	118.6
		合计	493.6

从表 2 可以看出，各项施工措施是决定施工成本的关键因素。科学合理地安排各项施工，减少现场施工干扰，可缩短施工周期，降低施工成本至 540 万以下。

4 提出方案并确定最佳方案

4.1 提出方案

根据课题可借鉴点，利用收集的各项资源，绘制支架构思草图，并邀请行业专家进行结构优化设计，聘请第三方计算单位进行建模受力验算，对上下 0 号块支架进行杆件碰撞检查，对位置尺寸进行合理调整，提出"一种多室现浇箱梁 0 号块膺架"的总体方案，尽量保证通用性，以达到控制成本的效果。故小组方案分解系统图如图 7 所示，新型超宽多室箱梁 0 号块膺架三维模型如图 8 所示。

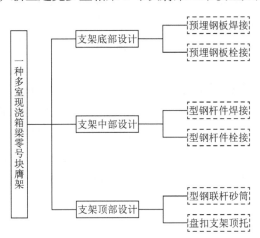

图 7　方案分解系统图

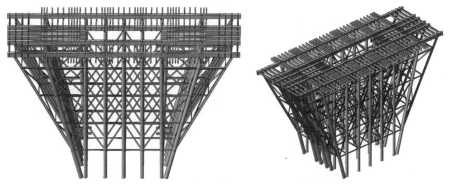

图 8　新型超宽多室箱梁 0 号块膺架三维模型

4.2 最佳方案确定

项目部聘请第三计算单位进行建模受力分析，设计试验、调查分析等手段对分级方案进行逐一比选、评价，最终确定了"一种多室现浇箱梁 0 号块膺架"的最佳方案，其分解系统图如图 9 所示。

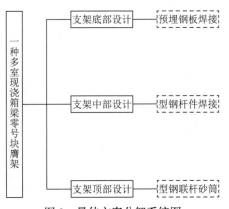

图 9　最佳方案分解系统图

5 0号块鹰架结构

5.1 组合支架设计

0号块伸出墩顶部分采用托架浇筑，悬出墩顶纵桥向的长度为3.5m；0号块箱梁高度变化为4.403～5.0m；组合支撑架由钢管立柱、斜杆、三角托架、承重横梁、分配梁及模板系统等6部分组成。

支架主要由以下6个部分组成。

（1）钢管立柱：支架沿纵桥向设置2排钢管立柱，纵桥向间距3.43m，横桥向设置7根钢管立柱，中间5根为φ529mm×10mm钢管，外侧为φ630mm×12mm钢管，钢管之间用平联[18型钢、双拼[25型钢连接以保证整体稳定性。墩柱两侧第1排φ529mm×10mm钢管采用φ32mm精轧螺纹钢对拉连接。

（2）三角支架：钢管立柱上焊接三角支架，三角支架水平杆为双拼[25型钢，斜杆为双拼[32型钢。

（3）承重横梁：在支架上放置4排双拼60工型钢，其纵向间距为3.43m。

（4）分配梁：分配梁由工36型钢组成，底板下间距80cm，腹板下间距40cm。

（5）模板系统：底模板系统由15mm竹胶板与100mm×100mm方木组成，间距30cm。侧模为定型支架+钢模板，面板为6mm钢板，筋板为[8型钢，背板主筋为[12型钢，次筋为[8型钢。

（6）内模板系统：由15mm竹胶板与纵、横100mm×100mm方木组成，间距30cm，内设钢管支架，骨架与模板现场支撑。

支架的正视图、侧视图和剖面图如图10～图14所示。

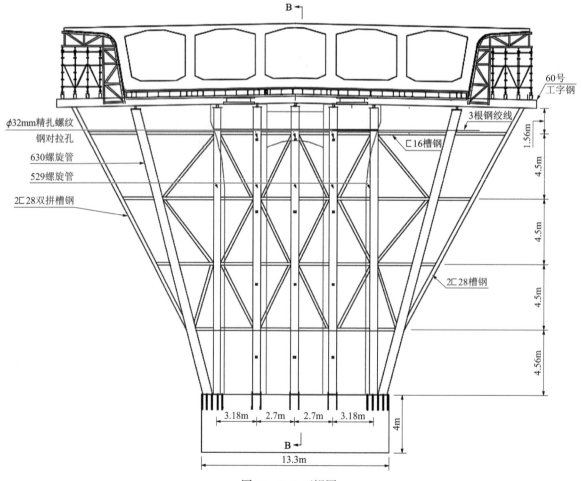

图10 A-A正视图

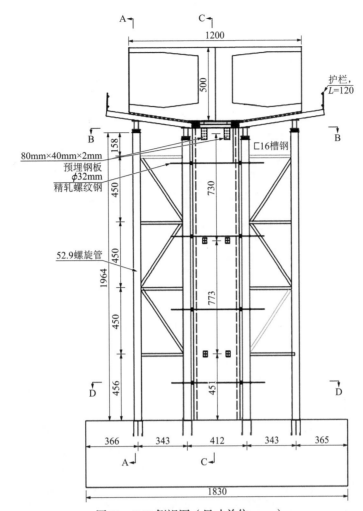

图 11 B-B 侧视图（尺寸单位：cm）

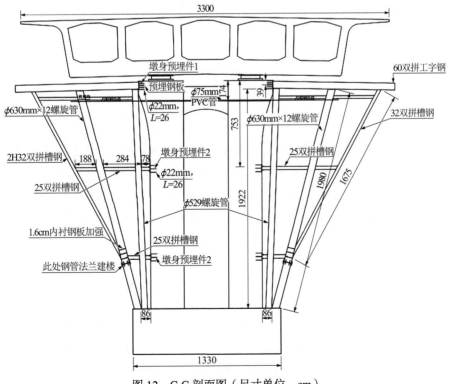

图 12 C-C 剖面图（尺寸单位：cm）

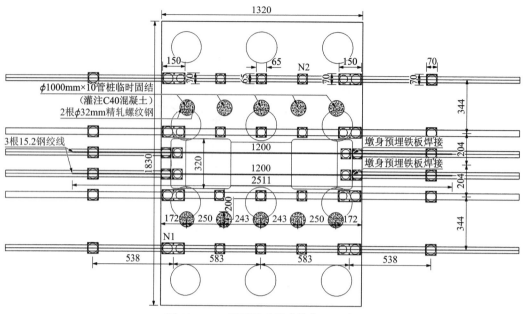

图 13 D-D 剖面图（尺寸单位：cm）

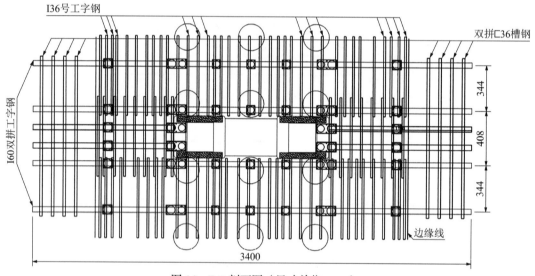

图 14 E-E 剖面图（尺寸单位：cm）

5.2 临时固结施工

钢管柱下方焊接法兰和承台预埋焊接，其中每根φ1000mm×10mm 的钢管柱内采用 4 根φ32mm 精轧螺纹钢筋与箱梁固结，直接预埋箱梁底板顶部，以达到固结效果。通过临时锚固将变截面连续箱梁与承台连接成一个整体。墩顶临时锚固采用 34 根φ32mm 精轧螺纹钢筋，上端锚入箱体 1.1m，下端伸入墩身 1.2m，以此抵抗施工时产生倾覆弯矩的拉应力，保证变截面连续箱梁在悬臂浇筑过程中的稳定性。0号块临时固结如图 15 所示。

1）体外临时固结

承台施工时预埋钢管，底座预埋钢板、预埋筋、精轧螺纹钢，钢管柱下方焊接法兰和承台预埋螺栓连接，墩柱纵向各设一排 5φ1000mm×10mm 钢管柱，共计 10 根，横向间距分别为 1.72m、2.5m、2.43m、2.43m、2.5m、1.72m。管内设置 4×φ32mm 的精轧螺纹钢与箱梁固结，精轧螺纹钢外套聚氯乙烯（PVC）管，钢管内灌注 C40 混凝土，在箱梁底板顶部设置拧紧槽口，达到固结效果。临时锚固将变截面连续箱梁与承台连接成一个整体，通过精轧螺纹钢来抵抗施工时产生倾覆弯矩的拉应力，使得变截面连续箱梁在悬臂浇筑过程中保持稳定。

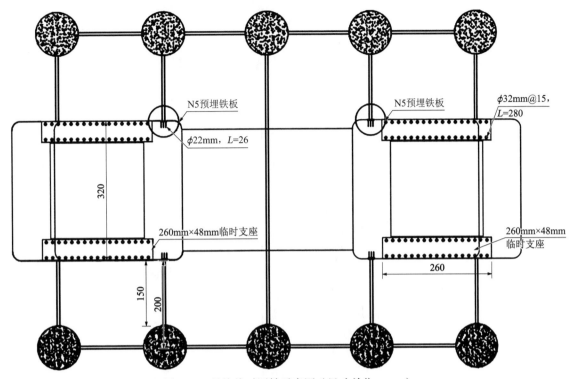

图 15　0 号块临时固结示意图（尺寸单位：mm）

2）墩顶临时固结

墩顶设置 4 个 2.6m×0.48m C50 混凝土临时支座，内埋 ϕ32mm 精轧螺纹钢，螺纹钢间距为 15cm。每个支座内设置 34 根 ϕ32mm 精轧螺纹钢，精轧螺纹钢上端锚入箱梁 1.1m，下端锚入墩身 1.2m。

临时锚固措施中，支点处应能承受 176021.6kN·m 的不平衡弯矩及 62573kN 的支反力。

3）确定产生不平衡弯矩的荷载

现浇梁在分段施工过程中会产生部分不平衡荷载，主要为 3 个部分。

（1）堆放在已施工节段上的料具、钢材及施工人员等临时荷载引起的不均衡荷载，此部分荷载为主荷载。

（2）箱梁构件因施工产生的自重误差及 T 形构件自身两端设计的重量偏差引起的不均衡荷载，此部分荷载较小。

（3）施工过程中，空中吊装机具时，吊装机具坠落在桥面上对桥梁产生的冲击荷载。

4）支架施工

（1）构件加工。临时固结钢管立柱长达 20m，考虑设置钢管柱节间接连，接长采用对接满焊，焊缝要求饱满。根据现有材料和起重设备吊高限制，钢管桩需要进行现场对接接长，接桩时要确保桩的轴线在同一条直线上，偏斜不大于 5‰。施工现场进行焊接，桩周焊接 6 块 150mm×200mm×14mm 钢板。

钢管立柱和三角托架是整个托架受力的关键部分，杆件之间的连接方式为焊接，在施工现场加工好后进行吊装安装，通过预埋螺栓固定在承台上。

（2）平联、连接系及墩柱扶墙施工。临时固结钢管柱间采用平联和连接系连接。钢管柱连接系采用 2[16a 型钢，根据支架图纸要求进行焊接施工，钢管柱与墩柱采用 2[16a 型钢与墩柱预埋件焊接连接；临时支架立柱平联和连接系采用[18a 型钢及双拼[25a 型钢，采用焊接形式，钢管桩与型钢满焊，钢管柱与墩柱采用[18a 型钢与墩柱预埋件焊接连接。临时固结和临时支架钢管柱及连接系施工完毕后，现场技术人员要立即进行检查焊缝是否符合要求、有无漏焊等现象，一旦发现问题要立即进行整改，临时固结及临时支架体系详见图 16 和图 17。

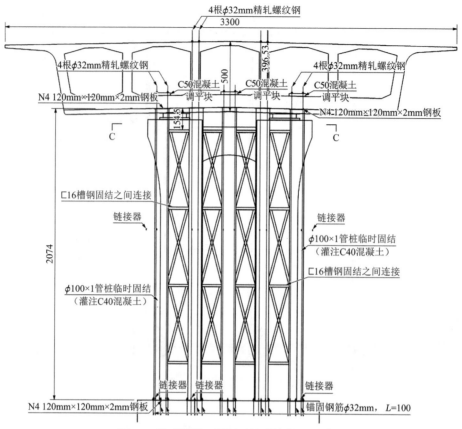

图 16 临时固结正视图（尺寸单位：mm）

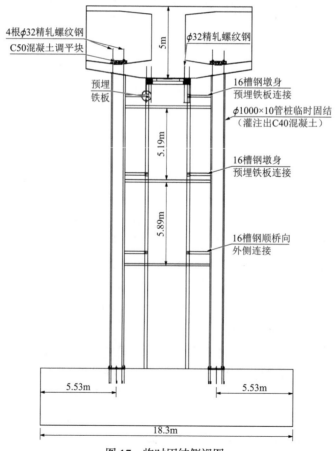

图 17 临时固结侧视图

（3）钢管柱及连接系施工完毕后，在三角托架上安装脱模垫块、横梁、排架、方木和底膜，并调整高程，使其符合设计要求。超宽多室箱梁混凝土完成照片如图18所示。

图18　超宽多室箱梁混凝土

6　结论

通过利用现有承台、墩柱作为支撑基础，通过钢管支撑、型钢连接、锚固、调节部件，外悬箱室采用三角支撑进行设计，同时采用预应力筋拉结，牧长路桥梁0号块支架可同时支立。刚性受力基础不会出现基础不均匀沉降，可避免结构受力裂缝出现。围堰设计面积控制在750m²内，支架体系大部分在围堰内安装完成，斜杆在围堰拆除后安装。支架底部采用钢板焊接，围堰拆除后，斜杆安装，立杆之间和与墩柱之间连接杆件，支架中部采用预埋钢板焊接，支架顶部型钢杆件现场焊接。加工砂筒卸落装置，施工成本降至487万元，实际产生经济效益258.2万元。工期节约72d，达到预期目标，超宽多室箱梁0号块膺架研制成功。

参考文献

[1] 杨勃, 张鹏. 黑山湖特大桥零号块施工托架计算分析[J]. 土工基础, 2013, 27(5): 41-43.

[2] 李胜臣. 预应力混凝土连续箱梁零号块支架预压施工技术[J]. 中国新技术新产品, 2014(15): 150-151.

[3] 王滨璇, 李建钊, 宋政维, 等. 桥梁挂篮施工综合实训教学装置研发[J]. 中国科技信息, 2022(2): 76-78.

[4] 张振. 某连续梁桥零号块分析探讨[J]. 城市建设理论研究(电子版), 2018(8): 150-151.

温岭联络线金清港水中承台 PLC 钢围堰施工技术

钟长海　张国清　杨肖清　杜　博　邓长江

(中国水利水电第五工程局有限公司第一分局　四川成都　610066)

摘　要：温岭联络线高速公路所在地区土质为海积软土，本文通过对金清港水中承台方案经济性指标进行比较，选择采用新型 PLC 钢围堰，利用水下封底混凝土作为支撑基础，通过钢管与拉森钢板组合、内支撑进行设计，结构安全、经济合理，可节约成本，减少施工干扰，此施工技术有效地保证了承台、墩柱施工质量。

关键词：PLC 钢围堰；支撑基础；施工要求

1　工程概况

甬台温高速公路至沿海高速公路温岭联络线跨金清港大桥采用两高联络线和市政路——牧长路共线设计，跨径(45＋75＋45)m，垂直布置为牧长路桥梁、跨金清港大桥。受桥下建筑界限限制，低处分幅错轴距布置。温岭联络线项目高速公路水下承台的平面尺寸为 18.3m×13.3m，牧长路承台单侧尺寸为 12m×7.5m，两者结构间隙为 1.2m。两者围堰结构尺寸为 0.82m，后期承台安装模组操作空间各为 0.5m，而施工所需空间为 2.2m，由此可见，两者承台邻近，若分别设计围堰则会导致作业空间不足。基坑深度 12.2m，结构较复杂，前期拟采用钢管桩围堰，干封底设计，此种围堰的问题是施工期围堰临建工程量大，内支撑多，影响承台施工，且渗漏量大，止水效果差。

因此，本项目采用新型 PLC 钢围堰设计，该围堰面积 750m²，用钢量 1602t。围堰最大尺寸为 46m×24m×12.2m（长×宽×深），采用钢管桩+锁扣拉森钢板组合成"Z"形围堰，围堰内部设置钢支撑，基坑水下开挖，底部设置水下封底混凝土[1]。钢管桩+锁扣拉森钢板墙面形成组合空间结构体系，插入地基层增强基础承载体；内部焊钢围檩加劲，再增加钢支撑形成支撑体系防止倾覆；底部设置封底混凝土与围堰体密贴，起到加固支撑和压重作用，防止外水压力突涌。设施分为竖向钢管柱、竖向拉森钢板桩、钢围檩、第一道钢支撑、第二道钢支撑、三角托架、封底混凝土、黄沙回填、混凝土换撑、排水沟。

2　钢围堰形式选择

本项目在前期方案的全钢管围堰形式上进行优化，设计选用 PLC 钢围堰，钢材用量减少了约 1300t，抽水费用减少 10 万元，正常情况下 PLC 钢围堰可循环使用，材料损耗不大。钢材市场租赁价格较高，牧长路与温岭联络线钢围堰组合可以平行施工，减少租赁费用。其他人工成本差别不大。综上所述，两种钢围堰形式成本相差约 130 万元，显然采用 PLC 钢围堰设计较为经济。

原设计全钢管围堰和 PLC 钢围堰的综合对比结果分别见表1、图1、图2。

钢围堰形式对比表（单个）　　表1

类型	材料型号	租赁比重（t/m）	钢支撑长度（m）	钢支撑质量（t）	备注
全钢管围堰	609×16	0.32	160	51.2	综合比重，包含节点
	800×16	0.45	160	72	综合比重，包含节点
	2H700×300×13×24	0.46	270	124.2	综合比重，包含节点

续上表

类型	材料型号	租赁比重（t/m）	钢支撑长度（m）	钢支撑重量（t）	备注
全钢管围堰	钢管 820×10	0.3	4160	1248	深26m，160根
	围檩加强件	—	—	2.432	
	封底混凝土	—	2个	—	
	合计	—	—	2995	2个围堰
PLC钢围堰	609×16	0.32	160	51.2	综合比重，包含节点
	800×16	0.45	160	72	综合比重，包含节点
	2H700×300×13×24	0.46	270	124.2	综合比重，包含节点
	IV拉森钢板	0.102	1530	156.06	深18m，85根
	钢管 630×10	0.152	2600	395.2	深26m，100根
	围檩加强件	—	—	2.432	
	封底混凝土	—	2个	—	
合计	—	—	—	1602	2个围堰

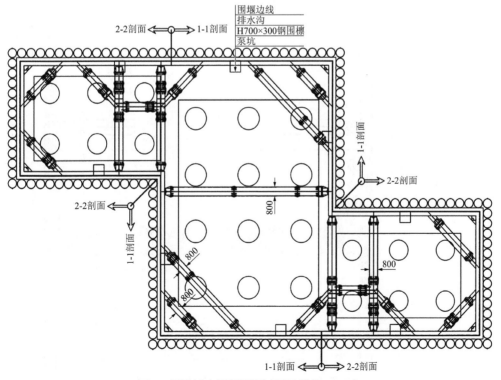

图1 原设计全钢管围堰（尺寸单位：mm）

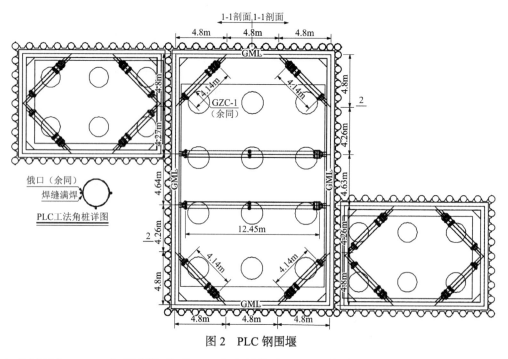

图 2 PLC 钢围堰

由以上分析可知，PLC 钢围堰优势明显，存在结构合理、止水效果好、经济效益好的优点。故本项目选择该方案作为水中承台围堰施工方法。

3 施工工法

护栏施工工序流程为：围堰设计→钢平台→材料进场加工→水中施打钢管桩、拉伸钢板→水面第一道支撑安装→水中开挖、水下封底混凝土（等强）→抽水至第二道支撑位置往下 0.5m→安装第二道支撑→抽水至基底→破桩头、承台墩柱施工→安装 0 号块支架→围堰拆除回收。PLC 钢围堰剖面图如图 3 所示。

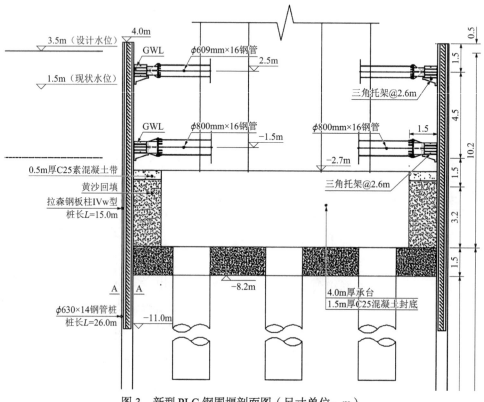

图 3 新型 PLC 钢围堰剖面图（尺寸单位：m）

3.1 施工准备

（1）钢管和钢板桩由专业的加工队伍负责运输至现场，施工前应对钢管和钢板桩的外观进行检查，超出偏差的钢管、钢板桩不予使用。剔除钢管、钢板桩前期因焊接钢板、钢筋留下的残渣。

（2）为减少插打时锁口间的摩擦和钢管桩围堰的渗漏，在钢管桩锁口内涂抹黄油混合物油膏（质量比为黄油∶沥青∶干锯末∶干黏土＝2∶2∶2∶1）。

（3）施工前，施工人员对平面及高程控制网进行复测，需要采用GPS（全球定位系统）静态测量法，按照规范精度要求对平面控制网进行复测，根据实际需要建立局部施工坐标系，并建立相应坐标转换关系；根据施工要求，对施工控制网进行不定期或定期复测。

（4）承台基坑定位测量用全站仪坐标法或GPS-RTK放样。得到承台中心点位、承台四周边线及待打桩围堰轮廓线，待承台模板安装完成后对模板进行校核。

3.2 PLC组合桩施打

在平台上面设置定位装置，打桩前，根据已测放出的钢管桩打设位置线定出每根桩的准确位置，并在围堰上下游及两岸陆地设置经纬仪观测点，用以控制围堰长、短边方向的钢管桩的施打位置[2-3]。

（1）第一根钢管桩插打。确定围堰整体布置，先进行辅助导向桩的插打施工。

先根据第一根钢管桩的位置对辅助导向桩进行放样，然后用履带长臂打桩机电动振动桩锤，通过电动振动桩锤的夹具起吊辅助导向桩，按放样位置将两根辅助导向桩打入河床地下，打入至设计高程。辅助导向桩插打完成后设置导向架，导向架由型钢焊制而成，高度2m。最后用履带式起重机吊起电动振动桩锤，通过电动振动桩锤的夹具起吊第一根钢管桩，插入导向架，启动电动振动桩锤，将其打入河床地下，顶面高程控制在+4.0m，完成第一根钢管桩的插打施工。然后拆除导向架，拔除辅助导向桩。

（2）第二根钢管桩插打。放样后重新插打辅助导向桩，设置横向导向横梁，采用与第一根钢管桩同样的起吊方式吊起第二根钢管桩，在导向横梁上焊接临时导向卡，启动电动振动桩锤，将其打入地下，顶面高程控制在+4.0m，完成第二根钢管桩的插打施工。

第二根钢管桩施工完毕后，解除临时导向卡，按第二根桩的施工方法进行其余钢管桩的插打施工，直至全部钢管桩插打完毕，施工过程中要注意角桩的情况。整个施工过程中，必须始终控制每根桩的垂直度，采用千斤顶、木楔、导链等进行适时调整。插打过程中，须遵守"插桩正直，分散即纠，调整合龙"的施工要点。

3.3 水中开挖及水下封底

由地质资料可知，河床底至在基坑底均为淤泥，淤泥采用绞吸泵抽运，抽至岸边泥浆池后运走。绞吸泵采用等长钢丝绳下放至河床，开启绞吸泵抽排淤泥，直至抽排至设计基坑底达到-8.2m高程（现场按照-8.3m进行控制），移动绞吸泵至下一作业面重复上述流程，直至整个围堰区域内基坑底高程均达到-8.2m（现场控制-8.3m）高程。为保证围堰内外水压力基本一致，施工人员开启绞吸泵抽排淤泥的同时，采用同功率水泵向围堰内抽送河水，确保施工过程中内外液面高程基本一致。

围堰封底混凝土为C25水下混凝土，设计厚度为1.5m，采用导管进行水下混凝土浇筑。现场采用φ300mm导管，覆盖半径按照2.5m考虑，采用4套导管自上游向下游（自左向右）浇筑，一次性浇筑完成，导管分布如图4所示。

封底分列进行，在第一列布料点范围内封底到位后，拔出所有导管，移至第二列布料口进行封底。封底混凝土施工前，每个布料点布设一个测点，负责该布料点浇筑范围内混凝土面的测量。浇筑混凝土时做好测深记录，同时每根导管封底结束后应及时测量其埋深与流动范围，并做好详细记录。

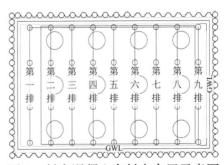

图4 封底混凝土布料点布置示意图

封底混凝土设计顶高程−6.7m，封底时浇筑控制顶高程−6.8m，剩余0.1m作为抽水后承台底面的调平层。为保证导管有一定埋深，混凝土灌注顺利时，一般不随便提升导管，即使需要提管，每次提升的高度都严格控制在20cm之内，且采用手拉葫芦进行提升。浇筑过程中注意控制每一浇筑点的高程，导管周围2.5m范围内的测点均要进行测量。

3.4 钢支撑安装

第一道支撑在水面以上，在PLC组合桩施工完成后进行安装。

当封底混凝土强度达到设计强度的90%时可以进行钢围堰内抽水，抽水作业采用离心泵完成。围堰内抽水必须严格控制降水速度，水位下降速度限制在0.5~0.7m/d，以防止围堰四周堰体因排水速度过快而产生变形破坏。抽水过程中要对围堰沉降位移进行监测，同时根据围堰四周渗水、稳定情况及时调整抽水能力，一旦发现问题要及时采取减慢抽水速度等措施，做好维护工作，确保施工安全。

当排水高程达到支撑底设计高程以下0.8m左右时，即可安装第二道内支撑。安装前首先按确定的高程位置设置内支撑，在钢管桩内壁焊上三角托架，托架采用槽钢，安装托架一定要采取措施保证顶面位于同一水平面上。然后安装内支撑横梁及斜撑，最后安装本道纵向支撑，支撑两端处加焊钢板作为支撑面，直接支撑在定位横梁上，纵梁与横梁连接要设一定的加劲块。继续进行第三次抽水，清理封底混凝土表层浮浆，然后采用汽车泵进行围堰基坑找平层浇筑施工。

3.5 桩头破除

在基坑完成混凝土垫层施工后，立即采用环切法凿除桩头，注意桩头凿除前应先切割钢护筒。环切法凿除桩头的施工工艺流程为：测量放样→桩头高程标示→环向切缝→剥离钢筋→切断桩头→桩头调出→修整桩头混凝土→基底整平。

3.6 承台、墩柱施工

（1）由钢筋加工场将钢筋集中加工成半成品。钢筋加工主要包括钢筋的下料、弯曲。钢筋加工前需将钢筋端部不平或微弯的部分切掉，保证钢筋端面平齐顺直。钢筋采用钢筋切断机下料，下料前需根据设计图纸并结合现场实际情况计算下料长度，然后利用数控弯曲中心进行加工，确保钢筋加工精度，同时需考虑现场焊接时的搭接长度。

（2）按弹出的钢筋位置线，先铺下层钢筋。根据结构受力情况，决定下层钢筋哪个方向的钢筋在下面，一般情况下先铺短向钢筋，再铺长向钢筋。钢筋绑扎时，靠近外围两行的相交点每点都要绑扎，中间部分的相交点可相隔交错绑扎，对于双向受力的钢筋，其钢筋交叉点必须全部绑扎。

（3）模板采用组合钢模板。模板的面板采用10mm厚钢板，竖向加劲为160mm×10mm钢板，钢板遇横向加劲时打断；法兰采用160mm×20mm钢板；横向加劲采用[16a钢板。承台模板加工成4等块，采用φ22mm螺栓连接。模板在安装前进行校正及除锈，并均匀涂刷脱模剂。承台外模利用吊车分块吊装，人工配合组装，每块之间用螺栓连接。封底混凝土面与模板的衔接要紧密，缝隙用水泥砂浆堵塞，确保底口不漏浆，板缝要求密贴顺直。

（4）混凝土浇筑前，对模板、钢筋进行检查，并做好记录，符合设计要求后，方可开始混凝土施工。混凝土采用拌合站集中拌和，采用混凝土搅拌车运输，混凝土输送泵浇筑。

（5）模板的拆除应遵循后支先拆、先支后拆的原则。墩台的模板宜在其上部结构施工前拆除。非承重层模板应在混凝土抗压强度达到2.5MPa，且能保证其表面及棱角不致因模板而受损时拆除。钢筋混凝土结构的承重模板、支架，应在混凝土能承受其自重荷载及其他可能的叠加荷载时拆除。

3.7 钢围堰拆除

在PLC钢围堰的施工中，内支撑拆除过程中的险情要比安装时多。为保证施工安全，先对围堰内灌水至水位高程，拆除支撑时严格按照从下至上逐步释放内应力的原则，对内支撑体系进行拆除[4]。为避免下一层钢支撑拆除对上一层造成大的冲击振动，应避免下一层钢支撑大范围内的同时拆除。拔桩起点应离开角桩 5 根以上。钢管桩围堰的拆除步骤如下：

（1）承台达到强度后，拆除钢围堰。

（2）拆除布置图中标出的墩身范围内的第二道内支撑中的对撑，施工墩身。

（3）待墩身达到强度，围堰内一边回灌水一边拆除内支撑，拔出钢管桩围堰。

钢管桩的拔除采用振动锤作业，履带式起重机吊装。PLC 钢围堰现场拆除照片如图 5 所示。

图 5　PLC 钢围堰现场拆除

4　结论

"Z"字形水中承台 PLC 钢围堰设计利用水下封底混凝土作为底部支撑基础，消除受力变形，减少抽水措施费用，满足了混凝土结构质量的施工要求，节能环保效益好，此方法在水中承台混凝土结构物施工中，应用性强、成本低廉、施工方便，具有很好的推广和应用价值。该项目以技术创新为先导，综合运用各项新技术、新工艺加快了施工进度，提高了施工质量，提升了企业施工水平，综合效益良好。

参考文献

[1] 龚鑫鑫, 罗宗强, 潘海洋. 水中墩钢板桩围堰施工技术研究[J]. 云南水力发电, 2023, 39(10): 22-27.

[2] 孙俊昌, 张晨, 余学林. 深水基础锁扣钢管桩围堰施工过程仿真分析[J]. 黑龙江交通科技, 2023, 46(9): 129-131.

[3] 张宏武, 穆清君, 陈卓昇, 等. 深水浅覆盖层锁扣钢管桩围堰关键技术研究及应用[J]. 中国港湾建设, 2023, 43(7): 55-60.

[4] 毛学墙. 深基坑开挖过程中钢围堰-土相互作用机理研究[J]. 施工技术(中英文), 2023, 52(12): 74-79.

SMA13-沥青路面糊面现象成因与对策

张里奇[1] 孙业发[2] 倪永春[3]

（1. 台州市交通工程管理中心　浙江台州　318000；2. 中电建路桥集团有限公司　北京　100048；
3. 苏交科集团有限公司　江苏南京　210019）

摘　要：SMA 结构因较好的承载能力与耐久性在高等级公路中广泛应用，但施工控制不当易产生糊面、泛油、泛白等病害，影响路面使用寿命。本文结合甬台温高速公路至沿海高速公路温岭联络线项目 SMA13 沥青路面试验段情况，分析 SMA13 沥青路面糊面现象产生的原因，从 SMA 混合料配合比设计、原材料质量、摊铺碾压工艺等方面研究改进措施，可为其他项目沥青路面施工提供借鉴。

关键词：SMA；沥青路面；糊面现象；构造深度；压实度

1　概述

SMA 沥青路面具有较多优点，如高温抗车辙能力强、抗老化性能和抗疲劳性能优良、防渗性能好、易于压实，但容易产生糊面甚至泛油现象。甬台温高速至沿海高速温岭联络线项目 SMA13-沥青混合料路面试验段局部出现了糊面现象，项目团队从混合料配合比设计、原材料质量、拌合楼计量误差校准，碾压摊铺工艺等方面研究成因，重新组织了试验段，采取针对性改进措施，并通过试验数据判断改进效果，保证了后续沥青路面施工质量。

2　糊面情况

2.1　糊面部位统计

SMA13-沥青路面上面层试验段施工后排查发现糊面现象 12 处，面积合计 21m²，占该段路面总面积的 0.09%。糊面现象多分布在摊铺机中缝或两台摊铺机拼缝位置。

2.2　相关指标排查

1）压实度

对糊面部位选 6 处取芯，其中 4 处最大理论压实度超过 97%，分别为 97.8%、98.1%、98.3%、97.3%，压实度相对偏高。

2）摩擦系数与构造深度

对糊面点位进行构造深度和摩擦系数检测，分别选取 6 个测点，其检测结果符合规范要求，但是检测结果接近要求的临界值，检测结果见表 1。

构造深度和摩擦系数检测结果　　表1

序号	构造深度（mm）	深度要求	测点平均摆值	摆值要求
1	0.59	≥0.55	55	≥45
2	0.74		60	
3	0.61		55	
4	0.69		56	
5	0.56		54	
6	0.69		55	

3）芯样浸水马歇尔试验

为评价沥青面层的水稳定性，对该段部分芯样进行浸水马歇尔试验，残留稳定度 91.7%，满足技术指标，试验结果见表2。

浸水马歇尔试验结果 表2

层位	稳定度（kN）	MS0（%）	技术指标
SMA-13	非条件（浸水0.5h）	91.7	≥85%
	11.87		
	条件（浸水48h）		
	10.89		

2.3 处置建议

对糊面位置进行压实度、构造深度、摩擦系数、抗水损稳定性以及高温稳定性等试验检测，各项检测指标均满足规范要求，其中构造深度和摩擦系数两个指标接近控制要求的临界值。今后需继续对该位置定期进行构造深度和摩擦系数检测，观测两个指标的衰减情况，一旦超出控制要求，将对该部位进行预防性养护[1]。

3 成因分析

SMA-13沥青路面施工过程产生糊面有多种原因，本文主要从沥青混合料原材料质量、沥青混合料拌合计量误差、碾压机械组合以及碾压工艺等方面分析SMA-13路面产生糊面的机理。

3.1 沥青混合料原材料质量

对SMA-13沥青混合料的原材料进行检测，原材料包括细集料和矿粉，具体试验结果见表3。

原材料检测项目与技术要求 表3

原材料种类	检测项目	单位	技术要求	实测值
细集料	棱角性	S	≥30	38.2
	砂当量	%	≥70	77
	粒径<0.075mm通过率	%	≤15	14.2
矿粉	粒径<0.6mm	%	100	100
	粒径<0.15mm	%	90~100	95
	粒径<0.075mm	%	75~100	85

通过对原材料的各项指标检测，发现原材料本身质量符合标准，其中细集料粒径小于0.075mm通过率偏高，表明细集料中含有较多的粉尘[2]。原材料粉尘含量高，拌合站除尘能力不佳，也是导致出现糊面现象的可能原因之一。

现场取芯烘散后进行了抽提筛分试验，对比分析混合料的油石比和级配差异。从抽提结果（表4）来看，混合料油石比满足要求，存在粒径0.075mm通过率超过生产配比级配允许波动的上限，混合料中粒径0.075mm通过率偏高。

SMA-13已施工段落芯样抽提结果 表4

混合料类型		油石比（%）	通过筛孔（方孔筛，mm）百分率（%）									
			16	13.2	9.5	4.75	2.36	1.18	0.6	0.3	0.15	0.075
芯样抽提结果		6.16	100	89.5	57.6	28.2	23.3	18.0	14.5	12.5	11.6	11.0
生产配合比		6.2	100	90.6	56.4	27.0	22.4	17.5	13.9	11.5	10.1	8.1
要求	上限	6.4	100	94.6	60.4	31.0	25.4	20.5	16.9	14.5	13.1	10.1
	下限	6.0	100	86.6	52.4	23.0	19.4	14.5	10.9	8.5	7.1	6.1

3.2 沥青混合料拌合计量偏差

拌合楼细集料和矿粉计量偏差也是沥青路面施工过程中出现糊面的可能原因之一，通过对沥青拌合楼的计量进行标定检查，发现拌合楼矿粉计量正偏差居多，导致混合料中粉料含量偏多，具体见图1。沥青混合料中细粉较多，易与沥青形成胶结料，在钢轮压路机的振荡碾压下，易浮于混合料的表面，继而产生糊面现象。

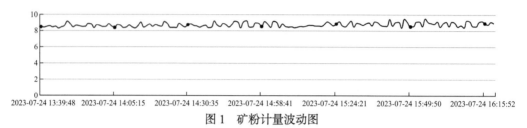

图1 矿粉计量波动图

3.3 碾压机械组合以及碾压工艺

（1）通过对施工现场的实际考察，发现糊面位置多分布在摊铺机中缝（距离中央分隔带4m、12.5m）或两台摊铺机拼缝位置（距离中央分隔带7.5m）。这两处位置均是容易产生离析的部位，混合料中的粗、细集料分布不均匀，也是路面出现糊面的原因之一。

（2）根据《浙江省高速公路沥青路面规范化施工指南》，桥面铺装层施工碾压宜采用振荡压路机。振荡压路机通过对被压材料进行反复搓揉来使颗粒重新排布而达到密实状态，进而产生压实效果。SMA路面结构反复揉搓会导致混合料中富余的沥青胶质上浮，导致路面出现糊面甚至泛油现象。

（3）试验段施工时为保障路面压实度和渗水系数，在碾压时采用压路机紧跟摊铺机进行碾压。为保证摊铺机拼缝位置碾压效果，加强了该部位的重叠碾压，导致局部位置存在过压；现场碾压时采用5台压路机匀速、不间断地碾压，局部时段（如摊铺起步阶段、现场待摊铺料车变少的情况下等）摊铺时速度放慢，在可碾压作业面不足的情况下，存在实际碾压遍数超出方案要求遍数的情况[3]。碾压组合方案见表5。

碾压组合方案　　　　　　　表5

碾压阶段		压路机类型与数量	碾压遍数	碾压工序
方案一	初压	振荡压路机 BW203ADO-4（2台）	前静后振1遍 来回振荡1遍	半幅碾压
	复压	振荡压路机 BW203ADO-4（2台）	来回振荡5遍	半幅碾压
	终压	振荡压路机 BW203ADO-4（1台）	静压1遍	全幅碾压
方案二	初压	振荡压路机 BW203ADO-4（2台）	前静后振2遍	半幅碾压
	复压	振荡压路机 BW203ADO-4（2台）	来回振荡5遍	半幅碾压
	终压	振荡压路机 BW203ADO-4（1台）	静压1遍	全幅碾压

3.4 开放交通

部分路段在摊铺结束检测合格后即部分开放交通，经过现场运梁重载车辆长时间碾压，铺面可能二次压密，导致压实度偏高，路面构造深度降低，摩擦系数降低，继而产生糊面现象。

3.5 原因总结

通过对原材料的排查、沥青混合料油石比检测、拌合楼计量误差检查、实际施工过程中摊铺与碾压工艺的核查，可知沥青混合料细集料粉尘含量高、胶体含量偏高、拌合楼矿粉计量正误差较多、摊铺设备、碾压工艺以及开放交通，是导致该段出现糊面现象的主要因素，因此将着重对这些方面进行改进。

4 改进措施

4.1 优化混合料配合比

结合沥青抽提结果与同类工程路面施工经验，依据已确定的合成级配比例配制合成矿料，分别以油石比5.8%、6.1%、6.2%成型马歇尔试件，测定其马歇尔试验指标，马歇尔试验结果见表6。按6.1%油石比完成SMA-13配合比优化，设计空隙率控制在4%。

SMA-13混合料试验指标　　　　表6

油石比（%）	SMA-13沥青混合料的各项技术指标							
	毛体积相对密度γ_f	最大理论相对密度γ_t	空隙率VV（%）	矿料间隙率VMA（%）	饱和度VFA（%）	稳定度（kN）	流值（0.1mm）	粗集料骨架间隙率VCAmix
5.8	2.470	2.599	5.0	16.9	70.6	9.82	23.3	35.8
6.1	2.486	2.588	3.9	16.6	76.2	10.92	33.4	37.0
6.2	2.504	2.577	2.8	16.2	82.5	9.79	45.5	37.5

4.2 摊铺设备改进

在摊铺机的螺旋布料器的中间及两侧安装反向螺旋，增加混合料的二次搅拌，减少混合料的离析现象。同时增加运输车辆，确保现场可摊铺混合料充足，维持摊铺速度在2.5～3.0m/min。

4.3 碾压工艺改进

加强施工管理，控制压路机轮迹重叠宽度不超过20cm，同时将初压和终压的3台振荡压路机更换三台宝马格振动压路机，减少碾压过程中的揉搓效果，具体碾压方案见表7。

优化后的碾压组合方案　　　　表7

碾压阶段	压路机类型与数量	碾压遍数	碾压工序
初压	振动压路机BW203AD-4（2台）	前静后振1遍、来回振压1遍	半幅碾压
复压	振荡压路机BW203ADO-4（2台）	来回振荡5遍	半幅碾压
终压	振动压路机BW203AD-4（1台）	静压1遍	全幅碾压

4.4 数字化技术应用

沥青路面施工相关试验检测数据实时上传项目信息化管理平台。监控混合料拌和过程，设置预警阈值，出现称量偏差超标情况立即短信发送至管理人员，及时调整生产，同时对不合格的混合料做废料处理。对摊铺机以及压路机进行数字化改造，控制摊铺、碾压过程中的温度与速度指标，同时采用数字化手段实时监控压实情况，及时进行调整。

5 实施效果

采用以上改进措施重新进行试验段施工，消除了糊面现象，试验检测数据良好，检测结果见表8。

检测结果　　　　表8

试验项目	马氏压实度代表值（%）	理论压实度代表值（%）	平整度（mm）	构造深度（mm）	渗水系数（mL/min）
试验数据	98.8	95.7	0.62	0.93	16
规定值	≥98	≥94	≤1.2	≥0.55	≤60

6 结论

SMA-13 路面产生糊面是由多种因素共同作用的结果，与配合比设计、细集料质量、拌合楼计量波动以及现场施工工艺均有一定关联。本项目通过分析多方面原因，采取了针对性措施并取得良好效果，为沥青路面施工全面展开提供了技术支撑，可为其他项目 SMA 路面施工提供借鉴。

参考文献

[1] 王兆昌. 公路沥青路面病害检测与养护[J]. 交通世界, 2023(21): 72-74.
[2] 陈富坚, 钟世云. 沥青路面泛油现象的材料学原理[J]. 工程力学, 2009, 26(S1): 104-110.
[3] 景鹏翔. SMA 改性沥青路面施工技术探析[J]. 交通世界, 2023(26): 73-75.

浅析高速公路沥青路面早期破损及防护

祁志光　蒙　雨

（中电建路桥集团有限公司　北京　100048）

摘　要：沥青混凝土路面具有表面平整、无接缝、行车舒适、耐磨、振动小、噪声低、施工期短、养护维修简便、适宜于分期修建等优点，因此获得越来越广泛的应用。在高速公路的建设中，我国的绝大部分高速公路都采用沥青混凝土路面。随着国民经济快速、协调发展，我国道路交通量日益增大，车辆迅速大型化且严重超载，使公路路面面临严峻的考验。现有高速公路的有效服务时间普遍未能达到其设计使用年限，常常在通车 2~3 年后便出现了较为严重的早期破损现象。在当前公路建养资金严重不足的情况下，研究沥青路面的早期破损原因及防护具有极为重要的现实意义。

关键词：高速公路；沥青砼混凝土路面；早期破损；防护；质量问题

1　沥青路面早期破损的类型

1）桥头跳车

桥头跳车一般是台背填土压实不足，导致填土在台背后数十米范围内下沉。其特征为：沉降在行车方向是渐变的，延续距离相对较长，路面的整体强度未受破坏，路表面也少有损坏，但行车时具有明显的"波浪"感。

2）沉陷

沉陷一般是由基层局部成形不足、强度不够，在行车荷载荷和自然因素等作用下形成的。而大面积沉陷往往是由路基（高填方地段）不均匀沉降或局部滑移面引起的。

3）路面裂缝

路面裂缝是沥青路面早期破损最常见的病害之一，其危害在于从裂缝中会不断进入水分，使基层甚至路基软化，导致路面承载能力下降，加速路面破坏。裂缝形式大概有以下几种[1]：

（1）横向裂缝。横向裂缝可分为荷载性裂缝和非荷载性裂缝两大类。荷载性裂缝是由于路面设计不当和施工质量低劣引起的，或是由于车辆严重超载，致使沥青面层或半刚性基层内产生的拉应力超过其疲劳强度而产生的。非荷载性裂缝是横向裂缝的主要形式，一般有两种情况——沥青面层温度收缩性裂缝和基层反射性裂缝，这种裂缝一般被认为是不可避免的，对路面的整体性没有损害。

（2）纵向裂缝。纵向裂缝可分为两种情况，一种是由于路基压实度不均匀、路面不均匀沉陷而引起的裂缝，如发生在半填半挖处的裂缝；另一种情况是沥青面层分幅摊铺时，两幅接茬未处理好，在行车荷载荷作用下，易形成的裂纵缝。有时，车辙边缘也会有纵向裂缝。

（3）龟裂。龟裂又称网裂，通常是因路面整体强度不足、基层软化、稳定性不良等因素引起的，沥青路面老化变脆也会发展成网状裂缝，一般多发生在行车道轮迹下。

4）车辙变形

车辙变形是在行车荷载荷重复作用下，路面累积产生累积的永久性的带状凹槽。车辙类型变形有以下 3 种。

（1）结构性车辙。结构性车辙是在荷载的作用，发生在沥青面层以下包括路基在内的各结构层的永久变形。这种车辙宽度较大，两侧没有隆起现象，横断面成凹字形。

（2）磨损性车辙。磨损性车辙是由于车辆，特别是大量重型超载车辆，不断地磨损路面，特别是大量重型超载车辆行驶在主车道上，磨损路面所形成车辙。

（3）流动性车辙。流动性车辙是路面在高温条件下，在车轮反复碾压反复作用下，导致荷载应力超过沥青混合料的稳定度极限，使流动变形不断积累形成的路面破损车辙。这种车辙在车轮作用部位会下凹，而在车轮作用甚少的车道两侧反而向上隆起，在弯道处还明显向外推挤，车道线或停车线因此可能成为变形的曲线。

5）坑槽

沥青路面的坑槽往往都有一个形成过程，起初局部龟裂松散，在行车荷载荷和雨水等自然因素作用下逐步形成坑槽，坑槽分为以下3种。

（1）压实不足性坑槽。一是施工时混合料温度太高，使沥青老化、黏结力降低、脆性增加，导致压实不够、黏结不牢，在行车荷载荷作用下，形成坑槽；另一种情况是混合料温度太低，摊铺不均匀，压实不充分，导致压实度不够形成坑槽。

（2）厚度不够性坑槽。路面下面层局部高程控制不严，导致沥青上面层某些地方厚度不够，在行车荷载作用下，部分混合料易被"带走"，形成坑槽。

（3）水损害性坑槽。这种坑槽是沥青混凝土路面早期破坏损中常见的坑槽，其形成过程可归纳如下：①在开始阶段，水分侵入沥青与集料的界面，以水膜或水气的形式存在，影响沥青与集料的黏附性；②在反复荷载的作用下，沥青膜与集料开始剥离；
③逐渐地，路面开始麻面、松散、掉粒，最后形成坑槽。

6）水损害破坏

水损害破坏是沥青混凝土路面在水或冻融循环条件作用下，由于汽车轮动态荷载的作用，进入路面空隙中的水不断产生动水压力或真空负压抽吸的反复循环作用，水分逐渐渗入沥青与集料的界面上，使沥青黏附性降低并逐渐丧失黏结力，沥青膜从集料表面脱落（剥离），沥青混合料出现掉粒、松散，继而形成沥青混凝土路面水损性坑槽[2]。

7）沥青路面的表面功能衰减

沥青路面的表面功能是指沥青路面的平整、抗滑、降噪声、防溅水和防水雾等。我国沥青路面抗滑性能在通车后迅速下降主要有两方面的原因：一是沥青强度等级过大，针入度偏大，沥青用量可能过多，路面渐渐泛油，构造深度下降，直到变成光滑的路面；二是粗集料不耐磨，迅速磨光。

2 沥青路面早期破损的形成原因

1）路面结构设计问题

路面结构设计的主要问题为采用半刚性基层时只用弯沉控制设计，忽略层底弯拉应力是否合理；没有考虑冬夏温差对于半刚性基层和面层的温缩开裂的作用[3]；设计时没有考虑防止反射裂缝问题；路基路面应作为整体进行综合设计。

另外，结构层设计厚度太小也是导致路面早期破损的重要原因之一。路面面层受行车水平力和垂直力的综合作用，在面层结构内会产生剪应力。从力学角度看，这种综合作用越大，面层产生的剪应力就越大。对车辆在公路上的不同位置进行受力分析可知，在车辆启动、制动处，纵坡较大的坡道以及合成坡度较大的弯道内侧，路面面层所受车辆的水平力和垂直力的合力较大，较易发生剪切破坏。同时，据有关资料分析，剪应力对路面的破坏一般在路面表层的5~8cm范围内，随着深度的增加，其破坏影响逐渐消失。

2）路面材料情况

从路面材料情况来看，如果集料的表面特性、形状、磨耗值、级配不能满足使用要求，以及矿粉的质量难以保证，则会导致沥青混合料的内摩阻力和内聚力、黏结力下降，沥青路面也就极易发生早期破损。另外，随着国民经济的蓬勃发展，公路运输超载、重载频发，对沥青材料的性能提出了更高的要求。

3）施工质量问题

（1）施工人员对透层油或黏层油的作用认识不够，造成各结构层间连续性和黏结性差，如为降低工程造价，摊铺面层前基层不洒黏层油；洒布工艺控制不严造成计量不准、油膜不均匀、稠度不连续；基层清扫不净，残余浮土、碎石、油污等形成隔离层。

（2）面层铺筑过程中易出现压实度不足的情况，造成面层内部孔隙率较大，使得沥青混合料黏结力、防水性能下降。如碾压设备不适合不当或碾压遍数不够；拌合厂离施工现场较远、运距过长，运输途中沥青混合料热量损失较大，运至现场后温度不能满足铺筑要求；为保工程进度进行低温施工，或拌和过程中油温过高致使沥青老化。

4）路面渗水

高速公路路面面层损坏的一个很重要的原因是由路面渗水所引起的。降水渗到沥青面层中而排不出去，在汽车荷载及温度变化的作用下，沥青面层产生破坏[4-5]。

5）超、重载运输问题

超、重载运输会导致路面早期破坏、缩短路面设计使用寿命、增加额外补强或改建费用。因此，路面实际使用寿命与超限运输之间的定量分析，是一个不可忽视的研究课题。

3 沥青路面早期破损的防护

通过以上分析，可看出沥青混凝土路面早期破损与沥青混合料、路面设计、路面施工、交通条件与气候条件的全部或部分有关，而交通条件与气候条件是客观存在的，所以沥青路面早期破损防治应以从路面设计、沥青混合料和路面施工3个方面考虑。

3.1 合理设计路面结构

（1）尽可能减薄沥青面层厚度，由于以下4种原因，高速公路路面厚度可酌情减少，但减少幅度应控制在12cm以内。第一是半刚性基层沥青路面结构的承载能力可由半刚性材料层（基层和底基层）来承担，无需用增厚面层来提高承载能力；第二是采用优质沥青来提高沥青路面使用性能；第三是沥青面层的裂缝不只是反射裂缝，在正常施工情况下，大部分是沥青面层本身的温缩裂缝；第四是通常厚的沥青面层易导致车辙的产生。

（2）加强沥青路面防水设计。

（3）选用合理的基层和底基层结构。

3.2 严格控制沥青混合料的质量

（1）沥青的选取。选用具有良好的高低温性能、抗老化性能、含蜡量低、高黏度的优质国产或进口沥青。

（2）集料的选用。集料应选用表面粗糙、石质坚硬、耐磨性强、嵌挤作用好、与沥青黏附性能好的集料。如果集料呈酸性则应添加一定数量的抗剥落剂或石灰粉，确保混合料的抗剥落性能，同时应尽量降低集料的含水率。

（3）混合料级配的确定。沥青混合料的高温稳定性和疲劳性能、低温抗裂性，路面的表面特性和耐久性之间相互矛盾、相互制约，"照顾"了某一方面性能，可能会降低另一方面性能。混合料的配合比设计，实际上是平衡各种路用性能或以实现最优化设计。混合料级配应根据当地的气候条件和交通情况具体分析，尽量兼顾各项性能。

3.3 严格控制施工质量

施工质量控制不严，路面在早期容易出现破损，所以沥青路面施工必须按全面质量管理的要求，建立健全有效的质量保证体系，实行目标管理、工序管理，明确责任明确，对施工全过程中每道工序的质量要进行严格的检查、控制、评定，以保证其达到质量标准，具体要抓好以下4个方面。

（1）严格控制沥青混合料的拌和质量。拌和过程中若发现"糊料"或"离析"等异常情况，应立即进行处理；增加马歇尔试验频率，严格控制沥青混合料的油石比、稳定度、流值等指标，必要时对混合料进行特殊配合比设计。

（2）保证基层顶面粗糙度。改善基层材料级配，增加粗集料，提高大中粒径集料含量；控制最佳含水率，改进碾压方法，避免过振过湿，不能使基层顶面形成灰浆硬壳，不能用细料进行压实后找平。

（3）合理洒布透层油、黏层油。在进行各层铺筑前，必须保持顶面清洁。根据近年来的施工经验，对于水泥稳定类半刚性基层，透层油应以慢裂型乳化沥青为宜。用沥青洒布车喷洒时，应保持稳定的车速和喷洒量，不能流淌和形成油膜，更不能有空白。对旧沥青路面罩面，必须洒布黏层油，黏层油应有较好的黏附性，脚踏有明显的黏附感，整个面层取芯后不易分离。干线公路可以设置Ⅰ型稀浆封层作为黏结层，实现层间结合与防水的双重作用且不需要封闭交通。

（4）提高面层摊铺质量。在摊铺混合料时，运距不能过远，摊铺温度合理控制，摊铺厚度均匀，压实设备数量应配套，速度控制在 2m/min 左右，碾压遍数不能太少，以免混合料孔隙过大；一般不能进行补料，尤其是下面层；基层雨后潮湿未干，不得摊铺，更不得冒雨摊铺；纵向、横向接缝应紧密、平顺，各幅之间重叠的混合料应用人工铲走。

路面早期破损已成为沥青路面的主要危害之一，应根据其成因从路面设计、原材料进场到具体施工，有针对性地采取一系列预防和改善措施。同时，必须建立健全质量保证体系，从管理部门、设计部门到施工部门，层层重视、层层控制、层层落实。只有这样，才能从根本上减少沥青路面早期破损现象的发生。

参考文献

[1] 蒋万连. 以公路养护技术为中心预防公路工程病害的若干措施[J]. 科技创新与应用, 2012(5): 172.
[2] 龙开庆. 浅析公路沥青路面病害治理及养护对策[J]. 中国科技博览, 2013(35): 97.
[3] 周睿, 袁洋冰. 高速公路路面裂缝的原因及防治[J]. 交通世界, 2016(36): 20-21.
[4] 段鲁林. 探析高速公路路面裂缝及车辙的成因与防治[J]. 中华建设, 2017(6): 94-95.
[5] 武岳. 高速公路路面裂缝防护及施工技术[J]. 交通世界, 2017(Z1): 40104.

5cm SMA-13 桥面铺装碾压组合方式研究

倪永春[1]　侯文学[2]　张斌琦[1]　朱益兵[1]

（1. 苏交科集团股份有限公司　江苏南京　210000；2. 中电建路桥集团有限公司　北京　100048）

摘　要：本文以甬台温高速公路至沿海高速公路温岭联络线桥面铺装工程为例，针对上面层 5cm 厚 SMA-13 桥面铺装，从施工碾压的设备的组合、工艺、技术要点和质量控制进行实例分析与阐述，将不同碾压设备效能进行合理的组合搭配，总结出一套适合本项目的简洁有效的碾压方案，以期能为同类工程提供经验。

关键词：SMA-13；桥面铺装；碾压成型

1　背景

近年来，伴随着我国交通运输业的高速发展，交通量与重载车辆不断增加，各种城市立交以及桥梁工程项目也逐渐增多，SMA 沥青混合料由于其显著的稳定性与良好的耐久性，以及表面纹理粗糙、骨架密实等特点，被广泛应用于高等级公路及桥面铺装工程。甬台温高速公路至沿海高速公路温岭联络线以桥梁隧道为主，桥隧占比超过 90%。桥面铺装作为桥梁的重要功能性结构层，起到承受桥面荷载和保护桥梁结构的重要作用。桥面铺装需要具有良好的抗车辙能力和良好的抗水损害能力，桥面铺装质量对整个工程的交通质量具有非常重要的影响。与以往不同的是，本项目采用 5cm 厚的 SMA-13 作为上面层，因此需要结合桥面铺装的实际工程特点，合理地选择压实机械以及碾压组合方案，进而提高工程质量。

2　压路机械简介

1）振荡压路机与振动压路机工作原理

振动压路机钢轮内部装有一个做圆周运动的振动器，振动器通过高速旋转使钢轮产生振动，向土壤传递垂直向下的激振力，在激振力的作用下，产生的一系列压力波会传递到被压材料上，而在振动压力波的作用下，会降低被压材料颗粒间的内摩擦力，进而使铺层中的集料产生移动，这样有利于集料的重新定位排列，而且在激振力的作用下更容易减少集料之间的空气空隙，达到压实的目的。

振荡压路机内部装有两个偏心振荡钢轮，两个振荡钢轮同时以 180°补偿位高速旋转，并由于利用偏心力的作用，带动钢轮产生快速的前后运动。钢轮前后运动时，能够将压实力以剪切力的形式直接作用于钢轮前部和后部的被压材料上，并产生交变扭矩，然后利用土力学中交变剪应变的原理通过振荡轮产生通过的交变扭矩，对被压材料进行反复搓揉来使颗粒重新排布而达到密实状态，进而产生压实效果。

两种压路机械工作原理如图 1 所示[1]。

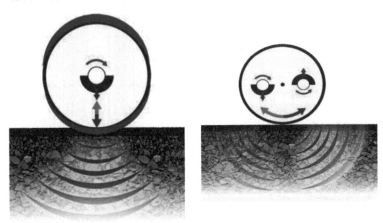

a) 振动压路机　　　　b) 振荡压路机

图 1　两种压路机械工作原理示意图

2）工作特点

（1）振动压路机特点

a）振动压路机会产生垂直向下的激振力，激振力较大，对路面的压实深度较深，但也可能造成路面表层材料破坏的现象。

b）振动压路机工作时，振动钢轮与路面是非恒定接触的关系，路面表面材料可能由于振动作用变得松散，影响压实效果。

c）振动压路机的压实范围较小，碾压成型施工的效率较低。

d）振动压路机在厚度大的沥青面层以及半刚性基层中压实效果较好。

（2）振荡压路机工作特点

a）振荡压实对地面产生的共振更小，靠近敏感建（构）筑物或设施时，使用振荡压路机进行压实施工基本无影响。

b）振荡压路机对环境影响较小，施工能够减少噪声，同时还能降低机器内部损耗，延长机械使用寿命。

c）振荡压路机与路面保持恒定接触，对沥青进行不断揉搓，使路面具有更好的平整度。

d）振荡压路机压实范围较大，碾压成型施工的效率较高。

e）振荡压路机能够较好地保护路面材料。

f）振荡压路机更适用于薄铺层沥青面层以及桥面铺装沥青面层。

3 工程应用效果

3.1 工程概况

温岭联络线项目起点位于甬台温高速公路温岭西互通北侧约2km处，向东经温岭市大溪、泽国、城北、新河、滨海等5个镇（街道），终于沿海高速公路温岭北互通南侧约2km处。全线设置桥梁6座（长29270m）、隧道1座（长1685m），全长约32.88km。主线桥面铺装结构为：橡胶沥青防水黏结层＋5cm改性沥青SMA-10下面层＋5cm改性沥青SMA-13上面层。

3.2 配合比设计

依据《公路沥青路面施工技术规范》（JTG F40—2004）中SMA混合料配合比设计方法，结合混合料级配要求、目标配合比的级配数据和以往的级配设计经验，本项目确定出一个合理级配，级配比例见表1，级配曲线如图2所示。

级配比例　　　　表1

筛孔尺寸（mm）	矿粉	0～3	3～6	6～11	11～17
级配比例	9	15	5	41	30

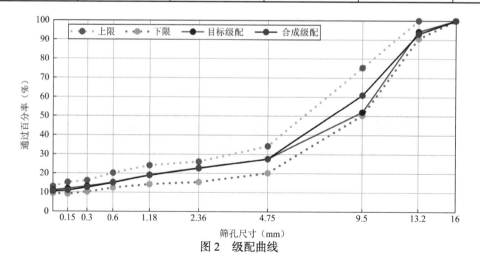

图2　级配曲线

根据马歇尔试验结果，本项目选择最佳油石比 OAC = 6.1%，测定其各项物理力学指标（表2）并对其进行验证。

油石比为6.1%时，沥青混合料试验物理力学指标　　表2

项目	毛体积相对密度	最大理论相对密度	空隙率VV（%）	矿料间隙率VMA（%）	沥青饱和度VFA（%）	稳定度（kN）	流值（0.1mm）
试验值	2.485	2.588	4.0	16.6	76.0	10.82	34.1
技术指标规定值	—	—	3.0～4.5	≥16.5	75～85	≥6.0	20～50

3.3 碾压组合方案

为确定合理的施工工艺，更好地利用不同压实机械的压实特点，本文对不同碾压组合方式的压实效果进行分析，并根据桥面铺装实际情况，结合以往项目经验，采用三种不同的碾压组合方案，具体碾压组合方案见表3。

碾压组合方案　　表3

碾压阶段		压路机类型及数量	碾压遍数	碾压工序
方案一	初压	振动压路机 BW203AD-4（2台）	前静后振1遍，来回振压1遍	半幅碾压
	复压	振动压路机 BW203AD-4（2台）	来回振压5遍	半幅碾压
	终压	振动压路机 BW203AD-4（1台）	静压1遍	全幅碾压
方案二	初压	振荡压路机 BW203ADO-4（2台）	静压1遍，来回振荡1遍	半幅碾压
	复压	振荡压路机 BW203ADO-4（2台）	来回振荡5遍	半幅碾压
	终压	振荡压路机 BW203ADO-4（1台）	静压1遍	全幅碾压
方案三	初压	振动压路机 BW203AD-4（2台）	前静后振1遍，来回振压1遍	半幅碾压
	复压	振荡压路机 BW203ADO-4（2台）	来回振荡5遍	半幅碾压
	终压	振动压路机 BW203AD-4（1台）	静压1遍	全幅碾压

3.4 施工质量控制

（1）混合料拌和

为了要保证各类型集料上料的准确性，项目组校核了拌合楼计量装置，确保混合料按照生产配合比设计要求进行生产，保障混合料的体积指标满足设计要求。

（2）混合料运输

混合料采用自卸汽车进行运输，装料前的车厢内壁应进行清洁，在车厢内壁喷洒或涂抹隔离剂，装料后及运输途中的车厢要用三层棉被或篷布包裹，对混合料出厂温度和运到现场后的温度进行严格控制，对已经离析或被雨淋的混合料进行作废弃处理。

（3）混合料摊铺

摊铺机应缓慢、匀速行驶，确保实现不间断摊铺，禁止出现随意变换速度或停机现象，随时检查虚铺厚度及横坡。

（4）碾压成型

在进行混合料摊铺后，压路机须紧跟着进行碾压，不得等候，禁止在低温状态下反复碾压[2]，碾压应遵循紧跟、慢压、高频、低幅的原则。该试验段碾压成型过程中的碾压速度、错轮方式、碾压温度具体见表4。

碾压过程中碾压质量控制 表4

施工阶段	速度（km/h）	错轮方式	温度（℃）
初压	2～4	错轮 1/3～1/4 轮	≥150
复压	4～5	错轮 20cm	≥130
终压	2.5～5	错轮 1/3～1/4 轮	≥110

3.5 试验段评价指标

为了比较不同压路机对桥面铺装 SMA-13 上面层的压实效果，对不同碾压组合方案的碾压效果进行分析，本文选取压实度、平整度、构造深度、渗水系数作为评价指标[3]。

（1）压实度

压实度是反映沥青混合料压实效果的最重要的参数，路面压实度过大或过小都会对道路的使用寿命、安全性和行驶舒适度产生重要影响。

根据《公路沥青路面施工技术规范》（JTG F40—2004），结合工程现场实际情况，规定马氏压实度代表值不小于 98%，理论压实度代表值不小于 94%。施工后对不同碾压组合方案的路段进行了钻芯取样，每段取芯样数量均为 6 个，测得的压实度结果见表5，压实度分布如图3所示。

压实度结果 表5

碾压组合方案	方案一	方案二	方案三
马氏压实度代表值（%）	98.2	99.6	98.8
理论压实度代表值（%）	94.1	96.2	95.7

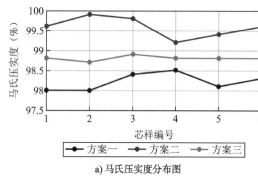
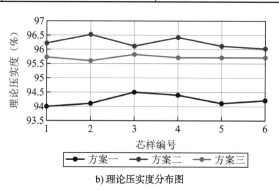

a) 马氏压实度分布图　　b) 理论压实度分布图

图3 压实度分布图

由表5和图3可知，3 种组合方案的压实度都在规定范围内，但是方案二的压实度最高，方案一的压实度最低，方案三的压实度分布更加均匀。为了更好地控制进行压实度质量控制，避免过压和欠压情况，同时从桥面铺装的实际工程状况来看，方案三的压实效果更易控制。

（2）平整度

路面平整度采用 3m 八轮连续平整度仪进行测定，测定结果见表6。依据《公路沥青路面施工技术规范》（JTG F40—2004），高速公路、一级公路平整度标准差应为在 1.2mm 以内。

平整度结果 表6

碾压组合方案	方案一	方案二	方案三
平整度标准差（mm）	1.12	0.98	1.03

由表6可知，3 种碾压组合方案的平整度都在规定范围内，方案一的平整度标准差较大。由于方案一中的振动压路机是通过产生垂直向下的力来对沥青面层进行压实，同时 SMA-13 属于骨架密实型结构

（粗集料较多），所以方案一的平整度标准差较大；方案二中的平整度较小，由于振荡压路机是通过对路面产生水平方向的作用力，对路面进行"揉搓"，使SMA-13沥青混合料中的集料进行重新分布而来达到密实，所以方案二的平整度标准差较小，平整度较好；方案三由于采用振动压路机与振荡压路机组合的方式，所以平整度标准差在方案一和方案二之间。

（3）构造深度

构造深度也称纹理深度，是衡量路面粗糙度的关键性指标，具体是指在一定面积的路面表面内凹凸不平的开口孔隙的平均深度，用于评价路面表面的宏观粗糙度、排水性以及抗滑性。本项目施工后利用铺砂法对不同碾压组合方式案的路段进行了铺砂法构造深度检测，检测结果见表7。不同施工工艺的构造深度反映了沥青混合料压实后的表面纹理状况。

构造深度结果　　　　　　　　　　　　　　　　　　　　　　　　表7

碾压组合方案	方案一	方案二	方案三
构造深度平均值（mm）	1.09	0.58	0.93

根据《公路沥青路面施工技术规范》（JTG F40—2004），规定构造深度平均值不应小于0.55mm。当若路面构造深度太小，路面的抗滑性能可能会减弱，这对行车安全不利。

结合以往工程经验，构造深度过大也会对路面产生一些影响。当路面构造深度过大、路面过于粗糙时，在车载车辆荷载作用，容易造成粗集料分离，形成坑槽等病害，导致路面耐久性降低。综合考虑后，本项目制定构造深度指标为不大于1.1mm。

由表7可知，3种组合方案都在规定范围内，方案一的构造深度最大，即将突破规定值上限，方案二的构造深度最小，即将突破规定下限，方案三构造深度适中。

（4）渗水系数

施工后对不同碾压组合方案的路段进行渗水试验，试验结果见表8。根据《公路沥青路面施工技术规范》（JTG F40—2004），结合工程实际情况，规定SMA-13面层渗水系数不大于60mL/min。

渗水系数试验结果　　　　　　　　　　　　　　　　　　　　　　表8

碾压组合方案	方案一	方案二	方案三
渗水系数平均值（mL/min）	35	0	16

方案一的渗水系数平均值最大，方案二的渗水系数平均值为0，基本无渗水情况，方案三的渗水系数较小。3种方案的渗水系数都在规定范围内。

3.6 检测结果汇总分析

通过以上试验可知，方案一的压实度与平整度在3种方案中较低，构造深度与渗水系数即将突破上限，总体上评价不太适合该桥面铺装工程；方案二压实度、平整度、渗水系数较好，但由于构造深度系数较低，即将突破规定值下限，路面抗滑性不易控制，同时方案二的压实度分布的均匀性在3种方案中较差。为更好地控制整个碾压施工质量，同时也为更易控制各项指标，结合桥面铺装实际情况，选择方案三作为SMA-13桥面铺装沥青面层的碾压施工方案，其各项指标均满足规范要求。

4 结论

（1）振荡压路机与振动压路机作用原理不同、各有特点，振动压路机更适合大厚度沥青面层碾压，振荡压路机更适合薄铺层沥青面层与桥面铺装沥青面层。

（2）对于该桥面铺装工程，设置设计3种不同的碾压组合方案，通过对比分析压实度、平整度、构造深度、渗水系数 4 个指标，采用发现振动和振荡组合的方式更适合 5cm SMA-13 桥面铺装工程。

参考文献

[1] 张伟, 张小勇, 刘坚, 等. 振荡压路机与振动压路机对桥面沥青面层压实效果分析[J]. 交通世界, 2020(35): 82-83.
[2] 郭旭荣. 某桥面铺装 SMA-13 施工工艺和质量控制措施[J]. 山西建筑, 2017, 43(21): 167-168.
[3] 黄利峰, 王金峰. 双层 SMA 桥面铺装施工关键技术及应用[J]. 交通科技, 2014(6): 35-37.

高速公路梁上运梁安全性分析及防护措施研究

侯少梁[1]　孙业发[1]　张敬灿[2]

（1. 中电建路桥集团有限公司　北京　100048；2. 中国水利水电第五工程局有限公司第一分局　四川成都　610066）

摘　要：高速公路等线性工程在建设过程中，不同截面形式及跨径的桥梁梁体多是在集中式预制梁场预制后，通过运梁车运至现场架设。梁上运梁已在工程中大量采用，但有关运梁车梁上运梁的安全性的系统论证还不够完善。本文以甬台温高速公路至沿海高速公路温岭联络线项目为背景，通过理论计算及实桥试验，研究了在简支状态下，已架设T梁在运梁车及运送T梁共同作用下的内力情况及安全性分析。结果表明，在承载能力极限状态下，已架设T梁正截面强度验算、斜截面强度验算满足规范要求；在正常使用极限状态下，正截面抗裂、斜截面抗裂验算满足规范要求。并在此基础上提出相应的安全保证措施，以保证架梁施工的安全性。

关键词：运梁车；梁上运梁；简支状态；安全性

1　工程背景

甬台温高速公路至沿海高速公路温岭联络线项目全线位于台州温岭市，路线全长32.871km，桥梁上部结构多采用先简支后连续桥梁。本工程T梁采用5种梁型（表1），跨径分别为31m、27m、25m、20m和16m。其中，跨径31mm梁体质量最大，为77t。根据施工工艺，在采用裸梁上运梁需从已架设完成的T梁通过，因此需要对沿线结构进行验算。

T梁质量统计表　　　表1

序号	T梁跨径（m）	预制梁最大混凝土用量（m³）	预制梁质量（t）
1	16	8.71	23.0.8
2	20m	15.61	41.3.7
3	25	24.81	65.7.5
4	27	26.38	69.9.1
5	31	29.04	77.0.0

2　构建模型

本文按照最不利情况，按照31m梁荷载对运梁范围内所有的结构进行验算。根据实际运梁路线，运梁车从两片T梁的腹板上方运梁，在计算中仅以此工况进行验算。对所有验算桥型均进行承载力和稳定性验算，确保主梁在运梁过程中的安全性。为确保桥面板受力安全，在整体模型的基础上，在最不利位置处进行裸梁稳定性验算。运梁车与桥梁横断面位置关系如图1所示。

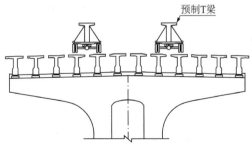

图1　运梁车与桥梁横断面位置关系示意图

2.1 设计荷载

T梁上部结构采用C50混凝土，重度取26.5kN/m³。本工程采用ZY180t轮胎式运梁车用于预制T梁的运输工作，运梁车自重26t，运梁车横向车轮间距为2.4m。T梁荷载质量取最大值77t进行计算，平均分配到每个轴上，各单轴轴重如图2所示。

图2 运梁车荷载示意图（尺寸单位：m）

荷载组合参照《公路桥涵设计通用规范》（JTG D60—2015）第4.1.5和4.1.6条进行选取。混凝土桥梁挠度限值参照《公路钢筋混凝土及预应力混凝土桥涵设计规范》（JTG 3362—2018）第6.5.3条规进行选取。C50混凝土材料的轴心抗压强度参照《公路钢筋混凝土及预应力混凝土桥涵设计规范》（JTG 3362—2018）第7.2.8条进行选取[1-2]。

2.2 建立模型

本文采用桥梁博士V4.4软件进行强度、刚度以及截面计算分析，模型材料参数、结构尺寸及荷载荷施加等均按设计图纸进行三维实体建模。本文以跨径30m T梁为例，建立模型如图3所示。

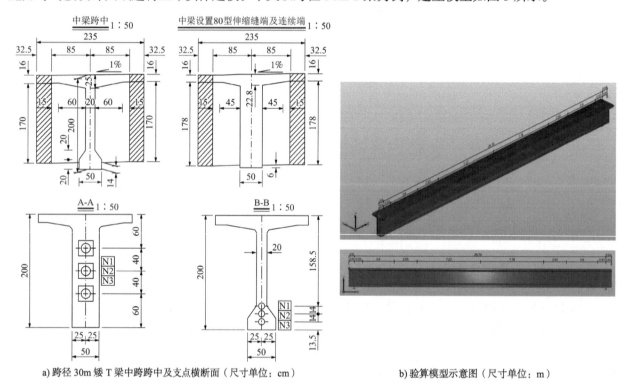

a) 跨径30m矮T梁中跨跨中及支点横断面（尺寸单位：cm）　　b) 验算模型示意图（尺寸单位：m）

图3 T梁跨中横截面及30m矮T梁验算模型图

3 结果分析

3.1 承载能力极限状态

3.1.1 正截面强度验算

根据《公路钢筋混凝土及预应力混凝土桥涵设计规范》（JTG 3362—2018）第5.1.2条的规定，桥梁构件的承载能力极限状态计算应满足：

$$\gamma_0 S \leqslant R$$

式中：γ_0——桥涵结构重要性系数；
　　　S——作用组合（其中汽车荷载应计入冲击作用）的效应设计值；
　　　R——构件承载力设计值。

最大弯矩及其对应的抗力图和最小弯矩及其对应的抗力图分别如图4和图5所示。

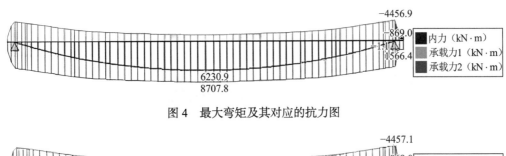

图4　最大弯矩及其对应的抗力图

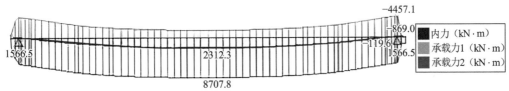

图5　最小弯矩及其对应的抗力图

由计算模型可知，跨径30m矮T梁最大弯矩发生在34单元右截面，设计弯矩值为6230.9kN·m，对应抗力为8707.8kN·m，安全系数为1.40；最小弯矩发生在67单元左截面，设计弯矩值为−119.6kN·m，对应抗力为−4457.1kN·m，安全系数为37.27；其余位置均满足设计要求。

其他矮T梁类型正截面强度验算结果见见表2。

正截面强度验算（单位：kN·m）　　　　表2

验算项目		T梁跨径				
		16m	20m	25m	27m	31m
最大弯矩	计算值	2196.4	3355.8	4861.3	5392.8	6230.9
	抗力值	2363.8	5288.1	13918.8	8052	8707.8
	安全系数	1.08	1.58	2.86	1.49	1.40
最小弯矩	计算值	−103.2	−96.5	−125.6	−123	−119.6
	抗力值	−1397	−2500.9	−4814.9	−4576.9	−4457.1
	安全系数	13.54	25.92	38.34	37.21	37.27

计算结果表明，5种不同跨径T梁承载能力极限状态下的正截面强度验算均满足要求；通过对比验算结果可知，最大弯矩出现在跨径25m T梁的第29单元截面，设计设计弯矩值为4861.3kN·m，对应抗力为13918.8kN·m，安全系数为2.86，最小弯矩发生在跨径25m T梁的第56单元右截面，设计弯矩值为−125.6kN·m，对应抗力为−4814.9kN·m，安全系数为38.6；跨径25m T梁的安全系数最大，跨径16m T梁的安全系数最小，即运梁车通过跨径25m T梁时，正截面强度验算得到的安全系数最大，通过跨径16m T梁时，安全系数最小。

3.1.2　斜截面强度验算

最大剪力及其对应的抗力图如图6所示，最小剪力及其对应的抗力图如图7所示。

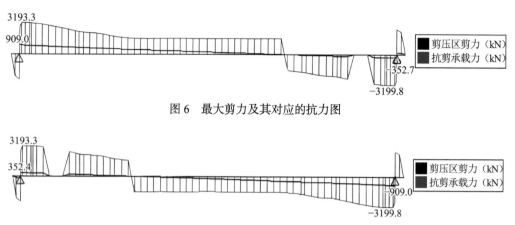

图6 最大剪力及其对应的抗力图

图7 最小剪力及其对应的抗力图

由图6和图7可知,最大剪力发生在第7单元左截面,设计剪力值为909.0kN·m,对应抗力为3193.3kN·m,截面在该工况下无需进行抗剪验算。最小剪力发生在第66单元右截面,设计剪力值为−909.0kN·m,对应抗力为−3199.8kN·m,截面在该工况下无需进行抗剪验算。其余位置均足设计要求。

其他矮T梁的斜截面强度验算结果见表3。

斜截面强度验算（单位：kN） 表3

验算项目		T梁跨径				
		16m	20m	25m	27m	31m
最大剪力	计算值	613.4	736.7	861.9	880.4	909.0
	抗力值	1116.0	2355.9	3530.1	3240.7	3193.3
	安全系数	1.82	3.20	4.10	3.68	3.51
最小剪力	计算值	−613.4	−736.7	−862	−880.4	−909.0
	抗力值	−1122.4	−2355.9	−3514.6	−3240.7	−3193.3
	安全系数	1.83	3.20	4.08	3.68	3.51

计算结果表明,5种不同跨径T梁承载能力极限状态下的斜截面强度验算均符合要求。通过对比验算结果可知,最大剪力发生在跨径25mT梁的第6单元左截面,设计剪力值为861.9kN·m,对应抗力为3530.1kN·m;最小剪力发生在跨径25mT梁第56单元右截面,设计剪力值为−862.0kN·m,对应抗力为−3514.6kN·m,其余位置均满足设计要求。

3.2 正常使用极限状态

3.2.1 频遇组合下正截面抗裂验算

根据《公路钢筋混凝土及预应力混凝土桥涵设计规范》（JTG 3362—2018）第7.2.8条规定,应对构件正截面混凝土的拉应力进行验算。频遇组合截面顶缘、底缘拉应力图如图8所示。

图8 频遇组合截面顶缘、底缘拉应力图

从图8可知,底缘正应力最小值为−0.71MPa,顶缘正应力最小值为−0.41MPa,顶底缘应力验算结果均小于规范允许值−1.86MPa,满足规范设计要求。

其他矮T梁的频遇组合下正截面抗裂验算结果见表4。

频遇组合下正截面抗裂验算（单位：MPa） 表4

验算项目		T梁跨径				
		16m	20m	25m	27m	31m
底缘正应力最小值	计算值	−0.32	−0.41	—	−0.65	−0.71
	规范允许最大值	−1.86	−1.86	−1.86	−1.86	−1.86
顶缘正应力最小值	计算值	−1.01	−0.39	—	—	−0.41
	规范允许最大值	−1.86	−1.86	−1.86	−1.86	−1.86

计算结果表明，5种不同跨径的T梁在运梁车荷载下，正常使用极限状态下正截面抗裂验算均符合规范要求。

3.2.2 斜截面抗裂验算

根据《公路钢筋混凝土及预应力混凝土桥涵设计规范》（JTG 3362—2018）第6.3.1条第2款规定，斜截面抗裂应对构件斜截面混凝土的主拉应力进行验算，并应符合表5的要求。频遇组合截面主拉应力图如图9所示。

A类和B类预应力混凝土构件斜截面抗裂验算要求 表5

预制构件	σtp ≤ 0.7ftk
现场浇筑（包括预制拼装）构件	σtp ≤ 0.5ftk

图9 频遇组合截面主拉应力图（单位：MPa）

根据图9可知，主应力最小值为−0.24MPa，验算结果均小于规范允许值−1.86MPa，满足规范设计要求。其他T梁频遇组合下斜截面抗裂验算结果见表6。

斜截面抗裂验算（单位：MPa） 表6

验算项目		T梁跨径				
		16m	20m	25m	27m	31m
主应力最小值（MPa）	计算值	−0.26	−0.31	−0.19	−0.20	−0.24
	规范允许最大值	−1.86	−1.86	−1.86	−1.86	−1.86

计算结果表明，5种不同跨径的T梁主应力最小值验算结果均小于规范允许值−1.86MPa，满足规范设计要求。

3.2.3 挠度验算

根据《公路钢筋混凝土及预应力混凝土桥涵设计规范》（JTG 3362—2018）第6.5.3条规定，受弯构件在使用阶段的挠度应考虑荷载长期效应的影响。消除结构自重产生的长期挠度后，主梁的最大挠度不应超过计算跨径L的1/600。活载最大、最小位移频遇值如图10所示。表7为消除结构自重产生的挠度后主梁挠度最大值。

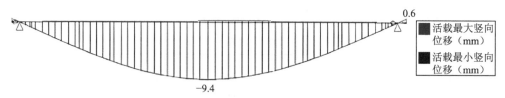

图 10　活载最大、最小位移频遇值

从图 10 可知，挠度最大值−9.4mm，验算结果均小于规范允许值 $L/600 = 50.0$mm，满足规范设计要求。

挠度验算（单位：mm）　　　　　　　　　　　　　　　　　　　　　　　　　　　　表 7

验算项目		T 梁跨径				
		16m	20m	25m	27m	31m
活载最小位移（mm）	计算值	13.5	9.8	4.7	6.8	9.4
	规范允许最大值	26.7	33.3	41.7	45	50

通过对比 5 种不同跨径 T 梁的挠度验算结果可知，均满足规范允许要求。其中，运梁车在通过跨径 16m T 梁时产生的挠度最大，挠度为 12.5mm；通过跨径 31m T 梁时挠度最小，挠度为 9.4mm。

4　稳定性分析及安全支护措施

当运梁跑车走偏时，由于 T 梁底板较窄，极易产生 T 梁倾覆，因此，需对其采取安全支护措施，并于支护前后分别对其稳定性做出分析，将其分析结果进行对比，以评价支护效果。

无支护时的稳定性分析以梁上运输 T 梁为模型进行计算，当运梁车走偏时，需要对 T 梁稳定性进行验算。假设倾覆时梁体绕 O 点转动，运梁车的轮载产生倾覆弯矩 $M_1 = P \times L_p$，梁体自重产生抵抗倾覆弯矩 $M_2 = G \times L_G$，抗倾覆稳定性系数 $K = M_2/M_1$。对于跨径 31m T 梁，梁体自重 $G = 770$kN。裸梁稳定性计算示意图及考虑 T 梁隔墙横向钢筋与相邻 T 梁焊接示意图如图 11 所示。

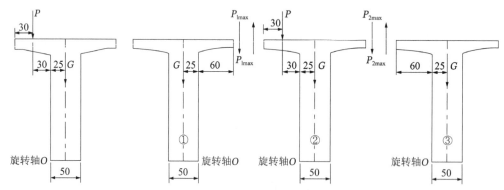

图 11　裸梁稳定性计算示意图及考虑 T 梁隔墙横向钢筋与相邻 T 梁焊接示意图（尺寸单位：cm）

只考虑运梁车车头走偏，$P = 260$kN，抗倾覆稳定性系数为：

$$K = M_2/M_1 = G \cdot L_G/P \cdot L_P = 2.47 < 2.5$$

考虑运梁车车头和挂车均走偏，$P' = 240$kN（运送 27m T 梁车头和挂车同时作用在梁上），抗倾覆稳定性系数为：

$$K = M_2/M_1 = G \cdot L_G/2P' \cdot L_P = 1.34 < 2.5$$

考虑 T 梁隔墙横向钢筋与相邻 T 梁焊接，计算模式如图 11 所示：保证左边 1 号梁不倾覆，则有：

$$P_{1max} = G \cdot L_G/L_P = 320.8 \text{kN}$$

保证右边 2 号梁不倾覆，则有：
$$P_{2\max} = G \cdot L_G/L_P = 226.5\text{kN}$$
此时抗倾覆稳定性系数 $K = M_2/M_1 = (G \cdot L_G + P_{1\max} \cdot L_{p1} + P_{2\max} \cdot L_{p2})/(2P' \cdot L_P) = 4.4 > 2.5$。

本试验采用只考虑运梁车车头走偏、考虑运梁车车头和挂车均走偏及考虑 T 梁隔墙横向钢筋与相邻 T 梁焊接三种工况，稳定性系数见表 8。

稳定性验算　　　　　　　　　　　　　　　　　　表 8

验算项目		T 梁跨径				
		16m	20m	25m	27m	31m
车头走偏	计算值	无需验证	1.06	1.05	2.24	2.47
	规范允许最小值		2.5	2.5	2.5	2.5
车头和挂车均走偏	计算值（不考虑横向钢筋）	无需验证	1.12	1.63	1.27	1.34
	计算值（考虑横向钢筋）		3.1	5.4	4.17	4.4
	规范允许最小值		2.5	2.5	2.5	2.5

通过实际荷载检算，其验算结果表明，分别只考虑运梁车车头走偏、考虑运梁车车头及挂车均走偏工况下，抗倾覆稳定性系数均不满足规范要求，需采取加固措施。本桥承载力满足运梁车通行要求，T 梁稳定性在考虑横向钢筋焊接情况下满足规范要求。

5　结论

本文以甬台温高速公路至沿海高速公路温岭联络线工程为背景，通过对 31m、27m、25m、18m 和 16m 五种跨径 T 梁运梁车的应力分析，及采取支护措施前后 T 梁稳定性对比分析，得出以下结论：

（1）在承载能力极限状态下，T 梁正截面强度验算、斜截面强度验算满足规范要求；在正常使用极限状态下，正截面抗裂斜、截面抗裂验算满足规范要求。

（2）特殊车辆必须从桥面中间通过，保持轮载作用在 T 梁腹板上，过桥同时禁止其他车辆同时通行；在车轮走偏情况下，需要对 T 梁横向钢筋进行焊接，或进行加固或支撑，使其抗倾覆稳定性系数不小于 2.5。

参考文献

[1] 中华人民共和国交通运输部. 公路桥涵设计通用规范: JTG D60—2015[S]. 北京: 人民交通出版社股份有限公司, 2015.

[2] 中华人民共和国交通运输部. 公路钢筋混凝土及预应力混凝土桥涵设计规范: JTG 3362—2018[S]. 北京: 人民交通出版社股份有限公司, 2018.

深厚软土地质条件下长大桩基施工技术研究

闫伟露　聂晨瑶

（中国水利水电第四工程局有限公司　青海西宁　810000）

摘　要：在工程建设中，深厚软土地质条件下的长桩基施工技术研究具有重要意义。深厚软土地区常伴随着高水位、低承载力等问题，长桩基作为一种有效的地基加固手段，能够显著提升工程的稳定性和安全性。然而，这一领域面临着复杂的土体结构相互作用、施工风险与质量控制等问题，迫切需要深入研究。本文旨在探讨深厚软土地质条件下长桩基的设计、施工技术及相关地基加固措施，为解决工程实践中的问题提供新思路和有效方法，推动工程建设在这一特殊地质背景下的可持续发展。

关键词：悬臂施工；挂篮技术；预应力施工；桥梁工程

1　引言

深厚软土地质条件下的长桩基施工技术研究在土木工程领域具有重要的研究价值和实际应用意义。深厚软土地区常伴随着地基沉降、承载力不足等问题，而长桩基作为一种有效的地基加固方式，能够显著改善土体的力学性能，提高工程的安全性和稳定性[1]。然而，这一领域面临着土体结构相互作用、施工风险、质量控制等复杂挑战。因此，深入研究深厚软土地质条件下长桩基施工技术，能够推动工程建设在这一特殊地质背景下的可持续发展。

2　研究背景和意义

2.1　深厚软土地质条件下长桩基施工的背景

甬台温高速公路至沿海高速公路温岭联络线PPP项目位于台州温岭市，自西向东贯穿温岭市，起自甬台温高速公路大溪互通北侧约2.0km处，终至沿海高速公路温岭北互通南侧约2.0km处，全长32.871km。项目路线涵盖大溪、泽国、城北、新河、滨海5个乡镇和街道，为促进地区交通便利、加速经济发展而规划兴建。然而，项目所在地地质条件复杂，以深厚软土为主，伴随高水位、低承载力等困难。在软土地质条件下，长桩基施工技术显得尤为关键。项目涉及桥梁、隧道等工程，桥梁长度29307m，隧道长度1685m。为应对软土地质的挑战，项目中采用了多项复杂的软基处理方法，包括预应力管桩、素混凝土桩和泡沫混凝土处理。这些技术的研究和应用将直接影响工程施工的效率和质量，对于保障项目的稳定性和可持续发展至关重要。因此，深厚软土地质条件下长桩基施工技术研究成为项目成功实施的关键要素，有望为解决软土地区工程建设中的难题提供宝贵经验和科学方法，推动该地区交通建设的发展与进步。

2.2　长桩基在软土地区的适用性及其在工程中的作用

长桩基作为一种地基加固技术，在软土地区具有显著的适用性和重要作用[2]。软土地区具有低承载力、高水位、易沉降等特点，这些因素对工程的稳定性和安全性带来严重挑战。在这种背景下，长桩基成为解决软土地区地基问题的有效手段。长桩基的适用性体现在多个方面。

（1）长桩基能够穿越软土层，深入到较为稳定的地层中，有效克服软土的弱点，提高地基的承载力和稳定性。

（2）长桩基的施工方式相对灵活、适应性强，能够根据软土地区的特点进行调整，以满足工程需求。

（3）长桩基在软土地区还能够减小地表沉降和不均匀沉降的风险，为工程的长期稳定性提供保障。在工程中，长桩基具有重要的作用。

（1）长桩基能够分散工程荷载至深层地基，从而减小软土层的承载压力，有效预防地基沉降。

（2）长桩基能够通过桩与土体的相互作用，增加地基的整体稳定性，提高工程的抗震性能。

（3）长桩基还可作为桥梁、隧道等结构的支撑，为工程的持久性和安全性提供支持。

总之，长桩基在软土地区的适用性和重要作用不容忽视。通过特有的地基加固机制，其能够有效克服软土地区的地基问题，为工程建设提供坚实的基础，保障工程的稳定运行和安全施工。

3 深厚软土地质条件下的施工风险分析

1）地基沉降风险

由于软土具有较大的压缩性和含水率，孔隙结构较为松散，因此容易发生变形。施工过程中施加的荷载会引起土体颗粒的重新排列和水分的排出，导致土体体积缩减，进而引发地基沉降[3]。此外，荷载施加后，水分排出可能导致孔隙水压上升，进一步促使土体沉降。另外，荷载施加可能会引起土体内部的剪切变形，进而加剧地基沉降。

2）侧向承载力不足

软土通常具有较低的抗剪强度和侧向稳定性，内部颗粒排列较为疏松，难以抵抗侧向荷载。在长桩基施工过程中，土体在桩身周围受到的侧向荷载可能引发土体的侧向位移和变形，从而使桩基整体稳定性受到影响。此外，软土的含水率也会对侧向承载力造成影响。高含水率会削弱土体的颗粒间摩擦力，使土体更易发生流动性变形。当施工荷载作用于软土时，水分的排出可能引发孔隙水压升高，进一步削弱土体的侧向稳定性，导致侧向承载力不足。

3）施工困难和延误

软土地区常伴随着土体坍塌、孔洞塌陷等问题，使得施工难度增加。由于软土的流动性，挖掘和支护过程中容易发生土体失稳，增加施工风险。同时，土体的高含水率使得施工现场变得湿润，可能导致设备运行困难。此外，由于软土的不均匀性和不稳定性，施工过程中需要采取更加精细的操作和严格的质量控制，这可能导致施工周期延长，耗费更多的时间来确保施工质量和安全。因此，在深厚软土地质条件下，施工困难和延误的原因主要涉及土体的流动性、高含水率及施工质量的保障，需要采取合适的技术和管理手段来应对这些挑战。

4）施工质量控制

软土易受荷载影响而发生变形，因此施工中的质量控制显得尤为关键。首先，软土的不均匀性可能导致桩基承载力分布不均匀，影响工程的稳定性。其次，软土的可压缩性使得施工荷载可能引发较大的土体沉降，影响工程的水平度和垂直度。这些软土特性使得施工质量控制变得复杂，需要在施工过程中精确控制荷载、监测沉降，并采取适当的加固和防护措施[4]。因此，软土地质条件下的施工质量控制需综合考虑土体的不均匀性和可压缩性，以确保工程安全和稳定。

4 深厚软土地质条件下的长桩基设计原则及施工技术

4.1 深厚软土地质条件下的长桩基设计原则

1）承载力和稳定性优先原则

设计过程中，要确保桩基能够有效承受地表和结构荷载，以满足工程需求。同时，着重考虑软土的不稳定性，避免桩基在侧向受力下发生位移或倾斜，保障结构的整体稳定性。在确定桩长、桩径、桩间距等参数时，应充分考虑土体的特性，以确保桩基具备足够的承载能力和稳定性，从而保障工程在软土地区的安全。

2）选择合适的桩基材料原则

设计过程中，要根据软土特性和工程要求，选用适当的桩基材料，以确保桩基在地基中发挥最佳性能。具体体现在优选预应力管桩、素混凝土桩、泡沫混凝土等，以适应软土地区的特殊要求。设计时，应充分考虑桩材的强度、稳定性和抗侧向变形性能，以及其与软土相互作用的影响。选择合适的桩基材料有助于提高桩基的承载能力和稳定性，同时确保工程的经济性和可持续性。这一原则有助于在复杂地质条件下，实现长桩基在软土地区的有效设计与施工。

3）监测与质量控制原则

在施工和运行过程中，采用实时监测技术，对桩基的承载能力、变形、沉降等进行持续观测。具体表现在使用现代监测设备，如测斜仪、沉降计等，对桩基性能进行定量分析，及时发现异常情况并采取必要的补救措施。同时，要强调施工质量控制，确保桩基施工过程符合设计要求和标准。这一原则有助于提高长桩基在软土地区的安全性、稳定性和可靠性，保障工程长期稳定运行。

4.2 深厚软土地质条件下的长桩基施工技术及其应用

1）预应力管桩技术

预应力管桩技术通过在软土中钻孔，将预应力管桩注入高强度混凝土，然后施加预应力，以提高桩体的承载能力和稳定性。预应力管桩技术具有以下3个特点。

（1）预应力管桩的施工相对灵活，适应性强，可以根据工程要求调整桩径、桩长及预应力的施加方式，以适应不同的地质条件和荷载要求[5]。

（2）预应力管桩能够有效地提高桩基的承载能力。通过施加预应力，使桩体内部受到压应力，增强桩体的抗压和抗弯强度，从而增加桩基的承载能力。

（3）预应力管桩技术也可用于改善桩体的侧向稳定性。预应力管桩能够在一定程度上抵抗侧向荷载，减小桩体的侧向变形和位移，增加桩基的稳定性。

在应用方面，预应力管桩技术广泛用于大型桥梁、高层建筑、码头、港口工程等需要高承载能力和稳定性的工程。其在深厚软土地质条件下的长桩基施工中，以其显著的技术优势和适用性，成为解决工程挑战的重要手段。预应力管桩设计图如图1所示，吊桩和压桩施工图如图2和图3所示。

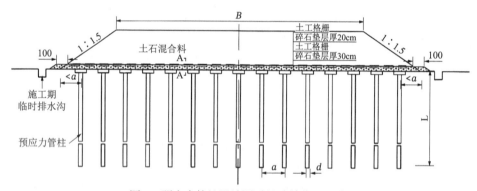

图1 预应力管桩设计图（尺寸单位：cm）

图2 吊桩施工图

图3 压桩施工图

2）素混凝土桩技术

素混凝土桩技术将混凝土直接注入钻孔形成桩体，可增加土体的密实度和强度。素混凝土桩技术具有施工简便、成本较低的特点，适用于中小型建筑、基础设施等工程。其特性在于施工过程中无需钢筋，减少了施工难度，同时桩身的质量和强度可通过控制混凝土配比来实现。素混凝土桩技术适用于较轻荷载和较短桩长的情况，如轻型建筑、管廊等工程，为在软土地区实现桩基稳定提供了一种经济有效的解决方案。素混凝土桩施工纵断面布置如图4所示。

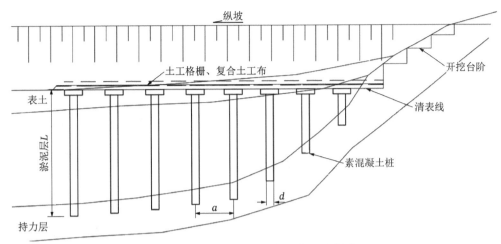

图4 素混凝土桩施工纵断面布置示意图

3）泡沫混凝土处理技术

泡沫混凝土处理技术是利用泡沫混凝土填充桩基周围的空隙，从而减小土体沉降，提高桩基稳定性。泡沫混凝土的轻质、隔热、吸音等特性，使其成为有效的填充材料。这种技术适用于较轻荷载、较短桩长的情况，如住宅建筑、工业建筑等工程。其特点在于施工过程简便，材料成本相对较低，能够有效减少桩基施工中的土体沉降，提高工程稳定性。泡沫混凝土处理技术在软土地区的长桩基施工中，为解决土体沉降问题提供了一种可行的解决方案。

5 深厚软土地质条件下的长桩基施工方案及建议

5.1 深厚软土地质条件下的长桩基施工方案

1）前期调查与设计

在施工前，必须进行详细的地质勘察和工程设计，以了解软土的分布、性质、承载力等参数。根据勘察结果，对长桩基的类型、直径、长度、间距进行合理的设计，并采用合适的施工方法。

2）施工过程

针对软土地质条件，施工过程需要特别谨慎和精确。一般施工步骤如下：

（1）桩基定位。根据设计要求，在软土中确定预制桩的位置并进行标定。

（2）钻孔。使用钻孔设备在每个桩位上进行钻孔，将桩孔打至设计深度。

（3）灌注混凝土。将混凝土灌注到桩孔中，同时进行振捣，确保混凝土充实且无孔隙。

3）防止桩身沉降

由于软土的特性，桩身可能会发生沉降。可以考虑以下方法来减少桩身沉降。

（1）在桩身尚未达到设计高程时，施加一定的预压荷载，促使桩身与土层更好地结合。

（2）在桩身与土层之间进行灌浆，填充空隙，增加侧阻力和摩擦阻力。

4）桩基质量控制与监测

在施工过程中，进行质量控制，包括桩的垂直度、位置偏差和灌注混凝土的强度等方面。同时，设置监测点对桩基进行实时监测，确保施工过程中不会出现异常情况。

5）后续处理

桩基施工完成后，需要对周围环境进行恢复，并进行必要的监测，以确保桩基的稳定性和工程安全。

总之，深厚软土地质条件下的长桩基施工需要科学的勘察、设计，采用合适的施工方法，并且需要不断地监测和调整，以确保工程的安全和稳定。具体方案应该根据实际地质条件和工程要求进行综合考虑和设计。

5.2 深厚软土地质条件下的长桩基施工

1）综合施工技术方案

在选择施工技术方案时，应充分考虑地质特点、工程要求和安全性。综合运用预应力管桩等适合的技术，根据不同区段的荷载需求，合理设计桩长和桩径。确保施工方案能够提供足够的承载能力和稳定性，并保障施工人员的安全，优化施工流程。

2）质量监测与控制

引入实时监测技术，对桩基的承载能力、变形等进行持续监测，确保施工质量符合设计要求。特别是在悬浇混凝土阶段，要加强混凝土质量控制，合理安排养护时间，以确保混凝土的强度和稳定性。及时发现问题，采取必要的调整和补救措施，确保工程的长期稳定运行。

6 结论

在深厚软土地质条件下，长桩基施工技术的研究具有重要意义。通过综合应用预应力管桩、素混凝土桩等技术，可以有效提升桩基的承载能力和稳定性。在施工过程中，质量监测与控制、安全管理等措施至关重要，可以保障工程质量和施工安全。深入研究长桩基施工技术，将为应对软土地质挑战、确保工程长期稳定运行提供可靠的技术支持。

参考文献

[1] 冯忠居,陈慧芸,袁枫斌等. 桩-土-断层耦合作用下桥梁桩基竖向承载特性[J]. 交通运输工程学报 2019, 19(2): 36-48

[2] 冯忠居,李孝雄,苏航州,等. 深厚软基区桥梁桩基竖向承载特性[J]. 筑路机械与施工机械化, 2018, 35(10): 53-59.

[3] 龚成中,何春林. 岩溶地区桩基承载特性研究分析[J]. 世界桥梁, 2006(4): 47-50.

[4] 龚成中,何春林. 软岩地区灌注桩的承载特性[J]. 岩土工程界, 2005(2): 41-44.

[5] 董芸秀,冯忠居,郝宇萌,等. 岩溶区桥梁桩基承载力试验与合理嵌岩深度[J]. 交通运输工程学报, 2018, 18(6): 27-36.

海积平原地区深厚软土地基处理施工关键技术研究

吕尚贵　相旭成

（中国水利水电第四工程局有限公司　青海西宁　810000）

摘　要：本文研究了海积平原地区深厚软土地基处理的关键技术。首先，分析了地区深厚软土的特性，包括高含水率、低强度和易沉陷。接着，从土体排水、固化改良等方面探讨了预处理方法，从增加地基承载力、控制沉陷、抗液化等方面探讨了加固措施。此外，还强调了监测与评估的重要性，包括地基沉降监测、环境影响评估和施工过程监控。最终，通过实际工程项目的综合运用验证，证明这些方法可以有效提升深厚软土地基的工程性能，确保工程的安全稳定和可持续发展。

关键词：海积平原；软土；不良地质；地基施工

1　引言

海积平原地区是指位于沿海地带的平坦低洼区域，通常由沉积物质堆积形成。这些地区的地基主要由软土组成，其特点是含水率高、强度低、可压缩性强，容易发生沉降和液化等地质灾害。近年来，随着工程建设规模的不断扩大和城市化进程的加快，海积平原地区的深厚软土地基处理成为一个极具挑战性的课题。在工程建设中，深厚软土地基的处理直接关系到工程的安全性、可靠性和经济性。如果采取不当的处理措施，可能导致工程沉降、变形、破坏等问题，严重影响工程的使用寿命和运行效果[1-2]。

因此，研究海积平原地区深厚软土地基处理的关键技术具有重要的理论和实际意义。本文旨在探讨海积平原地区深厚软土地基处理的关键技术，以促进工程建设在这些地区的顺利进行。

2　海积平原深厚软土特性分析

海积平原地区深厚软土的形成与地质历史、水动力和沉积过程密切相关。这些地区通常位于河口、湖泊、海岸线等地，常年受到水体搬运沉积和潮汐作用的影响，因此，海积平原地区的深厚软土往往是由水体搬运的沉积物堆积而成。而较高的含水率和较低的抗剪强度，使其易发生沉降和变形，从而可能对建筑物、基础设施和交通运输系统的稳定性造成威胁[3-4]。此外，软土地基还可能因为水分含量的变化而引发土壤滑动，尤其是在雨季和台风等极端天气条件下。

总之，海积平原地区深厚软土具有复杂的地质特征和工程性质，这使得其地基处理成为工程建设中的一个关键问题。

3　地基预处理方法与加固措施

3.1　预处理方法

1）排水

在处理海积平原地区深厚软土地基时，首要任务是降低土体的含水率。通过排水的方法可以有效地降低软土的含水率，从而提高土体的强度和稳定性。常见的排水措施包括设置排水管道、挖掘排水渠等，以引导地下水流向外部，降低地基的含水率[5]。

2）土壤固化与改良

固化与改良是提高深厚软土地基强度的重要方法之一。常见方法主要包括土壤振实和适用混凝土搅拌桩及土钉墙。土壤振实是通过机械振动作用于土体中，可以提高土体的密实度和强度。而混凝土搅拌桩是将混凝土与软土混合，形成桩体，以提高土体的强度和稳定性。土钉墙则是通过设置钢筋土钉，将软土固定在墙体后面的钢筋网上，增加土体的抗剪强度。

3）加固材料选择

加固材料的选择对于加固效果至关重要。土工合成材料可以用来加固土体，提高其抗变形能力。而地膜可以在土体表面铺设，起到分散荷载、减少水分渗透的作用，从而减轻地基的沉降。

3.2 加固措施

1）增加地基承载力

在海积平原地区深厚软土地基处理中，增加地基承载力是确保工程安全稳定的关键。常见的增加地基承载力的加固方法包括地基加固桩加固、灌浆加固等。地基加固桩加固是将钢筋混凝土桩或钢桩打入土中，通过桩的承载力来分担荷载，从而增加地基的承载能力；灌浆加固则是通过向土体中注入固化材料，提高土体的密实度和强度，从而增加地基的承载能力。

2）控制沉陷

深厚软土地基容易发生沉陷，因此需要采取控制沉陷的措施。常见措施是在地基上设置预应力锚杆或支撑桩，以提供额外的支撑和稳定。此外，还可以采用填充加固的方式，在地基表面铺设一定厚度的填料，以减少地基的沉陷。

3）抗液化

在地震等外部荷载作用下，海积平原地区的深厚软土地基容易发生液化现象，导致地基失稳。为了提高土体的抗液化能力，可以采用加固土体、加密土体等方法。其中，使用土工合成材料或细粒土进行加固，可以增加土体的抗液化性能，减少液化现象的发生。

4 地基监测与评估

4.1 地基沉降监测

在海积平原地区深厚软土地基处理过程中，地基沉降是一个重要的监测内容。通过地基沉降监测可以实时了解土体的变形情况，判断处理措施的效果及是否存在沉降过大的风险。常用的地基沉降监测方法包括精密水准测量、全球导航卫星系统测量等，这些监测手段有利于及时发现问题并采取相应措施。

4.2 环境影响评估

深厚软土地基处理施工可能对周边环境产生一定的影响，包括地下水位变化、土壤侵蚀等。在施工前需要进行环境影响评估，分析施工可能引起的环境问题，并制定合适的环境保护措施。通过环境影响评估，可以减少施工过程中对环境的不利影响，确保工程建设与环境保护的协调发展。

4.3 施工过程监控

深厚软土地基处理的施工过程需要实时监控，以确保施工质量和安全。施工过程监控可以通过现场观测、传感器数据采集等方式进行。通过监测施工过程中的各项参数和指标，可以及时调整施工方案，防止潜在问题的发生，确保施工的顺利进行。

5 项目背景与地质情况

5.1 背景

温岭联络线项目位于台州温岭市大溪镇，起点位于甬台温高速公路大溪互通北侧。项目考虑了太湖水库下游预留大溪枢纽十字枢纽，规划了匝道和未来与杭绍台高速公路的衔接。线路经过冠屿山公园北侧，与正在实施的104国道共线，进入流庆寺隧道，并跨越甬台温铁路、台州市域铁路S1线。其中，还有396m下穿甬台温高铁。

路线全长32.871km，涉及大溪、泽国、城北、新河、滨海5个乡镇和街道。主要交叉公路包括甬温高速公路、104国道、迎宾大道、路泽太一级公路、机新路、石松一级公路、沿海高速公路等，与杭绍台铁路、甬台温高铁、台州市域铁路S1线等铁路也有交叉。项目地理位置复杂，工程难度较大，需要科学设计和精细施工。

5.2 地质情况

如图1所示，该项目位于海积平原的场地呈现多层次的地质特征，上部为粉质黏土硬壳层，中部为海积、冲海积的黏性土和粉砂，下部为冲湖积黏性土和海积黏性土，其中地质性质从较坚硬到较弱逐渐变化。场地周围河流众多，河床淤泥流塑，建议在浅部采用摩擦桩作为桩基础，以适应复杂的地质和水动力环境。海积平原如图1所示。

图1 海积平原图

工程设计需综合考虑各层地质特点及不同地层对建筑稳定性的影响，确保建设的安全性。

6 项目不良地质情况分析

6.1 不良工程地质问题分析

1）地面沉降情况与危险性评估

温岭联络线项目地面累计沉降量为200～500mm，呈现一定程度的下沉趋势。尽管地面沉降量较大，不过地质灾害危险性评估为小，但仍不可忽视。

2）不均匀沉降和地基情况

温岭联络线项目所处场地的地貌类型为海相淤积平原，地质类型为淤泥、淤泥质软土，厚度范围大致为5～35m，平均约为20m。这种地质条件在一定程度上解释了地面沉降的现象。所以工程设计选用高架桥，并设定基础为桩基础，这有助于分散荷载并提供更好的稳定性。然而，需要注意的是"桥头跳"现象的风险，这可能需要针对性的工程措施来减轻其影响。

3）场地地质特点

场地地质特点表明，并没有大面积的地表沉降、塌陷等现象的发生，这有助于降低工程风险。此外，也没有发现断裂、岩溶土洞、沙土液化、滑坡等不良地质作用，从而进一步减少了可能对工程造成不利影响的因素。

6.2 特殊性岩土分析

1）填土特点

该填土分布于居民区和道路周边，由碎块石、混凝土块等组成，硬杂质粒径为100～300mm，土质的均匀性较差，厚度范围为0.3～6.00m。这种填土的不均匀性和硬质杂质可能在桩基成孔过程中造成漏浆、上部碎石塌落等问题，从而对成桩质量产生影响。

2）海相软土

场地内的软土是灰色的全新世滨海相、冲积相沉积的淤泥质土。这种软土具有高压缩性、中等灵敏度、低承载力、长时间沉降和欠固结等特点。尽管软土在自然状态下具备一定的结构强度，但一旦受到扰动，其强度会迅速下降，对桩基、路基以及承台基坑等工程施工产生不利影响。

7 针对不良地质的解决措施

7.1 关于区域性地面沉降的实际解决方法

（1）使用新测的高程成果可消除累积的地面沉降，避免在设计中受到过去沉降的干扰。具体过程包括，使用先进的测量技术（如全站仪、卫星定位系统等）对工程区域的地面高程进行重新测量，再利用数据处理方法将新测得的高程数据与历史数据进行比较，识别并消除累积的沉降变化，得出实际地面高程，作为设计的基础。

（2）在设计路基、桥梁等结构时，考虑到区域地面沉降对工程的影响，根据预测的沉降速率适当地预留高程，确保未来沉降不会影响工程的稳定性。

7.2 关于不均匀沉降的解决方法

不均匀沉降可能导致桥梁等结构在不同部位发生高度差，进而引发"桥头跳"现象，为了解决这一问题，采取表1中的措施。

不均匀沉降的解决方法　　　表1

方法	具体措施
过渡带	在桥路交接部位设计过渡带，用来平稳过渡、减少高度差。常见的形式包括渐变坡道和垫层过渡
管桩	在不均匀沉降区域，使用管桩作为支撑，可以在较稳定的层段中承受荷载，减轻桥梁结构受到的不均匀沉降影响。管桩的选择应根据地质条件和结构需要进行，以确保其能够有效地分担荷载并稳定地传递到更深的地层
水泥搅拌桩	通过在不均匀沉降区域打入水泥搅拌桩，增加地基的强度和稳定性，从而减少沉降差异对桥梁的影响
监测和调整	在工程建设后，定期监测桥梁和交接部位的变形情况。如果出现不均匀沉降引起的高度差问题，可以根据监测数据进行调整和加固，保障桥梁的安全和稳定

7.3 填土处理措施

1）对填土层的处理

（1）清除表层填土或耕植土。在填土层中，清除顶部的松散表层填土或耕植土，以消除不稳定因素，确保下方填土层的稳定性。

（2）采用均质细粒土分层回填。选择均质细粒土材料，将填土分层回填至需要的高度，避免不均匀沉降引起的差异。分层填土可以平衡荷载传递，减少沉降不均的风险。

（3）压实处理。在每一填土层完成后，进行适当的压实工作，以提高填土的密实度，减少后期沉降。压实可以通过振动板、压路机等设备进行。

2）对河塘的处理

（1）排水和清淤。进行排水和清淤工作，确保原状土地露出。清除淤泥和杂物有助于确保地基稳定。

（2）适当的地基处理。根据地质条件，采取适当的地基处理措施，可能包括填筑砂石料，加固软弱地层等，以增加地基的承载能力。

（3）回填均质细粒土并压实。在地基处理后，选择均质细粒土材料，进行分层回填并压实，以建立稳定的基础支撑层。

3）在桩基施工过程中的处理

（1）挖除桩位处的填土。在桩基施工前，将桩位处的填土挖除，确保桩基能够直接与稳定的地层接触，增加桩基的承载力。

（2）采取套管等护壁措施。在桩基施工过程中，采取套管等护壁措施，以防止周围填土坍塌，避免碎石等物体塌落，确保施工安全。

通过上述填土处理措施，可以确保填土层的均匀性、稳定性及地基的稳定性，同时在桩基和桥台基坑施工中采取防护措施，确保施工的安全性和工程的长期稳定性。

7.4 海相软土处理措施

1）填方路段的处理

（1）打入预应力管桩。预应力管桩是一种有效的地基加固方法，适用于海相软土地区。通过在路基中打入预应力管桩，可以提高地基的承载力和稳定性，减少沉降和沉降差异的风险。

（2）铺设塑料排水板。在填方路段下方铺设塑料排水板，可以改善软土的排水性能，减少水分对软土的影响，从而降低沉降速率，提高路基的稳定性。

（3）适用轻质填料。使用轻质填料填充路基，可以有效减轻路基的荷载，降低对软土的压实和沉降影响，提高地基的稳定性。

2）控制填筑速率

在路基填筑时，需要严格控制填筑速率，避免过快填筑导致地基沉降过大。而且快速填筑也可能引起软土的压实和挤压，加剧沉降问题。

8 结论

海积平原地区深厚软土地基的处理需要综合运用多种技术手段，根据实际情况制定科学合理的施工方案。通过合理的预处理、加固和监测手段，可以有效提升软土地基的工程性能，确保工程的安全稳定和可持续发展。在未来的工程实践中，应不断总结经验、探索创新，以满足海积平原地区工程建设的需求。

参考文献

[1] 李斌, 廖芳茂. 深厚软基处理对建筑管柱基础施工的影响[J]. 路基工程, 2023(3): 211-216.
[2] 薛瑞涛. 房屋建筑施工中深厚软土地基处理技术分析[J]. 江西建材, 2023(5): 311-312+315.
[3] 王晓飞. 道路工程深厚淤泥软土地基处置关键技术研究[J]. 科学技术创新, 2023(11): 131-134.
[4] 林国强, 许建军. 珠三角地区深厚淤泥软土地基处理方式探讨[J]. 城市道桥与防洪, 2023(3): 278-281.
[5] 吴梦喜, 宋世雄, 于永军, 等. 某矿石堆场深厚软土地基加固处理方案研究[J]. 地基处理, 2022, 4(6): 479-489.

高速公路高边坡稳定性影响因素及监测处置分析

侯少梁[1]　聂廷武[1]　任聪聪[1]　李鹏飞[2]

（1. 中电建路桥集团有限公司　北京　100048；2. 中国水利水电第四工程局有限公司　青海西宁　810000）

摘　要：本文基于温岭联络线项目，通过对高边坡现场的调查及地表位移的监测，探究了高速公路高边坡稳定性的影响因素，并根据地表监测数据分析现场治理效果。结果表明地层岩性、降水及人类活动是促使高边坡产生滑坡变形破坏的主要诱发因素，应以"排水截水、支挡加固并重"为边坡支护理念，优化坡脚挡墙防护设计，经过治理，边坡可趋于稳定。

关键词：现场调查；地表位移；监测；现场施工

随着我国高速公路建设大规模持续发展，尤其在涉及山区、隧道等路段，公路边坡稳定性问题较为突出，在山脚开挖路面导致边坡不稳定现象常有发生。在建设阶段已采取了必要的支护措施和监测手段，如何根据边坡监测结果指导现场施工成为高速公路建设中一个越来越重要的内容[1]。

1　工程概况

温岭联络线项目位于海积平原区，地貌以侵蚀剥蚀低丘陵为主。K2+173～K2+440右侧冠屿山高边坡位于丘陵前缘，地形起伏较大，植被较发育。该路段丘陵表面部分布残坡积含砾粉质黏土、含黏性土碎石，坡脚和坡麓厚度可达7～10m，坡顶厚度1～2m，下部基岩岩性为凝灰岩和凝灰质粉砂岩。路堑区水文地质条件简单，主要为基岩裂隙水，水量贫乏。根据调查及地勘资料，该边坡山体较高。地面横坡较陡，边坡土体均为粉质黏土层或松散坡积体。由于边坡开挖后遭遇连续下雨和日光暴晒，2021年4月初发现坡面产生裂缝，发生局部滑移现象，且裂缝有加大加宽趋势。高边坡地质平面图如图1所示。

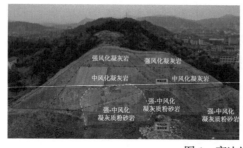 

图1　高边坡地质平面图

2　监测及治理方案

2.1　监测与治理思路

针对施工期间公路边坡稳定性的特点，笔者拟采用现场调查、制定治理方案及监测跟踪的思路开展边坡检测与治理工作，首先通过现场调查结合前期地勘报告等资料对现场滑坡形成原因进行分析，找出引起边坡灾害的病因；其次依据边坡的表现形式及变形情况制定合理有效的治理方案；最后对治理措施进行监测跟踪，验证其治理效果。

2.2　现场调查

根据现场调查，该滑坡纵长约25m，横宽约40m，面积约900m²，滑体厚度较大，最大厚度6～7m，体积约2000m³，滑坡主滑方向为顺坡向，属于边坡开挖形成小型中浅层牵引式岩质滑坡，滑体成分主要为中风化、强风化凝灰质粉砂岩和凝灰岩，凝灰质粉砂岩节理裂隙很发育，抗风化能力弱，遇水易崩解，成块状、碎块状为主；凝灰岩岩质坚硬，抗风化能力强，呈块状为主。现状边坡后缘已形成拉裂缝，裂缝宽度可达1～2m，前缘剪出口较明显，局部已形成鼓包。现场裂缝图如图2所示。

图2 现场裂缝图

2.3 边坡治理方案

根据现场踏勘分析，本项目采用对滑塌体卸载+坡面放缓坡率等措施，一方面通过滑塌体卸载和坡面放缓坡率及喷锚护面+土工格室+厚层基材防护、坡脚加固（增加挡土墙）等措施提高边坡的整体稳定性；另一方面通过设置坡顶截水沟、边坡平台沟、边坡跌水槽等一系列措施完善边坡的排水截水系统，以保证边坡的稳定性。对施工坡面分段跳槽由上至下开挖，坡面开挖一级防护一级；挡土墙基坑应采用分段跳槽开挖，并做好验槽工作，检验合格后应及时施工挡墙基础及部分墙身。K2+230～K2+400段地质横断面图如图3所示。

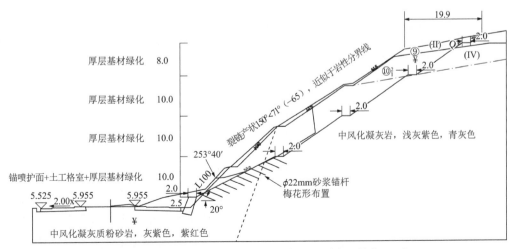

图3 K2+230～K2+400段地质横断面图（高程单位：m）

2.4 监测布设

根据边坡具体情况，布置 A1～A22、B1～B22、C1～C16、D1～D4 共 65 个地表位移监测点，监测点布置在滑坡潜在主体及其外围。根据现场实际情况及动态化设计和信息化施工的要求。在边坡顶部及变形特征点设置位移及沉降观测桩。使用全站仪分别通过三角高程测量法、极坐标法进行沉降地表水平位移观测，全站仪的 X 指向北方向、Y 指向东方向。

本边坡工程安全等级为一级，根据有关规范、规程、设计文件及类似工程经验确定本边坡监测报警值，报警值设置为：日变量大于 2mm，该报警值可结合边坡实际变形情况而调整。图 4 展示了地表位移监测点的平面布置示意图。

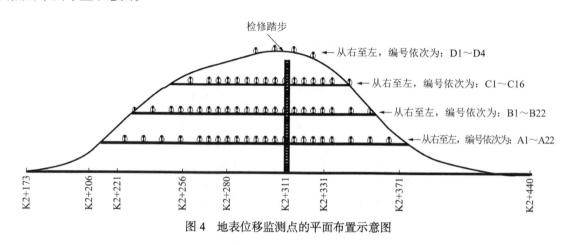

图 4 地表位移监测点的平面布置示意图

3 结果与分析

3.1 影响因素及破坏模式分析

1）影响因素分析

通过现场工程地质调查，结合项目前期钻探、试验等手段进行分析，滑坡形成的影响因素见表 1。

影响因素分析表　　表 1

影响因素	分析过程
地层岩性	场区岩性多变，分布复杂。上部为凝灰岩，下部为凝灰质粉砂岩（岩质较差），两种岩性的岩体沿节理面断开。下部岩质遇水软化（滑塌前曾连日下雨），日晒崩解，局部相变为砂岩（成夹薄层状）。底部岩坡脚开挖后形成临空面，沿岩性接触面断开后沿顺坡节理面和层理面下滑[2]
降水作用	本地区属于亚热带气候，降雨充沛，持续时间较长，易触发滑坡的形成。滑塌形成前持续了多天的降雨，导致地表水的下渗，增大岩土体的重度，使浅表层岩土体处于饱水状态强度急剧地降低。由于岩体存在顺坡向的不利结构面，地下水沿着结构面底板向前缘坡脚发生渗流，随着地下水位线的上升，孔隙水压力和动水压力大大增加，增加了下滑力，致使滑坡发生破坏
人类活动	人类工程活动是促使滑坡变形破坏的主要诱发因素之一。由于路堑边坡开挖，使斜坡变陡，形成临空条件，使坡体稳定性下降。另外，边坡开挖后长时间暴晒、雨淋造成岩体风化崩解，影响边坡坡面稳定性

2）破坏模式分析

边坡开挖高度加大后，在不利的天气条件下，由于降雨的入渗和地下水位的上升，滑坡前缘将首先发生浅表层变形，随着变形逐渐深入，将演化成滑坡前缘深层次的变形，形成前缘的整体变形，由于前缘的变形，滑坡前缘阻滑段的阻滑力大大降低，进而，滑坡中部滑体的下滑力大于前部的阻滑力，中部滑体将逐渐产生横向的张性裂隙，随着裂隙扩展，沉降增大，中部滑体发生变形破坏。按此规律，由前至后，变形破坏扩展到滑坡的后缘，最终导致滑坡的整体失稳。

根据现场调查及分析，场区内基岩节理裂隙发育，性质有差异，岩体破碎且存在差异风化，滑塌体主要受不利节理组合控制，坡脚开挖后形成临空面，应力进行重新调整，岩体易沿不利节理面下滑。

3.2 初期地表位移监测结果及分析

监测点的累计位移量是以2021年4月17日第一期监测坐标作为初始值来计算的总位移值。各点的位移速率变化见表2。其中，累计位移量是当前观测值与监测设备第一次监测到的初始值之间的差值。通过观测各点的位移速率来分析边坡的变形情况。

初期地表位移速率监测结果　　表2

监测点	位移速率（mm/d）				
	2021年4月17日	2021年4月18日	2021年4月19日	2021年4月20日	2021年4月22日
A6	0	0.48	−0.96	1.19	0
A17	0	0.94	−2.82	1.00	0
B9	0	0.61	−1.75	1.36	0
B14	0	0.46	−3.39	−1.09	0.01
C6	0	0.47	−1.55	1.12	0
C16	0	0.75	−2.67	1.13	0
D4	0	0.93	−2.06	0.91	0

由表2可知，在2021年4月18日—19日，边坡第一级平台布设的22个监测点（编号为A1～A22）当中，日位移速率有5个监测点超出位移速率预警值（位移速率＞2mm/d），其中位移速率最大的监测点为A17，沉降速率达到2.82mm/d；边坡第二级平台布设的22个监测点（编号为B1～B22）当中，日位移速率11个监测点超出位移速率预警值，其中位移速率最大的监测点为B14，沉降速率达到3.39mm/d；边坡第三级平台布设的16个监测点（编号为C1～C16）当中，日位移速率有3个监测点超出位移速率控制预警值，其中位移速率最大的监测点为C16沉降速率达到2.67mm/d；边坡坡顶布设的4个监测点（编号为D1～D4）当中，有1个监测点超出位移速率控制预警值，即D4监测点，沉降速率达到2.06mm/d。2021年4月22日监测数据显示，边坡各监测点的位移变化速率较4月21日以前有较大幅度的减小。

3.3 长期地表位移监测结果及分析

温岭联络线项目以"排水截水、支挡加固并重"为设计理念，细化坡体排水和坡顶截水设计。优化坡脚挡墙防护设计，加强坡脚挡墙基础开挖后的验槽工作，确保基础稳定。

为获得更为连续稳定的数据，获取了其中21个监测点在2021年6月26日—2021年10月22日期间的位移速率及累计位移量，如图5和图6所示。

由图5和图6可知，截至2021年10月23日，位移速率超出预警值的监测点有1个，该监测点为8月10日的B5，其z向位移速率达2.48mm/d，其余监测点均未超出预警值。其余未施工的各时间段，各地表位移监测点水平位移和沉降位移速率明显变缓，无明显位移变化。再次说明经过治理后，边坡趋于稳定。

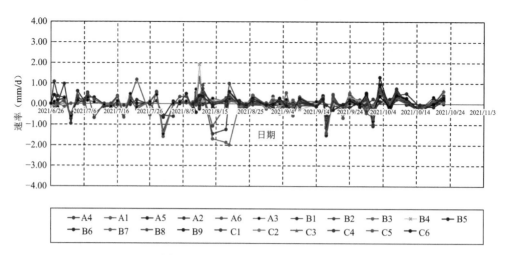

图 5 边坡监测点Z向位移速率变化图

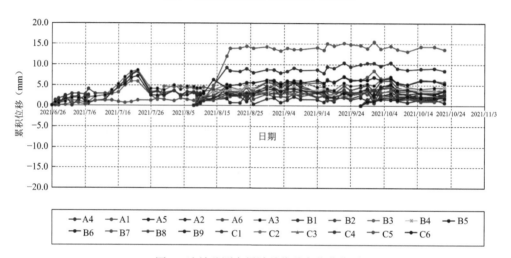

图 6 边坡监测点累计总位移变化曲线图

4 结论

通过对高边坡现场调查及位移监测数据的分析处理，得出以下 4 个结论。

（1）地层岩性、降水及人类活动是促使高边坡产生滑坡变形破坏的主要诱发因素，滑塌体主要受不利节理组合控制，坡脚开挖后形成临空面，应力进行重新调整，岩体沿不利节理面下滑，形成牵引式滑坡。

（2）目前边坡平台、坡顶共计埋设 64 个监测点，其中发生位移速率超出预警值的有 20 个点，占总数的 31.25%，位置相对集中在边坡第 1 级、第 2 级、第 3 级平台的中部略偏向小里程桩号。

（3）以"排水截水、支挡加固并重"为设计理念，细化坡体排水和坡顶截水设计。优化坡脚挡土墙防护设计，加强坡脚挡墙基础开挖后的验槽工作，确保基础稳定。

（4）通过对高边坡长期位移监测数据的分析处理，各地表位移监测点水平位移和沉降位移速率明显变缓，无明显位移变化。监测数据表明，经过治理，边坡趋于稳定。

参考文献

[1] 王海军, 冯立, 李光伟. 倾倒变形体边变形监测与预警实例分析[J]. 水电站设计, 2018, 34(4): 65-68.
[2] 张帮鑫, 李怀海, 徐峰, 等. 公路边坡安全监控技术发展研究综述[J]. 公路交通技术, 2023, 39(1): 16-22,28.

多级围岩条件下隧道不同开挖方法对围岩稳定性影响关键技术研究

王 磊 郭 旺

(中国水利水电第四工程局有限公司 青海西宁 810000)

摘 要：随着我国经济的高速发展，城市内部人口快速增加，城市内部交通的拥堵状况越发严重，大规模开展地下空间开发工作势在必行。本文立足于此背景，从隧道的开发方法入手，着重分析了不同隧道开发方法的技术性要点，并对于不同开挖方法对隧道结构造成的影响进行了分析，以期能够为有关工作人员提供参考。

关键词：隧道开挖方法；隧道结构；影响性

1 引言

我国疆域辽阔、山川众多。在山区地带修建高速公路之时，势必会需要大量修建隧道。截至目前，我国并未形成非常完善、先进的地下结构理论，所以无法对隧道工程的整体性设计及施工过程提供指导，且在施工过程之中难以避免地发生了一些工程事故。为此，工程管理工作人员应当结合当地地质条件特征，选定适宜的施工技术，最大程度降低对隧道结构稳定性所造成的影响，确保隧道在施工建设与应用的过程中可以保持较高的安全性。

2 隧道围岩的基本特性

高速公路隧道的建设十分关键。在实际的施工过程中要对其安全性问题进行详细排查。随着经济的发展和进步，高速公路隧道的安全稳定性也得到了很大的提升，相关的施工单位与技术人员也需要对此进行进一步的研究和分析，高速公路隧道的安全性和我们的生活息息相关[1]。在实际施工过程中，通过采取不同的加固办法及不同施工的不同对策，能够有效解决隧道围岩在掌子面前方可能发生的失稳和破坏问题。但在实际的过程中，由于其破坏的过程、变形的机制及实际的发展程度和相关范围具有一定的差异性，因此，相关的施工人员需要考虑对应的施工方案，以保证隧道施工的安全性。

2.1 隧道围岩在掌子面前方变形的现象比较严重

隧道的开挖过程会导致原始的平衡发生破坏，在应力进行相应调整的过程中，隧道周围的地层会逐渐向前方和地表方向移动。超前的变形范围和变形量也会发生一定的变化，在变化的过程中，由于地层条件、开挖尺度及开挖方法的变化，超前变形的范围会逐渐扩大[2]。一般情况下，超前变形的过程可分为3个不同阶段，即起始变形阶段、加速变形阶段及急剧变形阶段。如在厦门翔安海底隧道陆域段（开挖跨度约14m），因为有施工的扰动，在掌子面前方40m处监测到地表的变形问题，而在30m的地方监测到的是拱顶下沉的现象，拱顶部位的超前变形量约为60mm，隧道围岩在掌子面前方变形的现象需高度重视。

2.2 隧道围岩在掌子面的前方出现严重性破坏

应力的释放及变形问题的发生，会使得急剧变形的范围逐渐扩大，在实际的施工过程中围岩也会发生强烈破坏，隧道和开挖面的距离并不远，因为实际空间的扩大，围岩破坏的程度也变得越来越大，使其上方出现冒顶及开挖面出现鼓出的情况，如果在实际的施工过程中不能进行很好的控制，开挖面前方将会出现大范围破坏，也就是超前破坏。实际的破坏程度的大小是不相同的，因此接近开挖面也会出现不同的区域，例如原岩应力区、土拱承载区和松动破碎区。松动破碎区的范围对工作面的状况起到决定作用。隧道围岩在掌子面前方出现严重性破坏的问题需要高度重视，这样才能够保证施工的安全性，进一步保证施工单位的经济效益。相关的工作人员需要重视此方面的问题，在日常的施工中，将问题不断进行排查，避免出现不必要的损失。

2.3 工程稳定性问题

由于深厚淤泥层路基的不稳定性，钻孔作业时必然会遇到水上施工环境，该处含水率较高，存在明显的水位变动现象。道路工程容易受到周边环境条件（如潮湿度、温度等）和自然因素（如潮汐、风浪等）的影响，使得路面不平整，结构受损，降低道路的耐久性。

3 多级围岩条件下隧道不同开挖方法

3.1 全断面开挖法

全断面开挖法是指线按照设计轮廓通过一次性爆破成形，然后再进行衬砌修建。该方法的优点在于开发端面的整体性作业空间相对较大，施工受到的干扰较小，能够充分利用机械，减少人员工作量。其工序较少，方便对施工过程进行管理[3]。这种方法对隧道结构的影响相对较小，对围岩的扰动也较小，有助于保持围岩稳定。

3.2 台阶开挖法

在软弱围岩之中，隧道开挖应当以初次衬砌为主，同时兼顾二次衬砌，以此来保证施工过程的安全性。在围岩地条件整体较好时，主要是考量机械的作业效率，缩短施工工期，降低施工成本，因此只需考虑二次衬砌。应用台阶开挖法时，上、下部开展作业之时通常会互相干扰，且台阶开挖法虽会增加对围岩所产生的扰动次数，但其台阶有助于保持隧道结构稳定。尤其是在上部完成开挖支护以后，下部作业的开展就较为安全。需要注意的是，下部作业会对上部的稳定性产生影响。采用台阶开挖法进行软弱围岩隧道的建设，需要对技术方法进行有效控制，以避免出现广角变形的情况。台阶开挖法可有效提升工程质量，提高工程效率，并为以后安全行车带来较大便利。台阶开挖法开挖断面如图1所示。

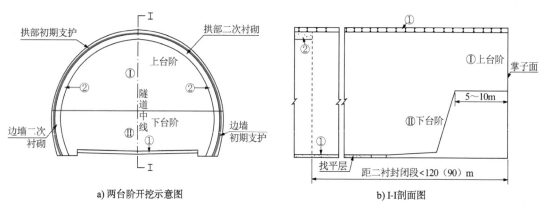

图 1 台阶法开挖断面示意图

3.3 环形开挖法

环形开挖法的进尺最好控制在 0.5~1.0m，核心土的面积应当不小于整个断面面积的一半。在开挖之后，应当及时进行喷锚支护及安装钢架支撑，且相邻的钢架必须是由钢筋进行连接，并应当按照施工要求对锁脚锚杆进行设计。若围岩的地质条件较差，其自稳时间相对较短，则应当在开挖之前按照设计要求做超前支护。

3.4 交叉中隔壁法

交叉中隔壁法适用于软弱围岩的大跨度隧道施工。先对隧道单侧的一部分或二部分进行开挖，待对部分中隔壁及横隔板完成施作之后，再对隧道另一侧的一部分或二部分进行开挖，之后完成横隔板的施工过程[4]；在此之后，再对于最先施工一侧的其余部分进行开挖，并对于中隔壁进行延长，最后再对另一侧的其余部分进行开挖。

4 项目概括

甬台温高速公路至沿海高速公路温岭联络线 PPP 项目全线位于台州温岭市，总体自西向东走向，起于台州温岭市大溪镇，起点位于甬台温高速大溪互通北侧 2.0km 附近，起点桩号 K0＋000。该项目填方 77 万 m^3，路基挖方 119 万 m^3，隧道开挖 49.5 万 m^3，软基处理长度主线 1.78km，主要采用预应力管桩、素混凝土桩与泡沫混凝土处理。

5 影响围岩稳定性的关键技术研究

5.1 开挖

在隧道开挖作业过程中，要确保围岩保护工作落实到位，减少误操作对整体工程安全效果造成的影响，规避变形问题产生的安全隐患，并且每一层的开挖深度都要贴合设计要求。

5.2 工序

开挖过程要按照基础工序落实具体作业内容，维持整体操作的规范性和科学性。
（1）进行上部环形土的开挖作业，并且完成初期支护准备工作。
（2）在左侧进行导坑的开挖处理，准备初期支护。
（3）在右侧进行导坑的开挖处理，准备初期支护。
（4）预留核心土并准备支护。
（5）仰拱开挖。
（6）仰拱部支护。
（7）仰拱回填浇筑。
（8）拱墙防水板搭设及二次衬砌。

5.3 要点

开挖作业主要是借助机械设备完成，因为工程条件属于软弱围岩，因此要积极践行"弱爆破、强支护"的原则，非必要不使用爆破处理。

5.4 初期支护

初期支护依据工程实际情况选择适宜的支护处理机制，保证支护作业的综合效果。

1）锚杆支护处理

锚杆结构按照梅花形进行布置，并设置对应的垫板，确保锚杆垫板和基面处于服帖状态。依据地下水静水压力完成注浆压力的控制处理，本工程中，注浆压力是地下水静水压力的 2 倍。同时要关注岩层裂隙阻力参数，将瞬时压力数值控制在 0.5MPa 以下。

2）工字钢拱架

在整个工程中，钢支撑采取工字钢结构，结合设计规范和设计要求完成加工焊接作业，并根据标准进行下料作业。要按照分节加工的方式，确保各节钢拱架结构两端均设置在连接板位置，配合高强螺栓连接作业，拼装成指定模式，并完成钢拱架结构单元的编号处理，分节分批次运输到隧道施工区域。

6 围岩稳定性影响关键技术实际应用

6.1 对超前小导管灌注

根据对隧道本身的特性研究可以发现，灌浆加固法对围岩的加固处理是比较科学的方法，在实际的施工过程中，施工单位需要在施工中对超前小导管等进行相关应用。该隧道的实际支护施工中，小导管的选择是十分重要。施工单位应选用 3m 长、外径 42mm 的小导管，导管之间的距离应为 0.4m，环形套管内部应使用 37 支导管，在设置环形套管的过程中，两管间隔应为 1.5m，而纵向连接的最小距离为 1m，外插的角度为 10°~15°。在实际施工中，钢筋架上焊接导管末端这项工作是必不可少的。同时，在实际的施工过程中还需要对水泥砂浆进行配置。

6.2 初期的支护工作

实际喷射过程需采用 26cm 厚的 C20 混凝土。施工单位应安装钢拱架，安装过程中，应分节进行相应的制作，制作要有一定的依据，主要依据是每榀 5 节，其中 3 节需要在上层台阶中，下台阶的都是 1 节。

6.3 底部的仰拱工作

为了能够在实际施工过程中有效杜绝收敛及沉降现象，施工单位需采用微台阶法。在实际应用过程中，为了能够早日成环，快速构建稳定的早期结构，施工单位应保证封闭成环的过程是在落地中形成的。另外，在施工过程中需要重点关注的是，掌子面开挖应与仰拱初期支护施工同时进行，不允许产生较大的单次开挖长度，在实际开挖工作结束后，施工方应将钢拱架设置在开挖后的路段。仰拱移动台车施工如图 2 所示。

图 2 仰拱移动台车施工示意图

6.4 衬砌工作

防水设计的关键是排水，排水和防水密不可分。在实际施工中需要提升结构自身防水功能，同时在此基础上提高抗渗性能及防水性能，变形缝和伸缩缝也就成为了重点防范对象。初次衬砌与二次衬砌的中间会出现一定的缝隙，在此缝隙中应设置透水管，排水管在外墙设置。衬滑槽逐窗入模浇筑示意图如图 3 所示。

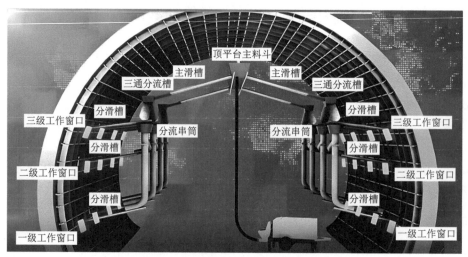

图 3 二衬滑槽逐窗入模浇筑示意图

6.5 高速公路隧道浅埋段特殊围岩的施工

如果在实际的施工过程中使用 TSP 超前地质预测，则能够对不良地质体进行有效检测，进而保证对隧道的地质情况判断准确，有效防止不良地质体对工程的安全问题产生影响。

6.6 下硬上软的特殊部位

1）上台阶的开挖工作

围岩段开挖的主要施工方法是上下台阶预留核心土，施工时全部使用机械，在实际施工过程中绝对不能使用爆破的方法进行施工，因为爆破的方法会产生一定影响。

2）施工上台阶锚杆工作

施工方如果能够完成初喷，应当将中空注浆的锚杆进行合理设置，可以设置在围岩加强段的地方，并在1m左右的位置对环向的间距进行控制，为了能够有效固结上层土体，施工方可以用小导管来进行施工。

3）施工上台阶的钢筋网

施工方在实际施工过程中要对钢筋进行选择，选择的过程也是十分重要的，可以选择一定型号的钢筋，在合适的范围内对间距进行相应的控制，通常为20cm×20cm，在30d的范围内对网片的搭接的长度进行控制，钢筋在注浆的小导管上进行固定。

4）施工上台阶拱架

钢架可以选择Ⅰ20b，纵向的间距可以是0.5m，将两个钢架利用纵向的拉杆进行链接，控制拉杆钢筋的环向的距离在1m左右。对内外缘的设置应该是交错连接，在连接分节板钢筋的过程中，施工方可以使用厚15mm、尺寸为27cm×24cm的钢板。原设计的过程中不将锁脚锚杆设计在上台阶处。

7 结论

隧道的开挖节在隧道建设施工过程中是一道非常重要的工序，开挖方法的合理性不仅能够对隧道的整体施工进度产生影响，还会严重影响到工程整体的施工安全，因此科学、合理地选定隧道开挖方法非常重要。为此，今后隧道工程在建设的过程中应当着力向着这一方向进行转化，促进我国的交通运输领域朝高速化及重载化方向发展。

参考文献

[1] 孙科. 公路隧道软弱围岩不同开挖方法对比[J]. 福建交通科技, 2021(4): 30-33, 73.

[2] 杨永生. 公路隧道软弱围岩开挖方法研究[J]. 山西建筑, 2017, 43(23): 171-173.

[3] 王济锋. 公路隧道软弱围岩开挖方法研究[J]. 建材与装饰, 2016(30): 238-239.

[4] 黄波. 公路隧道软弱围岩开挖方法研究[J]. 施工技术, 2004(10): 28-30.

温岭联络线项目总承包部 1+N 项目群集成管理研究

付 兵

(中电建路桥集团有限公司 北京 100048)

摘 要：区域深耕背景下形成的项目群集成管理研究在国内相对较少，如何实现项目群集成管理的最佳效益是目前项目管理亟待解决的问题。本文从温岭联络线项目群集成管理的模式、管理界限划分、管控措施、细节处理等方面进行详细研究，为类似的 1（超大型项目）+N（其他项目）项目群集成管理提供借鉴。

关键词：项目群；管理界限；管控措施

1 引言

随着企业区域深耕方针的执行推进，企业在目标城市承接了第一个项目，实现了从 0 到 1 突破后，继续承接了更多项目，客观上就形成了 1（超大型项目）+N（其他项目）项目群集成管理的局面。传统单项目管理主要注重单个项目管理效率，而 1+N 项目群集成管理更加注重在有限的管理资源、施工资源、经济资源的前提下，统筹各项目在各种限制条件下实现资源的最大化利用，最终实现项目群集成管理"1+1>2"的效果，即各个项目集体协同作用所产生的效果超过各个项目单独作用的效果之和。

2 项目群概况

2.1 基本情况

温岭联络线项目包含 1 个超大型项目和 4 个小型项目，即项目群结构为 1（超大型）+4（小型）。详细情况见表 1。

温岭联络线项目群结构图 表 1

项目序号	项目名称	合同额（建安）（亿元）	项目性质	合同完工时间	实施主体	业主单位	行业监管单位
1	温岭联络线项目	63.32	交通工程	2023年11月26日	温岭联络线项目总承包部	温岭市交通运输局	台州市交通工程管理中心
2	牧长路项目	5.8	市政工程	2023年11月4日		温岭市城市建设综合开发有限责任公司	温岭市政公用工程质量安全事务中心
3	古城路项目	0.59	市政工程	2023年11月4日		温岭市城市建设综合开发有限责任公司	温岭市政公用工程质量安全事务中心
4	甬台温改扩建项目大溪枢纽代建段项目	0.73	交通工程	2023年12月31日		台州交投高速公路有限公司	台州市交通工程管理中心
5	两高联络线城区主入城口匝道工程项目	0.95	市政工程	2023年12月31日		温岭市城市建设综合开发有限责任公司	温岭市政公用工程质量安全事务中心
合计		71.39					

由表 1 可知，一个超大型项目为温岭联络线项目，该项目是浙江省重点交通工程项目，也是台州市温岭市在建单体投资最大的项目，该项目属于交通类工程项目，适用交通工程标准、规范；其余 4 个项目中有 3 个为市政项目，一个为交通项目，其中牧长路项目为温岭市在建最大的市政项目，3 个市政项目适用住建系统标准、规范。

2.2 集成管理的前提条件

项目地理位置在平面、立体上有交叉是适合进行项目群管理的前提条件。该 5 个项目组成的项目群，4

个小型项目在地理位置上都与超大型项目存在平面或立体交叉，且 5 个项目相互依存，客观上存在集成管理的需求。

（1）甬台温高速公路改扩建工程大溪枢纽代建段位于温岭联络线项目起点位置—大溪枢纽，因温岭联络线项目属于后期甬台温改扩建项目交通导改分流的通道，故由台州市交投高速公路有限公司委托项目公司代建，由总承包部负责实施，需要协调温岭联络线施工资源完成该代建项目。

（2）牧长路、古城路项目因与温岭联络线项目上下共线，即温岭联络线项目高架桥下是牧长路、古城路项目，温岭联络线项目高架桥的垂直投影刚好是牧长路、古城路的边界，牧长路、古城路完全借助温岭联络线项目的红线用地修建，上下共线施工区域完全重叠，如图 1 所示。

图 1　牧长路、古城路效果图

（3）两高联络线城区主入城口匝道工程位于温岭联络线城北互通区域，主要是为了连接路泽太高架桥，方便温岭市过往车辆进出温岭联络线及路泽太高架。

另外，因 5 个项目都由温岭联络线项目总承包部负责实施，这就为 5 个项目进行项目群集成管理提供了合同及组织前提。因此，项目群集成管理成为了温岭联络线项目总承包部履约管理的必然选择。

3　项目群管理模式

3.1　总包-分部二级管理模式

温岭联络线项目群集成管理实行总包牵头、分部实施的管理模式，即由总承包部负责统筹协调、分部执行总包指令模式，管理指令传递如图 2 所示。

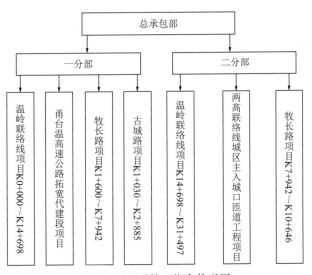

图 2　项目群管理指令传递图

如图 2 所示，一分部、二分部为专业分包单位，一分部为水电四局，二分部为水电五局，两个专业分包单位负责总承包部项目群管理指令的执行，同时按照物理位置相对接近、对应区域施工资源调动相对便利、资源需要时间接近原则，将温岭联络线项目 K0+000～K14+698、甬台温高速拓宽代建段、牧长路项目 K1+600～K7+942、古城路项目 K1+030～K2+885 划分给一分部实施，将温岭联络线项目 K14+698～K31+497、两高联络线城区主入城口匝道工程项目、牧长路项目 K7+942～K10+646 划分给二分部实施。

由图 2 可以看出，总承包部作为项目群管理的实施机构总体负责整个项目群的管理工作，一分部、二分部作为项目群划段管理的片区实施单位具体负责管理指令的执行。该模式既充分发挥了工程局在项目具体实施方面的优势，同时也利于发挥总承包部作为项目群管理机构的总体统筹、协调平衡作用。

3.2 管理界限

根据图 2 所示的管理指令传递图，按照总承包部统筹、分部实施的原则，对总承包部、分部的管理界限进行划分，具体见表 2。

总承包部、分部管理界限责任矩阵　　　表 2

序号	履约事项		总承包部	分部
1	质量	质量日常管理及质量事故处理等	△	★
2	安全	安全日常管理及安全事故处理等	△	★
3	进度	总进度管控、资源调配及关键节点工程管理等	★	☆
4	成本	项目群经营成本管控	△	★
5	技术	项目群交通系统/住建系统技术管理工作	△	★
6	协调管理	对内各项目间协调，对外各参建单位、市级政府单位、行业监管部门协调等	★	☆

注：△表示协调、督导，★表示主导，☆表示参与。

由于工程局在质量、安全、成本、技术等方面具有长期积累的优势，故在质量、安全、成本、技术等方面充分发挥工程局的主导作用，但是遇到部分关乎项目成败的质量、安全、成本、技术等方面的问题时，总承包部必须起督导作用。例如：个别大挑臂盖梁不按方案施工、个别水中深基坑（水中承台/墩柱）不按方案施工等存在严重安全、质量隐患的违法违规施工行为。总承包部在项目群内控管理上必须作为最后一道卡控关口，严格整治违法违规施工行为。

另外，总承包部作为项目群集成管理的中枢，承担着项目群进度管控、协调管理的重担。作为一个临时性的项目产品生产机构，进度管控是总承包部履约管理的重中之重，又因项目群所有内部、外部信息都在总承包部汇集，也决定了总承包部必然作为协调管理的中枢神经。因此，总承包部在进度、协调管理中占据主导地位。

4 项目群集成管理措施

4.1 项目代表制

温岭联络线项目群管理采取项目代表制。项目代表制指在项目群管理过程中授权一个人或一个小团队对单个/多个项目进行履约管理。温岭联络线总承包部市政板块项目代表组成及温岭联络线项目代表制管理机制如图 3、图 4 所示。

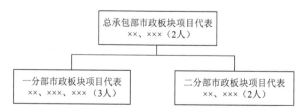

图 3　总承包部市政板块项目代表组成图

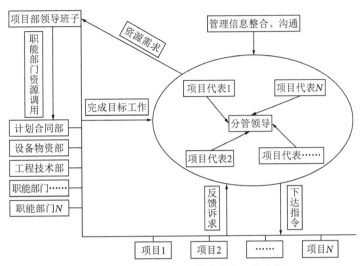

图 4　温岭联络线项目代表制管理机制图

如图 3 所示，总承包部、分部项目代表皆由一名项目班子成员和一名或两名项目骨干人员组成，总共形成了一个 7 人项目群管理团队，该 7 人职位都在温岭联络线项目，也兼任项目群管理代表，在完成温岭联络线项目正常工作外，还需完成 4 个小型项目的管理工作。因此，项目群管理团队成员必须要有过硬的专业/业务能力、沟通协调能力，实际上，图中所示的项目代表几乎履行了项目现场负责人职责，如果项目代表专业/业务能力、沟通协调能力差，项目群集成管理会面临较大的履约风险。

如图 4 所示，项目群管理团队将各项目的诉求进行整合，统一传递到项目部领导班子进行决策，最后项目部领导班子调动职能部门资源对项目群管理团队进行支撑，从而完成整个项目群管理机制的闭合。

4.2　资源协调管理

温岭联络线项目群共 5 个项目，资源的协调管理对进度管控至关重要。为使有限资源得到充分有效的利用，总承包部对 5 个项目进行了优先级划分，具体见表 3。

项目优先级划分表　　表 3

序号	项目名称	优先级排序	优先级描述
1	温岭联络线项目	第一	项目群履约一票否决项，技术最复杂、建安占比最高
2	甬台温改扩建项目大溪枢纽代建段项目	第二	为温岭联络线引入其他高速车流，对后期运营极为重要
3	两高联络线城区主入城口匝道工程项目	第三	为温岭联络线引入温岭市内车流，对后期运营极为重要
4	牧长路项目	第四	市政工程体量较大、建安比例较高，履约要求相对较低
5	古城路项目	第五	市政工程体量小、建安比例低，履约要求相对较低

对于存在资源冲突的施工区域，按照表 3 划分的项目优先级进行协调。例如：温岭联络线项目与牧长路项目在跨江洋河挂篮、跨金清港挂篮、跨联树河挂篮施工时存在上下挂篮交叉施工安全风险，必须要选择一个项目的挂篮先施工，根据表 3 划分的项目优先级，确定了优先施工温岭联络线项目挂篮、后施工牧长路项目挂篮的顺序。

4.3　进度管控

4.3.1　计划分级管理

总承包部对计划实行分级管理，即总承包部负责一级计划管控，分部负责二级计划管控。一级计划指分部工程、单位工程计划及关键节点工程计划，二级计划指分项工程计划。对计划进行分级管控后，总承包部重点关注各分部工程、单位工程、关键节点工程的管控，分部主要组织分项、工序的施工资源，确保按照总体进度计划的要求配足施工资源。

4.3.2 压实分部责任，确保关键节点进度可控

项目经理作为项目部的一把手，有调动项目部一切资源的权力。因此，抓好分部项目经理的管控是压实分部管理责任的有效方式。为了有效管控项目关键节点工程进度，总承包部对项目群管理中存在的影响项目合同工期的关键节点工程实行考核管理，并动态调整考核目标要求。对于连续两次没有达到考核要求的分部，采取约谈其后方负责公司、更换主要负责人等方式加强关键性节点工程进度管控。

5 结论

在企业区域深耕战略规划下，项目群集成管理是区域履约管理较好的方式。在温岭联络线项目群集成管理的实践过程中，项目代表团队需要极高的职业能力，并且对内、对外协调沟通能力要极强，且上一级管理机构要对项目代表团队进行合适的授权，才能真正地把项目代表制运转顺畅。如果出现授权不适，既有可能使项目代表形同虚设，也有可能产生不必要的管理风险。

另外，温岭项目群集成管理的成功得益于总承包部组织机构配置了相对充足的管理人员，如果总承包部没有相对充足的管理人员，繁重的项目群集成管理工作就会使项目代表疲于奔命，导致各项目问题百出，难以达到项目群集成管理"1＋1＞2"的效果。

光储一体化低碳高速建设测算分析

孙业发　陈文涛　李正方

(中电建路桥集团有限公司　北京　100048)

摘　要：为响应国家节能减排政策，降低高速公路运营成本，本文依托温岭联络线项目，结合服务区、管理中心、隧道等区域条件，研究光伏发电与储能系统建设方案，构建微电网综合能源系统，分析投资收益，合理确定光伏储能建设规模，实现低碳高速建设目标。

关键词：光伏发电；储能；低碳服务区；微电网；电价差

1　研究背景

高速公路运营成本较高，用电费用是运营期的重要支出之一。甬台温高速公路至沿海高速公路温岭联络线位于台州温岭市，总体自西向东走向，全长32.871km，包含1座桥梁3.829km、1座隧道1.702km、1座桥梁25.910km，设置一般互通立体交叉3处、枢纽互通立体交叉2处、服务区1处、互通收费站3处、管理中心1处。该项目采用PPP模式，合作期包含建设期3年、运营期20年。为降低运营期成本，增加项目收益，响应国家节能减排政策，研究建设光伏发电、储能系统。

2　建设光伏储能意义

高速公路项目有着能耗高、碳排放大等特点[1]。温岭联络线项目用电量较大区域主要有新河服务区、城北管理分中心、马家山隧道等。结合相邻高速公路的实地调研及本项目供配电设计，对温岭联络线项目上述三个区域运营期用电需求进行预估：新河服务区（南北两侧）日均用电约4000kW·h，城北管理分中心日均用电约900kW·h，马家山隧道日均用电约3600kW·h，年用电量合计约3102.5MW·h。巨大的能源消耗占用了运营成本的较大比例，采取节能减排措施势在必行。

国家陆续出台了建立碳排放市场、支持清洁能源、实施能源效率标准等一系列节能减排政策，为温岭联络线项目建设光伏储能系统提供了良好契机。《浙江省综合交通运输发展"十四五"规划》交通设施提质增效专项行动，明确指出"鼓励有条件的地方积极开展零碳、低碳服务区建设"。太阳能光伏发电属国家大力支持的可再生能源产业，可以与建筑物相结合，温岭联络线项目具备建设条件。储能具有削峰、填谷的双重功效，利用不同时段电价差可获得可观收益，构建的离网微电网还可在停电时提供备用电[2]。

温岭联络线项目作为温岭市单项投资规模最大的基础设施项目，是电建路桥公司在浙江市场对外宣传的重要名片。建设光伏储能系统是一项政策响应、品牌建设、效益提升的重要工作。积极响应国家节能减排政策，构建以屋顶分布式光伏＋储能调峰电源＋智慧能源管理系统（EMS）为核心的微电网综合能源系统项目[3]，具有较高经济价值和社会效益。

3　光伏储能建设规模

温岭联络线项目用电需求主要集中在服务区、管理分中心、隧道。服务区和管理分中心屋顶宜设置光伏面板，隧道附近区域不具备光伏板设置条件。隧道耗电量较大且用电稳定，服务区亦用电量较大，均考虑设置储能系统。管理分中心因用电需求较小，不设置储能系统。

为获得最佳收益，本项目对光伏储能建设规模进行了合理规划，考虑发电直接自用比例达到用电需求50%左右（其余并网），储能容量不超过平均需用量的70%，结合项目条件，拟定温岭联络线项目光伏储能建设规模：新河服务区（南北两侧）308kW屋顶分布式光伏，城北管理分中心120kW屋顶分布式光伏；新河南北服务区各设置一套300kW·h储能系统，马家山隧道设置一套1MW·h储能系统；光储规模合计428kW＋1.6MW·h。

4 光伏储能经济效益

4.1 光伏发电系统

光伏发电投资按 4.3 元/W 考虑,使用寿命 25 年,实际使用时间 20 年,后期每年维护保养成本按投资 0.5%核算。浙江省属于太阳能辐射资源较丰富地区,温岭市太阳能年利用小时数在 1157.05h 左右。光伏发电首年衰减 2%,第 2 年至第 20 年年衰减为 0.55%。光伏发电收益包括直接自用部分收益、并网电费收益。本文购电价格均参考国网浙江省电力有限公司 2023 年 8 月份数据。新河服务区光伏发电系统(308kW)20 年发电量与收益估算见表 1,城北管理分中心光伏发电系统(120kW)20 年发电量与收益估算见表 2,光伏发电投资收益估算见表 3。

新河服务区光伏发电系统(308kW)20 年发电量与收益估算　　　　表 1

使用年	产量(kW·h)	收益(元)	使用年	产量(kW·h)	收益(元)
第 1 年	287140	193389	第 12 年	270238	182006
第 2 年	285561	192325	第 13 年	268752	181004
第 3 年	283991	191268	第 14 年	267274	180009
第 4 年	282429	190216	第 15 年	265804	179019
第 5 年	280875	189169	第 16 年	264342	178034
第 6 年	279330	188129	第 17 年	262888	177055
第 7 年	277794	187094	第 18 年	261442	176081
第 8 年	276266	186065	第 19 年	260004	175113
第 9 年	274747	185042	第 20 年	258574	174150
第 10 年	273236	184024	年均	272621	183610
第 11 年	271733	183012	总计	5452421	3672205

城北管理分中心光伏发电系统(120kW)20 年发电量与收益估算　　　　表 2

使用年	产量(kW·h)	收益(元)	使用年	产量(kW·h)	收益(元)
第 1 年	111873	69607	第 12 年	105288	65510
第 2 年	111258	69224	第 13 年	104709	65150
第 3 年	110646	68844	第 14 年	104133	64791
第 4 年	110037	68465	第 15 年	103560	64435
第 5 年	109432	68089	第 16 年	102990	64081
第 6 年	108830	67714	第 17 年	102424	63728
第 7 年	108231	67342	第 18 年	101861	63378
第 8 年	107636	66971	第 19 年	101300	63029
第 9 年	107044	66603	第 20 年	100743	62682
第 10 年	106455	66237	年均	106216	66088
第 11 年	105870	65872	总计	2124320	1321751

光伏发电投资收益估算   表3

位置	装机容量（MW）	投资单价（元/W）	设备投资（万元）	维护成本（万元）	年均发电量（万kW·h）	白天综合电价（元）	并网C除税电价（元）	自用比例（%）	年平均收益（万元）	20年收益（万元）	静态回收期（a）
新河服务区	308	4.3	132.44	13.24	27.26	0.93	0.360	55	18.36	367.22	7.93
城北管理中心	120	4.3	51.6	5.16	10.62	0.93	0.360	46	6.61	132.18	8.59

4.2 储能系统

储能投资按 1.95 元/（W·h）考虑，后期每年维护保养成本按投资 0.5%核算。储能电池的寿命≥6000 次循环，按使用 10 年考虑，电池衰减率每年 2%，更换电池投入占设备总投入 70%。储能系统为最近两年新出产品，部分项目进行试点，浙江省部分地区已有补贴等政策见表 4，台州市相关政策尚未出台。

浙江省部分地区储能补贴政策   表4

区域		容量补贴	放电量补贴	一次性投资补贴
嘉兴	海盐县	—	—	用户侧储能10%设备款，上限400万元
	嘉善县	光伏+储能补贴三年，逐年递减200元/（kW·a）、180元/（kW·a）、170元/（kW·a）	—	—
	海宁市	调峰储能项目补贴三年，逐年递减200元/（kW·a））、180元/（kW·a）、170元/（kW·a））	—	—
舟山	普陀区	—	—	储能项目，30万/个
温州	温州	储能项目补贴三年，逐年递减200元/（kW·a））、180元/（kW·a）、170元/（kW·a））	—	—
	龙港市	—	0.8元/kW·h	—
	瓯海区	—	0.8元/kW·h	—

新河服务区储能系统充放电情况：结合光伏利用情况，全年一半的时间两充两放，第一次放电（8～11h）利用率为50%，全高峰放电，电费差 0.55 元；第二次放电（13～22h）33%储能尖峰放电（19～21h），电费差 0.87 元，67%储能高峰放电，电费差 0.55 元。全年一半时间一充一放（16～22h），33%储能时间尖峰放电（19～21h），电费差 0.98 元，67%储能高峰放电，电费差 0.55 元。新河服务区储能系统（2×300kW·h）10 年放电量与收益估算见表 5。

新河服务区储能系统（2×300kW·h）10 年放电量与收益估算   表5

年限	两充两放部分年放电量（万kW·h）	一充一放部分年放电量（万kW·h）	两充两放部分收益（万元）	一充一放部分收益（万元）
第1年	16.43	10.95	10.20	7.19
第2年	16.10	10.73	10.00	7.05
第3年	15.77	10.52	9.80	6.91
第4年	15.46	10.31	9.60	6.77
第5年	15.15	10.10	9.41	6.63
第6年	14.85	9.90	9.22	6.50

续上表

年限	两充两放部分年放电量（万 kW·h）	一充一放部分年放电量（万 kW·h）	两充两放部分收益（万元）	一充一放部分收益（万元）
第7年	14.55	9.70	9.04	6.37
第8年	14.26	9.51	8.86	6.24
第9年	13.97	9.32	8.68	6.12
第10年	13.69	9.13	8.51	6.00
总收益	150.23	100.15	93.31	65.77
年均收益			9.33	6.58

马家山隧道储能系统充放电情况：全年两充两放，第一次放电（8~11h）利用率为45%，全高峰放电，电费差0.55元；第二次放电（13~22h）33%储能尖峰放电（19~21h），电费差0.87元，67%储能高峰放电，电费差0.55元。马家山隧道储能系统（1000kW·h）10年放电量与收益估算见表6。

马家山隧道储能系统（1000kW·h）10年放电量与收益估算　　表6

年限	第一次放电部分年放电量（万 kW·h）	第二次放电部分年放电量（万 kW·h）	第一次放电部分收益（万元）	第二次放电部分收益（万元）
第1年	16.43	36.50	9.03	23.97
第2年	16.10	35.77	8.85	23.49
第3年	15.77	35.05	8.68	23.02
第4年	15.46	34.35	8.50	22.56
第5年	15.15	33.67	8.33	22.11
第6年	14.85	32.99	8.17	21.67
第7年	14.55	32.33	8.00	21.23
第8年	14.26	31.69	7.84	20.81
第9年	13.97	31.05	7.69	20.39
第10年	13.69	30.43	7.53	19.98
总收益	150.23	333.84	82.63	219.22
年均收益			8.26	21.92

储能系统第一次投资收益和储能系统第二次（更换电池）投资收益分别见表7和表8。

储能系统第一次投资收益　　表7

位置	装机容量（kW·h）	年均转换（万 kW·h）	设备投资（万元）	维护成本（万元）	年平均收益（万元）	10年收益（万元）	静态回收期（a）
新河服务区	2×300	25.04	117	5.85	15.91	159.08	7.72
马家山隧道	1000	48.41	195	9.75	30.18	301.85	6.78

储能系统第二次（更换电池）投资收益　　表8

位置	装机容量（kW·h）	年均转换（kW·h）	设备投资（万元）	维护成本（万元）	年平均收益（万元）	10年收益（万元）	静态回收期（a）
新河服务区	2×300	25.04	81.9	5.85	15.91	159.08	5.52
马家山隧道	1000	48.41	136.5	9.75	30.18	301.85	4.85

4.3 项目投资收益

光伏发电设备投资184万元，维护支出18.4万元；储能第一次设备投资312万元，第二次设备投资218.4万元，维护费用支出31.2万元。光伏储能系统总体投资收益见表9。

光伏储能系统投资收益汇总　　　　　表9

位置	装机容量	投资单价	设备投资（万元）	维护成本（万元）	总收益（万元）	静态回收期（a）
新河服务区光伏	308kW	4.3元/W	132.44	13.24	367.22	7.93
城北管理中心光伏	120kW	4.3元/W	51.6	5.16	132.18	8.59
新河服务区储能（第一次投资）	2×300kW·h	1.95元/（W·h）	117	5.85	169.82	7.23
新河服务区储能（更换电池）	2×300kW·h	1.95元/（W·h）	81.9	5.85	169.82	5.17
马家山隧道储能（第一次投资）	1000kW·h	1.95元/（W·h）	195	9.75	321.32	6.37
马家山隧道储能（更换电池）	1000kW·h	1.95元/（W·h）	136.5	9.75	321.32	4.55
合计			764.04		1481.67	—

5 结论

甬台温高速公路至沿海高速公路温岭联络线新河服务区、城北管理分中心、马家山隧道等区域具备光伏储能建设条件，通过光伏发电自用与并网、储能电价差获得可观收益，构建的微电网还可在停电时提供备用电，可实现低碳高速建设预期目标。

建设光储一体化系统，具有较高经济价值和社会效益，符合国家绿色发展趋势，可在高速公路及其他类似项目上推广。

参考文献

[1] 代洪娜,曾煜磊,施庆利,等. 碳达峰与碳中和背景下省域高速公路网碳排放精细化测算方法[J]. 华南师范大学学报(自然科学版),2023(4):1-13.
[2] 林丽蓉. 储能技术在光伏电站并网发电系统中的应用[J]. 光源与照明,2023(9):138-140.
[3] 罗如意,张鹏,王卫. 高速公路智慧能源管理数字化解决方案分析[J]. 运输经理世界,2023(10):79-81.

论高速公路工程交工质量检测中出现的典型问题及应对措施

桑鹏宇

(苏交科集团检测认证有限公司 江苏南京 210000)

摘 要：高速公路具有车速快、通行能力强、行车安全、运输成本低等优点，是专供汽车分道高速行驶并全部控制出入的公路，是我国重要交通运营方式。然而高速公路投资大、工期长，需要耗费大量人力物力，在工程建设中易出现各种各样的问题，尤其是工程质量问题，因其关系到公路使用寿命与人们的出行安全，容易引起全社会关注。为了保证公路的建设质量，除了必要的施工过程质量控制外，还必须加强对交工质量验收的检测，通过现代化的技术与管理手段对高速公路的建设情况进行严格检查。基于此背景，本文结合工作经验，分析在高速公路工程交工质量检测中存在的问题，以及相应的解决措施，旨在为高速公路交工质量检测提供参考与借鉴。

关键词：质量；检测；交工验收；措施

1 引言

随着我国高速公路建设的迅速发展，越来越多的工程开始建设和等待交工，而交工质量检测是交工验收的关键环节。如今由于工期紧张和建设成本的上升，有些建设单位在材料上投机取巧，或者因个别业主单位缩短工期，从而导致工程质量得不到根本的保证，如果在交工阶段不进行严格的质量把关，使其投入使用，就会给社会经济的发展带来很多不安定因素，所以，加强交工质量检测阶段的质量控制势在必行。

2 交工质量检测的目的

交工质量检测是严格按照国家、交通和上级行政主管部门制定的有关法规和规范、规程、技术标准及项目技术要求开展试验检测工作，在交工质量评定前对路基工程、路面工程、桥梁工程、隧道工程、交通安全设施、房屋建筑工程、环保工程、机电工程进行实体检测、外观检查，提供技术数据支撑，评价工程质量是否符合相关技术标准、设计要求和法规文件的要求，了解工程全面的质量现状，确定是否可以移交下一施工阶段或是否满足通车要求，为工程的交工验收提供依据，同时也为建成后的运营、养护、管理工作提供基础数据。

3 交工质量检测过程中存在的典型问题及对应措施

3.1 交工质量检测工作不重视

3.1.1 典型问题概述

当前，个别高速公路的施工单位忽视交工质量检测工作，没有认识到交工质量检测对于公路工程施工建设的重要性，配置的试验人员为非本专业人员，或对交工质量检测流程不熟悉，造成试验检测流于形式，没有起到应有的作用，甚至存在报检的试验检测部位及数据不准确，甚至在报检过程中弄虚作假等问题，给交工质量检测工作带来各种困难和问题。

3.1.2 对应措施

在实际工作中，首先要提高施工单位领导层对交工质量检测的重视程度，通过内部各项制度对检测人员进行考核；其次，交工质量检测单位应组织方案交底工作，使其熟悉交工质量检测的各项指标、检测程序、抽检频率等，以便更好地做好交工质量检测配合工作；最后，施工单位母体检测机构要对项目检测人员进行定期培训，通过技能业务培训工作，增强其试验检测意识，使高速公路工程施工企业检测人员从主观和客观上清楚地认识到交工质量检测对高速公路建设的重要性。

3.2 样品"随机性""代表性"不强

3.2.1 典型问题概述

样品的抽取过程直接关系到检验工作是否有效，是否能真正代表整个工程实体的质量水平，因此，必须要对抽取过程进行严格的监督，这也是样品"随机性"的意义所在。但是，个别参建单位对"随机性"理解不到位，认为这种形式流程烦琐，浪费时间，不愿意配合或者有抵触心理，导致了样品"随机性"的缺失，或者无法真实还原样品的抽取过程。这就造成检验样品代表性差的情况。如果不严格实施样品"随机性"抽样的监督，将直接影响到试验检验工作的效果，并对工程质量带来一定的影响。

根据相关规定，对于不同结构部位的工程实体，有相应的抽检频率要求，但由于个别单位对于"代表性"认知不足或者有投机取巧的因素，主观或者客观地想通过一次报检满足相应的数量及频率要求，避免后续报检批再次进行随机抽检，如果交工检测单位也同样认知不足，或者责任心不强，很可能会造成第一次抽检的实体均为合格，而后续批次未进行随机抽检存在不合格情况，造成交工检测不具"代表性"。

3.2.2 应对措施

项目施工的实体类型及品种较多，且数量巨大，而交工质量检测单位是依据相关的规范、文件结合项目合同进行检测，是在施工单位自检的报检批基础上按照一定频率进行抽检，该检测的方式本身就存在检测的盲区，如果要在不进行全检测的基础上，使检测的样品最大程度地代表整个实体质量，"随机性"就显得尤为重要。

1）随机取样

随机取样是依照《公路路基路面现场测试规程》（JTG 3450—2019）附录A及地方性文件，采取数理统计原理，利用计算机软件产生随机数。计算机软件会自动计算纵横向位置，排除人为主观因素和其他系统因素的影响，从而保证抽样的科学性。

（1）按照抽查频率要求的测试区间（断面）数量要求，将确定的测试范围划分为若干区间或断面（软件抽样不受限制）。

（2）通过软件选择单位工程（路基、路面、交安、桥梁、隧道），输入起止桩号、断面数、路基路面宽度等信息，计算机自动计算选择栏号、产生n组A、B、C值，并计算得到应抽样的桩号、横向位置。

（3）桥梁工程若以墩、跨为抽样单元，软件将"墩"视为断面，"跨"视为区间；若以桩、梁等构件为抽样单元，取样时，软件将"构件"视为监测点。

例如，桩基报检样本数量30根，随机抽检5根。首先，使用随机抽检软件将30根桩基按1~30依次排序；随后，设定随机数范围：最小值为1，最大值为30；最后，选择生成随机数，随机生成不重复的5个数值，5个数值所对应的桩基就是本次抽检所确认的结果。

2）结果确认

在抽样过程中，邀请指挥部、监理单位和施工单位共同见证抽样结果，并填写抽样确认表，由各方代表签字确认抽样结果，从制度上杜绝人为选择的情况，使所选样本更具备"随机性""代表性"。

3）现场检测确认

在进行检测时，邀请熟悉现场的监理单位及施工单位工作人员各一名，对所抽样的部位编号进行现场确认，避免以次充好的情况发生，并由现场参与的各方在见证检测单上进行签字确认，以保证所测即所选。

3.3 检测作业面宽、过程检测不可控因素多

3.3.1 典型问题概述

交工质量检测抽查项目较多，涵盖路基工程、路面工程、桥梁工程、交通安全设施、环保工程、房建工程、机电工程等，与定点工作不同，具有作业面宽、跨度大等特点。

3.3.2 对策措施

（1）为保证检测工作按时、保质完成，必须充分做好检测组织和计划，与建设单位、质监部门和施工方充分协调，保证检测工作的顺利开展，不影响施工方的施工进度。

（2）检测前与相关单位和部门认真沟通，详细部署检测工作顺序，在保证安全和检测工作质量的前期下尽可能提高检测效率；提前结束检测工作的工作组同志在完成本部分工作后，立即进入未完成工作的工作组协助工作。

（3）派人长期驻守在施工现场，及时根据项目进展进行各项指标的检测，出现问题及时沟通，以便调整检测方案。

3.4 检测单位自身因素

3.4.1 典型问题概述

一个项目对于交工质量检测单位的选择尤其重要，这需要建设单位进行公开招投标进行选择，优选检测单位及项目负责人，并在进场后根据合同文件对仪器、人员进行严格审查，对其符合性进行再次确认。例如，个别检测单位检测设备都是长年累月使用，非常陈旧，也没有进行定期的维护，导致检测的设备磨损特别大；还有的检测单位为了节约成本，购买不正规、假冒伪劣的检测设备，导致仪器的主要功能都不符合要求，检测出来的数据也极其不准确，影响了数据的可靠性；有的试验检测的技术人员综合素质偏低，检测的技术也非常落后，业务水平不高，操作不规范，甚至有的员工没有做到基本的有证上岗的要求，当然也就无法保证检测结果的准确性。

3.4.2 对策措施

1）提高试验检测人员的综合素质

首先要结合企业自身的实际情况和公路工程的试验检测需要，配置合适的试验检测人员，从源头上提高检测质量；其次是定期组织项目检测人员参加岗位培训工作，增加在职人员的检测知识储备。交工质量检测工作要求检测人员不仅要具有良好的职业道德修养，更要具有高水平的专业技能，同时要通晓和熟知相应的法律法规和地方性文件，这样才能够在实际检测工作中，做到依法执业、依法办事，严格规范自己的检测行为，更好地进行公路工程的试验检测工作。

2）积极引进先进的信息化技术和测试仪器

在日常检测工作中，首先要定期进行仪器设备的计量检定，保证检测仪器的精准度，以确保能够掌握准确的公路工程检测数据；再者，在实际的检测工作中，还应积极引进新的检测工具和信息化检测技术，及时对已有的检测仪器进行更新，并通过检测数据实时传输，实现检测数据的综合分析、汇总评定、报表输出等；此外，要防止篡改数据，杜绝人为干预的可能性，还要提高工作效率，加强对试验检测数据的分析和管理，从而跟上时代的发展步伐，更好地进行公路工程的试验检测工作。

3）试验检测管理制度保障

为规范试验检测工作的管理和监督，保障试验检测工作的安全、稳定、高效、规范运行，促进试验检测工作的发展和创新，要依据相关法律法规及企业自身的管理要求，形成强有力的试验检测管理制度。

建立完善的试验检测质量管理制度，可以有效推进试验检测工作的顺利进行，对工程建设的开展起到促进作用。工作中还需进一步结合实际经验进行不断研究和创新，完善试验检测的管理制度，积极采取有效的管理措施，使试验检测工作有序进行，并推动试验检测工作逐渐标准化、专业化，为试验检测

工作的顺利进行提供有利条件。

4 结论

根据以上情况可知，高速公路的工程质量直接影响了人们的出行，进行交工质量检测可以有效保证高速公路的工程质量。只有清楚认识到交工质量检测工作的重要性，制定和完善相关的标准、体系，不断提高检测人员的素质，利用先进的信息化检测手段，才能更好地对施工过程进行全程监控，这样才能保证高速公路工程的施工质量，充分做到为人民生命财产安全负责。

浅析 PPP 项目建设质量管理存在的问题及对策

雷 庭 李正方

(中电建路桥集团有限公司 北京 100048)

摘 要：本文结合温岭联络线 PPP 项目建设过程中质量管理的经验和教训，以体系建设为基础，以零容忍态度为思路，以全过程控制为抓手，以网格化管理为手段，以对标学习促提升，对 PPP 项目质量管理存在的问题及对策予以浅析。

关键词：PPP 模式；项目建设；质量管理问题；对策

1 引言

PPP 模式下项目管理层级较多，管理范围和权限不够清晰，角色定位不够明确，管理者能力和水平良莠不齐，这给项目质量控制带来诸多难度，质量问题频繁出现，如何做好质量管理工作，打造平安百年品质工程，必须采取行之有效的对策予以解决[1]。

2 PPP 模式的概念

PPP（Public-Private-Partnership）模式，即政府和社会资本合作，是指政府方与社会资本方建立合作伙伴关系，通过适当的利益共享和风险共担机制，为社会提供公共服务或产品的一种方式，是公共基础设施领域较为常见的一种投融资模式。PPP 较为典型的模式为：政府方通过政府采购形式与中标社会资本方组成的 SPV（Special-Purpose-Vehicle）公司签订特许经营合同，然后由 SPV 公司负责项目的具体实施[2-3]。在此过程中，政府方一般会与金融机构达成一定费用支付担保协议，从而保证了 SPV 公司顺利和便捷地融资。

3 PPP 项目质量管理存在的问题

3.1 PPP 项目质量管理体系不完善

PPP 项目相应的质量管理体系不够完善，无法充分发挥质量管理体系的成效，使得 PPP 项目在管理方面仍存在一些问题，主要表现为：

（1）质量管理效率不高、管理水平偏低等问题。

（2）当前 PPP 项目质量管理体系仍不够健全，缺少必要的质量监督与检验措施，在一定程度上制约着质量管理体系的有效执行与贯彻落实。例如，项目物资管理制度落实不到位，质量检验制度流于形式，无法满足质量检验验收的相关要求。

（3）PPP 项目往往是社会资本方通过联合体形式中标，通常会涉及多个不同的建设主体，因此，要想实现指挥部（政府方）、项目公司、设计单位、监理单位、施工单位、检测单位等各参建方的有效沟通，仅仅依靠当前的组织协调制度难以达到效果。

3.2 PPP 项目质量监督不到位

PPP 建设项目的外部质量监督管理主要分为 3 种形式，一是省、市工管中心的质量监督，二是监理单位质量监督管理，三是检测单位的质量检验。其中，在 PPP 项目建设中，监理人员在质量管理方面起着至关重要的作用，其一方面担负着社会大众赐予的监督职责，另一方面还要针对 PPP 项目合同中的托付内容实施质量监管。然而，在实际 PPP 项目建设的质量管理中，往往由于监理人员配备不足、水平偏低等多方面缘由，在项目的实际实施过程中，监理工作难以很好地开展，由此也使得指挥部（政府方）往往仅能通过项目建设过程中的绩效考核状况进行质量管控[4]。如果 PPP 项目对于建设过程中的绩效考核体系重视程度不足、设置不够合理，错误地将通过竣工检验作为绩效考核的标准，在项目建设过程中考核不到位，则无法满足施工全过程质量管理的要求。

4 PPP项目质量管理对策

4.1 加强前期质量管理策划

（1）在PPP项目前期预备阶段，聘请专业全过程咨询公司对PPP项目的决策立项、可行性争论、招标授权、前期设计、项目实施、后期运营及移交交付等各个过程，提供全方位、专业化咨询，并通过连续专业的咨询服务，防止项目决策前后不一致，增加后期的风险。

（2）加强PPP项目中期评估和绩效考评的重视程度，通过专业的项目咨询公司制定相应的评估、考评方案，并在评估和考评工作完成后，对现行的中期评估及考核方案予以优化，以形成规范标准。

（3）为实现PPP项目建设质量的规范化管理，项目公司须构建以质量管理为核心的质量管理体系，对项目质量管理内容与标准予以进一步细化，并严格贯彻落实各项质量管理制度，主要包括《品质工程创建实施方案》《质量安全标准指南》《桥隧标准化实施指南》《工程质量管理办法》《质量管理策划》《质量责任登记及追究制度》《质量缺陷检验及报告制度》等质量文件，通过各项制度的有效落实，确保PPP项目质量管理体系的有效运转[5]。

（4）结合项目全生命周期的质量职责，明确不同阶段质量管理的相关职责及责任主体，以网格化为手段，明确相关参建单位的质量主体责任，进而确保PPP项目质量管理实现终身责任制。

（5）借助数智化信息平台及后台物联网技术，及时发现项目建设过程中出现的质量问题，并及时有效地予以处理解决。

4.2 组建质量监督小组

PPP项目管理对专业技术的要求较高，无论是投资者还是政府都缺乏相应的专业管理经验和高素养专业技术人员。因此需要组建外部质量监督小组，以实现对PPP项目质量的规范化管理。外部质量监督小组主要包括质量监管协会、PPP项目咨询公司、工程质量检测部门及监理部门等，这些监管主体与PPP项目不存在直接的利益关系，因此由其对项目质量进行监管更能体现出公平、公正、公开的原则。

为有效确保PPP项目建设质量的优质达标。首先，可采用项目公司内部把握为主，监督小组监管为辅的质量管理模式，并通过定期或不定期的质量巡检，对PPP项目建设质量、运营状况进行监管，对巡检发现的问题及时予以整改落实。其次，构建监理的监督与考核系统，通过PPP项目建设机构共同对参与的监理单位及人员予以严格考核，对于考核不合格者应剥夺其服务机会。同时，组建PPP项目管理绩效考评小组，小组主要包括指挥部、项目公司、施工单位、检测单位、监理单位等，并通过完善绩效考评细则，对PPP项目管理质量实施规范化、标准化考核。

4.3 夯实质量管理网格化主体责任

1）明确质量管理目标权责

（1）认真制定从总项目质量管理目标到各子项目质量管理分目标的完整的质量管理目标体系，使项目的各参建单位及其负责人得以明确，有所遵循。

（2）要从上到下对各部门、各子项目及相关负责人，明确其管理责任、权限，分工负责，奖勤罚懒，奖优罚劣。

（3）要严格落实项目的各项质量管理措施，建立完善的项目内部质量管理监督机制，坚决实行施工质量"一票否决制"，对质量问题绝不宽容、绝不放过，严格追究责任，该返工的坚决返工，不允许带着问题进行后续施工。

（4）要在实行项目总承包管理的基础上认真抓好对各子项目、各施工单位施工过程质量管控工作的监督，同时接受上级有关管理部门的监督指导，从而形成PPP项目质量管理的合力。

2）加强过程监督和检测检查

通过定期巡查、抽样检测、现场核查及专项检查等方式，对工程施工过程中的关键节点和关键工艺进行全面监督和检查，发现问题及时整改，并对违规行为根据"质量违约处罚实施细则"进行处罚，及早发现和纠正质量问题，避免问题进一步扩大，保证工程的质量稳定性和可靠性。通过质量检测和控制措施，对产品或服务进行全面的监督和管理，及时发现和解决质量问题，确保产品或服务符合要求。

3）强调质量培训和团队建设

制定质量培训计划，加强对项目团队成员的技术培训和素质提升，提高其质量管理意识和工作能力。同时，注重团队的协作和沟通，建立良好的团队氛围；使得项目团队能够更好地理解质量管理的重要性，并能有效协作，及时解决质量问题，提高整体绩效。

4）进行持续改进和学习

建立质量管理的反馈机制，不断收集和分析质量信息，总结经验教训，并持续改进，对突出问题积极开展QC（Quality-Control）活动。同时，关注行业趋势和最佳实践，学习先进的质量管理理念和方法，提高项目的质量管理水平，并使其与市场需求和行业标准保持一致，增强竞争力。

5　结论

综上所述，PPP项目质量管理虽还存在诸多问题，但做好前期质量管理策划，借助信息化及后台物联网，建立健全质量管理体系，夯实网格化质量主体责任，加强全过程质量提升管控，必能打造平安百年品质工程。

参考文献

[1] 李永明. 我国PPP项目建设阶段的质量监管分析[J]. 建设科技, 2017(16): 72-73.
[2] 秦文筠. PPP模式下工程项目管理实践研究[J]. 价值工程, 2018(13): 21-22.
[3] 王毛颖. 城市建设中的PPP模式研究——以安徽池州为例[J]. 时代金融, 2016(32): 60-61.
[4] 游江涛. 高速公路PPP项目质量管理的难点及对策[J]. 中外公路, 2020, 40(1): 268-273.
[5] 李琴, 张梓筠. PPP模式建设工程项目管理若干问题研究[J]. 中国标准化, 2018(18): 25-26.

桥梁工程钻孔灌注桩基础质量控制研究

徐 鑫[1]　陈 雷[2]

（1. 中电建路桥集团有限公司　北京　100048；2. 中国水利水电第五工程局有限公司第一分局　四川成都　610066）

摘　要：在现代桥梁基础施工中，钻孔灌注桩施工技术的使用水平不断提高。本文以甬台温高速公路至沿海高速公路温岭联络线 PPP 项目全线 29.3km/13 座桥梁为分析对象，在落实好场地平整、桩位测量及放样、制作和埋设护筒等施工准备工作后，对钻孔灌注桩基础施工工艺开展分析，同时简单分析了几种施工质量控制手段，最后获得了显著的施工成效。实践证明，在施工中严谨遵守钻孔灌注桩基础工作步骤，同时使用质量控制手段，不仅可以顺利落实施工职能，还可以保障项目品质，为后续施工打下良好的基础。

关键词：桥梁工程；钻孔灌注桩；基础质量控制

1　引言

随着经济发展不断推进及各个地区交通水平持续提高，桥梁工程建设规模越发庞大。为保障桥梁工程的质量，推动其进一步发挥发作，需针对工程施工需求采用科学手段，钻孔灌注桩基础施工技术就是其中之一。钻孔灌注桩基础施工技术施工简便，经济投入小，适应水平高，可以满足桥梁工程建设需求。另外，钻孔灌注桩作为桥梁的基础，能否有效承担桥梁上部结构荷载，是保障桥梁安全和稳固的关键。以下将桥梁工程作为分析对象，分析钻孔灌注桩基础施工技术，同时指出质量控制手段，以期为实际工作带来更好的指导。

桩基施工的地质十分多样化，为了保障钻机更好地成孔，根据具体情况应用较多的有循环钻、旋挖钻和冲击钻成孔技术，施工中既要保证工序的有序开展，又要考虑经济性，同时要保证施工质量。因桩基施工具有隐蔽性，施工质量控制因素多样化，在施工中容易出现缩孔、塌孔、倾斜度超标、钢筋笼上浮、断桩等质量问题，因此必须采取技术措施，做好质量预控[1]。不仅要提高桩基成孔质量，同时必须保障所有施工质量符合要求。施工人员必须了解施工要点，同时落实好现场技术、安全和质量交底的职责。

2　钻孔灌注桩施工技术

钻孔灌注桩施工技术具有施工工艺成熟、噪声污染较小、速度快、施工质量稳定、承载能力大等优点，是现代桥梁深基础、水中桥梁基础施工的重要方法之一[2]。在实际进行施工时，施工人员必须依据项目图纸，对现场进行全面的地质评估，同时通过相关设备在设计的位置开展钻孔。钻孔灌注桩施工技术是在泥浆护壁作用下进行钻孔，达到设计高程后，经超声波检孔仪验孔合格后，在孔内放入设计好的钢筋笼，然后下放导管，二次清孔完成后，灌注混凝土成桩。

提高桥梁的使用寿命，注重全寿命周期质量管理，需要进一步提升专业人员素质，制定适宜的质量控制措施，为人民的安全出行带来更好的保证。

3　钻孔灌注桩施工基础质量常见问题分析

3.1　缩孔、塌孔问题

施工人员在实际操作中会遇到缩孔情况，其主要是由地层复杂、钻进速度过快、护壁泥浆性能差、泥浆稠度不足、泥浆水头高度不足、成孔后放置时间过长、没有灌注混凝土等原因所致。同时由于桩孔土体中的含水率较高，地下水呈运动状态，土质松散地层处其孔壁会出现回缩，实际的孔径小于预估孔径，严重时会造成塌孔，对后续施工造成极大的影响[3]。

3.2　钻孔桩倾斜度超标

在钻孔灌注桩施工阶段，公路桥梁的稳定水平会受到钻孔桩倾斜度的制约。钻机底座未安置水平，场地处理不到位，钻杆弯曲、接头间隙太大、钻头翼板磨损不一，软硬土层交界面或倾斜岩，钻压过高使钻头受力不均造成偏离钻进方向等都是造成钻孔桩倾斜度超标的原因。倾斜度超标会引发多种问题，如钢筋笼、导管吊放安装困难；成桩后影响桩基的承载能力和抗折性能，从而进一步影响公路桥梁施工质量。

3.3 钢筋笼上浮

公路桥梁在施工中往往会发生钢筋笼上浮的情况，造成这种倾向出现的原因有3个。

（1）清孔不彻底，孔内泥浆悬浮的砂粒太多，混凝土灌注过程中砂粒回沉在混凝土顶面形成较密实的砂层，随着孔内混凝土逐渐上升至钢筋骨架底部时，将钢筋骨架托起。

（2）混凝土初凝和终凝时间太短，使孔内混凝土顶面过早结块，当混凝土面上升至钢筋骨架底部时，结块的混凝土托起钢筋骨架。

（3）混凝土灌注至钢筋骨架底部时，因灌注速度过快，最后造成其出现上浮的情况。

3.4 桩身混凝土离析、断桩

施工中因控制不当，桩身混凝土发生离析、断桩，影响桩基质量，导致桩基承载力不合格，对社会经济影响重大，是桩基施工中最严重的质量问题[4]。其主要原因有：混凝土和易性差、坍落度过大或过小，导致混凝土在灌注过程中产生离析，严重的会发生卡管，导致无法继续灌注；导管密封不严，灌注过程有少量水渗入，导致混凝土离析，渗水严重；首盘混凝土用量不足，没能封底，导管进水；混凝土灌注过程中，导管抽拔过快，管底拔出混凝土面而进水；混凝土没有连续灌注，中间间歇时间过长，混凝土发生初凝无法灌注而导致断桩[5]。

4 桥梁工程钻孔灌注桩基础质量控制方法

4.1 成孔质量的控制

4.1.1 钻孔前的质量控制

（1）钻孔前必须全方位了解地质资料，进行规范化的钻井规划。另外，施工人员必须在施工场所对开挖位置和中心进行标注，设立十字护桩。

（2）施工人员需要对施工现场进行全面性清理，选定钻机，明确安装工作，避免其在工作时产生倾斜和下沉的情况。

（3）根据桩的直径明确筒体的直径，保障筒体轴线和桩身中心保持平行，护筒中心与桩中心的平面位置偏差应不大于50mm，护筒在垂直方向的倾斜度应小于或等于1%。通常使用的钢护筒内径应比孔径至少大20cm，护筒顶高出地面0.3m或水面1.0~2.0m，同时高于桩顶1m。在对护筒进行埋设的过程中，需要严格根据规范进行操作，保障施工技术得到落实。

（4）为防止孔壁坍塌、抑制地下水作用，保证孔壁稳定，针对不同地质条件可选用优质黏土和膨润土制备泥浆。对于旋挖钻孔，必须先打碎黏土，在泥浆中用回转式钻孔机搅开，将泥浆制作完成，然后钻孔。把多余的泥浆注入井外的泥浆池中进行储藏，以便地在洞外对泥浆进行补充。

4.1.2 控制钻孔过程中的质量

（1）施工人员应对设备及钻机场地的平整度和密实度进行检查，安装钻机时应严格检查钻机的平整度和主动钻杆的垂直度，钻进过程中定期检查主动钻杆的垂直度，发现偏差立即调整。在土层交界面或倾斜岩面处钻进，应低速、低钻压钻进，必要时在复杂地层加设扶正器确保钻孔垂直度。接着管控进尺速度，把其中的残渣清除干净。在实际操作时，必须对泥浆稠度进行科学控制，全方位发挥其护壁效能，同时维持护筒中的水头高度。通过泥浆护壁，严格对孔内的水头稳定进行控制，确保其不会出现缺失。施工人员必须对钻孔速度进行控制，开始速度必须低，同时持续对泥浆指标的转化进行检测，若孔内自然造浆不能满足以上要求，可加黏土粉、烧碱、木质素改善泥浆的性能，通过对泥浆的除砂处理控制泥浆的密度和含砂率。

（2）在地质和设计出现偏差时，施工人员必须迅速反馈现场实际情况，采取整改手段规避后续施工不足。

（3）施工人员尽量选择减压钻井的方法，减少斜井、弯曲孔和扩孔问题，保障钻头压力系数可以在所有重量的六成以上。施工人员必须不定期检查钻头磨损状况，及时更换受损的钻头，确保孔径满足要求。

（4）施工人员必须对钻孔管进行仔细检查，同时对桩身是否产生倾斜进行检查，钻杆弯曲、钻杆接头间隙大时应及时进行更换。

（5）施工人员必须对钻孔深度和终孔进行检查，同时根据该情况确定最后的井高指标。

4.2 钢筋笼的制作和吊装就位

（1）钢筋笼制作质量检查。根据桩基长度不同，钢筋笼利用滚笼焊机进行分节制作，采用数控自动下料机，确保下料精准。直螺纹套筒连接钢筋滚丝在常规工艺上增配螺纹端面打磨，提高钢筋笼对接连接质量。钢筋笼经检查合格后运到施工现场需合理设置加强筋进行支撑，规避其在运输、吊装时出现变形。

（2）钢筋笼吊放注意情况。施工人员必须对保持架的位置进行合理调整，保证其不会和孔壁出现碰撞，让保持架和桩的中心位置可以对齐。在施工过程中上下必须慢慢移动，防止孔壁出现塌陷。

4.3 浇筑质量的控制

（1）浇筑前进行二次清孔控制在含粗砂、砾砂和卵石地层中优先选用泵吸反循环清孔。用正循环清孔时，前阶段应采用高黏度浓浆清孔，并加大泥浆泵的流量，使砂石粒能顺利地浮出孔口。清孔后泥浆的相对密度控制在1.03~1.10，冲击成孔时泥浆的相对密度可适当提高但不能超过1.15，黏度宜为17~20Pa·s，含砂率≤2%，胶体率≥98%，孔底沉渣厚度不大于设计规定。

（2）混凝土质量控制。施工人员必须严谨评估施工材料，严禁使用不合格的材料。针对不同水泥、砂石料的要求，采用科学的配合比，记录相关指标。控制集料的粒径和级配，注意混凝土的初、终凝时间与灌注时间的关系，必要时添加缓凝剂。施工现场应严格控制好配合比和搅拌时间，控制混凝土的和易性、坍落度，浇筑混凝土时应谨慎，防止在灌注过程中发生离析和堵管现象。

（3）浇筑时的质量控制。首先，开展导管气密性检查，合理规避漏气问题。其次，在第一批混凝土制造过程中，适当提高水泥含量，保障其流动水平。还可加入一定比例的缓凝剂，解决初凝时间较早的问题。施工人员在进行浇筑时，需要对导管的埋深情况进行管控，避免埋深水平过低。通常，灌注首批混凝土时，导管埋入混凝土内的深度不小于1m，灌注中保持孔内水头，导管宜控制2~6m埋深，在确保导管提升顺利的前提下，可适当放宽导管埋深，但最大不超过9m，避免桩周混凝土产生集料离析和孔隙[6]。

（4）水下灌注。若没有特殊原因，钢筋骨架安装后应立即灌注混凝土，灌注不可以间断，以确保导管的接头不和空气接触或者产生漏水。在提升导管的过程中，不能随便摇动，必须保障导管底部埋深。当灌注混凝土面距钢筋骨架底部1m左右时，应降低灌注速度，混凝土面上升到骨架底口4m以上时，提升导管，使导管底口高于骨架底部2m以上，然后恢复正常速度，防止钢筋笼上浮。当灌注混凝土面接近设计高程时，应确保其符合设计要求，完成灌注后桩顶混凝土至少高出设计0.5~1.0m，完成后缓慢将导管拔出，导管提离之前要反复插实，避免产生空心桩。

5 桥梁工程钻孔灌注桩基础施工效果

在钻孔灌注桩基础施工时，必须严格根据施工要求，落实质量的控制，同时采用适合的质量控制手段，以保证施工顺利完成，并保障钻孔灌注桩的质量。施工完成后根据规范标准开展质量评估，确保桩位和高程偏差符合规范标准，桩身质量符合要求。同时要保证钻孔灌注桩基础的强度、刚度和稳定性，合理规避水平位移和沉降倾向。为提高桥梁施工质量，应采取以下措施：

（1）安排人员落实好对桩位和高程两大指标的偏差管控工作，所有指标都必须精准记录，偏差必须在项目允许范围内。

（2）对桩身的质量开展检查，以工程桩总量为基准，在这个条件下进行桩基完整性检测，并将其划分为Ⅰ、Ⅱ、Ⅲ、Ⅳ类桩基。

6　结论

钻孔灌注桩基础施工技术更好地满足了桥梁工程建设需求，在施工时发挥了显著成效。因此，桥梁工程施工建设过程中，必须针对实际状况科学选择符合要求的钻孔灌注桩基础施工技术。同时根据施工工艺，提高施工质量控制水平，增强所有施工流程品质。保障钻孔灌注桩基础强度、刚度和稳定性符合要求，推动整个桥梁工程质量的提高。钻孔灌注施工阶段，施工人员必须主动关注基础质量安全困境，使用规范化的施工手段，严谨落实所有工作，规范施工流程。针对可能造成钻孔灌注桩出现质量问题的各个因素展开全面控制，进而显著提升钻孔灌注桩施工质量和施工效率。需要进一步分析和解决桩基施工中的质量问题，使桥梁施工质量再上一个新台阶。

参考文献

[1] 赵紫荣. 公路桥梁施工中钻孔灌注桩的质量控制措施分析[J]. 绿色环保建材, 2021, 8(2): 119-120.

[2] 陈亚红. 公路桥梁施工中钻孔灌注桩质量控制分析[J]. 四川水泥, 2021, 43(1): 228-229.

[3] 张新刚. 桥梁钻孔灌注桩施工技术与质量控制问题研究[J]. 交通世界, 2020, 27(34): 132-133,.

[4] 强秀芽. 桥梁钻孔灌注桩的质量监理探析[J]. 住宅与房地产, 2020, 26(4): 168.

[5] 张志金, 王颖玮. 有关桥梁工程中钻孔灌注桩基础施工技术探析[J]. 科技创新与应用, 2014(6): 213.

[6] 鲜志. 桥梁工程钻孔灌注桩施工技术探讨[J]. 广东科技, 2013(2): 99-100.

探究钢混叠合梁施工工艺及质量控制

郭旭东[1]　肖欠华[2]

（1. 中国水利水电第四工程局有限公司　青海西宁　810000；2. 中电建路桥集团有限公司　北京　100048）

摘　要：本文主要针对钢混叠合梁的施工工艺及施工质量控制方面的研究，根据工程实际案例中相关技术指标及注意事项等，深入了解钢混叠合梁相关技术指标及特点，并对其未来在智能化及反战方向的应用进行研究。

关键词：钢混叠合梁；施工工艺；质量控制

1　钢混叠合梁施工工艺概述

1.1　钢混叠合梁的定义和结构特点

钢混叠合梁是一种结合了钢结构与混凝土结构的桥梁构件，其特点在于将钢材料与混凝土材料相结合，充分发挥两种材料的优点，达到提高结构承载能力、降低成本、增加结构稳定性的目的[1]。

钢混叠合梁的施工工艺主要包括钢结构的制作与安装、钢筋绑扎、模板支设和混凝土浇筑、养护等。在施工过程中，需要注意保证钢结构的精度与稳定性，确保混凝土的密实度与平整度，以及保证钢筋的绑扎牢固与位置准确[2]。

1.2　钢混叠合梁的施工流程

钢混叠合梁的施工流程主要包括以下 7 个步骤。

（1）准备工作。施工前需要进行充分的准备工作，包括技术交底、施工图纸会审、材料采购、设备租赁等。同时，需要确定施工队伍，并对其进行安全教育和技术培训。

（2）钢结构的制作与安装。根据设计要求制作钢结构，包括钢梁、钢柱等。在安装过程中，需要保证钢结构的精度与稳定性。

（3）钢筋绑扎。在钢结构的表面，按照设计要求绑扎钢筋，以确保混凝土的承载能力和稳定性。

（4）模板支设。根据设计要求，选择合适的模板材料，并进行模板支设。

（5）混凝土浇筑。在模板内浇筑混凝土，并确保混凝土的密实度与平整度。

（6）养护。混凝土浇筑完成后，需要进行养护，以保证混凝土的强度和稳定性。

（7）验收。完成施工后，需要进行验收，检查钢混叠合梁的结构安全性、稳定性及施工质量。

在施工过程中，需要注意保证各个步骤的质量和精度，以确保钢混叠合梁的结构安全性和稳定性。同时，需要注意施工现场的安全管理，防止事故发生。

2　钢混叠合梁施工工艺详解

2.1　施工前的准备工作

在开始钢混叠合梁的施工前，应确保施工现场的安全性，包括安全警示标志的设立、安全围栏的设置及安全通道的保障等。同时，需要对施工人员进行安全教育培训，确保其了解并遵循安全操作规程。

除此之外，还要对施工设备进行全面检查，包括起重设备、焊机、电动工具等，确保其能够正常运行且安全。钢结构构件的制作和安装时，包括钢构件的切割、成型、焊接和组装等，需要特别注意钢构件的精度和稳定性。在钢构件制作完成后，应进行必要的检测和验收，如超声波探伤、X 射线探伤等，确保钢构件的质量符合设计要求。

在钢筋绑扎环节，应确保钢筋的品种、规格、数量及绑扎位置准确，符合设计要求。同时，需要采用可靠的固定措施，防止钢筋在浇筑混凝土时发生移位或变形。

在模板支设过程中，应选择合适的模板材料，并按照设计要求进行模板制作和安装，确保模板的稳定性和精度。

在混凝土浇筑环节，应确保混凝土的密实度和平整度。在浇筑过程中，应对混凝土进行充分的振捣，并防止过振或漏振。在混凝土浇筑完成后，应进行必要的养护措施，如覆盖塑料薄膜、洒水保湿等，以保障混凝土的强度和稳定性。

在完成施工后，应进行验收。验收人员应对钢混叠合梁的结构安全性、稳定性及施工质量进行全面检查和评估。对于不符合设计要求或施工质量不达标的地方，应进行返工或整改，以确保钢混叠合梁的质量符合要求。

综上所述，钢混叠合梁的施工工艺主要包括施工前的准备工作、钢结构的制作与安装、钢筋绑扎、模板支设、混凝土浇筑、养护及验收等环节。在施工过程中，应保证各个步骤的质量和精度，同时加强施工现场的安全管理，以确保钢混叠合梁的结构安全性和稳定性。

2.2 钢材的加工和连接

钢混叠合梁中，钢材的加工和连接是非常重要的环节。对于钢材的加工，需要考虑到钢材的材质、力学性能、尺寸和形状等因素。一般来说，用于钢混叠合梁的钢材应具有良好的强度、塑性和韧性，同时需要保证钢材的表面质量。

在钢混叠合梁中，钢材的连接方式主要有焊接和螺栓连接。对于焊接连接，应选择合适的焊接材料和焊接工艺，并确保焊接接头的质量和稳定性。对于螺栓连接，应选择合适的螺栓类型和规格，并确保螺栓的紧固力和扭矩符合设计要求。

在钢材加工和连接过程中，应注意以下4点。

（1）钢材切割时，应采用先进的切割设备和切割工艺，如数控火焰切割、激光切割等，以确保钢材切割的精度和质量。

（2）钢材成型时，可以采用机械加工或液压成型等方法，但应确保钢材成型后的形状和尺寸精度符合设计要求。

（3）钢材焊接时，应采用合适的焊接工艺和焊接材料，并应控制好焊接电流、焊接速度、焊接顺序等因素，以避免焊接变形和焊接缺陷的产生。

（4）钢材螺栓连接时，应选择合适的螺栓类型和规格，并应控制好螺栓的紧固力和扭矩，以确保螺栓连接的紧固性和稳定性。

综上所述，钢材的加工和连接是钢混叠合梁施工工艺中的重要环节。在钢材加工和连接过程中应采用先进的设备和工艺，并要控制好各种因素，以确保钢材加工和连接的质量和稳定性。

2.3 混凝土的浇筑和养护

钢混叠合梁中，混凝土的浇筑和养护也是非常关键的。混凝土的浇筑应考虑到混凝土的配合比、浇筑速度、振捣方式等因素。一般来说，钢混叠合梁中使用的混凝土应具有高强度、高耐久性和良好的工作性。

在混凝土浇筑前应进行充分的准备工作，包括模板支设、钢筋绑扎、预埋件安装等。在浇筑过程中，应控制好混凝土的浇筑速度，避免过快或过慢，同时需要进行充分的振捣，以保障混凝土的密实度和平整度。

在混凝土浇筑完成后，应进行必要的养护措施。一般来说，钢混叠合梁中的混凝土应养护14d以上，以保障混凝土的强度和稳定性。在养护过程中，应控制好温度和湿度，避免出现温度差异过大和湿度不足等问题，以保障混凝土的质量和稳定性。

在混凝土养护完成后，应进行验收环节。验收人员应对混凝土的质量和稳定性进行全面检查和评估。对于不符合设计要求或施工质量不达标的地方，进行返工或整改，以确保钢混叠合梁的质量符合要求。

综上所述，混凝土的浇筑和养护是钢混叠合梁施工工艺中的重要环节。在混凝土浇筑和养护过程中，需要控制好各种因素，保障混凝土的质量和稳定性，以确保钢混叠合梁的结构安全性和稳定性。

3 钢混叠合梁施工质量控制

3.1 施工过程中的质量控制点

钢混叠合梁施工过程中的质量控制点主要包括以下 7 点[3]。

(1)钢材质量控制。确保钢材的材质、力学性能、尺寸和形状符合设计要求,同时检查钢材的表面质量,检查是否存在锈蚀、划痕、凹坑等。

(2)钢材连接质量控制。对于焊接连接,应控制好焊接工艺和焊接材料的质量,并对焊接接头的质量和稳定性进行检测;对于螺栓连接,应检查螺栓的紧固力和扭矩是否符合设计要求。

(3)模板支设质量控制。选择合适的模板材料,并按照设计要求进行模板制作和安装,确保模板的稳定性和精度,同时检查模板的平整度和垂直度。

(4)钢筋绑扎质量控制。确保钢筋的品种、规格、数量及绑扎位置准确,符合设计要求,同时检查钢筋的连接方式和固定措施是否可靠。

(5)混凝土浇筑质量控制。控制好混凝土的配合比、浇筑速度和振捣方式,确保混凝土的密实度和平整度,同时检查混凝土的养护措施是否得当。

(6)施工安全控制。确保施工现场的安全性,包括安全警示标志的设立、安全围栏的设置及安全通道的保障等,同时对施工人员进行安全教育培训,并检查施工设备的安全性。

(7)验收环节质量控制。对钢混叠合梁的结构安全性、稳定性及施工质量进行全面检查和评估,对于不符合设计要求或施工质量不达标的地方,应进行返工或整改。

综上所述,钢混叠合梁施工过程中的质量控制点涵盖了钢材、钢材连接、模板支设、钢筋绑扎、混凝土浇筑、施工安全和验收环节等多个方面。在施工过程中,应严格控制这些因素,以确保钢混叠合梁质量符合要求。

3.2 质量问题的应对策略

在钢混叠合梁的施工过程中,可能会出现一些质量问题,如钢材质量不达标、钢材连接不良、模板支设不牢固、钢筋绑扎不到位、混凝土质量不合格等。针对这些问题,可以采取以下应对策略。

(1)对于钢材质量问题,应加强原材料的进场检验,确保钢材的材质、力学性能、尺寸和形状符合设计要求。对于锈蚀、划痕、凹坑等表面质量问题,应按照设计要求进行防腐处理。

(2)对于钢材连接质量问题,对于焊接连接,应选择合适的焊接材料和焊接工艺,并加强对焊接接头的检测,如无损检测、力学性能检测等;对于螺栓连接问题,应选择合适的螺栓类型和规格,并加强对螺栓紧固力和扭矩的检测。

(3)对于模板支设质量问题,应选择合适的模板材料,并按照设计要求进行模板制作和安装。同时,需要加强对模板的检测,如平整度检测、垂直度检测等。

(4)对于钢筋绑扎质量问题,应确保钢筋的品种、规格、数量及绑扎位置准确,符合设计要求。同时,需要加强对钢筋连接方式和固定措施的检查,确保钢筋连接牢固可靠。

(5)对于混凝土质量问题,应控制好混凝土的配合比、浇筑速度和振捣方式,确保混凝土的密实度和平整度。同时,需要加强对混凝土养护措施的检查,确保混凝土养护得当。

(6)对于施工安全问题,应加强施工现场的安全管理,包括设立安全警示标志、设置安全围栏和安全通道等。同时,需对施工人员进行安全教育培训,并检查施工设备的安全性。

(7)对于验收环节质量问题,应对钢混叠合梁的结构安全性、稳定性及施工质量进行全面检查和评估。对于不符合设计要求或施工质量不达标的地方,应进行返工或整改。同时,需加强对整改过程的监督和管理,确保整改质量符合要求。

综上所述,针对钢混叠合梁施工过程中可能出现的质量问题,应采取相应的应对措施,包括加强原材料进场检验、选择合适的焊接材料和焊接工艺、加强对焊接接头的检测、选择合适的模板材料和模板制作安装方式、确保钢筋绑扎位置准确和连接牢固可靠、控制好混凝土的配合比和浇筑速度、加强施工现场的安全管理及全面检查、评估钢混叠合梁的结构安全性和稳定性等。通过这些措施的实施，可以有效地提高钢混叠合梁的施工质量和管理水平。

4 钢混叠合梁施工案例分析

4.1 具体施工案例的介绍和分析

某桥梁工程采用了钢混叠合梁结构，其中钢梁部分采用了Q345钢，混凝土部分采用了C50混凝土。该桥梁全长150m，跨度为30m，高度为7m。在设计时，考虑桥梁的承载能力和耐久性要求，采用了钢混叠合梁的结构形式。

在该桥梁的施工过程中，首先进行了钢材的采购和加工，确保钢材的质量符合要求。然后进行了模板支设和钢筋绑扎，这些工作都由专业的技术人员完成。在混凝土浇筑时，采用了泵送混凝土的方式，确保混凝土的密实度和平整度。最后，在验收环节，对桥梁的结构安全性和稳定性进行了全面检查和评估，确保桥梁的质量符合要求。

在该桥梁的施工过程中，需要注意以下5点。

（1）钢材加工和连接质量控制。对于钢梁部分的加工和连接，需要确保钢材的切割、弯曲、拼接等的加工精度和焊接质量符合要求。

（2）模板支设和钢筋绑扎质量控制。模板的支设和钢筋的绑扎应按照设计要求进行，同时需确保模板的稳定性和精度及钢筋的连接方式和固定措施的可靠性。

（3）混凝土浇筑质量控制。混凝土的浇筑应控制好配合比、浇筑速度和振捣方式，确保混凝土的密实度和平整度。

（4）施工安全控制。在施工过程中，应设立安全警示标志、设置安全围栏和安全通道等，确保施工现场的安全性。

（5）验收环节质量控制。对桥梁的结构安全性、稳定性及施工质量进行全面检查和评估，对于不符合设计要求或施工质量不达标的地方，应进行返工或整改。

通过对具体施工案例的分析，可以得出以下4个结论。

（1）钢混叠合梁结构具有较高的承载能力和耐久性，适用于大跨度桥梁工程。

（2）在施工过程中，应控制好各种因素，包括钢材质量、钢材连接、模板支设、钢筋绑扎、混凝土浇筑、施工安全等，以确保桥梁的质量符合要求。

（3）在验收环节中应对桥梁的结构安全性和稳定性进行全面检查和评估，以确保桥梁的质量符合要求。

（4）通过加强施工过程中的质量控制和管理及桥梁的结构安全性和稳定性的全面检查和评估等措施，可以提高钢混叠合梁的施工质量和管理水平。

4.2 案例中施工工艺的优缺点及改进措施

该桥梁工程采用钢混叠合梁结构，这种结构具有以下优点。

（1）承载能力高。钢混叠合梁结构能够充分利用钢材和混凝土的优点，具有较高的承载能力。

（2）耐久性好。由于采用了钢混叠合梁结构，使得桥梁的耐久性得到了提高。

（3）施工速度快。钢混叠合梁结构的施工速度比传统的混凝土结构要快，能够缩短工期。

（4）节约成本。钢混叠合梁结构的施工成本比传统的混凝土结构要低，具有一定的经济效益。

但是，该施工工艺也存在以下缺点。

（1）施工难度大。钢混叠合梁结构的施工难度比传统的混凝土结构要大，需要更高的技术水平。

（2）质量难以控制。由于钢混叠合梁结构的施工过程比较复杂，因此质量难以控制。

（3）验收环节复杂。钢混叠合梁结构的验收环节比传统的混凝土结构要复杂，需要更高的技术水平。

针对以上缺点，可以采取以下改进措施：
（1）加强技术培训。加强对施工人员的技能培训，提高施工水平。
（2）强化质量管理体系。建立完善的质量管理体系，确保每一个环节的质量都符合要求。
（3）采用新的技术和设备。采用新的技术和设备，提高施工效率和质量。
（4）加强验收环节的管理。加强验收环节的管理，确保每一个环节的质量都符合要求。

综上所述，钢混叠合梁结构具有较高的承载能力和耐久性，适用于大跨度桥梁工程。虽然该施工工艺存在一定的缺点，但通过采取相应的措施进行改进，可以进一步提高其施工质量和管理水平。

5 未来钢混叠合梁施工工艺及质量控制的发展趋势

5.1 新技术、新工艺的推广和应用

随着科学技术的不断发展和进步，未来钢混叠合梁施工工艺及质量控制将会迎来更多的新技术和新工艺。其中，以下几个方面的技术和工艺将会得到更加广泛的应用。

（1）自动化和智能化施工。随着自动化和智能化技术的不断发展，未来的钢混叠合梁施工也将逐渐向自动化和智能化方向发展。例如，采用自动化设备进行钢材加工和焊接，采用智能化设备进行模板支设和钢筋绑扎等。自动化和智能化施工可以有效提高施工效率和质量。

（2）新型模板材料和制作安装技术。未来，钢混叠合梁施工将会采用更多的新型模板材料和制作安装技术。例如，采用高强度轻质材料制作模板，采用快速定位和安装技术提高模板安装的精度和速度。

（3）绿色施工。随着人民环保意识的不断提高，未来的钢混叠合梁施工也将注重绿色施工。例如，采用环保材料进行装修，采用节能设备进行施工等。绿色施工可以实现节能减排和资源循环利用。

（4）数字化和可视化技术。未来的钢混叠合梁施工将会更加注重数字化和可视化技术的应用。例如，采用数字化技术进行施工过程的模拟和监控，采用可视化技术进行施工质量的监测和评估等，可以提高施工质量和效率。

（5）定制化设计。未来的钢混叠合梁施工将会更加注重定制化设计，根据不同的工程需求和特点，采用不同的材料、结构和工艺等。定制化设计可以更好地满足工程的需求和提高工程的质量。

综上所述，未来钢混叠合梁施工工艺及质量控制将会迎来更多的新技术和新工艺，这些技术和工艺将会提高施工效率和质量，促进建筑业的发展。

5.2 持续提高施工效率和安全性

未来钢混叠合梁施工工艺及质量控制的发展趋势还包括持续提高施工效率和安全性，以下是几个可能的方向。

（1）施工过程的自动化和智能化。利用机器人技术和自动化设备，可以进一步提高施工效率和质量。例如，使用自动化焊接机器人进行钢材的焊接，使用自动化切割设备进行钢材的切割等。同时，智能化技术的应用，可以实现施工过程的实时监控和预警，提高施工安全性。

（2）模块化和预制化施工。将桥梁结构划分为不同的模块，并在工厂进行预制化生产，可以大大缩短施工周期和提高施工效率。同时，模块化和预制化施工还可以提高施工精度和质量，降低施工现场的噪声和对环境的污染。

（3）新型材料的应用。随着新型材料的发展，未来钢混叠合梁施工工艺及质量控制将会更加注重新型材料的应用。例如，采用高强度钢材、铝合金等轻质、高强度材料，可以提高桥梁的结构性能和安全性。

（4）强化施工安全管理。未来钢混叠合梁施工工艺及质量控制将会更加注重施工安全管理的强化。通过加强施工现场的安全管理和监督，采用更加安全、环保的施工工艺和技术，可以降低施工现场风险和事故的发生概率。

（5）建立完善的质量管理体系。未来钢混叠合梁施工工艺及质量控制将会更加注重建立完善的质量管理体系。通过建立质量管理体系，明确各环节的质量控制要求和标准，实现全过程的施工质量监控和

管理，可以保证桥梁的结构安全性和稳定性。

综上所述，未来钢混叠合梁施工工艺及质量控制将会不断提高施工效率和安全性，通过新技术和新工艺的推广和应用、模块化和预制化施工、新型材料的应用及施工安全管理的强化和质量管理体系的完善等，可以进一步提高钢混叠合梁的施工质量和管理水平。

参考文献

[1] 中华人民共和国住房和城乡建设部. 建筑结构荷载规范: GB 50009—2012[S]. 北京: 中国建筑工业出版社, 2012.

[2] 中华人民共和国交通运输部. 公路工程质量检验评定标准: JTG F80/1—2017[S]. 北京: 人民交通出版社股份有限公司, 2017.

[3] 中国建筑股份有限公司, 中建钢构有限公司. 钢结构工程施工规范: GB 50755—2012[S]. 北京: 中国建筑工业出版社, 2011.

公路桥梁 T 梁预制关键施工技术研究

孟庆锋

(宁波交通工程咨询监理有限公司　浙江宁波　315000)

摘　要：本文以甬台温高速公路至沿海高速公路温岭联络线 PPP 项目为案例，针对 T 梁预制施工技术进行研究。在总长 32.871km 的项目中，主线桥隧比高达 99.7%，全线 T 梁共计 14927 榀，数量较大，T 梁预制施工工艺成为项目整体施工的焦点。本文旨在为类似工程提供有益的参考，助力 T 梁预制施工技术的进一步发展。

关键词：T 梁预制施工工艺；重点控制；原材控制；桥梁工程

1　引言

在现代交通基础设施建设中，桥梁工程作为连接城市、促进经济发展的重要环节，日益受到广泛关注。然而，在复杂多变的施工环境条件下，桥梁施工所面临的挑战愈加复杂[1-3]。甬台温高速公路至沿海高速公路温岭联络线 PPP 项目作为一个典型案例，自西向东贯穿台州温岭市，涵盖了丰富的环境特征与复杂的交通需求。在这个项目背景下，本文将聚焦于高速公路 T 梁预制施工技术研究，探讨如何克服地质挑战，优化施工过程，为类似地区的桥梁工程提供经验与指导。通过深入研究与分析，本文旨在为解决桥梁施工问题提供有益的参考与启发。

2　项目背景与介绍

2.1　甬台温高速公路至沿海高速公路温岭联络线 PPP 项目概述

甬台温高速公路至沿海高速公路温岭联络线 PPP 项目位于台州温岭市，总体自西向东走向，起于台州温岭市大溪镇，起点位于甬台温高速公路大溪互通北侧 2.0km 附近，终点位于沿海高速公路温岭北互通南侧 2.0km 位置，路线全长 32.871km，主线采用双向六车道高速公路，宽度 33.5m（双向六车道）。全线桥梁 29307m/13 座，其中主线高架桥 8 座，互通枢纽主线桥 5 座。项目设计目标为建设一条双向六车道的高速公路，设计速度 100km/h，涵盖了大溪、泽国、城北、新河、滨海等乡镇和街道，充分满足当地交通需求，促进经济发展。

2.2　桥梁 T 梁施工工艺与挑战

本项目路线全长 32.871km，桥梁及隧道总长度为 31.78km，桥隧比为 96.68%，全线共计 T 梁 14927 榀，钢筋制作和混凝土浇筑体量较大，钢筋加工和混凝凝土供应强度较高，且工期紧张。如何在有限的工期内保证每日产梁任务量和 T 梁施工质量合格，同时加快施工效率，是该项目面临的一项重要挑战。

3　施工重点控制

3.1　原材料控制

为保证 T 梁施工质量，首先要保证施工所用原材料合格，故应对施工所需材料进行严格控制，所用工程材料必须要有产品合格证或有关等效说明，凡用于本项目的主要材料要进行原材料检验，地材要取样试验，确认合格后，方可使用，材料的质量控制必须从选购、运输、装卸、储存、保管、测试、使用监控及信息反馈等 8 个方面抓起，形成一个严密、周全、多层次、全方位的质量控制体系，切实把好材料质量关，以保证工程总体质量，实现创优目标[4]。本项目混凝土砂石集料百分之百采用机制砂，也是本项目的一项施工亮点，是台州市首个试点项目，在施工过程中对砂石集料不定期抽检，指导原材料进场质量控制，从根源保证施工质量。本项目使用的所有钢绞线、锚具、夹片等均是由公司统一招标采购的合格产品，进场会向监理试验室报验，确认完全符合设计及规范要求后才能使用到本项目。

3.2 预制梁场建设控制

（1）预制梁场采用封闭式管理，场地按办公区、生活区、构件加工区、制梁区和存梁区、废料处理区等科学合理设置，功能明确，标识清晰。生活区与其他区隔开。

（2）场内路面作硬化处理，场平及主要运输道路先采用1.5m厚岩渣换填处理，主要运输道路采用厚度不小于30cm的C25钢筋混凝土硬化，其他部位采用20cm厚的C25水泥混凝土硬化；基础差的道路应增设级配碎石垫层。厂内不允许积水，四周设置砖砌排水沟，并采用M7.5砂浆抹面。

（3）预制场按照"工厂化、集约化、专业化"的要求规划、建设，钢筋骨架定位胎膜、自动喷淋养护等设施满足施工生产要求。

（4）预制场钢筋骨架统一采用定位钢模进行加工，并设置混凝土垫块确保钢筋保护层符合要求。

（5）预制场设置自动喷淋养护设备，预制梁板采用土工布包裹喷淋养护（冬季应根据气候情况采用蒸汽保湿养护），养护水循环使用。喷淋水压泵应能提供足够的水压，确保梁板的每个部位均能养护到位。

（6）本项目T梁数量大，台座使用时间较长，为防止台座在使用过程中出现沉降现象，故预制梁板的台座强度需满足强度要求，台座设置于地质较好的地基上，在不良地段，将先进行地基处理，优先采用预应力管桩进行处理，然后再回填1.5m厚岩渣。台座混凝土强度等级不低于C25，基础尺寸根据梁板自重、底板宽度、地基地质等情况而定。

（7）由于30m T梁数量较大，模板周转次数较多，施工过程中对T梁模板强度要求必须很高，T梁模板一般采用定型钢膜，侧模、端模和底模都应满足规定的强度、刚度和稳定性要求，构件尺寸要符合设计要求。

（8）预制场出入口设置洗车台（池），防止运送材料车辆、混凝土搅拌运输车等将泥土带进场内。场内设置沉淀池，施工污水先汇入沉淀池处理，达标后方可排放。

3.3 钢筋施工控制

（1）钢筋全部在钢筋加工区加工，使用门式起重机吊运至胎架区进行现场绑扎，绑扎顺序为先肋板再顶板。钢筋绑扎全部采用胎架进行施工，不仅保证钢筋间距满足设计要求，同时提高了施工效率，减少了调整钢筋间距的时间，加快了施工进度。

（2）钢筋下料加工成型后堆放整齐，钢筋半成品悬挂标识牌，标明使用部位、钢筋种类、钢筋长度等。

（3）当钢筋与预应力钢束管道发生干扰时，可适当移动普通钢筋以保证钢束管道位置准确，锚垫板、锚下螺旋筋与分布筋相扰时，可适当移动或调整布筋间距，确保螺旋筋位置。

（4）保护层垫块使用不低于T梁混凝土强度的砂浆垫块，要内实外美，厚度及数量应符合设计规范要求，禁止使用塑料垫块或钢筋代替。梁底的钢筋保护层垫块使用梅花形高强度砂浆垫块，每平米不少于4个，绑扎牢固可靠，梁肋的钢筋保护层采用圆饼形垫块。

（5）钢筋焊接时，严禁随意选择焊条型号，统一使用二氧化碳气体保护焊，焊接时确保钢筋接头位置同心。钢筋的焊接必须符合规范和设计要求，并严格做好检验工作，钢筋接头相互错开，同一接头位置不超出钢筋总数的50%。

（6）所有钢筋准确安设，并按照标记绑扎箍筋，确保各型钢筋尺寸及位置均符合设计及规范要求。钢筋的交叉点用扎丝绑扎结实，必要时采用点焊焊牢，绑丝弯向内侧，不得伸向保护层。未经监理工程师同意，不得进行任何钢筋替换、代用。在安装过程中，钢筋保持无灰尘及其他杂质。垫块采用不小于T梁混凝土强度的砂浆垫块，间距在纵、横向均不得大于0.5m。为保证预埋件在浇筑混凝土过程中不产生移位，在钢筋骨架就位后，将预埋件焊接在主筋上。

（7）在构件任一有钢筋绑扎搭接接头的区段内，搭接接头的钢筋面积，在受拉区不超过其总面积的25%，受压区不超过其总面积的50%。钢筋连接采用搭接焊，双面焊焊接有效焊缝长度不得小于5d（d为钢筋直径），单面焊焊接有效焊缝长度不小于10d，将焊接段进行弯折，确保焊接后钢筋轴心同线。所用焊工必须经培训、考核后持证上岗。焊接应符合《钢筋焊接及验收规程》（JGJ 18—2012）的有关规定。在接头清渣后逐个进行目测及量测，焊接表面平整，不得有较大的凹陷、焊瘤及裂纹。钢筋成品与半成品分类堆放，并进行覆盖。

（8）在预制T梁时按照设计要求预埋支座钢板、伸缩缝钢筋、护栏钢筋、泄水孔等，预埋件要经常检查以保证其位置的正确性。

3.4 混凝土施工控制

（1）混凝土拌和。混凝土采用拌合站集中拌和，水、水泥、外加剂的用量准确到±1%，粗细集料的用量准确到±2%（均以质量计），施工时根据现场砂石料含水率调整设计配合比，严格控制混凝土搅拌时间，混凝土搅拌时间不低于120s，确保混凝土质量。

（2）混凝土浇筑过程。现场混凝土的运输采用混凝土搅拌运输车，混凝土浇筑前，采用压缩空气将模板内的杂物清理干净，人工配合门式起重机入模，采用水平分层浇筑，每层厚度不超过30cm。浇筑过程应满足混凝土浇筑的连续性，中途不得断料。采用插入式振捣棒和附着式振捣器进行振实。附着式振捣器采用品字形分布，配合插入式振捣棒进行振捣，对梁端、腹板、顶部等部位重点振捣，保证浇筑施工质量。

（3）气泡的控制是T梁预制外观质量的表征之一，施工前监理工程师及施工单位要对班组进行安全技术交底，做好质量通病的防范，其中混凝土浇筑厚度、振捣时间、脱模剂的使用、马蹄位置是否借助外力局部处理等工序的施工细节控制应详细交代给施工班组的相关工作人员，确保其熟悉、了解，加强产业工人责任心考核管控，提升T梁外观及实体质量。

3.5 预应力施工控制

（1）预应力施工作为甬台温高速公路至沿海高速公路温岭联络线PPP项目桥梁建设的重要组成部分，旨在提升桥梁结构的承载能力和稳定性。在预应力施工过程中，首先根据设计要求，在桥梁结构中设置钢束，并通过张拉设备对钢束进行预应力张拉，使其产生一定的预应力值。通过张拉，可以有效地调整桥梁的内力分布，增加桥梁的承载能力。

（2）张拉前对钢绞线的长度及在管道内的活动情况进行检查，检查是否存在因漏浆而导致钢绞线被固定的情况，如存在应进行处理。检查预应力筋数量、位置、张拉设备和锚具后，方可进行张拉。预应力钢绞线的张拉采用应力控制方法，以伸长值进行校核，即对T梁钢绞线的张拉从张拉力与伸长值两个方面进行控制。实测伸长值与理论伸长值的差值要控制在±6%以内，否则暂停张拉，待查明原因并采取措施予以调整后，方可继续张拉。

（3）张拉锚固后，建立在锚下的实际有效预应力与设计张拉控制应力的相对偏差应不超过±5%，且同一断面中预应力束的有效预应力的不均匀度应不超过±2%。

（4）穿束前对孔道内的杂物等进行清理、检查并用高压水冲洗干净，采用高压空气吹干。根据同体制作、养护混凝土试块，检测抗压试件强度，当达到设计强度的90%以上，且龄期不小于7d时方可张拉。

（5）张拉采用两端同时张拉，张拉控制以控制应力和伸长量双向控制。张拉程序（低松弛钢绞线）：初张拉力P_0（$P_0 = 0.15P$）→持荷5min→测量引伸量δ_1→张拉到总吨位P→持荷5min→测量引伸量δ_2→锚固。

（6）为了保证预应力施工的质量，工程人员还应对预应力钢束进行防腐处理，以提高其耐久性。此外，施工现场的环保管理和安全管理也应得到高度重视，确保施工过程的安全性和顺利进行。

3.6 压浆、封锚施工控制

（1）预应力筋张拉后，24h内进行压浆。孔道压浆采用真空智能压浆设备。

（2）压浆前，对孔道进行清洁处理。用水冲洗后，使用不含油的压缩空气将孔道内的所有积水吹出；压浆时，压浆要缓慢、均匀地进行，不可中断。压浆使用活塞式压浆泵。压浆的最大压力控制为0.5~0.7MPa。压浆要达到孔道另一端饱满和出浆，并且排气孔排出与规定稠度相同的水泥浆为止。为保证管道中充满灰浆，关闭出浆口后，保持一个不小于 0.5MPa 的稳压期，该稳压期不少于 3min。压浆过程中及压浆后 48h 内，结构混凝土的温度不低于 5℃，否则要采取保温措施。当气温高于 35℃时，压浆应选在夜间进行。

（3）锚固封端后用砂轮切割机切割多余钢绞线。压浆后先将其周围冲洗干净并对梁端混凝土凿毛，然后设置钢筋网浇筑封锚混凝土。封锚混凝土的强度要符合设计要求，严格控制封锚后的梁体长度，同时钢绞线外露长度不大于 3cm。

（4）封端采用 C50 混凝土，清除污垢，并将端部凿毛，稳妥固定封端模板，防止浇筑过程中跑模。浇筑时认真插捣，保证密实，外观要平整、美观，边角直顺。

3.7 养护施工控制

（1）预制 T 梁养护采用自动喷淋养护的方法，由自动喷淋养护系统喷出的气雾状水对梁板全断面进行养护。其喷出的水雾均匀，可达到全天候、全湿润的养护质量标准，养护效果极为显著。同时喷淋系统从供水到工作完毕，基本实现全过程自动控制，大大降低劳动强度，工作人员只需遥控控制喷淋开关即可。

（2）养护施工时首先在主水池与主水管上安装管道增压泵，控制水泵开关和总电源开关。打开电源开关，定好控制系统喷淋循环的总持续时间和等待时间，压力水泵即可开始工作。打开喷淋阀门开关，根据天气温度情况和梁板养护阶段来调节喷淋时间，每次淋喷间隔时间以能保持混凝土表面处于湿润状态为准。先以每 30min 喷淋 1 次进行试喷，再根据梁体的湿润程度调整喷淋时间。

（3）确保 T 梁早期全湿润养护，较快提高梁体强度，直到养护期满为止。

4 结论

本文详细探讨了甬台温高速公路至沿海高速公路温岭联络线 PPP 项目中桥梁 T 梁预制施工的关键内容，以及原材料控制、场地、施工工序等方面的技术和挑战。通过项目实践，充分展现了高速公路桥梁建设领域的创新成果和工程经验。本项目预制 T 梁整体外观及实体质量均满足设计及规范要求，得到了市交通运输局工管中心的认可。项目成果不仅体现在高效完成了 T 梁预制施工，还在施工关键工序、质量把控等方面取得了显著的突破。

参考文献

[1] 周志富. 预制 T 梁施工技术在桥梁施工中的应用[J]. 运输经理世界, 2023 (11): 83-85.
[2] 龚仕红, 周其富. 关于桥梁T梁混凝土预制施工技术的应用分析[J]. 黑龙江交通科技, 2019: 42(4): 138, 140.
[3] 黄锋. 连续预应力混凝土 T 梁预制与安装施工技术[J]. 黑龙江交通科技, 2018: 41(10): 93-94.
[4] 熊秋安, 何为. 预制 T 梁施工技术在桥梁施工中的应用[J]. 人民交通, 2019 (10): 75-76.

30m T 梁单梁静载试验检测技术

李启标　杨合瑞

(台州市公路水运工程监理咨询有限公司　浙江台州　317000)

摘　要：静载试验检测是成品梁板实体质量的重要检测项目之一，用以验证预制梁板的结构性能、抗裂性和正常使用承载力是否满足设计及规范要求。通过静载试验，检验预制梁的制造质量，为工程质量管理和控制提供依据。

关键词：静载试验；验证；承载力

1　工程概况

温岭联络线 PPP 项目全线位于台州温岭市，总体走向为自西向东。起点位于甬台温高速公路大溪互通北侧 2.0km 附近，起点桩号 K0+000，途经大溪、泽国、城北、新河、滨海 5 个乡镇和街道；终点位于沿海高速公路温岭北互通南侧 2.0m 位置，终点桩号 K32+915.638；路线全长 32.871km，设置了断链 3 处，短链 44.282m；主线采用双向六车道高速公路，设计速度为 100km/h；路基宽度采用 33.5m（双向六车道）。

全线桥梁 29307m/13 座，其中主线高架桥 8 座，互通枢纽主线桥 5 座；桥梁下部结构采用桩基、承台（系梁）、柱式墩、盖梁，上部结构主要采用 30m 跨径装配式预应力混凝土连续 T 梁，一联 4×30m 跨径的中跨中梁，桥梁预制部分共有预制 T 梁 14803 片。预制 T 梁为后张法预应力结构，30m T 梁底宽 50cm，顶宽 170cm/182.5cm，梁高 200cm（图 1、图 2）。

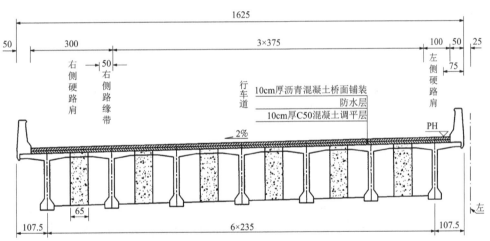

图 1　主线桥一般部位横截面图（尺寸单位：cm）

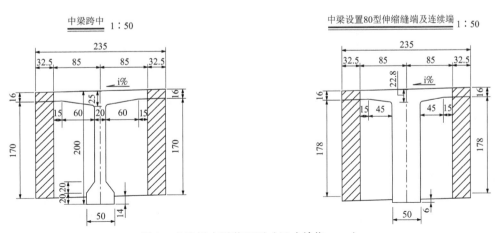

图 2　主线桥中梁截面图（尺寸单位：cm）

2 静载试验检验项目及评定标准

2.1 检验项目

（1）抗裂：静载弯曲抗裂安全系数 $K_f = 1.15$。
（2）挠度：在静荷载作用下的梁体竖向挠度极限 $f \leqslant f_{设} \times 1.05$。$f_{设}$ 为容许变形值。
（3）应力：在静荷载作用下的梁体截面上下缘应力校验系数 $\eta \leqslant 1.0$。

2.2 判定标准

1）裂纹验证方法

对于 $K_f = 1.15$ 级以前发现的裂缝，进行继续加载和持荷，若该裂缝延长、加宽或在梁体下翼缘底部边角及底板又有新裂缝出现，并且卸载后闭合，则证明该裂缝为真实受力裂缝，判定梁体开裂。

对于 $K_f = 1.15$ 级发现的裂缝，采用卸载闭合与重复开裂并用法验证。即在 $K_f = 1.15$ 级首次发现裂缝时，对裂缝宽度进行测量并记录后卸载至静活载级，再次测量裂缝宽度，根据缝宽变化情况判别裂缝真伪；同时，再重复加载至 $K_f = 1.15$ 级，观察其是否重新开裂或有新裂缝出现，以此判定梁体是否开裂。

2）合格判定标准

抗裂性合格判定：梁体在最大控制荷载 $K_f = 1.15$ 级作用下，持荷 20min，下翼缘底部边角及梁底板未发现受力裂缝，则可判定抗裂性满足标准要求。

挠度合格判定：实际挠度值小于 1.05 倍的设计挠度值，则可判定竖向挠度合格。

最终结果评判：梁体在最大控制荷载 $K_f = 1.15$ 作用下，持荷 20min，梁体下翼缘底部边角及底板未发现受力裂缝，且在静活载作用下的挠度值小于或等于检验规定值，则判定为静载试验合格。

3 静载试验

3.1 试验加载设置原则

（1）加载应遵循"安全、经济、简便、可行"的原则。
（2）跨中弯矩等效原则。
（3）跨中截面首先达到最大荷载作用效应的原则。

3.2 结构计算

静载试验计算采用梁单元模型，荷载横向分布系数采用桥梁博士 V4.0 计算，纵向效应采用有限元软件 Midas Civil 进行计算。设计荷载采用公路-I级。公路-I级荷载作用下主线桥中梁最大弯矩包络图如图 3 所示。

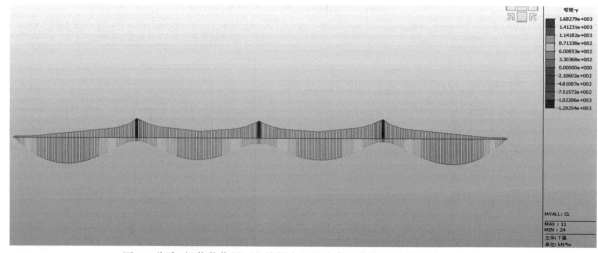

图 3　公路-I级荷载作用下主线桥中梁最大弯矩包络图（单位：kN·m）

T梁跨中截面在车道荷载和湿接缝混凝土、现浇层混凝土、沥青混凝土桥面铺装及两侧护栏等二期恒载作用下的弯矩值见表1。主线桥自振基频为3.288Hz，按设计规范，其冲击系数为0.1946。

静活载和二期恒载作用下跨中截面弯矩值 表1

梁号	截面位置	静活载（kN·m）	湿接缝和桥面铺装（kN·m）	合计（kN·m）
A号	跨中	1418.4	556.9	1975.3

3.3 加载方案

1）加载方案比选及技术特点

本着"安全、经济、简便、可行"的原则，对"堆载法""千斤顶反力架加载法"这两种试验方案进行比较，其主要优缺点如下：

（1）"千斤顶反力架加载法"操作简便，加载大小易于控制，但需要反力架装置；

（2）"堆载法"操作较复杂，试验时间长，且所用的型钢支架、钢筋（或预制块）等需分类统计重量，堆重物需进行过磅称重；

（3）根据梁场工作条件，结合经济性和实施便捷性，本项目选择"堆载法"加载方案。

2）加载值的确定

加载截面位置及荷载效应见表2。

荷载效应 表2

梁号	加载截面位置	静活载+二期荷载效应（kN·m）	1.0级试验荷载效应（kN·m）	1.15级抗裂检验荷载效应（kN·m）
A号	跨中	1975.3	1977.7	2271.6

3）加载图式

试验梁采用二点集中加载法，加载情况见表3，T梁加载图式如图4～图8所示。

加载情况 表3

梁号	1.0级试验荷载效应（kN·m）	0.25P（kN）	0.50P（kN）	0.75P（kN）	P（kN）	1.15P（kN）
A号	1977.7	67.5	135	202.5	270	310.5

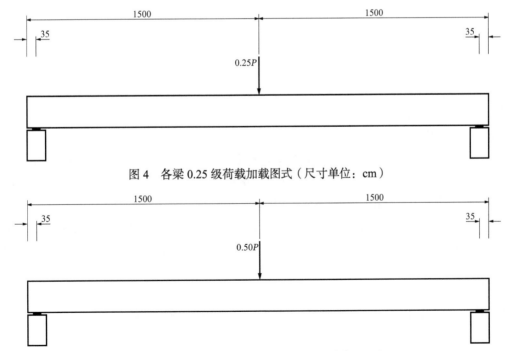

图4 各梁0.25级荷载加载图式（尺寸单位：cm）

图5 各梁0.50级荷载加载图式（尺寸单位：cm）

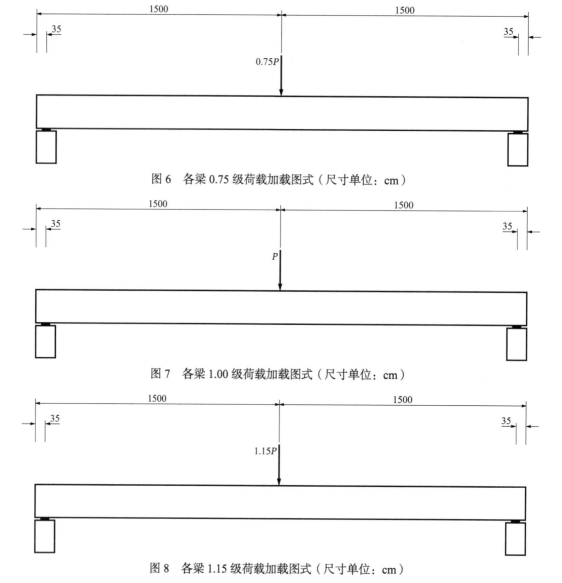

图 6　各梁 0.75 级荷载加载图式（尺寸单位：cm）

图 7　各梁 1.00 级荷载加载图式（尺寸单位：cm）

图 8　各梁 1.15 级荷载加载图式（尺寸单位：cm）

3.4　试验前准备工作

1）支座安装

试验梁支座采用设计所指定的支座。支座安装后，实测梁的跨度是否符合标准要求，且梁两端支座相对高差不大于 10mm，安装前可以用钢板垫平。

2）试验梁安装就位

（1）起重设备检查。对门式起重机的起重高度和机械性能进行检查，保证机械设备可正常使用。

（2）试验梁与试验台（支承垫石）对中。标出支承垫石中心线，并在梁顶面标画出腹板中心线（即纵向加载中心线），该线与设计位置偏差不大于 10mm。

（3）加载点位。根据静载试验加载计算出最不利的部位（本项目指跨中），在试验梁上的相应位置铺设橡胶支座和型钢，并以砂找平，确保叠落梁段传力至试验梁腹板上；横向加载点间距与设计值偏差不大于 10mm，纵向加载点间距与设计值偏差不大于 20mm。

3）试验前准备工作

（1）核实试验仪器、仪表、钢尺的型号、规格、精度、量程及检定证书。

（2）核查试验梁资料并进行加载计算。

（3）现场核对试验梁跨中截面尺寸，检查规定部位的缺陷、初始裂缝，并测量预拱度。

3.5 测试截面和测点布置

1）测试截面位置

试验 T 梁共划分为 5 个测试截面(图 9)，其中 1-1 和 5-5 截面主要测试支座和墩身沉降变形，2-2～4-4 截面主要测试荷载作用下梁体的挠度变形和截面应力大小。

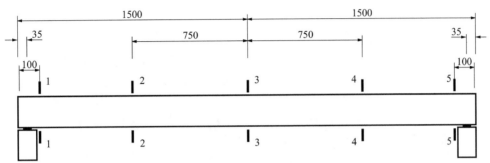

图 9 测试截面位置图（尺寸单位：cm）

2）应力测点布置

应力测点主要布置在试验 T 梁跨中、$L/4$ 和 $3L/4$ 截面上下缘，其测点布置如图 10、图 11 所示，主要测试结构控制截面在试验荷载作用下的应力大小，并和理论值进行对比。

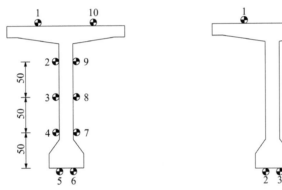

图 10 3-3 截面应力测点布置图（尺寸单位：cm）　　图 11 2-2、4-4 截面应力测点布置图

3）挠度变形测点布置

挠度变形测点主要布置在试验 T 梁两端支座、跨中、$L/4$ 和 $3L/4$ 截面底板，其测点布置如图 12、图 13 所示，主要测试结构控制截面在试验荷载作用下的挠度大小，并和理论值进行对比。

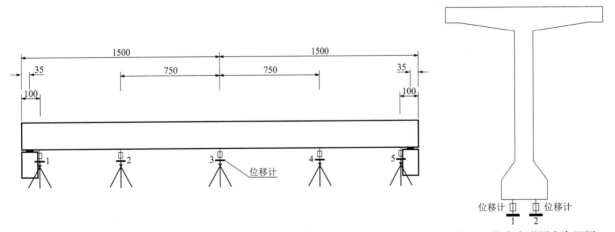

图 12 挠度变形支架搭设示意图（尺寸单位：cm）　　图 13 挠度变形测点布置图

3.6 观测内容和判定方法

1）应力测试

为确保野外试验中应力测试能有足够的精度，本次 T 梁应力测试均选用稳定性好、精度较高且适用于野外环境测量的振弦式混凝土应变计和配套的振弦式读数仪进行应力测试，如图 14、图 15 所示。

图 14　振弦式应变计　　　　　图 15　振弦式读数仪

（1）应变计测量误差不大于 $3\mu\varepsilon$。

（2）在 T 梁 $L/4$、跨中和 $3L/4$ 处布设测试截面，测点布置在截面上下缘，取其上下缘两侧测量结果的平均值为截面应力实测值。

（3）试验加载前，应在没有任何外加荷载的条件下测量初始读数。应变测量应在持荷时间结束时进行。

（4）应力测量结果的计算及评定。测试出和静活载相等效的试验荷载作用下梁体跨中截面的应力值，应力取其两侧平均值。当实际应力值 $\sigma \leqslant \sigma_{理论} \times 1.05$，则判定强度合格。$\sigma_{理论}$ 为容许应力限值。

2）挠度测试方法及评定标准

（1）采用位移计测量挠度，其测量误差不大于 0.01mm。

（2）在梁体跨中及支座中心截面的两侧布设测点。取其两侧测量结果的平均值为跨中截面位移值或支座沉陷值。

（3）测量仪器支架牢固、稳定，且不受试验台变形影响。

（4）试验加载前，应在没有任何外加荷载的条件下测量初始读数。挠度测量应在持荷时间结束时进行。

（5）挠度测量结果的计算及评定。测试出和静活载相等效的试验荷载作用下梁体两侧的挠度值，挠度取其两侧平均值。当实际挠度值 $f \leqslant 1.05 f_{设}$，则判定挠度合格。

3）裂缝分类及标记方法

（1）在加载前，用 5 倍放大镜在梁体跨中两侧 8m 区段下翼缘及梁底面仔细查找裂缝。对初始裂缝（收缩裂缝及损伤裂缝）及局部缺陷使用蓝色铅笔标记。

（2）在加载过程中，随时观察规定部位的裂缝变化，对受力裂缝（征兆裂缝及判定裂缝）规定用红色铅笔标记，并注明开裂荷载等级。

4）受力裂缝的验证及开裂荷载等级的判定

（1）当梁体在试验荷载作用下或加载作用过程中，裂缝由梁体下翼缘侧面延伸至底部边角或直接在梁底部边角、梁底面上出现受力裂缝（即判定裂缝），该裂缝须经验证，才能进行判定。

（2）验证荷载等级的确定及开裂荷载等级的判定。

①若在一级荷载（$K_f = 1.0$ 级）持荷时间段内发现裂缝，则应增加一级荷载来验证裂缝。如属实，即认定梁体在本级荷载的平均荷载下开裂。

②若在一级荷载持荷时间后，二级荷载加载过程中发现裂缝，则应继续加到二级荷载来验证裂缝。如属实，即认定梁体在本级开裂。

③若在二级荷载（$K_f = 1.15$ 级）持荷时间内发现受力裂缝，则应持荷 20min，卸载后再按加载程序重新加至 1.20 级，验证该裂缝真伪。

(3)验证方法如下:

①在发现裂缝时的荷载等级基础上,按照加载程序规定的等级加到其下一级荷载,观察该裂缝有无延长、加宽或在梁底部边角、梁底面上又有新裂缝出现。若出现上述现象,证明该裂缝为真实受力裂缝,即判定梁体开裂,静载试验不合格。

②使用刻度放大镜观察该裂缝宽度(如有多条裂缝则选最宽者),跟踪卸载。如该裂缝在卸载后完全闭合或由缝变纹,同样说明该裂缝可能为真实受力裂缝。但不能仅凭此现象判定梁体静载抗裂不合格,以防是局部缺陷产生"假裂"(即撞伤后闭合加载后重现裂缝,外包灰皮因潜在孔洞导致灰皮破裂,垫块强度过低受拉裂缝,垫块侧面与梁体衔接面收缩缝受力开裂等)而导致误判。

5)试验结果的评定标准

梁体在最大控制荷载($K_f = 1.15$)作用下,持荷 20min,梁体下翼缘底部边角及梁底面未发现受力裂缝,且在静荷载作用下挠跨比小于或等于检验规定值,即判定静载试验合格。若静载试验梁不合格,则该梁不允许再使用。

3.7 加载程序和操作方法

1)加载程序

本文考虑用最大试验荷载检验使用性能这一试验目的,以及挠跨比计算需要基数级和静活载级,故将加载等级定为 5 个级别。5 个级别为:基数级 0.25 级、中间 1 级 0.50 级、中间 2 级 0.75 级、静活载级 1.0 级和 1.15 级。整个试验加载按以下循环进行:

0→基数级 0.25 级(5min)→中间 1 级 0.50 级(5min)→中间 2 级 0.75 级(5min)→静活载级 1.0 级(5min)→1.15 级(20min)→0。

2)堆载加载法

如采用预压块堆载加载法,则循环中各级荷载均应采用静载试验加载计算的加载点位和加载吨位,并应逐级记录位移计读值并仔细观测梁体两侧和梁底的裂缝情况。T梁静载试验现场如图16所示。

图 16 T梁静载试验现场

3）操作方法

（1）严格按加载程序分级同步加载，在整个加载过程中仔细检查梁体下翼缘底部及梁底面有无裂缝出现，并逐级测量挠度，及时做好各级荷载重量及挠度测量等试验记录。

（2）随持荷时间的延长，梁下挠度增大及油路泄漏，及时补加荷载。加载重量实际值与计算值之差不超过3%。

（3）对初始裂缝、潜在裂缝及梁底垫块裂缝，应由专人跟踪观察，并量测其各级荷载下的长度、宽度。

（4）对征兆裂缝随时观察，且标记各级荷载下的延长量，特别注意其延至下翼缘底部边角处的荷载等级。

（5）对静活载级及基数级挠度，应按规定时间准确测量并予以校核，读数误差不得大于0.01mm。

（6）应根据各级加载后测得的挠度数据，随时跟踪描绘出荷载-挠度曲线图。

4 数据整理与分析

1）挠度数据整理与分析

表4为A号T梁各截面在最大控制荷载作用下挠度校验系数一览表，表中的正号"+"表示挠度向下，负号"−"表示挠度向上。由表4分析可以看出：

（1）梁体在最大控制荷载（$K_r = 1.15$）作用下，跨中、$L/4$ 和 $3L/4$ 处截面的挠度校验系数均小于1.05，且处于常值范围内，满足试验方法的要求。

（2）在最大控制荷载作用下，梁体实测挠度最大值为8.39mm，远小于$L/600$，满足规范要求。

挠度分析结果表明，本试验梁刚度合格，满足设计要求。

A号T梁各截面在最大控制荷载作用下挠度校验系数一览表　　　表4

加载等级	截面编号	实测值（mm）	理论值（mm）	校验系数
1.15P	2-2	5.08	7.16	0.71
	3-3	8.39	10.76	0.78
	4-4	4.94	7.16	0.69

2）应力数据整理与分析

表5为A号T梁各截面在最大试验荷载作用下应力校验系数一览表，表中的正号"+"表示混凝土受拉，负号"−"表示混凝土受压；图17为跨中截面T梁腹板应力-部位曲线图。由表5和图17分析可以看出：

（1）梁体在最大控制荷载（$K_r = 1.15$）作用下，跨中、四分点处截面的应力校验系数均小于1.0，且处于常值范围内，满足试验要求。

（2）在最大控制荷载作用下，梁体腹板应力基本沿腹板呈线性分布（符合平截面假定），说明试验梁在荷载作用下抗弯性能良好。

（3）在最大控制荷载作用下，梁体各控制截面应力实测数据均处于正常范围内，未发现有异常现象。

应力分析结果表明，本试验梁在最大控制荷载作用下处于正常受力状态，其强度满足设计要求。

A号T梁各截面在最大试验荷载作用下应力校验系数一览表　　　表5

荷载等级	截面编号	测点位置	实测值（MPa）	理论值（MPa）	校验系数
1.15P	2-2	顶板上缘	−1.19	−1.95	0.61
		底板下缘	2.14	3.19	0.67
	3-3	顶板上缘	−2.22	−3.83	0.58
		腹板上缘	−0.90	−1.31	0.69
		腹板中部	0.78	1.22	0.64
		腹板下缘	2.73	3.74	0.73
		底板下缘	4.44	6.26	0.71
	4-4	顶板上缘	−1.25	−1.95	0.64
		底板下缘	2.20	3.19	0.69

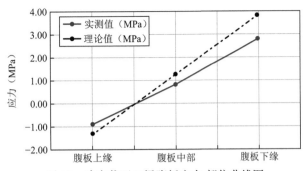

图 17 跨中截面 T 梁腹板应力-部位曲线图

3）裂缝

加载前，在各片试验梁体主要部位下翼缘及梁底面仔细查找裂缝，均未发现有初始裂缝（收缩裂缝及损伤裂缝）。梁体在最大控制荷载（$K_r = 1.15$）作用下，持荷 20min，梁体下翼缘底部边角及梁底面也未发现受力裂缝，因此可判定此试验梁板梁体静载抗裂合格，满足设计要求。

4）相对残余应力与变形

表 6 为各测试截面相对残余变形一览表。从表 6 中所计算的相对残余变形和应力可以看出，试验梁各测试截面在卸载后其相对残余变形和应力均在《公路桥梁承载能力检测评定规程》(JTG/T J21—2011)规定的 20%以内，表明其在卸载后变形能够得到恢复，该片试验梁处于弹性工作状态。

各测试截面相对残余变形一览表　　　　表 6

截面编号		相对残余变形（%）	相对残余应力（%）	允许值	是否满足
A 号	2-2	4.5	5.1	20%	满足
	3-3	7.6	6.1		满足
	4-4	3.2	4.7		满足

5 结论

温岭联络线项目预应力 T 梁预制完成后，开展了静载试验检测，明确了相关试验检测程序，验证预制梁板的结构性能、抗裂性和正常使用承载力是否满足设计或相应规范要求。掌握预制梁板的安全储备系数，以检验其设计与施工质量。通过静载试验，检验预制梁板的制造质量，为工程质量管理和控制提供依据。

甬台温高速公路至沿海高速公路温岭联络线项目桥梁总体设计

管羽飞　马碧波

（浙江数智交院科技股份有限公司　浙江杭州　310000）

摘　要：甬台温高速公路至沿海高速公路温岭联络线工程全线位于台州温岭市，总体走向为自西向东，途经大溪、泽国、城北、新河、滨海5个乡镇和街道，路线全长32.871km，共设置互通枢纽5处，服务区1处。主线桥梁总长29.25km，占路线全长的88.8%，其中桥下空间利用段全长9.042km。本文以温岭联络线项目高架桥的设计为实例，介绍了本项目桥梁工程的主要技术标准、节点设计、桥梁选型等总体设计情况。

关键词：高速公路；桥梁设计；高架桥；花瓶墩

1　工程背景

温岭联络线项目路线横贯台州市东西两侧，在温岭境内连接甬台温高速公路和沿海高速公路，概算总投资128.49亿元，其中建筑安装费63.32亿元。项目共设置了互通枢纽5处，服务区1处，预留新街互通1处。主线桥梁总长29307m/13座，主线高架桥8座，互通枢纽主线桥5座，隧道1座。隧道左洞长1672m，右洞长1702m，K8+044～K8+440段396m下穿正在运营的甬台温高速铁路，由铁路部门代建实施。

2　项目特点

根据本项目自然条件，结合大桥功能和建设期安排，本项目具有以下4个方面的特点。

（1）桥梁规模大，主线桥梁连续长度达到24km。本项目路线全长32.871km，主线桥梁总长29.25km，占路线全长的88.8%，除1座流庆寺隧道外，其余均为桥梁。

（2）桥下空间利用段多，施工协调组织难度大。项目全线沿途分别与温岭市古城路工程、温岭市牧长路工程两条市政主干路同步建设，并与国道G104线塘岭至吕岙段共线。

（3）沿线地质情况复杂，既有建设条件较为复杂。

（4）建设周期短。根据总体进度安排，本项目在2023年要完成项目施工，建设周期短。因此，在确保建设条件适应性和经济合理性的前提下，应优先选择施工速度快、施工风险小的设计和施工方案。

3　主要技术指标

（1）公路等级：双向六车道高速公路。
（2）设计行车速度：100km/h。
（3）汽车荷载等级：公路-I级。
（4）行车道宽度：2×3×3.75m。
（5）环境类别：I类环境。
（6）地震基本烈度：Ⅵ度。
（7）设计洪水位频率：特大桥为1/300；大、中桥为1/100。
（8）高程系统：85国家高程系统。

4　桥梁总体设计

本项目桥梁规模较大，沿线桥涵构造物较多，在桥型方案选择时本着"适用、经济、合理、安全、美观"的原则，尽可能做到设计标准化、施工机械化，方便分段预制、集中安装；尽可能就地取材、减少运输量。以缩短工期、节省工程造价。

4.1 桥梁布孔原则

桥梁孔径选择有以下三项原则[3]。

（1）桥梁的布孔应对结构受力有利。

桥跨拟定时应结合上部结构形式、墩高、孔径、桥梁结构受力情况等因素综合考虑。避免桥梁布孔仅考虑对桥台及台后填土高度的控制，而对桥梁结构受力合理性、经济合理性、美观性等方面缺乏考虑。

（2）桥梁的布孔应避免基础施工费用无谓增加。

跨径拟定及分孔布置时，尽量避免桥墩位于河床的深水槽、山谷的谷底，以减少基础施工的难度，降低工程造价。

（3）桥梁布孔要尽可能根据地形条件选用标准跨径。

桥梁布孔是个非常复杂的问题，各种各样的条件和要求往往相互矛盾。例如，在平原，桥梁大多跨越浅河流，跨越城市周边的规划（开发）区和特殊不良地质段等，桥梁的墩台高度一般不高；在山区，桥梁往往因桥墩高而增大跨度，从经济和美观的角度看都是合理的。通常情况下，在没有通航要求、基础施工难度不大的情况下，从经济角度考虑，小跨度桥梁较大跨度桥梁有利。

4.2 桥梁上部结构设计

目前国内桥梁常用的上部结构形式主要有：空心板、组合小箱梁、T梁（含矮T梁）、现浇连续箱梁[4,5]。空心板、组合小箱梁、T梁属于传统预制简支变连续预制结构，设计经验成熟，工厂预制与现场局部现浇相结合，施工操作方便，是高速公路桥梁较常采用的上部结构类型。现浇连续箱梁属于现场浇筑结构，设计经验较为成熟，结构刚度大、整体性好，适用于对美观要求较高的桥梁及互通区变宽段桥梁。

结合本项目所处环境和施工场地条件，经过经济性比选，主线桥全线采用30m预应力混凝土连续T梁，单幅横向布置7片T梁，T梁湿接缝宽65cm。桥梁标准横断面布置如图1所示。

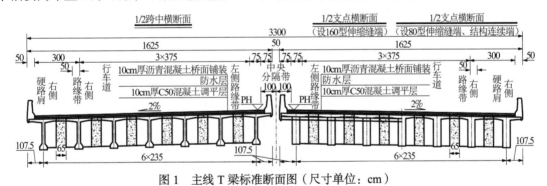

图1 主线T梁标准断面图（尺寸单位：cm）

桥下空间利用段跨越一些主要道路或河流时采用(35＋60＋35)m或(40＋75＋45)m整幅预应力混凝土变截面连续箱梁。其中(40＋75＋45)m整幅预应力混凝土变截面连续箱梁适用于新河1号高架桥跨金清港处。(35＋60＋35)m整幅预应力混凝土变截面连续箱梁适用于与国道G104共线的大溪1号高架桥和与牧长路共线的泽国2号高架桥、新河1号高架桥。

整幅变截面连续箱梁[6-9]截面采用单箱五室斜腹板截面。顶底板横坡均与各桥桥面横坡保持一致。箱梁顶宽33.0m，悬臂长3.5m，两侧各留10cm与护栏同期浇筑，梁底下缘曲线以1.8次抛物线变化。(40＋75＋45)m箱梁根部断面梁高5.0m（高跨比1/15.0），跨中和边跨现浇梁段梁高2m（高跨比1/37.5），如图2所示。(35＋60＋35)m箱梁根部断面梁高3.8m（高跨比1/17.1），跨中和边跨现浇梁段梁高2m（高跨比1/30），如图3所示。

常规路段跨越一些主要道路或河流时采用(35＋60＋35)m或(40＋70＋40)m分幅预应力混凝土变截面连续箱梁，(35＋60＋35)m分幅预应力混凝土变截面连续箱梁主要出现在大溪1号高架桥、泽国1号高架桥、新河2号高架桥上。(40＋70＋40)m分幅预应力混凝土变截面连续箱梁，主要出现在大溪1号高架桥、泽国 1 号高架桥、新河 2 号高架桥上。

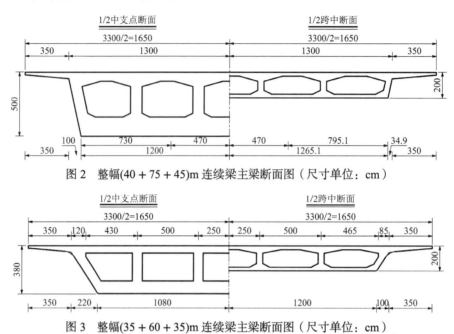

图 2 整幅(40＋75＋45)m 连续梁主梁断面图（尺寸单位：cm）

图 3 整幅(35＋60＋35)m 连续梁主梁断面图（尺寸单位：cm）

分幅变截面箱梁截面采用单箱单室直腹板截面。顶板横坡与各桥桥面横坡保持一致，底板保持水平。箱梁底板宽 8.45m，顶板宽 16.25m，悬臂长 3.9m，两侧各留 10cm 与护栏同期浇筑。(35＋60＋35)m 箱梁根部断面梁高 3.8m（高跨比 1/15.79），跨中和边跨现浇梁段梁高 2.0m（高跨比 1/30），其间梁底下缘曲线以 1.8 次抛物线变化。(40＋70＋40)m 箱梁根部断面梁高 4.3m（高跨比 1/16.28），跨中和边跨现浇梁段梁高 2.2m（高跨比 1/31.8），其间梁底下缘曲线以 2.0 次抛物线变化。

4.3 下部结构设计

1）T 梁桥墩

（1）三柱门式墩

温岭联络线桥下空间利用段 30m T 梁桥墩采用三柱门式墩，如图 4 所示。盖梁为预应力混凝土结构，中立柱尺寸为 2.0m×2.0m，边立柱尺寸为 1.8m×1.8m，中立柱与盖梁固结，边柱与盖梁间设单向滑动支座。门式墩盖梁预应力束在架梁前后分两批张拉，预应力锚具采用深埋锚，T 梁从中间往两端对称架设。中柱基础为 2 根直径 2.0m 钻孔桩，两边柱基础各为 2 根直径 1.5m 钻孔桩。中立柱承台厚 3.8m，边柱承台厚 2.5m。

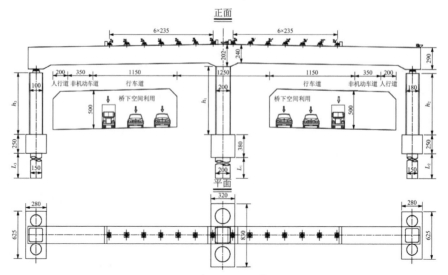

图 4 三柱门式墩（尺寸单位：cm）

（2）大挑臂花瓶墩[10]

与牧长路共线段30m T梁桥墩采用大挑臂双柱式花瓶墩，横桥向为大挑臂预应力混凝土盖梁＋大倒角整体式立柱造型，如图5所示。其中大挑壁盖梁长32.11m、顶宽2.5m、底宽2.0m，盖梁在墩顶位置理论高度3.1m，梁端位置高1.5m，横断面为倒梯形截面；盖梁钢束采用$17\phi^s15.20mm$和$22\phi^s15.20mm$预应力钢绞线，分两批次张拉，为方便施工统一，在梁端进行锚固，预应力锚具采用深埋锚，T梁从中间往两端对称架设。双柱式墩横桥向中心距6.8m，墩顶按$R=3.0m$的圆弧大倒角与盖梁连为整体。墩身尺寸为2.2m×2.0m，墩身截面四周设半径为0.2m的圆角。基础采用6根直径为1.5m的钻孔灌注桩，承台平面尺寸为10.0m×6.25m，承台厚2.5m。

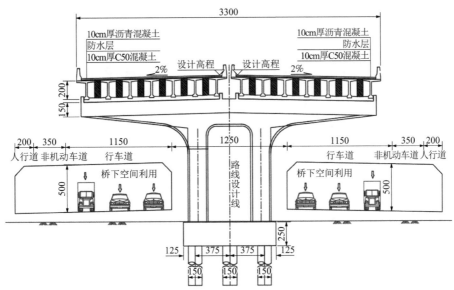

图5 大挑臂花瓶墩（尺寸单位：cm）

（3）普通三柱式桥墩

常规路段30m T梁均采用三柱墩＋普通钢筋混凝土盖梁的常规结构。桥墩横向中心间距为2×5.6m，桥墩直径分别为1.4m、1.6m，对应桩基直径分别为1.5m、1.8m。普通三柱式桥墩结构与尺寸如图6所示。

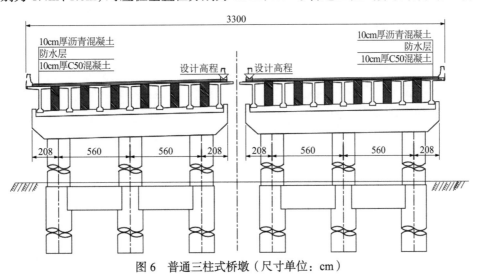

图6 普通三柱式桥墩（尺寸单位：cm）

2）连续梁桥墩

（1）两柱式/三柱式花瓶墩

该类墩用于桥下空间利用段大跨变截面连续梁。

其中，跨规划方山大道(35＋60＋35)m变截面连续箱梁受地面道路限制，采用0号块隐横梁外挑，主墩采用三柱式花瓶墩。其中，中柱为墙式花瓶墩，柱身横桥向等宽段 4.0m，墩顶 5m 范围内由 4m 渐变到 6m，曲率半径 13m，柱身纵桥向 3.2m 等宽；下部基础采用 6 根 2.0m 钻孔灌注桩基础，承台平面尺寸为 13.3m×8.3m，厚度为 3.5m；两边柱为柱式墩，柱身横桥向 2.0m、纵桥向 2.5m 等宽；下部基础采用 2 根 2.0m 钻孔灌注桩基础，承台平面尺寸为 8.3m×3.3m，厚度为 3.5m。

(35+60+35)m 变截面连续箱梁主墩采用两柱式花瓶墩，墩顶设置系梁，如图 7 所示。双柱式墩横桥向中心距 7.0m，一个柱身横桥向等宽段宽度为 3.0m，墩顶 5m 范围内宽度由 3m 渐变到 4m，曲率半径 13m，单柱纵桥向 2.8m 或 3.2m（因墩高不同）等宽；柱顶系梁高 2.0～2.5m，底部圆弧半径 4.25m，纵向桥 2.4m 或 2.8m 等宽；下部基础采用 6 根直径 2.5m 钻孔灌注桩基础，承台平面尺寸为 16.5m×11.0m，厚度为 4m。

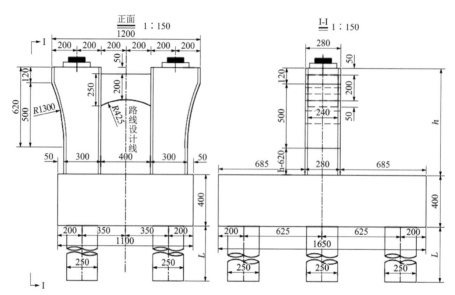

图 7 整幅(35+60+35)m 连续梁主墩构造图（尺寸单位：cm）

(45+75+45)m 变截面连续箱梁主墩采用两柱式花瓶墩，墩顶设置系梁，如图 8 所示。双柱式墩横桥向中心距 7.0m，一个柱身横桥向等宽段 3.0m，墩顶 5m 范围内由 3m 渐变到 4m，曲率半径 13m，单柱纵桥向 3.2m 等宽；柱顶系梁高 2.0～2.5m，底部圆弧半径 4.25m，纵向桥 2.8m 等宽；下部基础采用 12 根直径 2.0m 钻孔灌注桩基础，承台平面尺寸为 18.3m×13.3m，厚度为 4m。

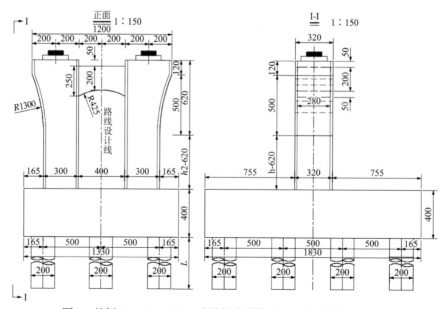

图 8 整幅(45+75+45)m 连续梁主墩构造图（尺寸单位：cm）

（2）墙式花瓶墩

主跨60m和70m分幅预应力混凝土变截面连续箱梁下部结构采用墙式花瓶墩。

主墩墩身尺寸为6.0m×2.4m，墩顶按R=13m的圆弧在5m范围内渐变为8.0m×2.4m。墩身截面四周设半径为0.2m的圆角，中间凹槽向上按花瓶式扩展至墩顶。主墩基础采用6根直径1.8m的钻孔灌注桩，承台平面尺寸为13m×8.1m，承台厚度为3.0m，如图9所示。

过渡墩采用花瓶形墩身接大挑壁盖梁，墩身尺寸为6.0m×1.6m，向上按R=21.13m的圆弧在5m范围内渐变为8.0m×2.8m。盖梁尺寸采用15.36m×2.8m×1.85m，过渡墩基础采用3根直径1.8m的钻孔灌注桩，承台平面尺寸为13m×3.2m，承台厚度为3.0m，如图10所示。

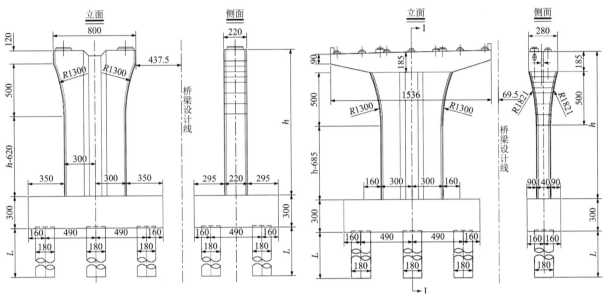

图9 墙式花瓶墩主墩（尺寸单位：cm）　　图10 墙式花瓶墩过渡墩（尺寸单位：cm）

5 结论

甬台温高速公路至沿海高速公路温岭联络线是浙江省综合交通运输发展"十三五"规划中预备类项目，是台州市综合交通运输"十三五"发展规划中的"南部通道"高速公路网络的重要组成部分。项目开工于2020年11月底，于2023年底交工。本项目的成功设计经验，可为后续高速公路高架桥设计提供参考。

参考文献

[1] 沙爱敏, 王晓东. 快速化改造工程高架桥总体设计研究[J]. 黑龙江交通科技, 2022, 45(1): 58-60.
[2] 王东阳, 李涛, 胡磊. 济南市二环西路南延高架桥总体设计[J]. 北方交通, 2020(3): 29-32.
[3] 张羽. 桥梁设计中布孔与选型的原则与方法[J]. 黑龙江交通科技, 2014, 37(12): 92-93.
[4] 沙拉木·艾买提. 伊犁河谷高速公路桥梁方案研究[D]. 西安: 长安大学, 2022.
[5] 司超. 高速公路桥梁桥型方案设计研究[J]. 交通世界, 2011, 7: 116-117.
[6] 左保普. 多跨连续梁桥体系转换对结构效应的影响[D]. 武汉: 华中科技大学, 2019.
[7] 沈敏, 吴徐华. 某高速公路变高连续梁桥抗震性能分析[J]. 智能城市, 2018, 4(23): 34-35.
[8] 张会玲, 秦建国. 预应力混凝土连续梁桥设计参数抗震性能研究[J]. 公路, 2013(2): 113-117.
[9] 张安宇, 周雨立, 郭亚文. 双柱花瓶墩预应力盖梁计算分析[J]. 城市道桥与防洪, 2023(6): 103-105+17.
[10] 周园澄. 花瓶形桥墩受力性能与防裂研究[D]. 重庆: 重庆交通大学, 2022.

"网格化"管理在高桥隧比总承包项目管理中的实践应用

付 兵 杨 敏

(中电建路桥集团有限公司 北京 100048)

摘 要："网格化"体系管理是近年来项目管理的新兴工具，如何利用"网格化"管理体系实现"打通项目履约管理最后一公里"的目标是本文重点研究内容。依托温岭联络线项目应用"网格化"管理体系，全面总结温岭联络线项目在总包—分包—协作队伍—作业班组4个层级网格化管理上采取的有效措施及对关键点的把控，并有效补齐网格化管理体系的短板，完善温岭联络线项目"网格化"管理体系，为类似总承包项目履约管理提供借鉴。

关键词：网格化管理；高桥隧比；总承包部项目管理

1 引言

当前，国内交通工程建设已进入"上天（立交）入地（隧道/通道）"阶段，大量的交通建设工程都呈现出高桥隧比的特点，特别是目前国内西南、东南、华南区域，需要在已建或新建道路上修筑大量结构复杂的立体交叉工程[1]。因此，如何在工程总承包层面统筹各专业分包单位和劳务分包单位分工合作、协调推进，以达到总承包合同要求的质量、安全、进度、目标已成为亟待解决的管理问题。本文从工程总承包进度履约管理角度出发，总结在温岭联络线总承包项目中应用"网格化"管理的实践经验。

2 工程概况

甬台温高速公路至沿海高速公路温岭联络线项目位于浙江省台州市温岭市，全长 32.871km。主线采用双向六车道高速公路标准，路基宽度 33.5m，设计速度 100km/h。设桥梁 29.27km/13 座，主线高架桥 8 座，一般互通 3 处，枢纽互通 2 处；隧道 1 座，左洞长 1672m，右洞长 1702m；设服务区一处（与新河互通合并设置），管理分中心 1 处，养护工区 1 处，隧道管理站 1 处，互通收费站 3 处。项目建筑安装工程费 63.32 亿元，工期为 3 年，从 2020 年 11 月 27 日至 2023 年 11 月 26 日。项目主要有以下特点：

（1）桥隧比例高，钢筋制作安装及混凝土浇筑强度大。全线基本为桥梁，路线全长 32.871km，桥梁及隧道总长度为 31.78km，桥隧比高达 96.68%。混凝土总量为 230.36 万 m^3，高峰期混凝土浇筑强度为 15.36 万 m^3/月；钢筋总量为 29.94 万 t，高峰期钢筋制作安装强度为 2.17 万 t/月。

（2）穿越村镇、河流极多。项目由西向东横穿温岭市，沿线主要乡镇（街道）有大溪镇、泽国镇、城北街道、新河镇、滨海镇，经过约 86 个行政村。所经主要航道及河流有兴潘河、江厦大河、金清港、联树河、三湾河、新东浦河、四湾河、廿四弓河、新南浦河等大小河流 51 条。

（3）涉铁涉路多，共线距离长。本项目涉路项目有甬台温高速公路、大溪北路、104 国道、迎宾大道、路泽太一级公路、机新路、石松一级公路、沿海高速公路等。涉铁项目有杭绍台铁路（在建）、甬台温高铁（运行）、台州市域铁路 S1 线（在建）。路线与其他道路共 29 处交叉，且共线线路较长，其中古城路、牧长路与项目上下共线 10.899km，且同时开工建设。

（4）桥梁结构物类型多、数量大。包括：桩基 7420 根、系梁 1319 个、承台 720 个、圆柱墩 4320 根、门式墩柱 233 根、花瓶墩 707 个、预应力盖梁 397 片、支架现浇连续箱梁 43 联、悬臂现浇连续箱梁 618 片、预制 T 梁 14927 片、混凝土防撞护栏 2492 跨。结构物类型多、数量大，对施工组织管理提出极高的要求。

3 网格化管理体系

总承包部是温岭联络线项目的施工主体，由于项目规模大、结构复杂，除按照职能分工正常设置项目"八部一室"（综合管理部、财务资金部、计划合同部、工程技术部、质量管理部、设备物资部、安全环保部、征迁协调部、工地试验室）外，专门针对进度目标实行"网格化"管理，将分部、供应商、协作队伍、作业班组纳入总承包部管理体系，建立总包→分包→协作队伍→作业班组的四级管理体系，形成从下到上收集问题、从上到下解决问题的闭环，确保总承包管理制度、措施能够有效落到施工一线，推动项目安全、质量、进度目标顺利实现。

3.1 建立"网格化"管理体系

温岭联络线项目总承包部组织机构如图1所示。

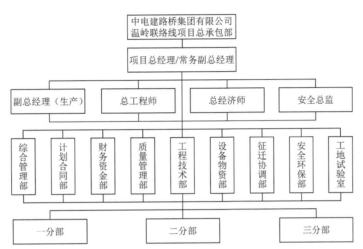

图1 温岭联络线项目总承包部组织机构图

一分部、二分部、三分部为专业分包单位。一分部专业分包单位为水电四局；二分部专业分包单位为水电五局；三分部专业分包单位为中电建路桥集团东南发展有限公司-任丘市第二建筑安装工程有限公司联合体。根据项目组织机构体系，为使进度履约体系能够如顺利执行，温岭联络线项目总承包部根据项目特点、管理层级建立了进度"网格化"管理体系，见表1。

温岭联络线项目总承包部进度"网格化"管理体系表　　　　　　　　　　表1

管理小组	总包网格管理层	分部网格管理层	协作队伍网格管理层	作业班组网格管理层
总承包部进度"网格化"管理小组：XX、XX、XXX、XXX	管理一分部的总包网格员：XX、XXX	一分部管理桥梁X队网格员：XX、XXX	桥梁X队网格员：XXX、XXX	XX作业班组
				XX作业班组
				……
		……	……	……
	管理二分部的总包网格员：XXX、XXX	二分部管理桥梁X队网格员：XXX、XXX	桥梁X队网格员：XXX、XXX	XX作业班组
				XX作业班组
				……
		……	……	……
	管理三分部的总包网格员：XXX、XXX	三分部管理X队网格员：XX、XXX	XX班组	因三分部体量较小，故网格管理体系设置三层
			XXX班组	

注：网格员主要以各层级项目部班子成员及业务骨干为主，根据桩号范围或任务功能区域（如泽国梁场、城北梁场、新河梁场）进行网格区域划分，同时结合项目管理人员数量、能力、区域规模大小及区域内关键节点工程数量等匹配相应管理力量，重点对影响进度的人、材、机问题进行有效解决。

3.2 "网格化"管理体系实施要点

"网格化"管理体系建立后,实施过程中要重点解决适应性、成长性、开放性问题。

1) 适应性

"网格化"管理体系适应性主要是指体系内上一层级人员与下一层级人员的匹配是否合适的问题[2]。在温岭联络线项目实践过程中,主要分3个层级处理适应性问题。

(1) 总承包管理层与分部管理层的适应性。主要表现在总包网格员与3个分部网格员优缺互补方面。例如,一分部有高速公路施工管理经验的人员较少,桥梁技术储备力量不足,总承包部为其匹配桥梁施工经验丰富、技术能力强的网格员;二分部对影响工期的关键节点把控能力相对较弱,总承包部为其匹配高速公路施工经验丰富、对施工组织有较高把控能力的网格员,这样就能各自发挥优势、融洽搭档。

(2) 分部管理层与协作队伍作业层的适应性。因分部管理层直接管理一线协作队伍,要把总承包部的管理制度、措施落实到一线施工队伍,起着承上启下的重要作用,所以分部管理层与协作队伍作业层的适应性是"网格化"管理体系中最重要一环,而做好这一环工作的关键是两个层级间网格人员的能力、性格适配。例如,一分部桥梁二队进度较快,但质量、安全控制方面与进度速度不匹配,需要为其匹配质量/安全业务能力强、经验足的网格员,补齐其在质量、安全管理方面的短板,为进度保驾护航;二分部桥梁一队队伍性格较为"内向",对计划的执行力度较弱,需要为其匹配实战经验丰富、敢打敢拼的网格员,鼓励、帮助、督促其提升进度。

(3) 协作队伍与作业班组的适应性。项目部在实践过程中发现只有真正与协作队伍共事超过五年的作业班组,才能保持现场施工的稳定性。如果协作队伍与作业班组之间适应性差,就会出现频繁更换作业班组的情况,对现场施工进度的推进极为不利。解决这个问题的重点在两个方面:一是作业班组本身要有平均先进性,例如,所有防撞护栏作业班组在同等人力、工具配备条件下能够每天完成60m防撞护栏混凝土浇筑,但某些先进班组在不增加人力、工具,仅增加模板数量的条件下,能够完成90m防撞护栏,这就是作业班组本身专业性、先进性的体现;二是协作队伍管理人员与作业班组间沟通交流的顺畅度方面,例如,协作队伍需要供应充足的各类原材料才能充分发挥作业班组最大的劳动效率,如果作业班组的原材料供应要求得不到积极响应,其劳动生产效率必然下降,直接导致其积极性减弱,从而带来一线作业班组执行作业指令效果大打折扣的问题。最好的模式就是协作队伍与作业班组长期合作(合作时间超过五年),所谓"知根知底",才能保证协作队伍与作业班组之间融洽协调。

总之,"网格化"管理体系适应性的主要目标就是实现从上到下解决问题途径的畅通与高效,整个体系像人的大脑指挥四肢,具有高效的体系协同性,从而为快速高效解决问题奠定组织基础。但达到这个目标需要一定的时间,在温岭联络线项目的实践过程中,在总承包/专业分包管理层级经过三次较大的人员调整,在协作队伍/作业班组层级进行了十次以上的人员调整才基本达到较高的适应性。

2) 成长性

"网格化"管理体系的成长性主要指体系建立后,随时间推移,整个"网格化"管理体系解决问题能力的有效提升。

体系问题的收集主要源于作业层,包括协作队伍、作业班组,然后依次向上传递,各层级需要处理的问题范围及内容各不相同。

作业班组层主要解决劳务人员数量及质量方面的问题。例如,钢筋加工班组人员不足、现有人员有效劳动时间不足等。

协作队伍主要解决其内部自采购材料、工器具等的供应,以及班组区域调度事宜。例如,一分部桥梁二队要为其三个钢筋制作班组配备钢筋切断机、数控弯箍机等,并将钢筋在其两个标准化钢筋加工厂进行集中加工后分运至现场5个施工点位进行安装。

分部主要协调分部施工范围内各协作队伍间优势施工资源的共享利用。例如:一分部将其桥梁二队现浇梁支架钢管、模板等调入桥梁六队进行使用;二分部桥梁七队桥面系施工完成后,二分部将桥梁七队桥面系作业班组人员连同模板全部调往桥梁六队、桥梁八队、桥梁十队施工区域进行施工作业。也就是说，分部可以在其施工范围内调动优势施工资源解决分部施工范围内的进度滞后问题。

总承包部层面主要解决各分部间施工资源协调问题。例如：在三分部20m T梁预制完成后，协调、促成三分部20m T梁模板转运至一分部桥梁二队使用；一分部大挑臂盖梁全部施工完成以后，协调、促成一分部大挑臂盖梁模板转运至二分部桥梁一队使用。

从以上各个层级解决问题的范围及可调用的资源来看，总承包部起着全面统筹、协调全项目施工资源的作用，分部起着承上启下执行指令的作用，各协作队伍、作业班组起着现场实际实施、直接达成进度目标要求的作用。总承包部在推动整个"网格化"管理体系解决各种问题的过程中，磨炼、提升体系内所有人员解决问题的能力，日积月累，最终实现整个管理体系解决问题能力的整体提升。"网格化"管理体系问题解决责任矩阵见表2。

"网格化"管理体系问题解决责任矩阵 表2

序号	问题事项及描述		总承包部	分部	协作队伍	作业班组
1	劳务人员	劳务人员数量不足	△	△	★	★
		劳务人员熟练程度、专业技能不高	—	△	☆	★
2	材料	甲供材	★	☆	—	—
		分部自采材料	△	★	☆	—
		周转材料配置（模板、支架等）	△	★	★	—
3	机械及工器具	大型机械设备配置（挖掘机、300t起重机、架桥机等）	△	★	☆	—
		提供专业加工设备（钢筋切断机、数控弯箍机等）	△	△	★	☆
		施工用工器具（撬棍、扎钩、铁锤、铲刀等）	—	—	☆	★

注：△表示协调、督导；★表示主导；☆表示参与。

3）开放性

"网格化"管理体系的开放性是指体系不仅仅是解决进度方面的问题，还肩负着通过"网格化"管理体系实现质量、安全目标的责任。在温岭联络线项目实践中，进度"网格化"管理体系与质量、安全管理体系相互支撑、相互促进。进度"网格化"管理体系在接收来自质量、安全方面的信息后（如质量验收不合格、安全措施不到位等），在着力完成不合格点位整改的同时，采取措施推动整个体系在该工艺工序控制上下功夫，杜绝同样的问题再次发生。另外，从项目履约系统管理的角度出发，也需要进度"网格化"管理体系与安全、质量、成本等控制体系进行有机融合，以达到合同要求的整体目标。

3.3 配套制度及措施

"网格化"管理体系的作用在于将项目的施工区域划分成块，并将管理人员安排进入划分好的网格区域进行深耕，以实现"打通管理最后一公里"的目标，本质上是一种明确权责利的管理方式。但"网格化"管理体系并非万能，还需要配套制度与措施。在温岭联络线项目实践中，还配套了项目领导班子包保、关键节点考核奖励制度等，并创新地应用了将"网格化"管理体系内的协作队伍负责人、作业班组班组长引入周例会、月例会、各种现场推进会等制度，减弱因管理层级过多、指令效果逐层递减导致的管理降效，并在此基础上，加大对"网格化"管理体系内管理人员的考核与奖惩，对表现突出人员进行评奖、评优倾斜，对效能不佳人员进行通报批评，通过这些配套制度、措施的加强，促使"网格化"管理体系达到"个个争先进、人人怕落后"的"比、学、赶、超"氛围，进而促进整个"网格化"管理体系能力的提升。

4 结论

"网格化"管理体系是一种基于组织内部的行政治理体系，上一层级网格管理人员对下一层级网格管理人员具有权威效应[1]，对于复杂的问题，能够达到迅速决策的目的，但也可能导致决策不科学、不合理，最后问题难以得到解决以致推诿[2]。因此，上一层级网格管理人员需要采取调查研究、走访座谈、现场会商等措施，做出科学可行的决策，以树立整个体系实事求是、科学决策的作风。另外，作为一种行政治理体系，上一层级对下一层级的激励效能相对较弱，因此，在体系运行过程中，应采取月度、季度、年度等定期/不定期表彰活动给予表现先进人员物质/精神奖励，树立标杆、给予肯定，并配以党建、工会、团建活动等凝聚体系人员，激发体系活力。

在实践过程中，项目部发现"网格化"管理体系需要大量有类似工程项目工作经验的人员充实到各网格区域中，如果人员不足将导致划分的网格区域过大，工作负荷超出网格区域管理人员极限，该片网格区域问题得不到及时解决，会对该区域进度造成极大阻碍。或者，现有网格区域管理人员职业能力不足，问题日积月累，网格区域难以完成进度周计划、月计划，将会导致"网格化"管理体系效能不佳。所以，对"网格化"管理体系内人员进行技术、质量、安全等各方面的职业能力培训就变得极为重要。

"网格化"管理作为近年来兴起的明确工作任务权责利，并对工作任务抓实抓细的一种管理模式，在温岭联络线项目的实践中取得较大成功，可为以后高桥隧比总承包项目的履约管理提供借鉴，具有一定的推广价值。

参考文献

[1] 普利坚, 白晓波, 魏家旭. 高速公路 PPP 项目总承包管理体系与应用实践[M]. 成都: 西南交通大学出版社, 2020.

[2] 王德敏. 企业内控精细化管理全案[M]. 北京: 人民邮电出版社, 2017.

公路工程管理中的问题与改善措施

廖名举

(中电建路桥集团有限公司 北京 100048)

摘 要：在公路工程建设施工过程中必须保证各项管理工作的有效性，借助有效管理对公路工程建设面临的影响因素展开有效处理，这对于保障公路工程建设质量、安全和整体经济效益等方面具有重要作用。本文就公路工程管理予以研究，了解公路工程管理的重要性，根据公路工程管理中的问题提出相关改善措施。促使公路工程管理有效开展，将各项管理工作在公路工程规划建设和实际施工中的具体作用体现出来。

关键词：公路工程；管理；改善措施

1 引言

尽管公路工程管理具有明显的重要性，但是不可否认，公路工程管理在实际开展过程中很容易受到各项不合理因素的干扰，造成公路工程管理各类问题层出不穷，这也会对公路工程管理效果和关联工作现实开展水平产生影响。基于此，应根据我国交通运输行业发展趋势对公路工程管理面临的问题开展有效处理，这就应在落实各项具体要求情况下对公路工程管理问题加以调整，使得工程管理在公路工程整体规划建设中的作用得以彰显。

2 公路工程管理的重要性

从公路工程规划建设角度出发，对公路工程开展各项管理工作有明显重要性。

（1）通过公路工程管理可以对影响公路工程施工和规划建设规范性和可靠性的因素进行有效处理，借此保障公路工程施工质量和现场规划效果，使得公路工程施工面临的影响因素和突发状况得到针对性优化调整[1]。

（2）做好具体管理工作，可以提升公路工程施工材料和机械设备的利用率，减少施工过程中各项成本费用支出，从而保障整体经济效益。

（3）公路工程管理的实施，可以在保障工程项目施工质量的情况下缩短施工周期，同步提高施工质量和效率，从而促使工程项目在合同规定期限内完工。

3 公路工程管理的问题

3.1 成本管理问题

成本管理作为公路工程管理中的关键，其对于保障公路工程整体经济效益具有重要作用，因此应在落实各项具体要求的情况下对公路工程展开有效成本管理。但目前公路工程成本管理在现实开展过程中尚且缺乏足够的专业知识，与公路工程成本管理相关的方法也不够科学合理，成本造价管控与公路工程管理和工程项目经济效益之间也存在明显的差距。此外，公路工程成本管理基础项目划分不当，施工过程中材料费用、人工费用和机械费用等综合管理效果难以得到有效保障。

3.2 合同管理问题

公路工程整体相对复杂，涵盖内容较多，导致合同内容过于复杂，使得相关人员在合同管理过程中会受到一定影响。有关部门在公路工程合同管理过程中易出现违规操作现象，直接影响合同双方的权益平衡和信息共享效果。在公路工程合同管理过程中也会因为业主利用自身的优势地位擅自添加损害对方利益的条款，从而影响合同的执行效果，使合同文件和相关条例在公路工程规划建设和综合管理中的作用难以彰显。

3.3 质量管理问题

公路工程施工过程会因为材料、技术和突发情况等因素导致出现质量问题。如果不能有效解决各类影响因素，就会造成公路工程施工质量问题越来越严重，施工效果和整体建设质量均会受到很大影响[2]。并且公路工程质量管理过程没有结合工程项目整体监管情况设定质量标准，容易导致工程质量管理因为质量标准和施工监管等因素受到限制。质量标准在公路工程施工中执行力度下降，继而导致公路工程施工中各类质量问题层出不穷。

3.4 安全管理问题

公路工程安全管理的实施对于保证工程项目施工安全和现场规划效果具有重要的作用，为此应结合公路工程整体施工情况开展有效的安全管理工作。但是公路工程安全管理可能会受到现场环境和整体规划情况的影响，造成安全管理过于片面单一，相应管理的有效性和可靠性与施工安全维护之间也存在明显差距，施工现场安全隐患处理会受到层层限制，安全管理难以满足现场资源调整和工程项目整体规划的建设要求。

3.5 进度管理问题

公路工程进度管理前期所规划的建设施工方案和相关条例不够完善合理，必然会影响相关条例的规范性和有效性，与之相关的管理工作出现各类风险问题的可能性骤然提升，这就会导致工程施工超期，施工质量和整体效率也难以得到有效保障[3]。并且公路工程施工过程中可能会出现各类突发状况，如果有关部门没有针对施工突发状况制定有效的应急预案，就会造成各类突发状况越来越严重，对进度管理产生严重的负面影响。

3.6 人员管理问题

参与到公路工程建设施工中的人员数量比较大，不同岗位人员的层次和综合素质等方面存在明显差别。不同素质人员对公路工程施工标准掌握力度和自身安全意识等方面存在明显差异，这就很容易导致工程管理因为相关人员之间的思想差异而受到限制。并且各部门工作人员在工程施工和综合管理中的参与力度相对薄弱，相关人员难以合理有效地开展与工程规划建设相关的管理工作。因此直接影响公路工程人员管理效果，使得专业人员在公路工程管理中的参与力度也相对降低。

4 公路工程管理的改善措施

4.1 成本管理措施

要保障公路工程建设施工经济效益，就应结合工程建设情况开展有效成本管理工作，在这个过程中需要了解公路工程成本造价占比（表1），然后结合这一成本造价占比情况进行有效的成本管理，使得工程成本管理水平和工程项目整体经济效益得到有效提高。公路工程施工过程中涉及的成本费用包括材料费、人工费和机械费等。对公路工程材料费进行管理，需要对比不同材料供应商的报价和同类材料质量，为保证材料费控制效果提供有力支持[4]。对于人工费，在进行管理过程中应做好人工统筹划分工作，以节省施工过程中的人工费，使得人工费管理效果得到有效保障。对公路工程进行机械费管理，需要根据施工机械周转情况和实际运行模式展开有效管理，加强机械设备维护保养力度，避免因为机械设备损坏而产生一系列成本支出，使成本管理效果得到有效保障。

公路工程成本造价占比　　表1

费用项目	所占比例	费用项目	所占比例
材料费	60%	机械费	5%
人工费	30%	其他费用	5%

4.2 合同管理措施

在公路工程施工前期需要建设单位和施工单位结合工程项目整体情况和施工要求签订合同，合同内容要完善准确，保证合同双方在经济利益关联情况下展开有效合作。在公路工程建设过程中也应做好合同管理工作，保证工程合同条例的完善性，并遵循合同规定开展具体工作。在公路工程合同管理过程中，也需要对承包单位与发包单位利益上的差异进行分析，根据实际分析结果对合同条例进行完善处理，使得合同管理在公路工程综合管控中的实际作用得以彰显。公路工程合同管理需要根据具体要求采取积极的管理方式，强化合同在施工质量控制和进度管理中的作用，通过合同条例保证工程管理的全面性，从而对工程综合管理面临的问题加以处理。此外，也应加强公路工程合同内部控制力度，保证合同内容与实际施工情况相一致，将合同管理水平提升到一定高度。

4.3 质量管理措施

公路工程施工必须保证整体质量，这不仅可以保障公路的整体稳定性和路面承载能力，还可以延长公路的使用寿命。因此应加强公路工程施工质量管理力度，通过有效管理对影响施工质量的因素展开有效调整[5]。

（1）保证公路工程施工材料质量的管控力度，保证各类材料的质量，发挥高质量材料在公路工程施工中的应用力度，这就可以为施工质量管控和综合管理提供便利支持，这对于保障工程质量管理的有效性具有重要作用。

（2）在公路工程施工过程中应用合理技术，保障各项技术在工程施工中的作用，保证施工质量，将各项技术在工程施工和整个工程项目质量管理中的作用有效体现出来。

（3）在公路工程施工过程中必须加强实际监管力度，按照各项质量标准推进施工管理良性开展。强化各项质量标准在施工中的执行力度，确保施工与前期制定的质量标准达到相互契合的状态。

4.4 安全管理措施

公路工程在施工过程中可能会存在一些安全隐患，如果不能对各项安全隐患进行有效处理，势必会对施工效果和现场规划的可靠性产生不利影响。因此，项目部应根据工程施工情况开展安全管理工作，以此保障施工现场规划的有效性。规避公路工程施工过程中各类安全隐患，对于保障施工安全和整体管理效果具有重要作用。在公路工程安全管理前期，项目部应对工程项目施工规模和现场规划情况等方面展开有效分析，按照实际分析结果确定与公路工程施工相关的安全管理模式，将安全管理在公路工程规划建设中的核心作用表现出来，借助合理措施推进公路工程安全管理规范实行[6]。为避免公路工程在后期使用过程中出现安全问题，项目部需在公路工程施工完成后，结合现场规划情况和各项基础因素构建完善的养护体系，协调施工养护和安全管理之间的关系，以此保障公路工程安全管理的全面性和科学性。

4.5 进度管理措施

公路工程建设施工与交通运输行业发展和当地经济建设情况之间存在紧密联系，因此应加强政府机关对公路工程的管控力度，根据公路工程计划投入使用的时间展开有效进度管理，使得工期延误情况得到有效规避，这对于保障公路工程进度管理的针对性和可靠性有重要作用。公路工程进度管理的实施，需要对实际施工过程中可能出现的突发情况制定有效的应急预案，以对公路工程施工过程中各项突发情况展开有效防控，避免施工进度因为各项突发情况而受到影响，使得工程进度管理效果和工程项目整体施工效率得到有效提高。针对公路工程开展进度管理需要保证工程项目施工前期进度规划的有效性，严格按照前期制定的进度计划开展相应管理工作，从而保证工程进度管理的科学性，避免施工超出前期计划周期，这对于保障工程整体利益效果至关重要。

4.6 人员管理措施

多数公路工程的整体规模较大，在建设施工过程中往往需要投入大量人力，因此应根据工程施工情况对参与其中的工作人员展开有效管理，做好施工人员和管理人员层次划分工作，使得人员管理效果在现实开展过程中得到有效保障[7]。同时也应根据公路工程施工情况和各项管理工作，参与的工作人员要参加积极有效的培训，提升相关人员对施工情况和具体项目的掌握力度，促使相关人员有条不紊地开展各项与工程规划建设相关的管理工作，使得工程人员管理在工程项目整体建设中的作用得以彰显。在公路工程规划建设过程中，应做好施工人员日常工作任务安排和综合管理工作，将人员管理在公路工程规划建设和人员工作调度中的实际作用体现出来。此外，也应在专业人员支持下对公路工程施工和综合管理进行有效监督，借此将人员管理的优势和实际作用提升到一定的高度。

5　结论

为推进公路工程管理良性有效开展，应根据工程各项管理项目设定合理的管理制度，借助相应措施对管理过程中可能出现的风险问题进行有效处置，保证工程管理在工程项目规划建设和质量安全管控中的积极作用。增强公路工程管理改善措施之间的协调配合力度，协调工程规划建设和经济发展之间的关系，提升工程质量安全管理效果和整体经济效益，彰显公路工程在交通运输行业发展中的地位层次。

参考文献

[1] 王超. 基于变权公路路基工程施工风险模糊综合评价[J]. 华北科技学院学报, 2023, 20(3): 90-95.
[2] 刘海燕. 如何做好公路养护工程的施工管理和交通控制[J]. 时代汽车, 2023(11): 177-179.
[3] 唐涛. 高速公路工程工地试验室标准化建设与规范化管理[J]. 大众标准化, 2023(10): 7-9.
[4] 段治平. 国省道干线公路工程建设施工管理分析[J]. 低碳世界, 2022, 12(12): 148-150.
[5] 陈建. 探析公路工程合同计量变更的管理措施[J]. 低碳世界, 2022, 12(12): 187-189.
[6] 唐艳. 铁路隧道下穿高速公路工程风险评估管理方法研究[J]. 现代隧道技术, 2022, 59(3): 220-226.
[7] 王宏年. 秦皇岛市公路项目管理研究[D]. 秦皇岛: 燕山大学, 2021.

温岭联络线项目生产进度现状分析及对策

肖欠华[1]　郭旭东[2]

（1. 中电建路桥集团有限公司　北京　100048；2. 中国水利水电第四工程局有限公司　青海西宁　810000）

摘　要：一般新开工项目的施工准备阶段都不会很长，通常需要 1～3 个月。如何快速打开工作面，为项目的"短、平、快"打开一个好的局面，施工准备阶段首先要抓住"地、图、电"这三大主要要素，如大溪枢纽范围内甬台温高速公路拓宽项目，以这三大主要要素为抓手，前期工作顺利开展；良好的局面布局好后，施工过程中"工、料、机"三个要素极为关键，这三个宏观要素需要"一把手"拍板，其作用只有在项目的"一把手"支持中才能发挥出来；在"地、图、电""工、料、机"等都具备的情况下，施工现场管理就要发扬"三缝精神"（见缝插针、找缝插针、做缝插针），不能有"等、靠、要"的思想。一个项目成功的关键就是进度，"进度为王"，以进度为核心，质量为基础，安全为保障，项目就宏观会顺利成功。

关键词：项目生产进度；现状分析；进度对策

1　项目进度整体完成情况

本项目整体进度完成匹配度分析：以 2022 年第二季度为例，分部工程进度完成率与工期消耗匹配度非常差，普通盖梁、预应力盖梁、连续梁、T 梁预制和架设进度滞后太多。总体工期 36 个月，工期已消耗 19 个月，消耗率 52.8%，其中一分部开累完成率 41%（与工期消耗率相比，滞后 11.8%），二分部开累完成率 40.6%（与工期消耗率相比，滞后 12.2%），三分部开累完成率 55.6%（与工期消耗率相比，超前 2.8%），对比现时间节点，工期滞后严重。

主要原因：工序衔接不畅和工序转换不及时[1-3]；劳动力、各类模板资源投入不足；分部包保职责不清，跟踪落实"钉子精神"较差；砂石集料供应不足、渣土消纳、疫情等造成一定的影响；现场各方管理存在间隙，"严格监理"与"热情服务"之间不平衡；大型"兵团作战"协调性较差（监理单位、土建分部、作业队伍间协调不一致显得更突出）。

自 2022 年 4 月 25 日，总承包部开始采用形象进度和实物进度双指标平行考核以来，发现施工生产日报实物产值比日报形象进度产值少 20%左右（一般在 13%～20%）。用实物产值指标来反算开累完成形象进度产值，开累完成形象进度产值只有 20.56 亿，此完成比例占开累计划 32 亿元（2021 年计划 21 亿元，2022 年一季度计划 4 亿元，二季度计划 7 亿元，合计 32 亿元）的 64%。

2022 年第一、二季度土建产值计划分别是 4 亿元、7 亿元，上半年需要完成土建产值计划合计 11 亿元。截止 2022 年 6 月 20 日，本年度形象进度产值完成 10.17 亿，用实物产值指标来核算形象进度产值，实际完成产值约 8.14 亿元，存在 2.86 亿元的缺口。

2022 年第三、四季度土建产值计划都是 7 亿元，加上上半年缺口 2.86 亿元，2022 年下半年需要完成土建产值计划合计 16.86 亿元，月均完成计划 2.81 亿元，日均需完成实物产值 936.6 万元。

1）人均日生产率指标分析

本节以预制 30m T 梁为例对人均日生产率指标进行分析（该工况属流水作业，机械化程度最高、干扰最小，以此工序为例较客观准确）。根据经验，正常施工生产情况下，预制一片 30m T 梁需时间 1d，需各项劳动力合计 19 人（钢筋工 8 人、模板工 4 人、混凝土浇筑 3 人、带班 1 人、杂工 1 人、张拉 2 人，共计 19 人）。按照工程量清单计算，一片预制 T 梁造价 5.6 万元，人均日生产率 56000/19 = 2947 元，推而广之，每日完成 100 万元产值需要配置劳动力资源 339 人。经统计 4 月 25 日至 6 月 20 日期间（57 日历天）实物产值实际完成 3.22 亿元，日均完成实物产值 564.9 万元，人均生产率按 2947 元/d 来算，需要劳动力合计 1920 人，与现场清点的劳动力合约 2000 人数情况基本吻合。

2）起重机配置指标分析

（1）普通盖梁一个班组（10人左右），每个月最多完成2.5个大挑臂盖梁，每相邻盖梁各配置一个班组同用一台起重机，交叉施工，顺序作业，推算每台起重机每个月可施工完成5个盖梁。以二分部5月份计划为例，普通盖梁计划完成89片，需要配置起重机18台，按照以上推算方法，二分部5月份用于盖梁施工需投入起重机18台；

（2）以二分部5月份计划为例，圆墩柱计划完成270根，需要配置起重机27台，二分部5月份现场合计配置起重机29台，用于盖梁和墩柱施工的起重机共需要45台，差额的16台起重机需要及时增加。

3）普通盖梁施工占用时间指标分析

普通盖梁施工占用时间指标分析见表1。

普通盖梁施工占用时间指标分析　　表1

分项工程	占用时间（d）	分项工程	占用时间（d）	分项工程	占用时间（d）
安装抱箍及底模	2	钢筋骨架安装	1	浇筑	1
钢筋骨架制作	3（不直接占用时间）	侧模安装	1	垫石施工及等强	7

4）圆柱墩施工占用时间指标分析

圆柱墩施工相关指标分析见表2。

圆柱墩施工相关指标分析　　表2

分项工程	占用时间（d）	分项工程	占用时间（d）	分项工程	占用时间（d）
钢筋骨架制作	1（不直接占用时间）	模板安装	1	垫石施工及等强	7
钢筋骨架安装	1	浇筑	1	—	

5）大挑臂花瓶墩盖梁施工占用时间指标分析

大挑臂花瓶墩盖梁相关指标分析见表3。大挑臂花瓶墩盖梁施工，在架梁线路上直接占用时间至少40d。若底模板和支架体系配置到位并提前铺设，时间可以缩减10~30d，工序熟练后可以缩至25d。

大挑臂花瓶墩盖梁相关指标分析　　表3

分项工程	占用时间（d）	分项工程	占用时间（d）	分项工程	占用时间（d）
支架及底模	10	侧模安装	2	压浆	1
支架预压	7	混凝土浇筑	1	等强	7（不直接占用时间）
钢筋骨架制作	7（不直接占用时间）	混凝土等强	7	石施工及等强	7
钢筋骨架安装	4	首次张拉	1	待架梁	—

6）门式墩盖梁施工占用时间指标分析

门式墩盖梁相关指标分析见表4。门式墩盖梁施工，在架梁线路上直接占用时间至少44d。若盖梁底模板和支架体系配置到位并提前铺设，时间可以缩减12~32d，工序熟练后可以缩至25d。

门式墩盖梁相关指标分析　　表4

分项工程	占用时间（d）	分项工程	占用时间（d）	分项工程	占用时间（d）
支架及底模	12	侧模安装	3	压浆	1
支架预压	7	混凝土浇筑	1	等强	7（不直接占用时间）
钢筋骨架制作	7（不直接占用时间）	混凝土等强	7	垫石施工及等强	7
钢筋骨架安装	5	首次张拉	1	待架梁	—

2　合同工期为目标，保铺架，以架梁为主线，推动关键线路全面施工

一、二分部现状总体情况：劳动力、模板、支架、机械、设备等资源投入不足；关键线路上的关键

节点计划管控缺失且没有及时纠偏等。三分部进度基本正常，不做重点分析。

2.1 一分部架梁主线（关键线路之一）

（1）一分部架梁主线是起点至大溪1号高架桥终点108号墩，该线路上所需梁片均源于大溪梁场，该梁场需供应梁2168片，有制梁台座60个，存梁台座最多可存梁40片，2022年计划生产梁1474片，梁片月生产能力为132片。截止2022年4月27日，该梁场共完成T梁预制130片，剩余1344片，当年工期剩余8个月，推算每月需完成梁片预制168片，远超月生产132片的能力。

解决措施为：增加制梁台座或增加班组加快制梁台座周转率或分劈部分梁片转至其他梁场生产或新增梁场。截至当年4月28日已架设T梁64片，梁场存梁尚有66片（说明有部分梁片在制梁台座上存放着）待架设，一台架桥机按架设7片/d计，还可以再连续架设10d时间。

（2）大溪梁场T梁模板配置分析。项目部共有10套模板，每月完成预制梁片168片，推算每套模板一个月之内需周转17次，每1.76d周转一次。一套模板经过打磨（8h）、涂刷隔离剂（4h）、合模（8h）、浇筑混凝土（6h）、等强（20h）、拆模（4h）等主要工序，至少需要2.1d（50h），一套模板一个月内最多周转14次，10套模板一个月内最多周转140次，即月产梁140片，与计划168片相比，每月存在梁片缺口28片。

解决措施：增加2套T梁模板（28/14 = 2）。

（3）4月28日，作业的架桥机就位于大溪枢纽主线桥M1—M2墩间，最多可以架设到大溪枢纽主线桥M6墩，因M7往大里程方向盖梁未施作完成，架桥机需掉头架设大溪枢纽C匝道梁片，C匝道已施工盖梁5个，可架设16片梁。

（4）该架梁主线下部结构施工主要由桥梁一队、二队负责，桥梁一队、二队现有工人239人，起重机9台。一台架桥机按架设7片/d计算，一个月的有效工天按25d计，一个月可以架设梁片175片，因此要满足一个月架设175片的要求。截至当年4月28日，已有存梁66片，需要再生产109片梁，一个月按照产能计划可以生产132片梁，但新生产的梁片至少需要等强10d才能架设，也就是说5月份只有前20d生产的梁（88片 = 4.4片/d × 20d）可以架设，这就要求5月份该作业队在架梁方向至少需要完成7跨共8个门式墩盖梁（每跨可以安装14片梁）。5月份施工现状是，大溪枢纽主线桥因没有完成足够的盖梁，出现已预制的梁片无法架设的情况。采取对应有效措施，如缩短门式墩盖梁的支架、底模、侧模、骨架的安装时间，提高垫石混凝土强度等级，同时增加夜班施工班组，可将一个门式墩盖梁的完成时间缩短至一个月内。按照一个月一个班组完成一个门式墩盖梁来算，施工一队、二队在5月份需完成8个盖梁，至少需要8台起重机专用于该班组的盖梁作业。施工一队、二队现有起重机9台，起重机台数与架梁进度要求匹配。

（5）该架梁主线上大挑臂盖梁、门式墩盖梁模板配置能满足施工需求。

2.2 二分部架梁主线（关键线路之一）

（1）二分部架梁主线是分部管段起点至新河一号高架桥36号墩，该线路梁片源于城北梁场，本梁场需供应梁片1794片，有制梁台座50个，最多存梁104片。2022年计划生产梁740片（30m梁395片，其他梁345片），梁片月生产能力为110片，完成1794片梁的预制需要16.3个月；截至2022年5月10日，该梁场已完成T梁预制106片（30m梁70片，其他梁36片），剩余1688片梁需要15.3个月，即至2023年9月9日才能预制完成，不能满足总体工期要求。本年梁片预制计划剩余634片（30m梁325片，其他梁309片），当年工期剩余7.5个月，每月需完成梁片预制85片，满足预制计划月生产能力110片的要求。

（2）城北梁场T梁模板配置分析。30m的预制梁片中梁、边梁各有2套模板，每月需完成中梁预制梁片31片，实际施工组织是一套模板一个月内最多周转14次，2套中梁模板1个月内最多周转28次（28片梁），有3片预制梁片的缺口，需增加1套中梁模板。30m边梁梁片模板配置符合要求。其他类型的梁片模板配置满足现场施工组织要求。

（3）由表3和表4可知，完成1个门式墩或1片大挑臂盖梁需要时间40～44d。若采取对应有效措施如缩短门式墩盖梁支架、底模、侧模、骨架的安装时间，提高垫石混凝土强度等级，同时增加夜班施工班组，可将完成1个门式墩或片大挑臂盖梁的架设时间缩短至1个月内。按照1个月保证1台起重机完成2个门式墩或2片大挑臂盖梁来计算，1条架梁线路上需完成连续13跨的14个门式墩或大挑臂盖梁（每跨安装梁14片），要有7台起重机专用于门式墩或大挑臂盖梁作业，才能与架梁进度要求相匹配。

（4）该架梁主线上大挑臂盖梁、门式墩盖梁模板配置分析。现有底模2套、侧模1套，1套底模1个月只能完成1个大挑臂盖梁或1片门式墩盖梁架设。1个月要完成14个盖梁，至少需要14套底模（同时需要5套侧模），现场模板配置不能满足要求，需增加底模12套、侧模4套。

3 结论

（1）一分部、二分部架梁主线（关键线路）上，架梁作业均已严重滞后，按照产能计算，梁场产能不能满足架设需求，两个分部均需要延长作业时间或增加作业班组或新建梁场或委托分部内其他梁场预制或采取外购梁片等措施解决。

（2）一分部、二分部线下结构施工需要按照架梁顺序，以保铺架为首要任务，组织施工且工序衔接和转换都要及时，增加墩柱、盖梁等各种型号的模板及用于下部结构施工起重机的投入。

（3）架梁线路上因连续梁施工未能及时完成，造成"断点"问题，一分部、二分部要调整思路，转变策略，转头架设或同步采用起重机架梁方案。增加起重机架梁方案，梁场梁片生产顺序需要调整，先架设的梁片要先预制。

（4）项目施工到现在，已无退路，需以进度为"牛鼻子"，以日保周，以周保月，以月保季，以季保年，同时现场需要有足额甚至超额配置资源，发扬"三缝精神"，工序衔接顺畅，多拓展工作面做到全面开花。

参考文献

[1] 彭少龙, 王继华. 高速公路机电工程标准化施工管理问题与对策探讨[J]. 西部交通科技, 2020(2): 3.
[2] 白建宝. 公路工程中架桥机架梁施工技术的应用研究[J]. 黑龙江交通科技, 2021, 44(8):112-114.
[3] 燕会平. 箱梁预制场模板配置方案探讨[J]. 山西建筑, 2021, 47(15): 104-106.

关于 SPV 公司建设期项目融资的浅析

洪 琪[1] 王 鹏[1] 肖菲菲[2] 刘天琪[3]

(1. 中电建路桥集团有限公司 北京 100048；2. 中国水利水电第五工程局有限公司第一分局 四川成都 610066；
3. 中国水利水电第四工程局有限公司 青海西宁 810000)

摘 要：当前宏观经济与国内外形势复杂多变，经济形式已经步入了新常态，对于基础设施的建设需求会越来越多，PPP 作为一种典型的项目融资方式，对加快基础设施建设发挥了重要作用。近年来，建筑央企积极参与 PPP 基建项目建设。本文对 PPP 项目建设期项目融资进行简要分析，以供参考。

关键词：PPP 项目；建设期；项目融资

1 引言

自 2014 年以来，我国出台一系列政策，用以规范和引导社会资本通过特许经营权方式参与城市基础设施建设的投资和运营。政府和社会资本合作（Public-Private-Partnership，PPP）模式作为转变政府职能、降低地方政府负债、创新政府投融资模式、深化国家治理机制的重大举措，得到地方政府的热衷。据全国 PPP 综合信息平台项目管理库信息统计：截至 2021 年 5 月末，累计入库项目 10132 个、投资额 15.7 万亿元；累计签约落地项目 7340 个、投资额 12.0 万亿元，落地率 72.4%；累计开工建设项目 4444 个、投资额 6.9 万亿元，落地项目开工率 60.5%[1]。有数额庞大的在库已经签约项目，因融资难、融资贵、融资模式单一等问题，无法及时筹集项目建设资金，影响项目开工建设。国家从宏观经济政策层面，出台《国务院关于加强地方政府性债务管理的意见》（国发〔2014〕43 号）、《关于进一步规范地方政府举债融资行为的通知》（财预〔2017〕50 号）、《关于规范金融企业对地方政府和国有企业投融资行为有关问题的通知》（财金〔2018〕23 号）、《政府投资条例》[中华人民共和国国务院令（第 712 号）]《保障中小企业款项支付条例》[中华人民共和国国务院令（第 728 号）]等系列文件，规范 PPP 项目融资管理机制。如何在法律法规框架内，建立适合本企业、本项目特点的融资模式，尤其是项目建设期，推动项目融资尽快落地，才能如期完成项目建设。对树立企业形象，确保项目预期效益，具有重要意义。现结合基础设施 PPP 项目特点，就项目建设期的融资模式选择和风险防范进行阐述。

2 PPP 模式建设项目基本特征

（1）政府和社会资本是合作关系。这种模式可扩展政府部门的融资渠道，有效缓解财政压力；能有效吸收社会资本方先进管理经验和管理模式，提高整个项目的建设效率和管理水平。

（2）PPP 项目一般是公共基础服务项目，项目产出的是公共产品，项目收益往往只能保证"盈利但不暴利"。

（3）长期契约（10 年以上）。PPP 项目是一个全生命周期的管理，不仅涵盖项目建设，更有漫长的运营期。

（4）风险分担、利益共享。需要设置边界条件，构建一套适配机制，合理划分政府、社会资本方之间的风险和收益，实现整个项目成本最小化，保证社会资本应享有的收益。

（5）项目的合法合规性手续复杂、繁多，往往到项目建设期，项目合法合规性手续还不完备。

3 PPP 项目建设期融资管理活动流程

PPP 项目从投标开始，就应该进入项目融资管理活动，应就项目各项指标、政府财承能力、公司资金来源和增信措施、项目所在地的金融环境、预期项目资金流及收益，进行充分的分析论证，完成项目可融资性分析[2]。

（1）招投标阶段：项目部应将可融资性分析进一步圆满，划分股权、债权筹资比例，设计股权比例、融资模式、增信模式、回报机制等，落实资本金来源，充分调研金融市场，明确融资金额、期限和风险控制目标，编制融资方案。

（2）项目采购阶段：项目部应着手广泛接触金融机构，开展融资谈判，提供融资前的调查、审核资料，配合完成融资审核，签订融资合同。

（3）执行阶段：项目部按照公司章程、投资协议和PPP合同规定、融资协议要求，根据项目建设进度，科学合理筹措资金，开展投融资活动。

4 PPP项目建设期融资关键因素

PPP项目建设期融资首先要解决的是股权融资，股权融资能否及时落地，不仅影响后续债权融资，还会影响政府方的认可度。股权结构和合作方的选择，要考虑到公司的战略布局和经营管理模式特点，如何在项目交易结构中利用各自的资源优势，满足各方的诉求，实现多方共赢，是项目的融资难点[3]。为成功完成项目建设期融资，还需要解决以下4个关键因素。

（1）PPP项目合法合规性手续。PPP项目合法合规性手续涉及多方，包括政府、社会资本方、设计方、监理方等。若要全部手续办理齐全，往往要到项目开工建设后1~2年，而往往合法合规性手续是融资机构评估、论证的首要因素。

（2）项目所在地政府财政能力。《关于推进政府和社会资本合作规范发展的实施意见》（财金〔2019〕10号）提出10%红线，有关金融机构通常依照风险等级对不同地区设置不同红线，高风险地区融资落地程序和融资成本往往比较苛刻。还有些金融机构设置门槛为省级或州市级，县市不论项目效益情况均不予考虑。

（3）受限于社会资本的实力和信用等级。社会资本方信用等级不够的，往往项目贷款资金难以落地。国企、央企中标项目，往往需要集团担保或集团范围内授信，流程过于复杂。

（4）政策影响。当前形势下，宏观经济政策复杂多变，PPP政策愈加趋紧规范，部分PPP项目很难入库或具有清库、退库的风险。如纯政府付费项目，现已很难取得金融机构的贷款支持。

5 PPP项目建设期的融资模式

PPP项目建设期可引入合适的投资者参与项目投资，以降低出资压力。股权结构设置、投资者的引入要充分考虑集团公司的战略布局，同时资本金的注入，应充分考虑项目建设进度，综合考虑财务杠杆和财务风险，发挥投资效益最大化。

债务融资往往模式单一，习惯于依赖银行贷款融资思想，而且容易局限在项目所在地的银行机构。应充分利用PPP项目融资政策，整合多方资源，借助集团公司、关系单位、政府资源支持，取得与项目合作期限相匹配、利率优惠、放款条件宽松的融资资金。如对符合政策的重点建设项目积极争取国家政策性银行的低息、长周期贷款；符合条件的重大项目协助政府积极争取专项债、专项建设基金支持；有收益项目积极尝试项目收益债、资产证券化等创新融资工具，通过满足不同项目融资工具的发行条件，实现不同融资工具的有效组合，转变单一依赖银行贷款的融资模式，降低融资风险和融资成本。

银行贷款融资亦可选择短期融资、信用证、票据融资等模式进行补充，供应链融资也是一个很好的融资补充方式。像是国企、央企或其他大型集团、股份制企业，还可通过使用内部资源整合、授信分割等方式，为项目融资提供相应支持。PPP项目融资，应有多种融资方式，"$N+$"的融资组合，才能满足项目不同时期的资金需求，才能更好地降低项目融资成本和财务风险。

现以甬台温高速至沿海高速温岭联络线PPP项目建设期融资为例进行说明。温岭联络线项目采用"$N+$"多种融资方式，科学合理地安排资金，争取降低融资成本，加强项目资金保障、优化公司整体财务结构，极大地降低了建设期利息和运营期财务费用。

（1）项目权益融资工作主要在《公司章程》有关约定下开展，并持续对接政府方，积极探索基金模式进行权益融资，寻求降低社会资本方和政府方的注资压力。

（2）债务性融资方面，主要以长短结合形式，根据项目的资金需要和特定时期安排，科学筹措。充分发挥股东各方的融资优势，前后对接16家金融机构，累计取得银行授信166亿元；同时与中企云链、电建保理、建行等供应链融资单位深入对接，开拓供应链渠道，累计获得授信15亿元。授信充足，授信种类充足，满足项目建设各种业务需要。

（3）秉承全周期资金管理理念，在不同项目建设阶段，搭配相应的融资方式。项目前期，以项目前期贷款和供应链融资为主；项目建设期中后期，以项目贷款和供应链融资为主；进入运营期后，通过引入流动贷款加强资金保障。多种融资方式结合项目资金安排，满足整个项目所有上、下游企业各个时期的资金需要。

预计最终建设期利息费用1.16亿元，较投标概算价4.75亿元节省3.59亿元；较立项测算价3.91亿元结余2.75亿元；预计项目运营期累计产生财务费用27.41亿元，较立项测算34.16亿元节省6.75亿元。温岭联络线项目还在建设期提前取得留底退税约4亿元，通过利息结余和留底退税，直接将原贷款资金需求降低约8亿元，仅贷款额度减少就直接节省运营期财务费用3.29亿元（按目前贷款合同执行利率3.43%测算），为整个项目创造了巨大的经济效益。

6 PPP项目建设期融资过程中的风险

（1）项目履约风险。项目建设期最大的风险是不能按时完工的履约风险。由于政策影响、项目合法合规性手续复杂、征拆进度、材料供应等各种内外部环境因素影响，项目工程建设周期往往滞后，有超概算的可能。而融资资金通常要与项目周期和项目概算相匹配，由此会导致资金缺口，若金额较大，将严重影响项目建设进度。

（2）政策风险。当前宏观经济形势复杂多变，PPP项目有清库、退库的风险，同时受合法合规性手续影响，用地、用海、环评等政策愈发趋紧，受政策影响较大。项目实施过程中往往会出现设计变更，工程发生实质性变更，金融机构会因此要重新贷款审批或者有退场风险。

（3）管理风险。国企、央企等企业，往往管理链条过长，项目融资事项需要层层报批，而集团领导所收到的项目信息有所滞后或者不全，项目融资缺乏时效性和灵活性，难以满足多渠道融资模式需求和贷款节奏，会增加不必要的资金成本。同时，项目关键岗位配置不齐全，经营决策失误，也会造成较大的风险。

7 PPP项目建设期融资相关建议

针对PPP项目建设特点和融资风险，主要从社会资本方角度和项目公司角度分析，提出相关建议。

1）社会资本方角度

（1）不断优化资产结构，提升融资能力；不断丰富融资渠道，增加银行授信额度。

（2）加强PPP项目政策研究，做好项目全方面调研，要以战略布局为导向，审慎挑选项目。

（3）做实PPP项目融资方案，切实履行股东出资责任和协助项目融资义务，应及时指导项目做好动态融资方案，推动项目融资尽快落地，防控融资风险。

（4）建立项目融资风险识别库，以风险矩阵对项目进行动态监测。

（5）不断优化管理流程，提高信息化管理水平，减少沟通障碍，在制度框架内，充分给予项目融资的自主性、灵活性。

2）项目公司角度

（1）建议建立真正意义上的项目公司，真正实现破产清算的彻底隔离。

（2）要切实加强项目公司管理能力，关键岗位人员配齐，提高项目管理和经营决策能力。

（3）不断加强与金融机构、利益相关方的沟通对接，建立长期合作伙伴关系。

（4）提高资金管理、运作水平，通盘做好资金筹划，做好资金融资方案动态调整汇报工作，科学合理措配融资资金，选择多种融资模式。

PPP 项目建设期，是整个项目的初步阶段也是最为关键的阶段。如同种果树，就是种子发芽成长的阶段，会直接影响整个项目收益水平。

融资问题充分暴露出 PPP 项目融资方面的相关经验缺乏、相关制度体系建设还不完善的缺陷，要实现 PPP 项目融资落地，满足项目建设需求，还需要各方形成合力。政府方应从长期合作的角度，积极配合社会资本和项目公司优选融资机构和融资工具，拟定融资方案和合同，邀请融资机构提前参与 PPP 项目融资方案设计和融资谈判，从整体上降低项目风险，提高项目融资可获得性，降低融资成本。社会资本方要建立切实可行的长期动态化的融资管理方案和风险防范机制，双方共同聘请专业的融资咨询公司开展全过程融资专业服务等。

相信在国家政策的推动下，伴随 PPP 项目各方对融资管理和咨询活动的重视程度越来越高，PPP 项目建设融资问题将得到逐步解决，进而推动 PPP 项目的顺利实施。

参考文献

[1] 杨宝昆, 刘芳. PPP 项目全生命周期融资管理研究[J]. 建筑经济, 2019, 40(11): 9.
[2] 张智勇. PPP 模式下高速公路项目投融资风险管理研究[D]. 北京: 中国科学院大学, 2016.
[3] 和鑫. 基于 PPP 模式工程项目融资风险管理研究[D]. 石家庄: 石家庄铁道大学, 2014.

浅议项目投资的敏感性分析

刘梦婷

(中电建路桥集团有限公司　北京　100048)

摘　要：本文主要探讨项目投资经济效益的影响因素并分析其敏感性，以便于决策者掌握项目全生命周期的收益水平、风险程度，并制定相应对策。

关键词：项目投资；经济效益；敏感性分析

敏感性分析是融资计划的投资分析中常见的研究风险的手段之一，其在稳定性研究的基础上，从众多不确定性因子中逐一寻找对一个项目效益指标起重大作用的敏感性因子，并分析、估计该敏感性因子对融资项目最终效益指标的影响程度和敏感程度，进而判断项目承受风险的能力[1,2]。

项目投资一般会对企业的重要技术参数（如收入、运营成本费用、产能、初期投入、寿命期、建造期等）开展敏感性分析。如果某个工艺技术基本参数的小幅度范围变化能引起经济效益指标的大幅度变化，则称该工艺技术基本参数为敏感性因素；反之则称其为非敏感性因素。

1　敏感性分析的作用

（1）确定敏感性因素。通过寻找影响最大、最敏感的主要变量参数，进而研究、推测并评价其波动范围，寻找形成风险的原因，采取具体的方法。

（2）改善投资效果。测算各种变化因子的变动导致项目绩效考核目标变化的程度，帮助管理者充分掌握项目建设方案可能产生的绩效变化状况，从而降低不利因素的影响，增强项目的投入效果。

（3）提供决策依据。经过对可能发生的最有利和最不利的财务结果变化范围的大数据分析，为投资者预估可能发生的危险情况，并通过对原方法采用某种措施或寻求可替换方法，以辨别其敏感度大小，为最后制定合理的投资方法提供可信的决策依据。

2　敏感性分析的步骤

按照影响因子在各次变化数量的多寡，敏感性分析法又可分成单因素敏感性分析法和多因素敏感性分析法。不论是哪种方法，其分析步骤主要有以下 5 个步骤。

（1）确定敏感性分析指数

敏感性分析的研究对象主要为具体的融资方法，以及所反映的社会经济效益。所以对于融资项目方案的一些经济效益评估指数，比如息税前利润、资本回收期、投资收益率、净现值、公司内部利润率等，也都可视为敏感性分析指数。

（2）计算该技术方案的目标值

一般以正常状况下的经济效益评价指标值为该技术方案的目标值。

（3）选取不确定因素

在实施敏感性分析法中，不必对全部的不确定因子都进行考察和测算，而应根据项目特点选择一些变动性很大或对经济效益影响很大的因子。一般而言，投资额、销售收入、运营支出、计划寿命年限、折现比率等要素往往都被视为相关财务评估项目的不稳定因子，其可能会对项目的效益形成干扰。

（4）设定不确定的因子变动幅度，或测算其变化后对分析指标的影响

对项目进行敏感性分析时，一般是在假设其他项目变量保持稳定的情形下，分析当某一变量或若干变量出现特定变动时，对方案效益的指标目标值（如净现实价格及内含报酬率等）的影响。敏感性分析方法主要包括最大或最小法和敏感程度法。

①最大或最小法：是令目标净现值小于零，求选定因素的临界值。从而能够确定将影响目标净现值

从正值转为零的各因素之最大或最小数值,能够有助于投资者识别目标的特定风险[3]。

②敏感程度法:是指首先确认某个影响因素,如年度税后经营性资金流入,并假定其出现了相应程度的改变,在设定相应各种因素的改变程度时,通常选取不确定因素改变的百分率,通常选取±5%、±10%、±15%、±20%等,而其余要素不变,然后重新计量净现值并估计确认各种因素的敏感比率。敏感率 = 目标值变化率/所选择的变量变化率。敏感率表示选择变量变化1%时导致方法和目标变化的百分数,能体现目标值对选择变量变化的敏感程度。

(5)寻找敏感因素,加以分析并采取措施,从而增强技术措施抵抗危险的功能。

可利用绘制敏感性分析表和敏感性分析图,来对敏感性分析法结论作出研究。

3 敏感性分析的举例

A公司有一投资项目,其基础数据见表1。假定投资额、年收入、折现率为主要的敏感性因素。不考虑所得税影响,试对该投资项目净现值指标进行敏感性分析。

敏感性分析基础数据 表1

项目	投资额	寿命期	年收入	年费用	残值	折现率
数据	100000元	5年	60000元	20000元	10000元	10%

敏感性因素与分析指标已经给定,我们选取±5%、±10%作为不确定因素的变化程度。

(1)计算敏感性指标

①敏感程度法

首先计算决策基本方案的NPV(净现值),然后计算不同变化率下的NPV。

$$NPV = -100000 + (60000 - 20000) \times (P/A, 10\%, 5) + 10000 \times (P/F, 10\%, 5) = 57840.68$$

不确定因素变化后的取值见表2,不确定因素变化后NPV的值见表3。

不确定因素变化后的取值 表2

项目	投资额(元)	年收入(元)	折现率
−10%	90000	54000	9%
−5%	95000	57000	9.5%
0	100000	60000	10%
5%	105000	63000	10.5%
10%	110000	66000	11%

不确定因素变化后NPV的值 表3

项目	NPV				
变化率	−10%	−5%	0	+5%	+10%
投资额(元)	67840.68	62840.68	57840.68	52840.68	47840.68
年收入(元)	35095.96	46468.32	57840.68	69213.04	80585.40

当投资额的变化率为−10%时,NPV变动率 = 17.3%,投资额的敏感系数 = −1.73,其余情况计算方法类似。

敏感程度大小与敏感系数的符号无关,只与其绝对值大小有关:当敏感系数为正,表示所计算变量与因素成正方向变化;当敏感系数为负,表示所计算变量与因素成反方向变化。

②最大或最小法

投资临界值:设投资额的临界值为I,则:

$$NPV = -I + (60000 - 20000) \times (P/A, 10\%, 5) + 10000 \times (P/F, 10\%, 5) = 0$$

得:$I = 157840$。

收入临界值：设年收入的临界值为 R，则：

$$\text{NPV} = -100000 + (R - 20000) \times (P/A,10\%,5) + 10000 \times (P/F,10\%,5) = 0$$

得：$R = 44741.773$。

折现率临界值：设折现率的临界值为 i，则：

$$\text{NPV} = -100000 + (60000 - 20000) \times (P/A,i,5) + 10000 \times (P/F,i,5) = 0$$

得：$i = 30.058\%$。

实际上，i 的临界值就是该项目的内部收益率。

（2）绘制敏感性分析表，见表4。

敏感性分析表　　　　表4

序号	不确定性因素	变化率	净现值（元）	敏感系数	临界值（元）	临界百分率
	基本方案	—	57840.68	—	—	—
1	投资额	−10%	67840.68	−1.729	157840	57.84%
		−5%	62840.68	−1.729		
		+5%	52840.68	−1.729		
		+10%	47840.68	−1.729		
2	年收入	−10%	35095.96	3.932	44741.773	−25.43%
		−5%	46468.32	3.932		
		+5%	69213.04	3.932		
		+10%	80585.40	3.932		
3	折现率	−10%	62085.36	−0.734	30.058%	300.58%
		−5%	59940.63	−0.726		
		+5%	55784.33	−0.711		
		+10%	53770.39	−0.704		

（3）绘制敏感性分析图。

在敏感性分析图中，与横坐标相交角度最大的曲线对应的因素就是最敏感的因素。

（4）分析敏感性。

表4分别统计了3种不同变化的比率对净收益率的影响，向决策人介绍了不同情况发生后的影响。该类信息有助于投资决策人了解项目的特定风险及需要注意的要点。

由表4可知，年收入的敏感度最高，折现值的敏感度最弱；年收入与净现值呈正相关，而投资额和折现值则与净现值呈负相关；年收入减少10%以上将会使该项目完全没有投资价值，如果这个可能性很大就应该考虑放弃项目，甚至重新设计项目加以避免，至少要有应对的预案。

年收入是引发净现值变化的主要敏感因素，年收入每减少1%，项目净现值就损失3.93%，或者说年收入每增加1%，净现值就提高3.93%。若实施该项目，应予以重点关注。

4 敏感性分析的不足

敏感性分析法是一项最新动态不确定的分析技术，是工程项目评估中非常重要的部分。其可以用来分析项目各项效益指数对各项不确定性原因变动的敏感性程度，并寻找敏感原因及其最大变化幅度，据此确定建设项目者承担风险的能力。同时，敏感性分析是一项最普遍的工程项目风险分析，计算步骤简便、容易掌握，但也具有一定局限性。

由于这种数据分析尚无法判断各项不确定性原因出现某种情况的概率，所以其分析结果的正确性也会受到较大的负面影响。在现实生活中，或许会出现类似的情形：经过敏感度数据分析所找出的某些灵敏原因在工程项目未来出现不良变动的风险可能性极小，所导致的项目风险也并不大；而某些原因在敏感度数据分析时显示出不太灵敏，而它在未来出现不良变动的风险可能性也较大，从而会产生很大的项目风险。要克服敏感性分析法的缺点，在开展项目评价与决策时，需进行概率分析。

参考文献

[1] 杨秀芝. 投资项目因素的经济敏感性分析[J]. 边疆经济与文化, 2005(12): 35-37.
[2] 温晓龙. 项目投资的经济敏感性分析与应用研究[J]. 工业技术经济, 2007, 26(7): 130-132.
[3] 张继富. 单因素敏感性分析建设工程中的应用探索[J]. 甘肃科技, 2008, 24(8): 106-107.

PPP 项目管理方式的建议与思考

汪永宏　蒙　雨

（中电建路桥集团有限公司　北京　100048）

摘　要：本文内容包括：PPP 项目模式的定义和特点，PPP 项目模式与其他项目模式的比较；PPP 项目的风险类型及来源；PPP 项目的风险管理措施，风险评估方法和流程及风险应对措施；PPP 项目管理的发展趋势及项目管理的建议。

关键词：合作；风险；管理措施；发展趋势

1　PPP 项目模式

1.1　PPP 项目模式的定义和特点

公私合作伙伴关系（PPP）项目模式指的是政府和社会资本合作，是公共基础设施中的一种项目运作模式。该模式鼓励私营企业、民营资本与政府进行合作，参与公共基础设施的建设[1]。PPP 项目模式的特点包括长期合作、风险分担、利益共享和透明管理。

（1）长期合作：PPP 项目通常涉及长期合同，期限可以从 20 年到 30 年。这种长期合作模式允许私营部门和公共部门实现长期效益，而不仅仅是短期财务目标。

（2）风险分担：PPP 项目模式允许私营部门和公共部门共担风险。私营部门通常具有更高的风险承受能力，因此可以承担更多的风险，而公共部门则可以为其提供保障。这种风险分担机制有助于实现更好的风险管理。

（3）利益共享：PPP 项目模式允许私营部门分享项目利润，从而激励其提高效率、降低成本并提高服务质量。公共部门也可以通过与私营部门的合作，实现资金节约、提高服务质量和效率及促进创新。

（4）透明管理：PPP 项目模式要求公开披露项目相关信息，包括财务信息、绩效指标等。这种透明管理有助于提高项目管理的透明度和问责制，同时也有助于吸引更多的私营部门参与公共项目。

此外，PPP 项目模式还可以带来其他益处，如提高公共服务的质量和效率、降低政府债务负担及促进经济增长等。然而，PPP 项目模式也存在一些挑战和风险，如私营部门破产、合同纠纷及政治风险等。因此，在选择 PPP 项目模式时，需要充分考虑各种因素并采取适当的措施来确保项目的成功实施。

1.2　PPP 项目模式与其他项目模式的比较

在当今的经济发展中，各种项目模式层出不穷，其中 PPP 项目模式与其他项目模式相比具有一些显著的优势。

（1）PPP 项目模式与传统的公共部门采购模式比较

传统的公共部门采购模式通常是由政府或其代理机构通过公开招标、邀请招标等方式选择合适的供应商来提供所需的产品或服务。这种模式的优点是程序规范、透明度高，但同时也存在一些弊端。首先，由于政府缺乏专业知识，容易导致供应商垄断、价格虚高等问题；其次，由于招标周期较长，容易导致项目进度缓慢；最后，由于政府缺乏与私营部门的合作经验，容易导致合作风险较高。

相比之下，PPP 项目模式更加注重公共部门与私营部门的合作，通过共同出资、共享风险和收益的方式来推进项目的实施。这种模式的优点在于可以实现资源共享、提高效率、降低风险，同时也可以促进公共部门和私营部门的合作与交流。

（2）PPP 项目模式与 BOT 项目模式比较

BOT 项目模式是一种以建设-运营-移交为主要特征的项目模式，其通常由政府授予特许权给私营企业，由其承担基础设施建设与运营，并在特定期限后将项目移交给政府[2]。这种模式的优点在于可以引入私营企业的先进技术和管理经验，提高项目的建设和运营效率，同时也可以缓解政府的财政压力。但是，BOT项目模式也存在一些弊端，例如私营企业可能会为了追求利润而降低服务质量；特许权的授予可能会导致腐败现象的滋生；同时在项目移交后，政府需要承担基础设施的维护和更新费用。

相比之下，PPP项目模式更加注重公共部门与私营部门的合作和共同出资，同时强调风险共担和利益共享。这种模式的优点在于，可以降低政府的财政压力，同时也可以提高项目的建设和运营效率及服务质量。此外，由于PPP项目模式的期限通常较长，因此可以更好地适应长期发展的需求。

（3）PPP项目模式与EPC（工程总承包）项目模式比较

EPC项目模式是一种以设计-采购-施工为主要特征的项目模式，其将设计、采购和施工等环节集成在一起，实现全过程的一体化管理和控制。这种模式的优点在于可以缩短项目的建设周期、提高效率和管理水平。但同时也存在一些弊端：首先，由于私营企业通常只承担其中一个环节的工作，容易导致其他环节的协调不足；其次，由于私营企业的管理水平和能力参差不齐，容易导致项目质量和安全问题的出现；最后，由于私营企业的短期行为倾向较强，容易导致项目的后期维护和管理问题。

相比之下，PPP项目模式更加注重公共部门与私营部门的合作和共同出资，同时强调风险共担和利益共享。这种模式的优点在于可以更好地整合各项资源和技术力量，实现全过程的协同管理和控制，提高项目的整体质量和安全性。此外，由于PPP项目模式的期限较长，因此可以更好地适应长期发展的需求。

2 PPP项目的风险及管理措施

2.1 PPP项目的风险类型及来源

PPP项目模式虽然具有许多优点，但同时也面临着多种风险。PPP项目的风险类型及来源如下：

（1）政治风险。由于政策的变化等因素，可能导致PPP项目面临不确定性。

（2）经济风险。经济形势的变化、市场竞争的加剧、利率和汇率的波动等，都可能对PPP项目的收益产生影响。

（3）技术风险。由于技术难题、技术失误或技术更新等因素，可能影响PPP项目的进度和质量。

（4）法律风险。法律环境的变化、合同纠纷、知识产权问题等，可能对PPP项目的实施产生影响。

（5）不可抗力风险。自然灾害、重大疫情等不可抗力事件，可能导致PPP项目遭受损失。

这些风险的来源可能是内部也可能是外部，因此需要在项目实施过程中进行全面的风险管理和控制。

2.2 PPP项目的风险管理措施

为了降低PPP项目面临的风险，可以采取以下措施。

（1）建立风险管理团队。建立由专业人员组成的风险管理团队，负责全面监控PPP项目的风险状况。

（2）定期风险评估。定期对PPP项目进行风险评估，识别潜在的风险因素，并采取相应的措施进行防范。

（3）合同管理。在PPP项目合同中明确双方的权利和义务，以及风险分担机制，以避免合同纠纷的发生。

（4）保险和担保。为PPP项目购买相应的保险和担保，以降低潜在的损失。

（5）建立应急预案。针对可能出现的突发事件和危机，制定应急预案，确保PPP项目的正常运营。

（6）加强与政府部门的沟通。与政府部门保持密切沟通，及时了解政策变化和相关支持措施，以降低政治风险的影响。

（7）加强培训和管理。加强员工培训和管理，提高员工的风险意识和应对能力，以降低技术风险和管理风险。

（8）监测市场变化。密切关注市场变化，及时调整PPP项目的经营策略，以降低经济风险的影响。

（9）知识产权保护。加强知识产权保护，防范知识产权侵权行为的发生，以降低法律风险的影响。

（10）多元化合作。通过多元化合作模式，降低对单一合作伙伴的依赖度，以降低不可抗力风险的影响。

通过采取这些风险管理措施，可以有效地降低 PPP 项目面临的各种风险，确保项目的顺利实施和运营。

2.3 风险评估方法和流程

风险评估是 PPP 项目风险管理的重要环节，以下是常见的风险评估方法和流程。

（1）风险识别。识别可能对 PPP 项目产生负面影响的风险因素，包括政治、经济、技术、法律、不可抗力等方面。

（2）风险评估指标。根据 PPP 项目的特点和实际情况，制定相应的风险评估指标，如风险发生的可能性、影响程度等。

（3）风险评估模型。选择合适的风险评估模型，如概率-影响模型、模糊综合评价模型等，对 PPP 项目的风险进行定量评估。

（4）风险排序。根据风险评估结果，对 PPP 项目的风险进行排序，确定各风险的优先级和重点防范对象。

（5）风险应对策略制定。针对不同风险，制定相应的应对策略，如规避、转移、减轻风险等。

（6）风险监控与更新。在 PPP 项目实施过程中，对风险进行持续监控，及时更新风险评估结果和应对策略。

（7）风险报告与决策。将风险评估结果和应对策略报告给相关决策者，以便做出正确的决策。

通过以上流程，可以全面了解 PPP 项目的风险状况，并采取相应的风险管理措施进行防范和控制，确保项目的顺利实施和运营。

2.4 风险应对措施

根据风险评估的结果，可以采取以下风险应对措施。

（1）政治风险应对措施

①深入了解当地政治环境，与当地政府和相关机构建立良好的关系，以获取更多的政策支持和信息。

②在合同中约定政府对 PPP 项目的支持和保障措施，确保项目的稳定运营。

③对政治风险进行持续监测和评估，及时调整项目的经营策略。

（2）经济风险应对措施[3]

①对市场需求进行深入调研，制定合理的市场定价策略，避免价格波动对项目收益产生影响。

②与金融机构合作，寻求合适的融资方案，降低项目的资金成本和财务风险。

③对经济风险进行持续监测和评估，及时调整项目的经营策略。

（3）技术风险应对措施

①选择经验丰富、技术实力强的合作伙伴，共同承担项目的研发和设计工作。

②加强技术交流和培训，提高员工的技术水平和应对能力。

③制定详细的技术实施计划和方案，对技术风险进行提前预防和控制。

（4）法律风险应对措施

①深入了解当地法律法规和政策规定，确保项目合法合规。

②在合同中约定清晰的权益和义务，避免合同纠纷的发生。

③建立完善的法律风险防范机制，包括法律咨询、合同审查等。

（5）不可抗力风险应对措施

①制定应急预案，建立快速响应机制，确保项目在突发事件或自然灾害发生时能够迅速应对。

②对不可抗力风险进行持续监测和评估，及时调整项目的经营策略。

③与保险公司合作，购买相应的保险以降低潜在的损失。

通过采取这些风险应对措施，可以有效地降低 PPP 项目面临的各种风险，确保项目的顺利实施和运营。同时，在项目实施过程中还需持续进行风险监控和评估，以确保风险管理措施的有效性和适应性[4]。

3 PPP项目管理的发展趋势和建议

3.1 PPP项目管理的发展趋势

PPP项目管理的发展趋势主要体现在以下5个方面。

（1）数字化和智能化。随着信息技术和人工智能的不断发展，PPP项目管理将更加依赖于数字化和智能化的手段。例如，通过引入大数据、云计算、物联网等技术，可以实现项目管理的智能化和精细化，提高项目管理的效率和准确性。

（2）可持续发展。随着社会对环境保护和可持续发展的日益重视，PPP项目管理也将更加注重环保和可持续发展。在项目规划、设计、建设、运营等各个环节中，将更加注重资源的节约和环境的保护，实现经济效益和社会效益的双重提升。

（3）多元化合作模式。PPP项目管理将更加注重多元化合作模式，包括公私合作、政企合作、企企合作等[5]。通过多元化合作模式，可以充分发挥各方的优势和资源，实现互利共赢，提高项目的整体效益。

（4）风险管理和控制。随着PPP项目的不断推进和实施，对风险的管理和控制也将越来越重要。未来，PPP项目管理将更加注重风险评估和控制，采取科学有效的风险管理措施，降低项目的风险水平，确保项目的稳定运营和发展。

（5）专业化和规范化。随着PPP项目管理的不断发展，相关领域的人才队伍也将越来越庞大，专业化和规范化将成为未来发展的重要趋势。通过制定和完善PPP项目管理相关的法规、标准和规范，可以促进PPP项目管理的规范化、专业化和标准化，提高项目管理的质量和水平。

3.2 对PPP项目管理的建议

针对当前PPP项目管理存在的问题和发展趋势，提出以下5点建议。

（1）加强人才培养和引进。当前，PPP项目管理领域的人才相对匮乏，需要加强人才培养和引进。通过建立健全人才培养机制、完善专业设置、加强与国际接轨等措施，培养一批高水平的PPP项目管理人才，为PPP项目管理的可持续发展提供人才保障。

（2）强化风险管理和控制。由于PPP项目具有投资大、周期长、风险高等特点，因此需要强化风险管理和控制。建立完善的风险评估、预警和应对机制，全面评估项目的政治、经济、技术、法律等方面的风险，制定相应的应对措施，降低项目的风险水平。

（3）推进数字化和智能化管理。数字化和智能化管理是未来PPP项目管理的重要趋势，需要加快推进数字化和智能化管理的进程。通过引入先进的信息技术和智能化手段，提高项目管理的效率和准确性，实现精细化和智能化的管理。

（4）推动多元化合作模式。为了降低对单一合作伙伴的依赖度，需要推动多元化合作模式。通过与不同领域的企业、机构合作，实现优势互补和资源共享，提高项目的整体效益和市场竞争力。

（5）加强政府监管和支持。政府在PPP项目管理中具有重要作用，需要加强监管和支持。通过制定完善的法规、政策和标准，建立规范的监管机制和审批程序，为PPP项目管理的健康发展提供保障和支持。同时，政府还可以通过提供财政补贴、税收优惠等措施，鼓励企业和民间资本参与PPP项目建设和管理。

3.3 对未来研究的展望

未来，PPP项目管理的研究将不断深入和拓展，主要趋势包括以下5个方面。

（1）风险管理将持续加强。随着PPP项目的不断推进，对风险的管理和控制将成为研究的重点。未来，将有更多的学者和研究机构关注PPP项目的政治、经济、技术、法律等方面的风险，探索更加科学有效的风险管理方法和措施。

（2）数字化和智能化管理将进一步推进。信息技术和智能化手段在PPP项目管理中的应用将更加广泛和深入。未来，将有更多的学者和研究机构关注数字化和智能化管理的理论和实践，探索如何通过数字化和智能化手段提高项目管理的效率和准确性。

（3）多元化合作模式将进一步发展。为了降低对单一合作伙伴的依赖度，PPP项目管理将更加注重多元化合作模式。未来，将有更多的学者和研究机构关注多元化合作模式的理论和实践，探索如何通过多元化合作模式提高项目的整体效益和市场竞争力。

（4）专业化和规范化将进一步加强。随着PPP项目管理的不断发展，专业化和规范化将成为未来的重要趋势。未来，将有更多的学者和研究机构关注PPP项目管理专业化和规范化的理论和实践，探索如何通过制定和完善法规、标准和规范，促进PPP项目管理的规范化、专业化和标准化。

（5）环境和社会责任将更加重要。随着社会对环境保护和可持续发展的日益重视，PPP项目管理将更加注重环保和社会责任。未来，将有更多的学者和研究机构关注环保和社会责任的理论和实践，探索如何在PPP项目管理中实现经济效益和社会效益的双重提升。

总之，未来PPP项目管理的研究将更加注重实践和应用，更加关注理论和实践的创新和发展。同时，随着全球化和信息化的发展，PPP项目管理的研究也将更加开放和包容，促进国际交流和合作。

参考文献

[1] 魏文明. PPP模式建设工程项目管理若干问题探析[J]. 城市建设理论研究(电子版), 2024(12): 82-84.
[2] 齐燕南. PPP模式应用中的问题和对策研究[D]. 长春: 吉林大学, 2023.
[3] 新环境下PPP发展之路[J]. 中国招标, 2024(1): 7.
[4] 钟健奇. PPP模式下建设工程项目管理的对策研究[J]. 工程与建设, 2022, 36 (6): 1809-1811.

高速公路施工项目工程造价控制管理

谢彭鑫 倪明铭 何民政

(中电建路桥集团有限公司 北京 100048)

摘 要：公路施工项目工程造价监控管理工作是公路施工企业的一个关键任务，贯穿于整个施工过程中，其目的是合理确定工程造价、强化施工过程中的造价控制及加强竣工阶段的造价控制等。本文对这些方面进行详细探讨，以帮助施工单位更好地控制高速公路施工项目的工程造价，提升造价控制的科学性，确保高速公路项目的经济效益。

关键词：公路工程；造价管理控制；项目管理措施

1 高速公路项目过程工程造价控制管理概念

高速公路项目的造价控制主要由以下几个内容组成：投资决策、招标投标、勘察设计、施工及竣工结算等阶段。高速公路项目全过程造价控制是在于将工程造价控制工作覆盖至整个施工项目的全生命周期，并且要使全过程造价处于动态的可控范围内[1]。通常来讲，高速公路项目全过程造价控制管理的基本原则为"集中化、标准化、系统化"。从本质来说，高速公路项目全过程造价控制管理，主要是为了在不降低工程质量及安全标准的前提下，通过优化施工组织设计、方案及施工工艺等手段，降低工程造价，并找出造价存在的问题，提出相应的解决措施，确保工程项目各个阶段的造价在合理范围内，避免项目实际投入与预算之间出现过大的偏差。

2 合理确定工程造价

在高速公路施工项目中，工程造价的确定是实施工程造价控制管理的基础。为了确保工程造价的合理性和准确性，需要综合考虑多个因素。

（1）认真分析施工图纸和施工组织设计，充分了解工程的具体情况和施工要求。

（2）对工程材料的价格进行全面调查，了解市场行情和政策法规，确保材料价格的合理性和准确性。

（3）与设计单位、施工单位、监理单位等相关方进行沟通协调，共同商定工程造价。

3 强化施工过程中的造价控制

3.1 加强招投标管理，从源头控制工程造价

招投标阶段是造价控制工作中非常重要的环节，为保证项目整体造价的合理性，在招投标阶段要做到以下几点：

（1）制定严格的招投标管理制度，严格按照制度约定执行招投标程序，避免出现不公平的事件发生，开评标过程要保证公平性、公开性及公正性[2]。

（2）施工单位必须深入了解施工图纸，及时做好成本测算，以此提高报价的科学性和准确性，进一步达到项目造价控制的目的。

3.2 加强标后成本管理，强化过程造价控制

（1）做好标后成本测算，在项目中标后及时开展标后成本测算及前期策划工作，通过测算确定项目总成本目标及利润点，对利润高、效益好的清单项目制定切实可行的成本管控措施。

（2）对可能出现的亏损点进行深度剖析并制定减亏增收的方案，在施工前结合项目实际情况，制定合理有效的施工方案，从项目施工一线降低成本增加的概率。

（3）严格遵守"抓大顾小"的成本控制原则。不仅要对分包队伍、大宗材料采购及机械设备使用等成本高的项进行严格管控，而且还要对日常管理费、招待费、车辆使用等方面制定符合项目实际的费用

开支标准。以温岭联络线项目为例，项目部在项目初期即根据施工组织设计及整体规划测算整体成本情况，并根据成本测算制定切实可行的成本管控措施。在项目实施过程中，项目部定期组织各个施工单位、部门召开项目生产经营分析会，分析在施工过程中的经营管理情况，根据实际情况对成本管控方案及时纠偏，以实现项目最终盈利的目标。

3.3 优化施工组织设计

通过优化施工组织设计，可以有效地提高施工质量以及工作效率，同时可以降低施工过程中的成本。在制定施工组织设计时，要充分考虑工程的实际情况和施工要求，选择最优的施工方案和工艺流程。

3.4 加强材料管理

材料费用是高速公路施工项目工程造价的重要组成部分，材料占据项目总成本支出的60%～70%，因此要加强材料管理，这对于控制项目整体造价具有重要的意义。以温岭联络线项目为例，该项目建设安装费合计63.32亿元，材料费占比65%，钢筋使用量27.26万t，水泥用量32.07万t，沥青用量18213t，混凝土用量245万m^3。在施工过程中若没有严格的材料管控措施，将对整个项目的施工成本造成巨大影响，所以在项目建设过程中，物资设备部门要及时掌握市场价格变动情况，提前做好材料采购计划，确保过程采购造价和预算基本一致；并且制定合理的材料采购计划，严格掌控进场材料的品质，防止不合格材料进入施工现场。同时，项目物资部根据项目实际情况建立了材料管理制度，确保材料的存放和使用符合规范要求。在施工过程中，物资设备部每月月底会定期组织工程、财务、合同等部门对现场主要材料进行盘点梳理，针对库存情况调整项目材料使用计划。另外，物资部门会联合工程部等部门定期开展材料核销工作，定期盘点材料使用情况，及时制定材料使用管控措施，以便最大限度地减少材料成本的浪费。

3.5 加强过程结算管理

（1）开工预付款可以根据项目实际情况进行确定，从而保障项目前期施工进度及资金的周转需求。以温岭联络线项目为例，其项目招标文件中明确约定，开工预付款为签约合同价的10%，在承包人签订了合同协议书后，发包人应当向施工单位支付70%的开工预付款；在施工单位承诺的主要人员及主要的设备进场，并通过监理单位确认后，再支付剩余的30%开工预付款。而对于对下分包队伍而言，合同中又明确约定，开工预付款支付比例不超过签约合同价的10%，具体金额视总承包单位资金情况支付。后面事实证明，温岭联络线项目关于开工预付款的约定符合项目实际情况需求，为项目顺利推进提供了优渥的资金条件，同时也避免了项目资金的流失。对于开工预付款的扣回，在合同条款中也可具体明确，在进度款计量到一定比例时可以逐期进行扣回。

（2）为了保证过程工程结算相对准确，业主单位相关的计量负责人员应及时跟进结算时效，确保工程计量结算的准确和及时。要求监理单位结合施工现场实际工程量及施工图纸设计量，对承包人上报的工程计量进行审核，而建设单位也应对监理审核后的计量资料进一步核对，必要时可对工程量进行现场核实，以保证工程计量的真实性。而在项目开工之后，建设单位可根据招标文件计量规范及项目实际情况制定计量管理办法，在制度中明确各实体工程的计量支付原则，并且规定施工单位的上报时限，规定各个单位审核签批时限，以此缩短计量审核周期，为现场施工资金周转提供保障。同时，温岭联络线项目的计量审计采用的是过程审计的方式，即根据过程跟踪审计确认后的计量进行结算支付，此方式可有效管控过程结算超结或超付的风险。

3.6 加强施工管理，严格控制变更

在施工过程中，常常会因为各种原因需要对设计进行变更，而变更往往会导致工程造价的增加。因此，要严格控制变更的发生，对于必须进行的变更要进行充分的论证和核算，确保其对于整个工程造价的影响最小化，在项目建设过程中，引起工程变更原因繁多，为了严格控制项目工程变更[3]，温岭联络线项目业主在项目开工后即制定了工程变更管理办法，办法中明确规定符合设计变更的要求，明确了各项

变更审批层级，从而保证项目设计变更的合理性、合规性。温岭项目建设安装造价约63亿元，发生变更66项，其中多项变更均不涉及费用增减。

3.7 加强现场监管

现场监管是保障工程施工质量的重要手段，同时也是控制工程造价的重要环节。要加强施工现场的监管力度，防止出现浪费和损失的情况。同时，要建立完善的现场管理制度，确保现场管理的规范化和科学化。

3.8 其他措施

（1）建立信息化管理系统。信息化管理系统可以实现对工程造价的实时监控和动态管理，提高管理效率和质量。对温岭联络线项目而言，项目进场后便通过公开招标方式引进了信息化管理单位，通过线上办公的方式将各个参建单位相互连接起来，为各方的协作和交流提供便利，促进信息的共享和传递。

（2）加强人员培训和管理。人员是实施工程造价控制管理的关键因素之一，要提高员工的专业素质和管理能力，加强员工的责任心和团队精神，确保员工能够胜任各自的工作任务。

（3）强化合同管理。合同是实施工程造价控制管理的重要依据之一，要加强对合同签订、履行、变更等方面的管理和监督，确保合同规范、合理及合法，防止合同纠纷和违约情况的发生。

（4）推广新型技术和工艺。新型技术和工艺的应用可以有效地提高施工质量和施工效率，能够有效地降低施工成本。同时，还要加强对新技术和新工艺的研究和开发，为高速公路建设事业的持续发展提供有力的支持。

4 加强竣工阶段的造价控制

竣工阶段的造价控制是整个工程造价控制管理的最后环节，为了确保工程造价的准确性和合理性，需要采取以下措施。

（1）严格审核工程量

工程量是计算工程造价的基础，要依据施工图纸、工程变更等相关资料，对工程量进行细致核算，防止出现漏算或错算的情况。

（2）审查定额套用

定额套用是计算工程造价的重要依据之一，要审查定额套用的合理性、合规性及准确性，防止出现高套定额或错套定额的情况。

（3）严格审核其他费用

除了工程量和定额套用外，还需要对其他费用（如施工周期、员工工资、机械使用费等）进行审核。为了有效地提高高速公路施工项目工程造价控制管理水平，在高速公路建设事业的发展中提供有力的支持，对工程造价的合理确定、施工过程中的造价控制、竣工阶段的造价控制等方面进行了探讨，可以得出以下结论。

①高速公路施工项目工程造价控制管理是高速公路建设中的重要环节，对于提高建设质量降低建设成本、保障工程进度等方面具有重要意义。

②通过对工程造价的合理确定，可以有效地提高工程造价的合理性及准确性，为整个工程的顺利实施提供保障。

③强化施工过程中的造价控制，可以有效地提高工程施工质量和效率；同时可降低施工成本，保障工程进度。

④加强竣工阶段的造价控制，可以确保工程造价的准确性和合理性，为整个工程的顺利竣工提供保障。

⑤高速公路施工项目工程造价控制管理需要各方的共同努力，需要设计单位、施工单位、监理单位等相关方共同参与、共同协作，才能够取得更好的成果。

综上所述，通过对高速公路施工项目工程造价控制管理的探讨发现，工程造价控制管理可以有效地提高工程施工的质量和效率，降低施工成本，保障工程进度；同时也可以促进各方的协作与交流，为高速公路建设事业的发展提供有力的支持。

5 结论

综上所述，高速公路施工项目工程造价控制管理需要各方的共同努力和持续改进。只有通过不断完善管理制度、加强人员培训、强化合同管理、推广新型技术和工艺等措施，才能够实现工程造价控制管理的科学化和规范化，为高速公路建设事业的发展提供更加有力的支持，并以此提高企业的经济效益。

参考文献

[1] 马玉玲. 公路桥梁施工中的造价研究[J]. 江西建材, 2017(8): 247, 252

[2] 邬美刚. 高速公路项目全过程造价控制策略[J]. 中国高新科技, 2019(6): 111-113.

[3] 施洪波, 侯丁语. 关于高速公路养护中工程造价管理及控制的分析[J]. 科技资讯, 2012(13): 155-157.

浅谈社会投资人投资建设 PPP 项目的成本管理

倪明铭　倪路凯　于浩洋

(中电建路桥集团有限公司　北京　100048)

摘　要：本文主要探讨社会投资人投资建设 PPP 项目的成本管控，重点分析 PPP 项目成本管控的重要性，分析社会投资人在 PPP 项目成本管控过程中可能存在的问题，包括初期成本管控、征迁管理、建安成本管理，最后讨论社会投资人投资 PPP 项目成本管控的有效策略和方法，提高 PPP 项目的整体效益。

关键词：PPP 模式；投资；成本；管控

1　成本管控的重要性

成本管控在企业的生产经营活动中具有至关重要的作用，通过对成本的预测、决策、计划、控制和分析，企业可有效地降低成本、提高效益、增强市场竞争力。在 PPP 项目的管理过程中亦是如此，社会投资人作为重要参与方，需要在 PPP 项目合作范围内的全生命周期中贯彻成本管控的理念和方法。通过对 PPP 项目投资收益模式的理解、经营思路的确立、成本的精细化管控，社会投资人方可有效提高项目投资的回报率，保障自身的利益。

2　社会投资人在 PPP 项目成本管控中存在的问题

2.1　项目初期成本管控

在项目投标及筹备初期，社会投资人对 PPP 项目的成本管控，或多或少会因时间仓促、获取市场订单心切等因素，导致考虑不全、报价欠妥等情况，进而影响项目初期成本管控。并且，项目公司容易忽略投资回报模式、缺少动态研究环节，导致未根据实际总投资变动情况分析投资收益的增减，进而调整成本管控思路。另外，进行运营成本测算时会对相关成本估计不足，如大、中、小修规划，定期检测，水电费使用等，甚至出现漏项情况，导致项目整体成本管控失衡等。

2.2　项目征拆管理

PPP 项目的征地拆迁工作基本上由政府主导，项目公司难以介入并进行有效管理，又因政府部门针对单个建设项目管理力量设置相对薄弱，难以在征地补偿过程中考虑项目公司投资确认工作，容易出现土地权属不清、拆迁补偿不合理等问题。

（1）土地权属不清问题往往是原始勘探和调查数据准确性不足造成的，如果不能准确确定土地的权属，就可能导致土地使用权的错误评估，影响用地审批、施工许可等手续的办理。

（2）征迁管理过程中，资料涉及实施机构、镇/街道、沿线居民，难以收集齐全，影响项目公司投资确认工作。

（3）政府方等相关收款单位通常仅能为此开具行政事业性收费收据，项目公司无法取得此业务的增值税专用发票，无法用进项税额抵扣销项税额。

上述征拆管理问题会变相导致项目成本增加，同时还对项目的进度质量造成负面影响。

2.3　建安工程成本管控

在 PPP 项目建设阶段，作为社会投资人，项目公司、总承包部的经营管理往往相辅相成，需要绑定考虑，成本管控的问题更是纷繁复杂需精细化应对。管理过程中，项目公司、总承包部通常会遇到预算管理不完善、合同管理缺乏偏差预判机制等问题，这些问题的存在，不仅影响了项目的顺利进行，还可能带来额外的成本风险，甚至降低项目的整体效益。具体表现为：一是成本测算流于形式，与实际管理脱节，未进行详细评估，容易导致差异产生，难以对二次经营产生正向作用；二是合同管理缺乏偏差预判机制，合同落定过程漫长、签订后偏离管理工作未实时动态监控，项目公司、总承包部权益可能受到损失等。

3 社会投资人投资PPP项目成本管控的建议

3.1 加强项目前期策划

初期对PPP项目进行全面的分析和评估，对项目成本的预测、控制、监督等方面进行细致的规划。

（1）依据项目实施方案、合同等指导性文件建立项目投资收益模型，通过收益模型明晰项目整体回报机制、投资控制思路，针对经营目标强化投资控制，做好投资回收布局、成本管控。如某高速公路项目，通过分析项目投资控制思路及经营目标，明确项目公司投资收入主要来源于通行费和政府缺口补助。通行费客观受限于地方经济相关的车流量变化，非人为干预可影响；政府缺口补助的计算与实际总投资相关，即项目公司在管理过程中尽可能减少实际投资与中标初始动态总投资偏离幅度，从而实现了项目公司投资收益最大化。

（2）针对建安工程，尽量在投标阶段下足功夫，做好现场踏勘、盈利点分析，合理进行不平衡报价，建设管理过程做好二次经营策划。

（3）加强运营管理团队配置，重点依托行业规范、法律法规、合同约定，全方位考虑运营成本，做到应算尽算，同时结合以往类似运营项目优良经验或相关教训，形成初步运营方案，节约运营开支。

3.2 积极介入征拆管理工作

项目公司需积极介入征拆工作，避免政府方为推进征迁工作的进行疏忽过程合规性。项目公司可从支付环节做好监督管理。尽量要求征迁资料齐全后付款，确保征拆款项的合理支付和合规使用；尽量避免投资审减，保障投资确认的认定。此外，项目公司可配合政府加强原始勘探调查，了解项目的实际情况，为制定合理的征拆方案提供数据支持。因部分PPP项目因战略意义重大等原因，项目初设获批后就开始引进社会投资人实施项目建设，存在推进前期面临土地批文等问题，土地征收工作无法全面启动，导致临建设置困难、影响主线施工进度等一系列问题或风险，此举措也能让用地手续的办理情况掌握在自身控制范围。如某国道项目，项目公司派专人跟踪负责土地报批工作，积极与当地自然资源和规划局、交通运输局进行沟通对接，熟悉每一步报审问题、提出解决方案，强推用地审批手续成功办理，避免了违法用地情况及相关处罚导致社会投资人投资成本增加的问题。

3.3 加强成本控制

通过加强过程成本测算及前期策划、组织二次经营创收增效等措施的实施，可有效降低PPP项目成本风险、提高项目整体效益。

项目公司在项目中标后及时开展标后成本测算及前期策划工作，通过测算确定项目总成本目标及利润点，对利润高、效益好的清单项目制定切实可行的营收利润挖掘措施，同时对可能出现的亏损点进行深度剖析；在施工前结合项目实际情况，制定合理有效的施工方案，并制定管控减亏方案，从项目施工一线降低成本增加的可能性。

另外，项目公司应结合项目特点，合理开展二次经营创收增效。如二次招标工程合理设置控制价，路基挖方弃方和隧道洞渣回收利用实现施工收益创效等。这些措施不仅可以帮助社会投资人更好地管理建设成本和风险，还可以提高项目的整体效益和社会价值。

3.4 注重团队建设、加强各方沟通

PPP项目的实施需要一支高素质、专业化的人才队伍进行支撑，社会投资人应注重人才培养和团队建设，提高项目管理团队的成本控制意识和能力。持续规范内部管理体系，强化运行机制，不断加强团队建设，给广大干部职工提供立足岗位建功立业的平台，给各个板块管理骨干解决实际问题的机会与权限。与此同时，还需从人入手，加强与政府部门、审计单位等参与方的沟通与协调，建立良好的合作关

系，为PPP项目的顺利实施提供保障。

良好的沟通通常可节约建设管理过程中的人力成本、沟通成本，进而对PPP项目成本管控产生正面影响。

3.5 建立健全风险管理机制

PPP项目实施过程中会面临诸多风险，如政策风险、市场风险、技术风险等，风险防范措施是降低履约风险的重要环节。如要做好PPP项目风险管控，就应立足项目实际，以风险为导向、流程为纽带、控制为手段，梳理风险清单、形成风险处置台账，突出管理重点、紧盯风险苗头。通过风险归类在风险处置台账中明确责任领导、责任部门，归口部门第一时间提示、分阶段记录处置情况，通过专题会、办公会等通报处置情况、集思广益商讨处置方案，有效解决职责重叠、久推无果等多种管理难点。

4 结论

综上所述，PPP项目成本管控通过加强项目前期策划、做好项目征拆成本控制和加强建安工程成本控制、注重团队建设和加强各方沟通、建立健全风险管理机制等措施，社会投资人可有效地提高PPP项目的整体效益，实现自身利益最大化。未来，随着PPP模式的不断发展和完善，社会投资人需要更加注重成本管控的创新和提升，以适应新的市场环境和政策要求，实现投资效益的最大化。

温岭联络线项目运营期节能降本举措的谋划

李正方　雷　庭

(中电建路桥集团有限公司　北京　100048)

摘　要： 高速公路项目运营期电力消耗巨大，温岭联络线项目立足于项目全寿命周期全局，在建设期就为运营阶段的电费支出谋划节能降本的措施。通过分析、综合考虑，决定采用当下流行的光伏发电系统作为节能降本的主要举措。本文基于温岭联络线项目的实际需求，进行了针对性谋划，从项目背景、当下光伏发电的发展意义、项目的优势及实施方案，再到该方案的用电节省分析，得出了温岭联络线项目建设光伏发电系统是一项响应国策、提升效益、产生价值的工作结论。该举措不仅对温岭联络线项目运营期节能降本具有重要作用，甚至对中电建路桥集团后续在建项目推广节能降本举措都具有一定的借鉴意义。

关键词： 温岭联络线项目；运营期；节能降本；光伏发电系统

1　概况

甬台温高速至沿海高速温岭联络线 PPP 项目（以下简称"温岭联络线项目"）位于浙江省台州市温岭市，由中电建路桥联合体投资、建设、运营。项目经过3年的建设，目前即将完工，运营筹备工作正在进行中。由于运营期的用电费用将是运营期重要支出之一，而建设期和运营期两者相辅相成、相互影响，建设期的工作质量及谋划布局决定着运营期的经济效益，项目管理的终极任务是为运营创造良好条件，因此在建设期为运营期谋划节能降本举措势在必行。

2　光伏发电发展现状

目前，光伏发电产业持续发展，据国家能源局新能源和可再生能源司数据显示，2023年上半年全国光伏新增并网容量 78.42GW，同比增长 154%。与常规煤热发电站相比，1MW 的光伏发电站每年分别可节省 405~630t 标准煤，减排 1036~1600t 二氧化碳、9.7~15.0t 二氧化硫、2.8~4.4t 氮氧化物。从上述数据得出采用光伏发电是一种绿色环保节能的举措。

同时，交通运输部正式印发了《公路"十四五"发展规划》，要求继续深化绿色公路建设，加强公路交通运输领域节能减排和污染防治，全面提升公路行业绿色发展水平[1]。预计受政策激励影响，接下来光伏发电系统还会保持较大增长，以满足国家节能减排的要求。

3　建设光伏发电的现实意义

温岭联络线项目是温岭市单项投资规模最大的基础设施项目，更是电建路桥公司对外宣传的重要名片。建设光伏发电系统将提升电建品牌的影响力，具有良好的社会效益。根据相邻高速的实地调研及本项目供配电设计，对温岭联络线项目3个区域运营期用电需求进行预估：新河服务区（南北两侧）、城北管理分中心、马家山隧道年用电量合计约 310.25 万 kWh，巨大的能源消耗为建设光伏发电系统提供了重要的现实依据。

建设光伏储能将提供经济价值。温岭联络线项目建设光伏发电系统不仅会为运营提供可靠、高效、环保的能源解决方案，更将创造良好的经济与社会效益。温岭联络线项目建设光伏发电系统来实现运营期的节能降本目标的举措，是一项节能环保、提升效益、响应国策的举措。

4　建设光伏发电的优势

温岭联络线项目建设光伏发电系统有以下优势。

4.1　区位优势

温岭市是全国农村综合实力百强县（市），经济、旅游、人文等产业发达，人口基数庞大，车辆保有量大。温岭联络线建成后，将是温岭市内唯一的一条全境高速公路，运营后将加快温岭东西部的车辆流通、产业联系、人文交流。届时，良好的区位优势必将提升项目的交通量，从而产生较大的能源消耗量。区位优势是本项目建设的基石。

4.2 光照优势

本项目位于浙江省台州市温岭市，查阅《中国各省市光伏电站最佳安装倾角、发电量及年利用小时数速查表》得出[2]：浙江省台州市的光照年利用小时数在1095.73，光照较为充足。光照优势将是本项目建设光伏发电的生力军。

4.3 政策优势

为了推动光伏产业的发展，国家会陆续出台相关政策给予支持，政策优势将是本项目建设光伏发电的催化剂。

2022年6月浙江省发布《浙江省"十四五"新型储能发展规划》，浙江省已经出台了多项与储能直接相关的政策，覆盖了独立储能、第三方主体、用户侧等多种应用场景，包括了辅助服务机制、容量补偿、投资补贴、放电量补贴等多种内容[3]。

2022年7月6日台州市财政局发布《台州市财税支持碳达峰碳中和工作实施意见》要求发挥财税职能作用，支持碳达峰碳中和工作，促进经济社会发展全面绿色低碳转型。

5 光伏发电的实施方案

5.1 光伏发电系统简介

光伏主要组成：室外设备有光伏组件及其支架设施、汇流设备；室内设备有DC/AC转换设备、系统监控设施、并网设施；另外还需接入设备、配电设备、用电设备、变压器等。光伏系统的组成如图1所示。

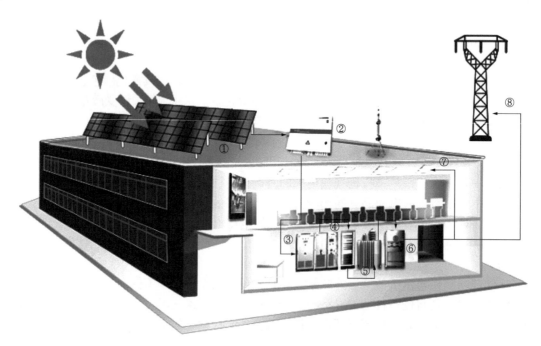

图1 光伏系统的组成

①-光伏组件；②-汇流箱；③-光伏逆变器；④-光伏发电系统监控；⑤-变压器；⑥-环网柜；⑦厂区用电；⑧-电网

光伏系统的工作流程为：第一步是将光能转化为电能，转换的电能为直流电，再将直流电转化为交流电，然后并入用户侧低压电网。用户优先使用光伏发电所发出的电量，多余的电量馈入电网，当光伏发电量不足时，用户将从电网补充电量。光伏发电的工作流程如图2所示。

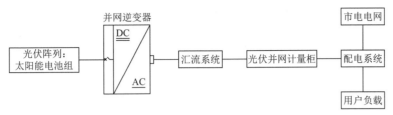

图 2　光伏发电的工作流程

5.2　建设规模的规划

根据以往经验，高速公路用电量较多的区域一般为服务区、管理分中心、隧道。根据设计图纸进行分析，能放置光伏面板的位置有服务区、城北分中心屋顶（除交警、路政用房），隧道区域无光伏板放置位置，暂时不能安装光伏系统[4]。所以在本项目的新河服务区、城北管理分中心设置光伏发电系统将会取得良好的经济效益。

结合相邻高速的实地调研及本项目供配电设计，对温岭联络线项目新河服务区、城北管理分中心运营期用电需求进行预估：新河服务区（南北两侧）约 4000kWh/d，城北管理分中心约 900kWh/d，年用电量合计约 1788.5MWh。

结合项目条件和用电需求，温岭联络线项目光伏储能拟定建设规模：新河服务区（南北两侧）308kW 屋顶分布式光伏，城北管理分中心 120kW 屋顶分布式光伏。

5.3　重要部件的选择要求

（1）光伏面板的要求。光伏面板应该具有抗阴影遮挡能力较强，能适应严酷的户外环境、氧碳含量较低、功率输出高效及发电量较高的特点。规格拟用 540kWp。

（2）太阳能电池的要求。电池决定着系统的最终性能，应具备质量可靠、使用年限较长、维修方便、能源转换效率高的特点。目前国内市场上主流太阳能电池为晶硅类电池和薄膜类电池两大类。

（3）逆变器的要求。逆变器的选择应该考虑转换效率、直流输入电压、最大功率点跟踪、低电压耐受能力等方面，逆变器还应具有多种保护功能及监控数据采集功能等。

5.4　现场规划

为了达到最佳的使用效果，应对光伏面板进行合理规划。现场安装光伏面板的屋顶倾斜角度应根据太阳光照角度确定，查阅《中国各省市光伏电站最佳安装倾角、发电量及年利用小时数速查表》得出：浙江省台州市光伏面板的安装角度为 23°。选择新河服务区综合楼坡屋面的南侧布置光伏面板。

新河服务区直流侧总容量为 308kWp，交流侧容量为 262kW，采用 540kWp 单晶单面光伏组件，使屋顶分布式光伏，组件正面朝南，23°倾角安装，18 件组件为一个组串，每 16 组串接入 1 台组串式光伏逆变器，共需 2 台逆变器（新河服务区南北各一台），经 2 台并网计量柜接入配电系统。

同理，城北服务区直流侧总容量为 120kWp，交流侧容量为 102kW，采用 540kWp 单晶单面光伏组件，使屋顶分布式光伏，组件正面朝南，23°倾角安装，18 件组件为一个组串，每 13 组串接入 1 台组串式光伏逆变器，共需 1 台逆变器，经并网计量柜接入配电系统。

6　电费节省分析

温岭市地处浙江沿海地区，太阳能年利用小时数为 1095.73 左右。光伏发电首年衰减 2%，第 2 年至第 20 年年衰减为 0.55%。光伏组件能量转换率约 85%，在可利用光照下，新河服务区平均每小时发电量为 262kWh，平均每小时用电量约 166kWh，光伏发电 166kWh 将自用，剩余 96kWh 并网。同样，城北分中心每小时用电 37.5kWh，在可利用光照的情况下，光伏发电 37.5kWh 自用，剩余 64.5kWh 并网。根据《国网浙江省电力有限公司关于 2023 年 8 月代理工商业用户购电价格的公告》，一般工商业 1～10 kV 伏两部制电价价格为尖峰时段 1.25 元/kWh、高峰时段 0.93 元/kWh、低估时段 0.3797 元/kWh。预估一年 50%的天数为晴天，平均一天可利用光照为 6h，时间段在 9 时 30 分至 15 时 30 分，其中 11 时至 13 时为低谷时段，其余为高峰时段。根据上述数据进行电费节省测算，见表 1、表 2。

新河服务区光伏发电系统（308kW）20 年节省电费估算　　　表 1

年数	低谷时段可用电量（kWh）	低谷时段节省电费（元）	高峰时段可用电量（kWh）	高峰时段节省电费（元）	总可用电量（kWh）	总节省电费（元）
每年	60630	23021	121231	112745	181861	135766
20 年	1212600	460424	2424620	2254897	3637220	2715321

城北管理分中心光伏发电系统（120kW）20 年节省电费估算　　　表 2

年数	低谷时段可用电量（kWh）	低谷时段节省电费（元）	高峰时段可用电量（kWh）	高峰时段节省电费（元）	总可用电量（kWh）	总节省电费（元）
每年	13697	5201	27393	25475	41090	30676
20 年	273940	104015	547860	509510	821800	613525

除此之外，光伏发电还有并网电价收入，并网除税综合单价按照 0.36 元/kWh 计算，新河服务区和城北分中心并网电量收入见表 3、表 4。

新河服务区光伏发电系统（308kW）20 年并网收入估算　　　表 3

使用年	发电量（kWh）	并网电量（kWh）	并网收入（元）	使用年	发电量（kWh）	并网电量（kWh）	并网收入（元）
第 1 年	287081	105190	37868	第 11 年	267716	85825	30897
第 2 年	281339	99448	35801	第 12 年	266243	84352	30367
第 3 年	279792	97901	35244	第 13 年	264779	82888	29840
第 4 年	278253	96362	34690	第 14 年	263323	81432	29315
第 5 年	276723	94832	34139	第 15 年	261874	79983	28794
第 6 年	275201	93310	33592	第 16 年	260434	78543	28275
第 7 年	273687	91796	33047	第 17 年	259002	77111	27760
第 8 年	272182	90291	32505	第 18 年	257577	75686	27247
第 9 年	270685	88794	31966	第 19 年	256160	74269	26737
第 10 年	269196	87305	31430	第 20 年	254751	72860	26230
年均发电量、并网电量及并网收入	268800	86909	31287	总发电量、并网电量及并网总收入	5375998	1738178	625744

城北管理分中心光伏发电系统（120kW）20 年并网收入估算　　　表 4

使用年	发电量（kWh）	并网电量（kWh）	并网收入（元）	使用年	发电量（kWh）	并网电量（kWh）	并网收入（元）
第 1 年	111764	70674	25443	第 11 年	104225	63135	22729
第 2 年	109529	68439	24638	第 12 年	103652	62562	22522
第 3 年	108926	67836	24421	第 13 年	103081	61991	22317
第 4 年	108327	67237	24205	第 14 年	102515	61425	22113
第 5 年	107731	66641	23991	第 15 年	101951	60861	21910
第 6 年	107139	66049	23778	第 16 年	101390	60300	21708
第 7 年	106550	65460	23565	第 17 年	100832	59742	21507
第 8 年	105964	64874	23354	第 18 年	100278	59188	21308
第 9 年	105381	64291	23145	第 19 年	99726	58636	21109
第 10 年	104801	63711	22936	第 20 年	99178	58088	20912
年均发电量、并网电量及并网收入	104647	63557	22881	总发电量、并网电量及并网总收入	2092939	1271139	457610

经市场调研，新河服务区、城北分中心设备投资及维护成本分别约 145.68 万元、6.76 万元。根据上述表格中的数据显示，光伏发电所节省的电费及并网收入远高于投入成本。因此光伏发电系统的经济效益明显。

7 结论

本文通过系统分析，最终得出温岭联络线项目建设光伏发电系统是一项响应政策、树立品牌、提升效益的工作的结论。

（1）响应国家政策。绿色发展是国家倡导的发展理念之一，在此基础上，国家陆续出台了建立碳排放市场、支持清洁能源、实施能源效率标准等一系列节能减排政策，温岭项目建设光伏发电系统契合了当下发展趋势。

（2）提升社会效益。温岭联络线项目作为温岭市单项投资规模最大的基础设施项目，更是电建路桥公司对外宣传的重要名片。其中高速服务区又是高速公路对外展示的窗口，建设光伏发电系统将有助于企业对外宣传，有利于公司建立良好的口碑，提升软实力，增强社会效益。

（3）产生经济价值。温岭联络线项目建设光伏发电系统之后，年平均收益将达到 24.97 万元，20 年运营期收益更是高达 499.4 万元。建设光伏发电系统对项目运营的降本增收、提高企业竞争力具有重要价值。

平台公司PPP项目总承包部安全管理工作的思考与对策

丁光才[1] 李金菊[2]

（1. 中电建路桥集团有限公司　北京　100048；2. 中国水利水电第五工程局有限公司第一分局　四川成都　610066）

摘　要：安全生产是企业生存和发展的最基本要求。为做好项目安全生产工作，本文以某平台公司PPP项目为例，通过分析以往平台公司总承包项目的经验教训，得出安全管理的一些见解；同时就如何更好地做好总承包部安全管理工作进行阐述。

关键词：安全管理；总承包部；PPP项目

1　引言

在平台公司项目PPP模式中，大多公司采取"项目公司+监理+总承包部+工区"的管理模式，项目公司由社会投资人进行组建，并实行项目法人责任制，履行建设单位安全法定责任。总承包部负责项目全过程组织管理，统筹并监督指导各工区的安全工作，就本项目的总体安全目标向上级单位负责；工程局是本项目的实施主体，负责各自承建项目范围内的各项安全工作，并接受总承包部的管理。从以上职责划分可以看到总承包部管理的重要性。一般而言，总承包部安全管理工作是指，作为施工总承包单位，从项目开工到交工期间内，为达到一定的安全管理目标而采取的安全管理活动，总承包部安全管理工作开展的多少或好坏直接影响项目发展进程，其重点体现的应该是总承包单位的安全管理行为。

2　总承包部安全管理核心内涵

做好总承包部安全管理工作，首先需要厘清其安全管理职责。正如前言所讲，总承包部虽然是一个管理单位，但履行的是施工单位安全主体责任，这就需要总承包部将各工区纳入总承包安全管理，树立"介入式"安全管理理念[1]。总体来说，总承包部安全管理的核心内涵是：对上将项目公司及行业行政主管部门的要求转化为自身所需，对下以一个管理单位的角色实施对各工区的安全管理。自身通过制定管理制度、管理措施，建立并有效执行与项目总承包规模相匹配的安全管理机制，及时、有效地指导各个工区的安全管理工作，做好谋篇布局，加强安全管理策划，实施过程动态管理，寻求一条高效的"安全之路"来更好地服务项目安全管理。

3　严格进行合同安全约定

项目开工之初，总承包部应在各工区的主合同框架下，有针对性地起草安全管理履约考核协议书，详实列明项目安全创优目标、工地安全生产标准、平安工地创建标准等要求及违约行为的处罚，为体现奖罚分明原则，还可以列明相关奖励条款。通过安全协议书的约定，将各方安全条款进行约定，确定合同双方的权利和义务；在具体实施过程中通过对工程安全严密把关，定期进行安全履约考核，实施奖惩，提高各工区做好安全管理的主动性和积极性。

协议书的生命力在于执行，执行到位对项目持续健康发展具有重要意义。在执行过程中，监督是重要环节，如果监督不力，会直接影响协议的贯彻与执行。为避免协议书流于形式，总承包部还应出台配套安全管理制度，采取各种措施强化对协议书执行的监督管理，避免消极执行、机械执行、盲目执行、低效执行等问题。

4　重视安全策划谋篇布局

"安全生产，策划先行"。项目安全管理策划是一种具有建设性、逻辑性的思维过程，制定安全策划是在掌握上级对项目安全管理的具体要求后，结合项目自身安全管理需要，对项目安全管理进行系统规划、策划、部署和实施，根据策划要求分类分项进行细部安全建设。认真开展安全管理策划并有效执行，能够有效提高项目安全管理的计划性、预见性和成效性。

安全管理策划可分为项目总体安全管理策划和细部安全管理策划。总体安全管理策划，须结合项目管理模式、施工特点、安全风险评估、安全创优目标、自身安全管理需要等方面统筹考虑，包括安全策划目标、总体要求、策划思路、安全管理体系建设、安全管理机构及安全管理队伍建设、安全生产标准化建设、平安工地建设、班组安全建设和安全保障措施建设等内容，涉及的策划具体工作流程、工作内容须按照有关要求确定。总体安全管理策划书是总承包部安全工作中一切活动实施的纲领性文件，内容篇幅不宜过多，主要阐明每项建设工作思路、核心内涵、具体工作，对于具体工作，需要提出具体要求、完成时间和责任单位(部门)。对于细部安全管理策划，其是为了具体的工作而制定的一种"文案"或"实施方案"，用于指导每个子安全系统建设。

5 建立健全安全管理体系

安全管理体系在安全管理领域分类不一，根据以往工程建设安全管理经验，安全管理体系可分为四大块进行建设，分别是"安全责任体系""风险管控体系""隐患排查治理体系""应急救援体系"，并按照安全管理"关口前移"理念，将各体系功能作用进行系统设计。

5.1 安全责任体系

在安全责任体系建设上，以"四个责任体系"和"全员安全生产责任制"为切入点，通过横向到边、纵向到底的责任管理，制定相应人员的安全职责。职责要求通俗易懂，尽量使用责任清单。在安全责任体系管理过程中，总承包部开展落实企业安全生产主体责任活动，并通过签订安全责任书、安全履职情况检查和定期述职对活动开展情况进行检查。每月或每季度应进行责任制考核，并实施奖惩。

5.2 风险管控体系

风险管控是健全完善项目安全风险分级管控和隐患排查治理双重预防机制中的一项内容，按照安全风险"分级管控"的原则，总承包部须明确各级单位与各级人员的职责，制定安全风险分级管控管理办法和实施细则，构建风险辨识、评估、预警、防范和管控的闭环管理体系，对安全风险分类、分级、分专业进行管理，落实具体的责任单位、责任人和具体的管控措施，包括制度管理措施、在线监测措施、视频监控措施、自动化控制措施、应急管理措施等。

5.3 隐患排查治理体系

隐患排查治理是健全完善项目安全风险分级管控和隐患排查治理双重预防机制中的另一项重要内容。隐患排查治理体系重点强调事前和事后管理。事前管理强调的是预控，也就是危险源的管理，将所有可能存在的危险源全部辨识出来，对在具体作业过程中产生的危险源采取控制措施，确保危险源管控到位；事后管理是指由于危险源的管理不到位或是其他原因而产生隐患后的管理，强调的是治理，也就是隐患的治理。不管是危险源管理还是隐患治理，都需要开展相应安全管理工作，确保现场安全平稳。

6 强化安全生产标准化

安全生产标准化工地是项目对外形象展示的重要手段，也是形成自我约束机制的重要抓手，安全生产标准化工地能够保证作业环境的安全性，营造良好的施工作业氛围非常重要。项目总承包部应整合项目资源，挖掘项目各作业环节潜力，按照行业标准规定，组织编制标准化手册，开展达标考核，充分调动各参建单位安全生产标准化工作的主动性和积极性。执行过程中要统一标准，树立样板，实行安全生产标准化常态化考核。

安全生产标准化策划方案可以按照"统一规划、合理布置、分次实施"的原则进行编制，并在总体策划方案的基础上编制细部策划。根据项目总体平面布置、现场条件及需要展示的区域、内容，结合项目标准化工地建设和平安工地建设要求，对项目进行一个总体策划，需要展示的内容必须认真思考、谋划。需要注意的是项目总体平面布置非常关键，各临建设施需要围绕主体工程线路进行布置；结合迎检线路设计，保证外部单位进行检查时按照设计线路进行检查。除了总体策划方案外，还需要进行详细的策划，细部策划可按照工程进展（以公路项目为例）划分驻地、钢筋加工场、预制梁场、拌合站、路基施工区、桥梁施工区、隧道施工区等，合理划分集中区，然后分别制定相应的细部策划。一个好的厂区布置，应合理划分各个功能模块，完成集中区现场总体布局是总揽工程安全文明施工全局的最重要条件之一，其场容场貌的视觉形象直接关系着工程安全文明施工的成功与否。

7 做好安全保障措施

项目安全保障措施是既定安全管理目标的实现及安全管理体系的正常运转所依靠的保障，即为了做好安全工作可以采取的相关手段，这在安全管理上必不可少[2]。项目安全保障措施可以分为安全管理制度保障、安全教育培训保障、安全技术保障、安全检查保障和安全奖惩保障等。

7.1 安全管理制度保障

一套科学严谨、系统全面、有效管用的安全制度体系对于安全工作能够起到事半功倍的作用。在项目策划阶段，项目总承包部应该仔细研究，梳理好可能会需要的安全管理制度，尤其是能够提升工区搞好安全工作积极性和主动性的安全奖惩制度，并严格落实，形成以制度管理、约束、激励的良好氛围。好的制度还需要好的制度执行文化，制度的生命力在于执行，制度执行到位对项目安全健康发展具有重要意义。在执行和维护制度方面，应该发挥领导干部特别是主要领导干部的作用，同时在安全管理制度建设中，还需要注意解决制度执行与现场管理"两张皮"问题，以及缺少结合项目管理制定的配套管理细则和措施等问题。

7.2 安全技术保障

对于安全技术保障，需要重点保障安全技术措施对安全生产的支撑作用。应按照有关要求识别危大工程，建立危大工程清单，做好专项施工方案编制及审核、专家论证及交底，交底重点内容应为工程施工中可能存在的危险点、针对危险点的预防措施、安全操作员规程、应注意的安全事项和发生险情的应急处置。同时，还需要制定危大工程安全管控措施，采取有针对性的、能够确保现场安全的安全技术措施，定期开展危大工程安全生产条件动态核查，完善技术措施现场检查、验收及整改等相关资料。

7.3 安全检查保障

为减轻项目安全管理人员工作压力，提高安全管理工作效率，弥补各类安全管理过程中可能存在的缺陷，安全检查保障需要制定相应安全检查方案、细则，明确各类检查的内容、参与单位、组织单位、验收单位及相关管理要求。在具体安全检查中可设计各类安全检查表，明确各类安全检查工作标准，对安全检查工作进行"流程化"设计，考虑各项安全管理必须开展的关联性工作，形成"流程化"安全管理工作链条，确保安全管理工作及时、有效开展。

7.4 安全奖惩保障

安全奖惩保障需要制定相关办法，按照"以奖为主、以罚为辅、奖罚分明、惩前毖后"的原则，对正面典型进行奖励，对负面典型进行处罚，鼓励先进、督促后进，双管齐下，实现共同进步。同时需要把握分寸，避免乱奖乱罚和重奖重罚，这样能够提高员工做好安全工作的积极性，也能够避免因奖罚不合理而产生安全管理工作的懈怠。

8 发挥安全科技驱动支撑

目前，有些企业在某些项目上的安全管理工作还停留在"低科技水平"，未能顺应时代潮流发挥安全科技信息化保障，未将安全科技作为安全生产工作的重要支撑和强大驱动，在"互联网+安全管理"模式上探索不足，诸多安全管理工作主要靠"人"来完成，受限于"人"的知识和经验水平，难免出现管理不到位或疏忽的地方，不利于项目在安全方面的精细化管理。

随着我国信息化的快速发展和信息技术与传统产业的不断融合，工程建设行业与信息技术的融合也在不断深入，项目管理逐渐进入智慧化、网络化、电子信息化时代。尤其是近些年来，随着交通工程建设的全面发展及建设规模的不断扩大，工程安全管理的风险也在逐年升高，因此对工程安全管理工作的提出了新的要求。作为安全管理工作，应该顺应企业发展潮流，转变安全管理观念，激发安全管理活力，将安全生产纳入"多规合一"，加快推动安全生产工作转型升级，促进项目安全发展提质增效。可有选择地采用如平安守护系统、第三方安全咨询服务、BIM信息化技术、视频监控系统、智慧型工地建设等安全科技信息化措施，以"专业化、信息化、机械化、工厂化"为支撑，实现先进工艺、专业施工、机械化换人、自动化减人目标，正确发挥其作为安全生产工作的重要支撑和强大驱动力的作用。

9 结论

当前，各平台公司在建工程投资规模大、建设任务重，施工安全风险高，不可预见因素多，灾害事故发生的隐蔽性、复杂性、耦合性越发突出。近些年来，国家、行业、地方又出台了大量、新型安全管理规定和要求，传统安全管理方法的局限性越来越明显，安全生产工作发展不容乐观。作为平台公司总承包部，如何建立并有效执行与项目模式、规模相匹配的安全管理体系机制尤为重要，需要正确理解总承包部安全管理的核心内涵，深入开展安全基础建设和安全保障机制建设，系统化、常态化、标准化开展安全生产管理工作，采取行之有效的安全管理方法，将项目安全管牢、管好，形成总承包部自我安全管理与控制机制。

参考文献

[1] 黄献新. 实施精细化管理，项目策划先行[J]. 企业管理. 2016(1): 356-357.

[2] 广西壮族自治区建设厅. 牢固树立"以人为本"的理念 建立安全生产管理长效机制[J]. 安全生产与监督, 2008(1): 20-21.

浅谈高速公路施工安全管理现状及建议

肖 顺[1] 潘青建[2]

（1. 中电建路桥集团有限公司 北京 100048；2. 中国水利水电第四工程局有限公司 青海西宁 810000）

摘 要：随着我国公路建设事业的飞速发展、公路建设规模的不断扩大，高速公路建设资源供给急剧增加，对施工企业、设备及施工人员的整体素质等提出了较高要求。温岭联络线项目坚持"以人为本"的思想，切实重视安全生产工作，提出强化顶层设计、坚持高位推动，加强培训交底、注重现场实效，聚焦风险分级管控、深化双控机制建设，以安全标准化护航、筑牢安全高效堡垒，利用科技手段赋能、助推高水平安全管理的建议。

关键词：高速公路；安全管理；现状及建议

1 引言

我国交通基础设施建设规模的不断扩大，在当今社会经济发展中正在发挥越来越重要的作用，近年来高速公路发展异常迅猛，新建高速公路不断增加，建设资源供给与需求不适应的矛盾逐渐显现，经济社会发展方式的转变对工程安全提出了新的更高的要求[1]。党的十九届五中全会首次把统筹发展和安全纳入"十四五"时期我国经济社会发展的指导思想，并列专章作出战略部署；党的二十大报告首次用专章对"推进国家安全体系和能力现代化、坚决维护国家安全和社会稳定"作出论述，首次用专节来部署提高安全治理水平，指出"坚持安全第一、预防为主，建立大安全大应急框架，完善公共安全体系，推动公共安全治理模式向事前预防转型"。这些都突出了安全工作在党和国家中的重要地位，同时也反映出现阶段生产安全面临着新的压力和挑战。本文主要通过对甬台温高速至沿海高速温岭联络线项目施工安全管理过程进行分析和总结，提出几点建议。

2 高速公路施工安全管理现状

2.1 工程概况

甬台温高速至沿海高速温岭联络线是《浙江省综合交通运输发展"十三五"规划》重大建设项目，是《台州市综合交通运输"十三五"发展规划》中的"南部通道"高速公路网络的重要组成部分。项目概算总投资为128.49亿元，其中投标建安费用为63.32亿元。全线位于台州温岭市，总体自西向东走向，起点位于台州温岭市大溪镇，终点位于沿海高速温岭北互通南侧2.0km，全长32.871km。主线采用双向六车道设计，路基宽度采用33.5m，设计速度为100km/h，主要结构为两桥一隧少路基，包含1座3828m桥梁、1座1702m隧道、1座25913m桥梁与98m路基。设置一般互通立体交叉3处，枢纽互通立体交叉2处，服务区1处，互通收费站3处。主要工程量：桩基7420根（最大桩长103m），承台720个，圆形墩柱4320根，门式墩柱239个，花瓶墩707个，普通盖梁1525片，预应力盖梁392片，变截面悬臂浇筑连续梁18座（主跨60～75m、桥长130～165m），支架现浇连续箱梁41联，钢混叠合梁7处，预制安装T梁14927片等，合同工期36个月。

2.2 各级政府对生产安全的高度重视

近年来，重特大事故频发，仅2019年全国就发生了包括江苏响水天嘉宜化工有限公司"3·21"特别重大爆炸事故、河北衡水翡翠华庭"4·25"施工升降机轿厢坠落重大事故在内的十大安全事故，共造成223人死亡。高速公路施工领域，2019年云南省发生了昭通市威信县扎西隧道爆炸事故和临沧市安石隧道突泥涌水事故2起，2023年发生了四川凉山州沿江高速公路"8·21"山洪灾害事故和成都金简仁快速路项目"9·13"坍塌事故。事故给相关企业和人员带来了无可挽回的损失，针对严峻的安全生产形势，习近平总书记多次对安全生产工作作出重要指示，充分体现了习近平总书记和党中央对安全生产工作的高度重视，充分体现了"以人民为中心的发展思想"和坚持"人民至上、生命至上"的发展理念，安全生产工作重要性和重视程度空前[2]。

面对公路施工领域安全生产工作的严峻形势，浙江省行业主管部门和地方政府在总结各地经验的基础上，相继出台了《浙江省公路水运建设工程施工现场安全标志和安全防护设施设置规定》《浙江省公路水运工程"平安工地"建设达标考核管理办法》《浙江省交通建设工程施工安全风险管理办法》《浙江省交通建设工程施工工点防护标准图册》等文件，并推行了数智化高速建设，通过不断加大行业监管力度，有效推动数智技术落实到安全生产各个环节，对高速公路施工安全生产工作的规范化、标准化、数智化作出了严格规定。

2.3 高速公路施工风险较高

温岭联络线项目包括隧道、桥涵及路基施工。施工过程存在的安全风险主要为：
（1）施工工艺复杂，施工安全组织难度大。
（2）涉铁涉路多，共线距离长。全线与主干道8条、其他道路共29处交叉，交通疏导复杂，安全隐患大。
（3）桥隧比极高，主线高达99.7%。
（4）沿线居民居住集聚，施工干扰大，安全管理难度大，工期紧。
（5）沿线水系发达，航道河流密布。

3 高速公路施工安全管理几点建议

3.1 强化顶层设计，坚持高位推动

高速公路项目应坚持前期安全管理策划，对整个项目实施过程中安全管理的战略性总体规划，对后期项目的实施和管理起着决定性作用。温岭联络线项目公司自成立后，根据PPP合同安全管理条款，结合自身管理要求编制了项目安全管理策划书，从管理目标、管理机构、制度建设、重难点分析、风险管控、标准化建设、平安工地建设等方面制定了工作标准与思路，并在整个项目安全管理实施过程中，作为温岭联络线项目公司安全管理总纲领文件，严格执行，并不断优化内容，对后续各项工作的高标准开展、标准化工地建设、平安工地创建起到了科学指导作用。

3.2 加强培训交底，注重现场实效

法律法规、标准规范是项目管理的依据，项目各级管理人员、作业人员在项目开始时必须及时购买、收集国家、地方、行业主管部门的法律法规及标准规范，并集中精力广泛组织项目各单位对骨干力量人员进行集中培训教育学习[3]，同时也要注重对施工作业人员的培训和交底。安全管理人员要根据现场施工进展，针对不同工序、不同阶段进行分析总结，并及时进行宣传培训和交底。在培训和交底前，要化繁为简并设计出通俗易懂的课件，而不是生搬硬套规范规程和专项方案，并积极与作业人员互动，听取反馈意见，不断完善和改进，切实达到实实在在的培训效果和交底效果。

3.3 聚焦风险分级管控，深化双控机制建设

开展安全生产风险分级管控和隐患排查治理双重预防机制建设，是切断危险从源头（危险源）到末端（事故）的传递链条，形成风险辨识管控在前、隐患排查治理在后的"两道防线"，是有效遏制事故发生最根本的工作。温岭联络线项目将此作为建设期安全管理的一项核心工作，结合项目实际，出台了"施工安全风险分级管控和隐患排查治理管理办法"，督促各参建单位建立健全双控机制，构建风险识别、评价与管控的闭环管理体系，采取风险告知、风险作业点现场监督、信息化视频监控、运行效果评价等手段，进一步推进和防范化解各类安全生产风险。全年按分项工程共识别较大风险88项，一般风险63项，较小风险252项，并形成风险分级责任管控清单一张表。在管理过程中，将重大安全风险列为项目公司日常隐患排查、检查及考核必查项目，将较大及以上安全风险列为总承包部日常隐患排查、检查及考核必查项目，在实施过程中针对普遍性、规律性、系统性、制度性问题，建立安全风险"常普常新"工作

机制，针对项目施工活动和管理重点，开展各类专项排查治理活动。全力推动双控机制与温岭联络线项目日常管理体系深度融合，对项目建设有效防范或遏制安全生产事故起到了事半功倍的效果。

3.4 以安全标准化护航，筑牢安全高效堡垒

全面推进安全生产管理标准化、作业现场标准化、操作过程标准化，不仅是为了树立企业品牌，彰显企业形象，而且还是解决当前建设任务日趋繁重、施工环境复杂、安全管理力量相对有限、安全形势比较严峻的有效举措。温岭联络线项目通过观摩学习，集建设、施工、监理单位合力完成了安全生产标准化策划工作，形成了"甬台温高速至沿海高速温岭联络线 PPP 项目安全标准化建设指南""安全标准化建设实施方案"，指导并打造了防护建设等标准化的全线 6 处三集中场站建设、36 处危大工程施工工点，实现了现场集约化、规模化、规范化和标准化，工程安全、文明施工、平安工地建设取得了阶段性成果，得到了行业主管部门和社会业界的认同和赞誉。在标准化打造上，一方面充分依托先进场队伍标准化样板形象打造，通过对标学习，取长补短；另一方面建立有效的激励机制，定期考核，奖优罚劣，全面推进了安全生产标准化建设。

3.5 利用科技手段赋能，助推高水平安全管理

温岭联络线项目全力打造数智化高速公路，推广应用一系列智能化施工设备和数字化施工技术，实现了工程建设数字化、智慧化安全管控。主要体现在以下几个方面：

（1）积极应用成套系统的自动化、智能化的大型施工设备和定形式、装配式的安全防护设施，如隧道施工八台套、智能钢筋加工设备、自行式液压 T 梁模板、三维激光摊铺机等。以机械化代人、自动化换人方式，提升本质安全水平。

（2）开发应用工程管理信息化云平台，建立动态安全监控平台，为项目安全管控提供技术保障。

（3）开发应用物联网管控平台，对涉及安全生产的数据进行自动采集、全程监控、实时管理，实现工地智慧化安全管控。通过智慧用电、视频监控、洞口门禁和人员定位等集成应用，对区域整体状态做快速巡检，把握安全态势并及时响应，使现场安全可控。

（4）数智化高速公路与安全生产的深度融合，突出预防为主，强化数智化系统对安全风险的管控能力、事故隐患的排查能力和对安全生产突发状况的及时警报能力，通过一系列科技手段助推高水平安全管理。

4 结论

新形势下，高速公路施工安全管理通过强化顶层设计、坚持高位推动，加强培训交底、注重现场实效，聚焦风险分级管控、深化双控机制建设。以安全标准化护航，筑牢安全高效堡垒，利用科技手段赋能、助推高水平安全管理等多项举措，全面提升高速公路项目施工安全管理水平，为项目施工生产保驾护航。

参考文献

[1] 毛建华. 高速公路施工安全管理探究[J]. 科学中国人, 2017(8Z): 116.

[2] 常杰. 谈高速公路施工安全管理[J]. 山西建筑, 2011(32): 235-236.

[3] 吴忠广, 张好智, 吴林松, 等. 高速公路施工安全管理标准化建设研究[J]. 标准实践, 2019(8): 107-111.

浅谈高速公路建设项目 PPP 模式下安全生产管理措施与思路分析

方宏广[1]　王　伟[2]

（1. 中电建路桥集团有限公司　北京　100048；2. 浙江同源工程咨询有限公司　浙江杭州　311200）

摘　要：近年来，我国的高速公路项目建设有了很大进展，PPP 模式作为政府和社会资本合作的一种项目运作模式，在高速公路项目投资建设方面起到为政府缓解增量债务、减少预算增量、缓解债务扩张压力的作用。因此能为政府提供表外融资、化解政府性债务风险的 PPP 模式已成为当下高速公路项目建设的主流趋势。以 PPP 模式下总承包安全生产管理为研究对象，对比了传统模式和 PPP 模式下的安全生产管理差异，并就 PPP 模式下的总承包施工过程中的安全生产管理的问题进行深入研究。

关键词：PPP 模式；总承包；安全生产管理

1　引言

近年来，我国通过政府与社会资本方合作模式（以下简称"PPP 模式"）的推广应用，旨在降低地方政府的投资压力，增加社会资本活力[1]。与此同时，为了促进经济社会的发展，高速公路项目建设不可或缺，高速公路建设和经济社会城市的发展相辅相成。所以，对 PPP 模式在高速公路项目建设工作中的运用进行研究具有实际意义。

2　PPP 模式的相关概念阐述

政府与社会资本合作（Public-Private Partnership）模式，简称"PPP 模式"，是一种新兴的公共基础设施建设与管理合作模式。政府公共部门与社会资本方按照专门合同的约定开展合作，通过管理项目公司（SPV 公司）等手段共同开展项目的前期工作、建设、运营和移交等全过程工作[2]。政府方可为建设项目在政策、财政资金、行政等方面提供良好保障，而社会资本方除提供资金外，还可利用自身能力发挥建设、管理等作用。PPP 模式工程相比传统建设工程，具有缓解财政压力、增强市场活力、促进财政薄弱国家和地区的基础设施建设等优点，在基础设施开发和工程建设领域已迅速普及。

2.1　PPP 模式的特点

（1）合作关系：合作关系是 PPP 项目的前提条件，双方必须在项目目标、项目运作、项目盈利、项目落实等方面达成一致。合作主要是在基础设施、公共产品和公共服务领域，如市政设施、城市更新、医院、学校、体育场馆、高速公路等。

（2）利益共享：项目实施的成果是属于双方的，不是简单地归属于某一方。同时，PPP 项目一般都是属于公益性项目，所以项目在盈利方面一定不能超出公众的接受范围。PPP 项目的盈利一般都是长期且稳定的。

（3）风险共担：任何的项目运作都有失败的风险，如果项目最终运作失败，或者在项目运作过程中存在一些风险，都必须是双方共同承担，任何一方都不能够逃避。

2.2　PPP 模式的优点

（1）PPP 模式实质上是政府部门与社会资本方为实现各自目标而采取的资源整合方式之一，政府部门与社会资本方可通过约定建立合作关系，以达到风险合理分担、利益合理分配[3]。从一定程度上讲，PPP 模式下的政府部门与社会资本方关系，并不同于传统意义上的建设方和投资方，PPP 模式下政府部门与社会资本方之间是伙伴式合作关系，他们利益共享、风险共担，更加与惠、公平、相容。其中最为显著的变化就是 PPP 模式中，政府部门的作用是监督管理，主要是因为政府部门能够建立相关规则，促使社会资本方为其提供所需的商品和服务。

（2）社会资本方有足够的资金储备和良好的管理能力，可有效减轻地方政府对市政基础设施建设的资金压力。政府将PPP模式应用于基础设施建设，对于低效项目，可采取转让等形式取得资金，以归还银行贷款，将PPP模式应用于新建工程，也能避免引发新一轮的地方政府债务危机。

2.3 温岭联络线PPP项目简介

温岭联络线项目总投资为128.49亿元，建安费用为63.32亿元。线路全长32.871km，位于台州温岭市，自西向东走向，主线采用双向六车道设计，路基宽度采用33.5m，设计速度100km/h。全线特大桥23729.96m/8座；互通枢纽桥（主线）5600.98m/5座；隧道1座，左洞长1672m，右洞长1702m。计划完工时间为2023年底。

温岭市人民政府授权温岭市交通运输局作为实施机构，构建建设-运营-移交（BOT）模式的PPP项目，通过公开招标方式实施，回报机制为"可行性缺口补助"。项目合作期限23年（建设期3年，运营期20年）。政府出资方代表与社会资本方共同出资成立项目公司，项目公司负责项目融资、投资、建设、运营和移交工作，合作期满后将项目设施无偿完好地移交给政府方。

3 项目安全管理思路及措施

温岭联络线项目自开工以来，总承包部根据国家法律法规要求，结合公司相关安全管理制度，制定了安全生产与职业健康、能源节约与生态环境保护等各项管理制度文件。在日常安全管理过程中，以制度文件为根本，切实履行施工单位安全管理主体责任，确保施工现场安全生产条件满足要求，保证了项目安全生产工作平稳有序进行，实现了让安全管理为项目建设提质增效的目的。

3.1 安全管理思路

（1）树立"三零"（零伤害、零事故、零损失）安全管理目标，以"高标准、严要求"促进管理人员履职尽责，保证安全管理工作平稳有序。温岭联络线项目自开工以来，总承包部通过前期安全管理策划，确定树立明确的"三零"安全管理目标，让各级管理人员明确日常安全管理工作的责任，从思想上重视，行动上得到落实。"三零"目标的确立，是公司深入学习贯彻习近平总书记关于"人民至上，生命至上"重要论述和落实行业主管部门安全管理要求的具体体现，为项目安全生产管理工作，指明了方向，描绘了蓝图，有力地推动了项目的安全生产管理工作。

（2）建立安全生产管理制度并严格监督制度落实，确保人人肩上有担子，人人心中有安全，从而提升项目安全管理实效。开工以来，总承包部根据公司安全管理制度文件，结合项目实际情况，共制定安全生产制度21项，引用公司安全管理制度14项，制定职业健康、环境保护、能源节约制度19项，各项制度的建立为确保项目安全生产提供了有力的支撑，为项目安全生产保驾护航。总承包部依据"党政同责、一岗双责、齐抓共管"的原则建立了安全生产责任制，制定了安全生产责任制度。各分部通过与协作单位签订安全生产责任书，直到每个作业工人，切实将安全生产责任落实到基层。总承包根据各职能部门的特点，明确各部门的安全管理责任，定期对安全生产责任制度进行考核，通过奖优罚劣促使各级管理人员做好安全管理工作。

（3）强化顶层设计，明确"四个责任体系"安全管理职责，形成示范效应，上行下效做好项目安全生产工作。总承包部根据公司的相关安全管理制度文件，建立"四个责任体系"管理制度，从行政管理、技术支撑、生产实施、安全监督4个方面明确了总承包部四大班子安全管理责任，明确四大主线各自不同的安全管理方向和要求，从而促进整个总承包部安全管理链条快速高效运转。同时要求各分部建立起"四个责任体系"管理制度，并延伸至施工作业班组，上下一致，各个链条相互独立又相互融合，确保各项安全生产要求落地生根，确保项目建设安全有效。

（4）加大考核力度，依据制度做好日常考核工作。奖优罚劣，以鼓励先进，鞭策后进，督促全员落实安全生产责任。总承包部每季度会对各分部进行考核并根据考核结果对相关人员及单位进行奖惩，了解各级管理人员履职尽责情况，查找安全管理工作中的不足之处，从而更好地促进各级管理人员不断提升安全管理能力和水平，从而促进项目安全生产管理工作形成螺旋式上升趋势，确保项目各项安全生产管理工作整体提升。通过考核奖惩的形式，在项目安全管理工作中，形成比学、赶、超的良好氛围。

3.2 安全管理措施

（1）落实全员安全生产责任制，签订安全生产责任书，明确安全生产责任，形成安全人人管的安全管理良好氛围。开工以来，根据总承包部安全管理制度，每年管理人员都要签订安全生产责任书，让所有的管理人员明确自己的安全责任，以便在日常管理工作中更好地履职尽责，使得全员安全生产责任制落地生根。全员签订安全生产责任书，使得落实全员安全生产责任有抓手，为落实全员安全生产责任制提供强力支撑。

（2）按照制度要求，总承包部定期召开安委会、月度安全专题会议，及时发现问题、解决问题，提升现场安全管理工作的有效性。总承包部每季度召开安委会，相关领导掌握了解三个月来的安全生产情况，各分部及时反映安全生产问题，领导班子根据实际情况对相关问题给出处理方案或者建议等，有力推动了安全问题的解决。

（3）项目开展了形式多样的安全教育培训活动，促使项目安全生产稳步提升。项目开工以来，总承包部的安全生产与环境管理部门联系专业安全讲师，对相关管理人员进行了56场次培训，如针对管理人员的高处作业安全专项培训、涉路施工安全专项培训、急救知识能力专项培训等，通过专业安全讲师的培训，项目管理人员安全管理能力和发现问题、解决问题的能力得到一定提升，积极推动了项目安全生产管理工作。

（4）科学开展风险辨识和评估工作，制定风险管控责任清单，严格落实风险分级管控和隐患排查治理双重预防机制。项目开工前，项目公司聘请有资质的第三方单位对项目开展风险评估工作。根据风险评估情况和相关法律法规等文件要求，制定了安全风险分级管控和隐患排查治理实施办法，并编制了分部分项工程风险分级管控责任清单。针对不同的风险等级采取不同的管控层级。本项目共确定较大以上风险88项、一般风险63项、较小风险252项。通过分部分项工程安全分级管控责任清单，明确管控责任。在日常工作中不定时开展隐患排查治理工作，发现隐患立即整改或者限期整改。通过隐患排查治理机制，将事故消灭在萌芽状态，确保项目不发生安全生产事故。

（5）严格开展季度综合履约大检查、月度综合安全专项检查等活动，加强考核工作，促使各分部履行安全生产责任。总承包部每季度开展综合履约大检查，每月开展综合安全检查等活动，通过检查发现施工现场存在的主要问题，通过考核让分部发现自己的不足和工作的缺失，从而更好地提升安全管理能力。

（6）严格落实标准化管理要求，积极打造标准化工点，提升安全管理人员的能力水平，为实现"三零"目标助力。温岭联络线项目作为省重点项目、台州市和温岭市头号工程，总承包部严格按照浙江省工程管理中心《交通建设工程施工工点防护标准图册》要求，着力打造了一批标准化施工工点。在2022年、2023年高标准承办"台州市交通建设平安百年品质工程"现场观摩推进会，对提升项目安全管理能力和水平起到了极大的促进作用。

（7）创新安全管理新模式，委托安全咨询专业机构开展管理工作，促进项目实现本质安全。温岭联络线项目策划阶段，根据国家法律法规文件要求，结合浙江省公路水运工程安全管理实践经验，通过招标程序，选择专业的安全咨询单位协助工程日常安全管理。通过第三方咨询单位日常巡查、专项检查及在日常管理中提供管理建议等措施，促进日常安全管理实现质的飞跃。

（8）保证安全费用足额投入，确保安全费使用合理合规合法，从物资方面确保现场安全生产条件满足要求。项目前期通过安全费使用策划，编制安全费投入计划，为合理使用安全费奠定基础。总承包部各分部根据安全生产费投入总体计划，编制年度和月度使用计划。在安全生产费使用上，严格按照《企业安全生产费用提取和使用管理办法》（财企〔2012〕16号）第十九条安全生产费使用计划的九大类进行使用。本项目在施工过程中，确保施工生产安全费规范和足额投入，满足行业要求，为实现"三零"

目标奠定了物资基础。

（9）强化特种设备管理，邀请第三方设备监测机构开展专业咨询检测，确保特种设备作业安全。由于温岭联络线项目全线桥隧比高，现场特种设备投入量大、类型多，高峰期特种设备投入约120台。主要包括桥式起重机、门式起重机、电动单梁、架桥机、叉车、塔式起重机、履带式起重机等，针对管理难度大、专业性强、安全管理人员能力有限的特点，总承包部委托第三方设备监测机构每月来施工现场两次，对现场各类设备进行安全检测，查找特种设备安全隐患问题，出具检测报告。总承包部根据检测情况，对相关设备采取维修保养、停止使用等相关措施，确保现场特种设备安全管理处于受控状态。

（10）积极推进"安全码"场景应用，将最新成果应用在公路工程建设项目中，让科技为安全生产管理工作赋能。在项目建设期积极推进"安全码"（工点码、设备码、人员码、防汛码）应用场景。各级检查人员到施工现场后，通过扫描工点码便可知工点信息、本工点是否存在隐患及隐患整改情况，当工点存在重大隐患时，可以采取工点停止施工等措施；通过扫描设备上张贴的设备码，检查人员即可获得设备信息，包括进场时间、验收时间、使用登记证办理情况、操作人员、维保记录等；通过扫描作业人员安全帽上的人员码，可以获得人员工种、个人身份信息、进场时间、三级教育情况、持证情况。通过安全码场景应用，可以更好地为现场安全管理服务，让科技为安全生产赋能，极大地促进了现场安全生产管理能力的提升。

总之，温岭联络项目安全管理虽然难度大、任务重，但是经过科学的管理思路，采取一系列强有力的管理措施，圆满实现了"三零"目标。通过本项目的历练，使得公司安全管理水平实现了质的飞跃，为后续类似项目积累了宝贵经验。

4 项目安全管理不足

通过对温岭联络线项目安全管理举措的深入分析，发现虽然其安全管理取得了一定的成绩，但是存在着安全生产主体意识不强、安全管理力量配备不到位、安全制度体系建设不到位等问题。

4.1 安全管理主体认识不到位

意识决定行为，行为产生后果。许多工程安全生产事故的发生，都是由于安全意识淡薄、安全知识缺乏、安全行为不规范，违规违章所造成的。一是施工单位重经济效益、轻安全生产，未严格执行安全生产法律法规规定的安全生产保障措施，片面追求工程进度、生产效益最大化。二是一线施工人员安全生产意识较为淡薄，缺乏必要的安全生产知识、安全操作技能和自我保护能力，存在冒险蛮干、违章作业的现象。

4.2 安全管理力量配备不到位

安全生产组织者与安全生产管理者是高速公路安全生产管理的重要组成部分，是高速公路施工安全的重要保障。近年来，随着我国基础设施工程的大规模建设，社会各界和各级安全生产监督管理部门越来越重视安全管理工作，安全管理人员面临的压力也日益增大，再加上外地生活、工资收入、考核压力、工作交流等因素，造成大量专职安全管理人员离岗。另外，在高速公路建设中，安全"一岗双责"制度的执行情况也存在差异，兼职安全管理人员的工作责任未得到有效落实，造成安全管理力量不足。

5 高速公路建设项目PPP模式下安全生产管理体系完善措施

5.1 落实安全责任，推进监管分离

根据《中华人民共和国安全生产法》"三管三要"的要求，企业要落实"专业入行"的思想，建立"一岗双责"制度，建立全员遵守的安全责任清单，各参建单位均有责任参与安全生产管理，并严格按照责任清单履行安全职责，保证各项措施落实到位。在高速公路建设安全监管上，把建设单位、监理单位、投资单位、施工单位及安全主管部门和业务部门权责划清，坚持"谁主管、谁负责""管企业就得管安全"的原则，把"监管"和"管理"分开，把责任制度区分开，使责任制度更加完善。建立安全工作领导小

组考核管理制度，全面落实安全责任，推动安全生产工作。

5.2 加强队伍建设，健全机构配置

要确保安全系统正常运转，必须加强安全监督管理人员的履职地位，重视对各施工单位安全监管队伍能力和素质的培养。以 PPP 模式为核心，建立和健全安全组织机构，形成"指挥部-项目公司-监理单位-施工单位-作业班组"的多层次安全管理系统，并配足安全管理人员。各级专、兼职安全管理人员和特种作业人员，均须持证上岗，施工单位对分包单位、工人的安全管理实行"一体化"管理。

6 结论

总之，PPP 模式将在今后的高速公路工程建设项目中仍会被大量运用，因此我们要高度重视此模式下的工程建设过程中安全管理工作。本文以温岭联络线 PPP 项目建设过程中的安全管理措施为例，阐述了 PPP 模式下我国高速公路工程建设项目安全风险管理现状，存在的问题和成因及解决问题的相关措施，能对我国高速公路建设及相关从业者及政策制定者起到一定的借鉴与参考作用。

参考文献

[1] 巴金博, 刁景华, 陈悦. 军事设施建设项目安全管理评价研究[J]. 中国军转民, 2022(17): 49-52.
[2] 邓文鑫. 总承包下建筑工程 PPP 项目质量和技术及安全管理[J]. 山西建筑, 2020, 46(19): 192-193.
[3] 王孝贤. 甘肃省定临高速公路 PPP 项目安全管理工作的创新和发展分析[J]. 公路交通科技(应用技术版), 2020, 16 (6): 10-13.

温岭联络线项目总承包部设备物资管理研究

林秀熟[1]　付　兵[1]　曲洪明[2]

（1. 中电建路桥集团有限公司　北京　100048；2. 中国水利水电第四工程局　青海西宁　810000）

摘　要：高速公路建设对设备物资管理要求较高，良好、高效的设备物资管理能够保障使用材料品质的同时，也能够为高速公路建设进度提供物资保障。温岭联络线项目总承包部设备物资管理从模式、职责分工、甲供材料管理及供应商履约等方面进行优化提升，为类似总承包项目设备物资管理提供借鉴。

关键词：高速公路工程；总承包项目；设备物资管理

1　引言

随着社会经济持续稳定发展，全国高速公路建设进入热潮。这对高速公路项目总承包单位管理能力提出了较高要求：在不断提升管理理念、施工技术的同时，要最大限度地整合各项施工资源，以最优成本实现项目效益最大化。因设备物资费用占到高速公路工程总投资的60%左右，故强化设备物资管理水平就成为项目效益最大化的最佳手段。本文依托温岭联络线项目，总结温岭联络线项目总承包部设备物资管理方面的实践经验，为其他类似项目设备物资管理提供借鉴。

2　工程概况

甬台温高速至沿海高速温岭联络线项目位于浙江省台州市温岭市，全长32.871km。主线采用双向六车道高速公路标准，路基宽度33.5m，设计速度100km/h。设桥梁29.27km/13座，主线高架桥8座，一般互通3处，枢纽互通2座；隧道1座，左洞长1672m，右洞长1702m；服务区1处（与新河互通合并设置），管理分中心1处，养护工区1处，隧道管理站1处，互通收费站3处。项目建安工程费63.32亿元，工期为3年，从2020年11月27日至2023年11月26日。项目设备物资管理主要具有以下特征：

（1）施工机械设备规格型号、数量多，管理难度大。温岭联络线项目高峰时期每天在场施工反铲挖掘机85台，冲击钻机55台，旋挖钻机37台，混凝土搅拌运输车108辆，自卸汽车160辆，汽车起重机44辆，各式压路机38台，水泥、钢筋、砂石集料运输车辆100辆以上，运梁炮车14套，架桥机12台等；还有若干其他各式小型设备，如泥浆泵、电焊机、空压机、千斤顶等。如此大规模的机械设备配置对设备管理提出了极高要求。

（2）物资材料供应强度高，供应组织难度大。温岭联络线项目混凝土总量为230.36万m^3，需要供应水泥1179047t、机制砂1357938m^3、碎石2378741m^3、钢筋284143.8t、钢绞线35960.7t，其中机制砂、碎石为温岭市政府指定的甲供材料，需要较多、较高层次的沟通协调。且物资材料供应线路穿过多个城市、乡镇，极易因临时政策、突发情况的影响导致供应中断。

（3）大、小临建设施多，库存管理要求高。温岭联络线项目共建有8个拌合站、7个大型制梁厂、13个大型钢筋加工厂，大、小临建沿设施项目全线线性分布，水泥、钢筋、砂石料、钢绞线等材料需要在各拌合站、制梁厂及钢筋加工厂间按计划供给并进行合理库存，对材料计划与库存管理提出较高要求。

3　设备物资管理模式

3.1　总包-分部二级管理模式

温岭联络线总承包部为温岭联络线项目的施工主体，下设三个施工分部完成施工任务，分别为一分部、二分部、三分部，一分部为水电四局，二分部为水电五局，三分部为电建路桥东南公司-任丘二建联合体。根据总承包合同关系，项目的设备物资管理采用总承包部统筹、分部参与的二级管理模式。总承包部设置设备物资部，配备部门负责人、主办各1名，一分部（水电四局）项目部设备物资部配备7名物资管理人员，二分部（水电五局）项目部设备物资部配备 6 名物资管理人员，三分部（电建路桥东南公司-任丘二建联合体）项目部配置 1 名物资管理人员。设备物资管理系统合计配置 16 人。

3.2 采购管理制度

温岭联络线仙姑在采购管理上采用弱矩阵的管理模式，设置专门的设备物资管理部负责项目所有的设备和物资采购工作。同时制定了完整的设备物资管理办法，规范了各项采购活动的程序，建立了完善的采购制度，优化了设备物资采购的申请、审批、采购流程，并将岗位职责落实到相关人员。

本项目在采购管理上制定了详细的供应商管理体系，具有完整的供货商选择方法及制度。同时，对大宗材料生产厂家（钢筋、水泥、钢绞线、沥青、玄武岩等）进行调查，重点了解制造商业绩、规模、制造水平、主要产品范围、质量管理体系等方面，确保合同签订后，其供货质量、数量和强度可以满足施工现场需求。主要材料由总承包项目部集中采购，现场业务由分部负责对供货商进行协调、催交、运输、开箱检验和到货材料、设备现场调配管理。因此，建立与工程总承包相适应的采购管理组织机构和严格的管理制度，是确保总承包项目利益的重要环节。

3.3 总承包部、分部职责分工

根据总承包合同关系建立总承包部统筹、分部参与的二级设备物资管理模式后，总承包部与分部在制度/流程管理、招投标管理、结算管理、协调管理等方面的主要管理界限如下：

（1）制度、流程管理。总承包部设备物资部根据股份公司、电建路桥公司设备物资管理规定，进行项目设备物资管理制度、流程的制定并贯彻执行；分部进行基础业务（现场设备管理、现场物资管理，现场基础结算业务管理）的办理执行。

（2）招投标管理。除甲供地材由业主单位供应外，其他主要材料（钢筋、水泥、钢绞线、沥青、玄武岩等）由电建路桥公司通过中国电建集采平台进行集中采购。受电建路桥公司委托，总承包部与中标的供应商签订采购合同。

（3）结算管理。本项目采取主要材料总包统筹，辅助材料总包监督、分部直接管理模式。

（4）物资供应协调管理。物资供应协调管理采用总承包部牵头、分部配合的模式进行。总承包部主要负责各大主材及对非电建单位的协调事宜；各分部负责自采自购物资的协调管理工作，并将需要总承包部协调的各大主材事项汇总至总承包部，由总承包部牵头对接上级单位、非电建单位及政府相关部门。

4 设备物资管理具体措施

4.1 精准计划编制，做好月、季、年度盘点，紧抓库存管理

1）精准计划编制

在进行设备物资计划编制时，本项目严格遵循"前瞻性""预见性""精准性"三大原则，年、月度计划由总承包部总体把控，批次计划由分部实时把控，做到年、月度计划至批次计划基本达到精准控制的效果。主材与辅材、消耗性备件分别由工程技术部、各施工部门制定采购计划，所有采购计划交由设备物资部汇总。设备物资计划编制管理主要有以下几个关键点：

（1）设备物资部需与工程部协商设备物资的采购进度、运抵现场时间。

（2）若是出现工程变更，工程技术部要第一时间告知设备物资部，并由设备物资部根据实际情况进行供应调整，最大限度地减小对物资采购的影响，防止出现物资浪费的问题。

（3）根据物资实时库存量编制采购计划，在保证施工顺利开展的同时，最大限度地减少库存。

2）结算管理

主要材料结算由总承包部直接办理、分部配合，辅材由分部自结自算。每月 25 日前由各分部将结算资料汇总至总承包部设备物资部，总承包部设备物资部负责办理结算。该模式充分发挥了各个职能单位的工作效率，既能使总承包部设备物资部机构不会过于臃肿，又能促使分部现有设备物资管理人员深入

参与。

3）做好月、季、年度盘点

本项目定期组织财务部门、施工分部设备物资管理部门进行月、季、年度盘点，并形成盘点记录，依据盘点结果控制好下期材料入库。每年度进行一次年度核销总结，结合工程设计量进行核销分析，为领导层提供当期材料消耗数据，以便于对资金进行总体调度。

4）紧抓库存管理

高速公路企业对于物资设备的管理，应该巩固好仓库管理工作。温岭联络线项目主要采取了以下措施：

（1）针对施工过程中的所有物资设备进行整理，然后进行详细分类，并做好出入库的登记工作，使仓库管理人员能够对仓库中所有物资设备材料有一个清晰和全面的掌控。

（2）定期对仓库中的物资设备进行盘点，确保仓库中的物资设备处于完全受控的状态，从而能够最大限度地避免材料的浪费现象，有效地控制施工成本。

（3）在存货管理方面，实行库存限额控制，按生产计划安排物资采购，在既能保证生产经营物资充足，又能节约资金的情况下编制采购计划，做到以最低的存货占用，维持项目高效和连续生产的需要，提高资金的使用效果。

4.2 特种设备二维码应用

特种设备的巡检是高速公路项目日常管理中必不可少的工作之一，项目部一般使用纸质检查记录表进行设备巡检，但纸质检查表不易保存也不方便进行查阅或汇总，并且仅仅依靠纸质检查记录表很难保证巡检的完整性。为了让设备巡检工作变得更高效、完整，温岭联络线项目使用了信息化系统，通过信息化管理平台建立特种设备二维码，张贴于特种设备显著位置，将巡检时发现的隐患问题通过直接扫描特种设备二维码将设备隐患及整改工作进行上报，上传的检查记录有时间、定位及现场的真实照片。管理人员可以通过电脑端或手机端后台看到所有的检查、维修保养记录，即便巡检人员不在现场也能进行实时监管，达到信息及时共享、整改加速进行，提高了特种设备管理效率。特种设备二维码如图1所示。

图1 特种设备二维码

4.3 甲供材料及特殊材料管理

1）甲供材料管理

温岭联络线项目砂石料为甲供，经政府方确定砂石集料来源为大溪塘岭矿，并由温岭市资源综合利用有限公司组织供应。由于大溪塘岭矿加工企业在前期桩基、下构及梁片预制生产阶段供应强度达不到项目要求，导致项目进度变慢。总承包部联合项目公司、指挥部梳理各层级关系，推动温岭市政府就砂石料供应分阶段召开了六次周协调会、两次月协调会，最大限度地争取了地方政府对砂石料供应的支持。

2）沥青供应管理

温岭联络线项目路面施工工期较短，自 2023 年 8 月 15 日开始，2023 年 11 月 30 日结束，工期 3.5 个月，对路面施工主材沥青供应强度提出了极高的要求。为了保障沥青供应，总承包部、项目公司打通沥青结算通道，采取两周一结算的措施，保障沥青供应有充足的资金支持，确保了温岭联络线项目路面施工在 2023 年 11 月 30 日圆满结束。

4.4 供应商履约管理

供应商良好履约对项目至关重要。为加强设备物资供应商履约管理，总承包部特制定了"供应商履约考核管理办法"，每季度、年度由总承包部组织各施工分部对供应商履约行为进行考核，总承包部评分权重为 60%、施工分部评分权重为 40%，综合打分后进行排名，对排名靠前的供应商进行奖励、表彰，对排名靠后的供应商进行约谈，并将考核结果记入公司供应商库。

5 结论

高速公路总承包项目的设备物资管理是一个系统性的工作，从设计到采购、从验收到使用、从使用到检修，伴随了整个项目建设期。在进行设备物资管理时，既要保证采购行为的合法依规性，又要保证供应、结算的及时性；在关注设备物资质量安全的同时，也要盘点好设备物资库存以达到最佳的经济效益。总体来讲，温岭联络线项目通过集约化、精细化的设备物资管理，以相对可控的成本完成了高强度、短周期的项目供应目标，为温岭联络线项目按时完工奠定了坚实基础。

浅谈精细化管理在公路工程项目管理中的应用

倪路凯　谢彭鑫

(中电建路桥集团有限公司　北京　100048)

摘　要：精细化管理是一种以科学管理理念为基础，注重细节、精确执行的管理方式。其强调在管理过程中，通过精细化的规划、组织、指导和控制，实现资源的最优配置和效率的最大化。精细化管理要求管理者具备全面、系统的知识和技能，能够准确把握项目的需求和目标，灵活应对各种变化和挑战。精细化管理的原则是"全员参与、科学决策、信息共享、过程优化、持续改进"。

关键词：精细化管理；科学管理；资源的最优配置；成本管控；信息共享

1　引言

在现今社会经济环境下，公路工程项目的建设与管理面临着诸多挑战。其中，如何实施全面、有效的项目管理，直接关系到项目的顺利进行和成果的达成[1]。然而，传统的管理方式往往存在效率低下、信息不透明、风险控制不到位等问题，难以满足现代项目管理的需求。因此，如何在公路工程项目管理中引入精细化管理，成为了一个亟待解决的问题。

本文旨在深入探讨精细化管理在公路工程项目管理中的应用，并通过具体的案例分析验证其实际效果。本文的研究目标包括以下4个方面：

（1）探究精细化管理的理论基础，明确其定义、原则和特点。

（2）分析当前公路工程项目管理的现状及存在的问题，为精细化管理在项目中的应用提供理论依据。

（3）研究精细化管理在公路工程项目管理中的具体应用策略。

（4）研究总结，并提出对其他类似高速公路项目工程管理的启示和建议。

通过以上研究，本文期望能够为公路工程项目的精细化管理提供理论支持和实践指导，推动项目管理水平的提升，实现项目的顺利进行和成果的达成。

2　精细化管理的理论基础

2.1　精细化管理的定义

精细化管理是一种以科学管理理念为基础，注重细节、精确执行的管理方式。强调在管理过程中，通过精细化的规划、组织、指导和控制，实现资源的最优配置和效率的最大化。精细化管理要求管理者具备全面、系统的知识和技能，能够准确把握项目的需求和目标，灵活应对各种变化和挑战[2]。

2.2　精细化管理的原则

精细化管理的原则是：全员参与、科学决策、信息共享、过程优化、持续改进。全员参与意味着每个项目成员都应该积极参与管理活动，发挥各自的专业优势和责任，形成协同合作的工作氛围。科学决策要求管理者基于数据和事实进行决策，避免主观臆断和盲目决策。信息共享是指所有项目成员应该及时、准确地共享项目相关的信息和数据，以便大家能够共同协作，做出明智的决策。过程优化要求对项目管理的各个环节进行不断优化和改进，提高工作效率和质量。持续改进是精细化管理的核心，要求项目管理团队不断反思和总结经验教训，不断完善管理方法和流程。

3　公路工程项目管理的现状和问题

工程项目是企业生存发展的基础、经营效益的主要来源、企业管理的重中之重，笔者从多年来的实践体会到，工程项目管理创新是一项不断探索实践的过程，只有遵循建筑市场发展的规律，不断适应市场竞争的要求,才能真正实现项目管理的创新。从目前的体制机制上看,工程项目管理依然存在不少问题。

（1）管理模式滞后。没有充分发挥企业各方面管理资源的作用,很大程度停留在项目经理管项目,甚至以包代管的初级管理状态,没有按照标准化、规范化和集约化的现代管理要求管项目。

（2）管理责任不清。法人与项目之间的管理关系不明,责权利不清,缺乏有效的责任分工,多头管理、重叠管理、管理不到位的问题同时存在,缺乏有效的激励约束机制,干好干坏一个样的"大锅饭"现象没有彻底破除。

（3）管理方式粗放。重揽轻管,管理过程粗放、管理流程失控、过程监督不到位问题相当严重。

（4）管理执行不力。企业各项制度落实不到位,施工生产规范和标准不能有效执行,现场作业"三违"问题屡禁不止,各类安全质量事故难以控制。

因此,项目精细化管理的管理机制能从根本上改变项目管理受制于人的问题,实现由粗放管理向精细管理的转变,既是企业体制机制创新的内在要求,更是企业提质增效的唯一选择。

4 精细化管理在项目管理中的应用

精细化的"精"就是指集合人力、物力、财力、管理等生产要素,进行统一配置;精细化的"细"是指在集中、统一配置生产要素的过程中,以节俭、约束、高效为价值取向,从而达到降低成本、高效管理,进而使企业集中核心力量,获得可持续竞争的优势[3]。

4.1 人员精细化

企业的发展与人力的因素密不可分,而人员的精细化则是实现企业技术管理精细化的重要基础和前提。为了做好施工方案的精细化管理,企业必须充分重视人才的引进和培养。

在人才引进方面,企业应设立专门的机构,通过外部引进和内部选拔的方式,选拔技术水平高、综合素质强的技术人员,组成一个全方位、多层次的高速公路施工技术精细化管理团队。

为了充分发挥团队中每个工作人员的特点和能力,企业需要对这部分人员进行充分的了解和掌握,并根据实际情况和管理需求为不同类型的人员设置合适的岗位,明确各自的职责。这样,通过合理的分工,可以调动团队成员的工作热情和积极性,挖掘他们的潜力。

在积极引进人才的同时,企业还需要做好内部人员的储备工作。通过建立良好的后备干部人才培养制度,在企业内部建立一支技术方案编制人才梯队。同时,通过个人讲课、集中培训、岗位轮换、软件应用推广和技能考试等方式,不断提升后备人才的能力。

综上所述,人才的引进和培养是企业实现技术管理精细化的关键因素。企业应通过合理的人才引进机制和完善的培养体系,打造一支高素质、高效率的施工技术精细化管理团队,为企业的发展提供有力的人才保障。

4.2 方案精细化

在高速公路施工技术管理中,方案精细化是实现整体技术精细化管理的重要内容之一。根据时间的不同,该环节可以分为施工技术方案策划阶段、编写优化阶段及跟踪总结阶段。

（1）在技术方案策划阶段,方案的编制和精细化是最为重要和基础的工作。企业需要充分重视这一阶段,并应与高速公路施工项目的策划工作保持同步。具体策划内容,主要包括明确和划分施工方案等级和技术、确定施工方式和思路、落实施工方案责任人和方案编制等。

（2）编写优化阶段,该阶段是在对方案策划组织的基础上,将工程施工方案在组织设计及分部分项的基础上进一步细化,形成更为具体、详细的文本。该项目的技术方案优化主要以下列方式进行:

①进行方案优化的思路讨论,在讨论完毕之后根据意见编写方案初稿。

②在初稿形成之后由相关人员共同对方案内容及细节之处进行讨论与优化。

③在对细节部分改进、确定完毕之后定最终稿。

④再由设计人员向施工人员进行交底工作,并将本次方案的编写优化过程形成文字记录并存档。

（3）跟踪总结阶段是技术方案实施的一个收尾阶段，对于整体方案设计具有非常重要的作用。该阶段具体可以从以下几个方面入手。

①查看。在该技术方案投入到实际施工的过程中，技术人员不应远离工程，而是应当多去施工现场，在对施工情况进行了解与把握的基础上，对该方案实施过程中所具有的优点及所存在的不足进行发现与掌握。

②询问。在工程实际施工的过程中，施工人员是对施工方案体会最深、也是最具有发言权的工作人员。通过与施工人员的积极交流与沟通，能够对该方案的合理性、优缺点及便利性进行了解与掌握。

③验算。充分联系实际情况，才能在整体方案实施的过程中开展优化及验算工作，尤其是高速公路施工中的结构工程，如果在实际施工过程中现场工况条件出现了变化，那么设计人员则应当对其进行反复验算，保证结构方案的经济、安全及合理性。

④判断。经过以上工作的开展，方案设计人员对该施工方案所具有的优点及不足具有了一定的了解与判断，在此基础上，则能够对所存在的问题进行积极的优化，并形成最终的施工方案。

此外，在施工方案编制的过程中，也应当对方案编制所具有的广度与深度进行积极的提升。在对现有管理体系进行完善的基础上，需要对方案编制的范围进行扩大，并将项目专项技术方案等统一纳入到企业精细化管理工作的范畴，以此帮助现场施工设施等更为规范及安全。同时，还需要对施工方案编制过程中的跟踪总结及讨论优化这两个步骤引起充分的重视，在保证施工方案实施准确的同时使施工技术得到更好的提升与进步。

4.3 技术精细化

技术是企业提升市场竞争力的重要方式，通过引进高水平人才和提升技术，企业可以在提升工程建设质量的同时获得更好的发展[4]。具体来说，技术创新精细化和管理精细化是企业技术发展的重要方向。

在技术创新方面，企业应在积极巩固传统产业技术优势的同时，加大对海外技术创新及该领域利润增长专业的支持力度，通过突破影响企业生存发展的重大关键技术，取得一批拥有自主知识产权和具有世界先进或领先水平的科技成果。同时，企业应强化科研基础管理措施，通过对企业科技进步评价体系及技术创新体系的不断完善，提升企业的技术水平。随着科学技术的进步，新工艺、新材料、新设备及新技术等也逐渐被应用到了高速公路的施工建设中，企业应积极研发以保证技术能够满足未来我国交通施工的要求与挑战。

在管理方面，标准化管理是一种主要的实施方式。对于标准化管理来说，尤其是在我国现有条件下，相关技术人员是企业技术节约化管理的保证措施，同时也是企业提升技术管理水平的重要要求。对此，企业需要通过对管理流程要求、管理工作内容及标准化格式的明确与制定来对企业经验、企业人员等方面可能存在的不足进行弥补，并在此基础上实现企业质量管理的科学化及规范化。

4.4 成本管控精细化

在项目管理过程中，需要通过精细化管理来加强成本管理，通过有效的成本管控来提高项目的盈利能力[5]。为了实现这一目标，高速公路项目需要在过程管理中切实把好以下"六关"。

（1）投标评审关：进一步落实工程项目投标的"底线"要求，避免到处出击、广种薄收、卖牌子、大量垫资、赔钱赚吆喝等情况的发生，确保项目在起跑线上就具备盈利的基础。

（2）成本测算关：对于新开工项目，需要进行全面的成本测算，明确各个环节的盈亏点，做到心中有数，避免出现赔了还是一笔糊涂账的情况。

（3）责任落实关：细化工程项目经营责任承包制，全面落实项目经理经营风险抵押和全员经营承包责任，实行市场化的激励约束机制，重奖重罚，以调动项目经营管理人员的积极性。

（4）过程监控关：对工程项目分包、劳务分包、材料采购、机械使用、资金拨付等重点环节实行全面的后台管理，堵住项目效益流失的各种漏洞。

（5）调概索赔关：进一步细化工程项目的设计变更和调概索赔工作，加大清收清欠的力度，算清每一笔账，完善各种资料，落实清收清欠责任制，最大限度地保证项目的合理收益。

（6）结算销号关：切实加大对已完工项目的工程清算、审计、余款清收及后评价工作，切实做到工完账清、责任明确、奖罚兑现，让每一个项目都能够做到全周期经营、全过程管控、全方位盈利，最大限度地消灭亏损项目，使企业的利润水平得到明显提升。

5 结论

精细化管理不仅是一种先进的管理方式，更是一种先进的管理文化。企业文化管理是精细化管理的升华，是增强员工对精细化管理认同的必要条件，也是提高精细化管理制度执行力的保证。精细化管理讲求的是精益求精、追求卓越，因此企业必须通过精细化管理，将企业的文化理念、价值追求融入到企业管理制度、管理标准和管理方案中。

为了实现这一目标，企业需要按照"精、准、严、细"的要求，明晰岗位设置和考核标准，以严密的制度、规范精细化的操作、严格的考核，促进企业各项工作规范受控，并通过持续改进，不断提升企业管理水平。

在竞争激烈的市场环境下，企业要想得到更好的发展、具有更强的市场竞争力，就需要通过技术精细化工作的开展来提升自身整体水平。因此，施工企业需要认清市场形势、把握自身现状，通过精细化管理工作的良好开展获得更好的进步与发展。

参考文献

[1] 罗文孝, 张文涛, 王祺喆. 高速公路施工安全管理研究[J]. 黑龙江科技信息, 2014(7): 229.
[2] 梁蓉. 高速公路施工安全管理初探[J]. 青海交通科技, 2012(3): 17-19.
[3] 岑燕红. 公路工程施工安全生产管理研究[J]. 公路与汽运, 2014(6): 208-211.
[4] 杨文安, 项文. 基于BOCR的公路项目监理投标决策[J]. 公路与汽运, 2015(2): 225-228.
[5] 彭春霞. 公路工程报价编制过程中的几个重要环节[J]. 广东交通职业技术学院学报, 2015(1): 13-15.

浅谈高速公路建设中的党建引领作用发挥

杨 帆 张 琪

(中电建路桥集团有限公司 北京 100048)

摘 要：高速公路建设是我国交通基础设施建设的重要组成部分，而党建引领在其中的作用日益凸显。本文通过对相关文献和实践案例的综合研究，探讨了党建引领在高速公路建设中的重要性、具体实施措施及实际效果和影响。研究发现，党建引领可以明确党的领导地位，加强基层党组织建设，发挥党员的先锋模范作用，从而提高建设效率和质量，增强团队凝聚力和战斗力，推动高速公路建设的可持续发展。

关键词：党建引领；高速公路建设；领导地位；基层组织建设；先锋模范作用

1 高速公路建设党建引领的重要性

1.1 加强党建引领工作

（1）明确党的核心领导地位

在高速公路建设中，党的领导地位是核心和根本保证，强化党的领导地位至关重要[1]。党的领导具有鲜明的政治导向和组织优势，党建引领能够确保党的路线、方针、政策得到贯彻落实、有效统一决策、协调各方利益、提高建设的整体效能，为工程建设提供坚强的政治保障和组织保障。

（2）加强基层党组织建设

在高速公路建设中，应建立健全基层党组织，确保工程建设始终在党的坚强领导下进行。同时，要加强党组织的自身建设，提高党组织的凝聚力和战斗力，调动广大党员干部的积极性和创造力，形成良好的工作氛围和团队精神，使其成为推动高速公路建设的坚强战斗堡垒。

（3）发挥党员的先锋模范作用

在高速公路建设中，党员要发挥先锋模范作用，发挥示范引领作用，以实际行动彰显党的先进性和纯洁性。党建引领能够培养党员的奉献精神和担当意识，引导他们带头遵守党的纪律和国家法律法规、公司规章制度，积极投身工程建设，以身作则、勇挑重担，为工程建设贡献力量。

1.2 加强思想政治工作

高速公路在建设过程中，要加强员工思想政治工作，引导员工树立正确的世界观、人生观和价值观。通过开展宣传教育、座谈交流等形式多样的活动，提高员工的思想政治素质，增强员工的责任感和使命感[2]。

2 高速公路建设党建引领的具体实施措施

（1）建立健全党建工作制度

在高速公路建设中，建立健全党建工作制度是保证党建引领有效实施的基础。党组织应建立健全各项制度，包括党员的学习、教育、发展、考核制度和党员参与工程建设制度等，确保党员在工程建设中发挥先锋模范作用。同时，还应建立完善的监督体制、机制，加强对党员干部的监督和管理，确保党员干部依法依规开展工作，让党建工作与项目建设互促互进。

（2）加强党的思想建设

加强党的思想建设是高速公路建设中党建引领的重要内容。通过开展党员教育培训、理论学习和政策宣传等活动，提高党员的理论水平和业务能力，增强党员的思想觉悟和工作责任感。

（3）推进党的政治建设

高速公路建设中的党建引领需要坚持党的政治建设。加强对党员的政治监督和纪律约束，确保党员遵守党的各项规章制度，坚决反对形式主义和官僚主义，保持党内政治生态的健康发展。

（4）优化党的组织建设

在高速公路建设中，党的组织建设是实施党建引领的重要保障。通过优化党组织的结构设置，确保每个项目都有健全的党组织和党员队伍，加强干部队伍建设和选拔培养工作，提高党的组织力和执行力，增强党员的使命感和责任感，确保党建工作的有效落地。

（5）服务和帮扶员工

党组织应关注员工的利益和需求，积极为员工解决实际问题，让员工感受到企业的温暖和关怀。加强对员工的培训和教育，提高员工的业务能力和综合素质，增强员工的竞争力。同时，还应从党、工、群、团各方面帮扶员工，提高员工的幸福感和获得感。

（6）加强党风廉政建设

基层党组织应加强党风廉政建设，加强对党员干部的廉政教育和纪律监督，坚决查处违法违纪行为，确保工程建设和企业发展的清廉和公正，营造良好的政治生态环境。

总之，发挥党组织在高速公路建设中的战斗堡垒作用是实现党建引领的核心内容。只有不断加强党组织的组织建设、制度建设、思想建设、政治建设，才能推动工程建设、加强反腐倡廉建设，从而确保高速公路建设始终沿着正确的方向前进，实现工程建设的顺利进行和企业的持续健康发展。

3 高速公路建设党建引领的实际效果和影响

（1）提高建设效率和质量

党建引领能够推动高速公路建设项目的管理规范化、制度化和科学化，提高决策效率和资源利用效益，确保建设项目按时、按质、按量完成，高效履约，提高工程建设的质量、管理水平及投资回报率。

（2）加强团队凝聚力和战斗力

党建引领能够强化团队的组织协调和沟通合作，形成良好的工作氛围和团队精神。党员的示范带动作用和先锋模范作用，能够激发全体员工的积极性和创造力，增强团队的凝聚力和战斗力，带动广大员工共同参与，形成合力，推动工程建设的顺利进行。

（3）疏导和化解员工问题

党组织应加强对员工的思想引领和教育，引导员工树立正确的价值观和工作态度。通过开展思想政治教育、开展心理疏导、座谈交流等形式多样的活动，加强对员工的心理疏导和情绪化解，及时发现和解决员工在工作中遇到的问题和困难，缓解工作压力和心理负担，增强员工的归属感和凝聚力[3]。

（4）防范高速公路建设中的腐败问题

在高速公路建设中，加强党风廉政建设是实现党建引领的重要保障。加强党风廉政建设，可以有效地防范和解决腐败问题，确保高速公路建设始终沿着正确的方向前进，实现工程建设的顺利进行和企业的良性健康发展。

（5）推动高速公路建设的可持续发展

党建引领能够促进高速公路建设的可持续发展，通过强化环境保护意识和社会责任意识，推动绿色建设和生态文明建设，实现经济效益、社会效益和环境效益的协调统一。

4 高速公路建设党建引领的未来展望和发展趋势

（1）加强党的长期执政能力建设

随着社会经济的不断发展和人民生活水平的日益提高，作为国家基础设施建设的重点领域之一，高速公路建设在未来仍然具有广阔的发展前景。在高速公路建设中，加强党的长期执政能力建设是党建引领的重要任务，党建引领将继续发挥重要的作用。通过加强党的执政理念和执政能力的培养，确保党在高速公路建设领域的领导地位和党建工作的长期稳定性。

（2）推动党的建设与高速公路建设深度融合

党建引领需要将党的建设与高速公路建设深度融合。通过加强党员的专业素质培养和工程管理能力提升，推动党建工作与高速公路建设相互促进、相互支持。

①党组织将进一步加强自身建设，提高党员干部的素质和能力，为高速公路建设提供更加强有力的支持。

②党组织将积极探索新的工作模式和方法，结合新的技术和手段，提高党建工作的实效性和针对性。同时，党组织还将更加注重员工的全面发展，加强对员工的培训和教育，提高员工的素质和能力，为高速公路建设提供更加优秀的人才支持。

③此外，党组织还将继续发挥其在高速公路建设中的协调作用。在工程建设中，党组织将积极协调各方利益关系，促进各方之间的合作与交流。同时，党组织还将加强与当地政府和社会各界的联系和沟通，增强政府和社会各界对高速公路建设的理解和支持，推动工程建设顺利进行。

（3）促进党建引领与高速公路建设的可持续发展

未来，党组织将继续发挥其战斗堡垒作用和党员的先锋模范作用，更加注重实现可持续发展目标。通过加强党建工作与经济社会发展的协调统筹，为高速公路建设提供更加全面、高效、优质的服务，推动高速公路建设在经济效益、社会效益、环境效益方面及智能化建设方面的可持续发展。

5　结论

总之，党建引领在高速公路建设中具有重要的作用和意义。通过明确党的领导地位，推动党的路线、方针、政策在高速公路建设中的贯彻落实，加强基层组织建设和发挥党员的先锋模范作用，可以提高建设效率、工程实体质量及管理水平，提高团队凝聚力和战斗力，激发员工的创造力和创新精神，推动高速公路建设的可持续发展，为实现经济效益和社会效益的双赢奠定坚实基础。

参考文献

[1] 李海洋. 高速公路建设党建引领的重要性及实施策略[J]. 安徽交通科技, 2020(1): 41-43.

[2] 刘伟, 谭宏伟. 党建引领下高速公路建设的作用及对策[J]. 河北水利电力职业技术学院学报, 2019, 28(3): 22-24.

[3] 王欢, 孙宁.高速公路建设党建引领的实践探索[J]. 中国公路, 2018(10): 35-37.

党建融入生产经营中心工作的实践与思考

刘访永　谭子祎

(中电建路桥集团有限公司　北京　100048)

摘　要：党的建设是中国特色社会主义事业的重要基础和保证，也是我国现代化建设的必然要求。近年来，随着市场竞争的加剧和经济形势的变化，党建工作在生产经营中心的作用越来越受到重视，党的建设和发展成为各行各业关注的焦点，党组织在企业中发挥领导核心作用，凝聚员工力量，推动企业健康发展。在生产经营工作中，如何将党建工作与企业的生产经营相结合、发挥党组织的作用、提高企业效益和员工素质成为一个重要课题。本文将通过研究相关文献案例，对已有研究和实践的总结，探讨党建融入生产经营中心工作的实践经验和问题，并提出改进方案。

关键词：生产经营；核心作用；实践经验

1　党建工作在生产经营中的重要性

1.1　有利于更好地促进企业高质量发展

提升党的建设质量及抓牢抓实党建工作，是推动企业高质量发展的必然要求。新形势下，深入推进全面从严治党需要不断创新党建工作的内容、形式及载体，进一步明确党建工作的前进方向及目标任务，为企业各项工作指明正确的方向，真正实现党建引领目标，不断为企业高质量发展提供思想优势、组织优势、政治优势[1]。此外，党建工作做细了就是战斗力、做强了就是生产力、做实了就是凝聚力，企业只有摸索出符合自身发展实际及发展要求的党建工作模式，才能更好地实现中心工作与党建工作的深度融合，带动企业内部向心力、凝聚力的增强。

提升党的建设质量及抓牢抓实党建工作，有利于培养团结的企业精神。党建工作主要是从思想上对员工进行培养，对员工进行爱岗敬业、团结合作、遵纪守法等思想教育，培养思想觉悟高、价值观正确的员工。而企业的生产经营对人员的培养是以实践为出发点，不断提高员工的工作能力、创新能力，培养综合型人才。国有企业党建工作与生产经营的融合正是思想教育与实践培养的结合，将思想落实到实践中，是党建工作的内涵。通过开展教育培训、理论学习等活动，提高员工的综合素质，增强团队的合作能力和创新意识。

提升党的建设质量及抓牢抓实党建工作，应充分发挥企业领导干部的带头作用。"关键少数"的"头雁"效应，是一切工作取得成效的关键。领导干部要发挥好示范作用和带头作用，保持吃苦耐劳、勇于奉献的精神，亲力亲为、率先垂范，以行动为命令、以身教树标杆，强弱项、补短板、抓重点，以科学严谨、求真务实、勇于实践的工作作风，狠抓企业管理，此外，党建工作在生产经营中心起到了调节和协调的作用，有助于解决员工与企业之间的矛盾和问题[2]。通过建立健全的劳动关系，构建和谐稳定的劳动环境，提高生产效率和员工满意度。

1.2　党组织在生产经营中心的作用

党组织作为企业的领导核心，需要具备明确的目标、坚定的信念和正确的决策，以发挥核心作用。主要表现在以下几个方面。

（1）制定企业发展战略。党组织在企业中具有重要的指导作用，应根据当前的市场形势把握企业所处的行业特点，研究制定企业的发展战略，为全体员工指明前进的方向。同时，应兼顾发展的高度和质量，确保企业可以稳步前进。

（2）推动重大决策的落实。企业面临着许多重大决策，需要有一个有效的集体决策机制。作为企业的领导核心，党组织应该结合自身特点，推动企业重要决策顺利落实，确保决策的科学性、合理性和公正性。

（3）做好团队建设。企业成功的关键在于好的团队建设。党组织应该从精神凝聚力等方面着手，通过开展丰富多彩的团队建设活动，进一步增强企业的凝聚力，发扬团队合作精神，树立企业形象。

（4）建立风险预警和应对机制。风险是企业发展的常态，企业面临的风险也多种多样。党组织应该制定科学的风险预警和应对机制，及时发现和排除企业内外部存在的风险。

党组织作为企业的领导核心，需要有清晰的发展目标，坚定的理想信念和科学的决策能力。通过制定企业发展战略、推动重大决策落实、视团队建设为核心等方式，党组织可以带领企业团队长期稳步地发展。

2 党建融入生产经营中心的实践经验

2.1 党建与企业文化融合

党建与企业文化的融合可以推动企业的全面发展和提升组织的凝聚力。主要表现在以下几个方面。

（1）党建理念融入企业文化。将党的优良传统和理念融入企业的价值观、行为规范等方面，使其成为组织文化的一部分。例如，弘扬党的思想精髓，培养企业员工的奉献精神、团队协作意识等。

（2）党建活动与企业文化活动相结合。在企业文化建设的过程中，可以结合党建的特点，组织开展一些党建活动，如党课学习、党员先进事迹宣传等。这样既可以推动党的建设，又可以丰富企业文化内涵，增强员工的归属感和自豪感。

（3）党员示范引领企业文化。党员作为企业中的积极分子，可以发挥先锋模范作用，引领企业文化的形成和发展。通过培养一批优秀党员，推动其在工作岗位上树立正面榜样，带动员工积极向上、努力拼搏。

（4）党建指导企业文化建设。党组织可以提供党建经验和指导，为企业文化建设提供指导性意见。通过党支部制定企业文化发展规划，指导企业的文化建设，确保企业文化与党的建设相互促进、相得益彰。

2.2 党建与员工培训结合

（1）为员工培训行为文化。在党员干部的队伍构建过程中，作风的养成是关键。党建工作通过与企业实际发展内容相结合，同时对作风建设进行细化实施。基层党支部通过开展多种特色党建活动，如开展党课、知识讲座等，积极作用的良好影响，促进党员干部贯彻实施常态化学习，为基层员工树立良好的榜样。

（2）为员工塑造思想文化。企业基层党建工作的思想建设，是党建工作的核心支撑。要以企业实际发展为核心，促进员工在工作中自发养成良好的学习意识，在完成工作的同时，实现对自我的不断强化。

2.3 党建与激励机制衔接

（1）设计与党建目标相契合的激励措施，党组织应当与企业的激励机制相衔接，将党建工作纳入绩效考核体系[3]。通过设立先进个人、优秀团队等表彰奖励，激励员工积极参与党建活动，提高工作热情和积极性。

（2）党建工作在绩效考核应体现在企业的绩效考核中，应当充分体现党建工作的重要性和贡献。通过加大对党建工作的评估权重，确保党组织在生产经营中心的工作得到重视和肯定。

3 党建融入生产经营中心的问题与对策

将党建融入生产经营中心，需要注意解决以下问题并制定相应的对策。

（1）党建工作与生产经营工作之间的矛盾

有时候，党建工作和生产经营工作可能存在冲突或优先级不一致的情况。为此，建立统筹协调机制，明确党建工作和生产经营工作的关系。通过党支部对党建工作和生产经营工作的统筹安排，确保两者的有机结合和协调发展。

（2）党建工作与生产经营工作之间的协同问题

党组织在生产经营中心的作用和地位可能不够明确，监督和引领力度不够。为此，应加强制度建设，明确党组织在生产经营中心的作用和职责。建立健全党组织与生产经营管理层的沟通机制，加强党组织对生产经营工作的监督和指导，确保党建工作与生产经营工作相互支撑、协同发展。

（3）党建工作与生产经营工作之间的脱节问题

有时候，党建工作可能偏离了企业核心业务的实际需求，导致难以与生产经营工作结合。为此，注重实践导向，将党建工作与企业核心业务相结合。根据企业的实际情况，开展符合企业特点和员工需求的党建活动和培训，帮助员工解决实际问题，提升生产经营工作效率。

（4）党建工作的延伸与深化问题

传统的党建工作可能停留在教育培训和活动开展的层面，与生产经营工作的结合深度不足。为此，创新党建工作方式，将党建工作延伸到生产经营的各个环节。例如，在质量管理中强调党员的先锋作用，通过党员的示范引领，提升产品质量；在安全生产中加强党组织的监督和指导，确保员工安全。

将党建融入生产经营中心需要加强基层党组织建设，一是抓好项目党支部建设，深入开展党员先锋岗、党员岗位承诺、创先争优等活动，切实做到制度同步制定、工作同步考核，形成相互协调、共同推进的良好局面，使每一个党支部都是生产经营工作的坚强堡垒；二是切实加强党员教育管理，采取"三会一课"等形式，加强政治理论学习，切实抓好党员教育，坚持党员政治理论学习计划，采取集体学习、个人自学、专家讲课、党课培训等形式，按规定召开专题组织生活会和民主生活会，查找差距和不足。

将党建融入生产经营中心需要加强人才队伍建设，需要拓宽管理、专业技术等职业发展通道，为各类员工提供发展空间，形成人尽其才、能上能下、充满竞争的用人机制。加大干部交接的力度，重视后备干部队伍建设和年轻干部培养选拔，形成年轻干部梯次培养的良好态势。

总的来说，将党建融入生产经营中心需要注意解决党建工作与生产经营工作的矛盾、加强党组织在生产经营中心的协同作用、注重实践导向及创新党建工作方式。这样可以促进党建工作与生产经营工作的有机结合，推动企业的全面发展。

4 结论

党建融入生产经营中心工作是一项重要的任务，对于提高企业的综合竞争力和可持续发展具有重要意义。通过深入研究和实践探索，发现可以找到更有效的方法和途径，进一步加强党建工作与生产经营中心的融合，为企业的发展做出更大贡献。

参考文献

[1] 张明. 党建工作与企业管理相结合的路径研究[J]. 国有企业改革与管理, 2019(2): 57-61.
[2] 许增德. 全面推进党建引领工程着力打造世界一流企业[J]. 旗帜, 2021(8): 55-56.
[3] 田会普, 米泽亚. 强化党建引领, 助推企业发展[J]. 中小企业管理与科技(上旬刊), 2021(10): 58-60.

浅谈信息化手段在高速公路建设行政管理中的运用

张 琪 刘访永

(中电建路桥集团有限公司 北京 100048)

摘 要：随着科技的不断进步和信息化时代的到来，信息化手段在各个领域的应用已经成为一种趋势。高速公路建设行政管理作为一个重要的工作领域，也可以通过信息化手段来提高效率和质量。本文旨在探讨信息化手段在高速公路建设行政管理中的运用，探讨信息化手段在高速公路建设行政管理中的落实、应用和优势。以钉钉、OA 系统为例，通过对相关文献和案例的研究，得出结论：信息化手段在高速公路建设行政管理中具有重要作用，可以提升行政工作的效率和透明度，改善项目管理的效果。

关键词：信息化手段；高速公路建设；行政管理；应用和优势；效率和透明度；管理效果

1 引言

高速公路建设是国家基础设施建设的重要组成部分，对于促进经济发展和提升交通运输效率具有重要意义，而行政管理则是保证工程建设顺利进行和确保工程质量的关键环节。然而，传统的行政管理方式存在效率低下、信息不透明等问题，信息化手段的引入为高速公路建设行政管理带来了新的机遇和挑战[1,2]。因此，引入信息化手段成为提升高速公路建设行政管理效能的重要途径。

2 信息化手段管理的背景

信息化手段在高速公路建设行政管理中的应用是随着科技的发展和信息化时代的到来而产生的。主要包括以下四个方面。

2.1 科技进步

随着科技的不断发展，信息技术和通信技术的应用越来越广泛，为各行各业带来了新的机遇和挑战。高速公路建设作为重要的基础设施建设领域，也积极借助信息化手段来提高工作效率和管理水平。

2.2 信息化时代的到来

现代社会已经进入了信息化时代，在这个时代，信息的快速传递和处理成为了一种基本需求。高速公路建设行政管理需要及时获取、共享和处理大量的信息，因此引入信息化手段成为必然选择。

2.3 高速公路建设的特点

高速公路建设项目通常规模庞大，时间紧迫，涉及多个部门和参与方。传统的管理方式存在效率低下、信息沟通不畅等问题。信息化手段的引入可以提高管理的效率和透明度，使得各个参与方能够更好地协同合作。

2.4 政府支持

政府对于信息化建设给予了积极的支持和推动。例如，国家在高速公路建设中提出了"智慧公路"概念，鼓励运用信息化手段来提升管理水平和服务质量。

3 信息化手段在行政管理中的应用

3.1 文件和流程管理

通过引入钉钉、办公自动化（OA）系统等，可以实现电子文件的创建、审批、归档和共享。这使得文件处理过程更加高效和便捷，减少了传统纸质文档所需的时间和资源，提高了行政管理的效率。

3.2 任务分配与进度跟踪

信息化手段可以通过工作协同平台或任务管理系统，实现任务的分配和跟踪。相关人员可以根据任务清单进行工作安排，并及时更新任务进展情况。这样可以提高任务执行的透明度和协调性，确保项目按时完成。

3.3 协同办公平台

信息化手段提供了实时的沟通和协作平台，方便不同部门和人员之间的交流与协调。通过协同办公平台，可以实现共享文件、任务分配、进度跟踪等，提高信息传递的效率和准确性，促进团队协作和工作协调。

3.4 数据统计与报表生成

信息化手段可以自动生成各类报表和数据统计分析，如经费预算报告、工程进展报告、风险评估报告等。这些报表可以提供全面的数据支持，为管理者决策和监控提供依据。

3.5 沟通与协作

通过信息化手段，如钉钉等即时通信工具，可以实现内部和外部人员之间的快速沟通和协作。这样可以促进信息的及时流转，解决问题的高效协同，提高行政管理的效率和准确性。

4 传统行政管理的劣势和不足

4.1 效率低

传统行政管理方式大多依赖人工，处理问题和事务的速度相对较慢。文书工作、数据记录和查询等都需要大量的人力物力，且容易出错。

4.2 决策支持不足

由于缺乏有效的信息系统，决策者往往难以获取全面准确的信息，这可能导致决策失误。而且，传统的报表制作耗时耗力，难以做到实时反馈。

4.3 协同合作困难

在没有信息系统的帮助下，部门之间的沟通协调成本较高，信息分享不畅，影响了组织内部的协同合作。

4.4 透明度差

传统的纸质文件管理方式，信息的查找、共享和追踪困难，对外部公众的信息披露也不方便，降低了行政管理的透明度。

4.5 无法适应复杂变化的环境

在快速变化的社会环境下，传统的行政管理方式灵活性差，难以迅速适应新的挑战和需求。

4.6 资源利用不充分

在传统行政管理中，由于缺乏科学的数据分析和预测，资源配置往往无法达到最优。

5 信息化手段对行政管理的优势

5.1 简化流程

信息化手段，如钉钉、OA系统，能够对行政工作的各个环节进行自动化处理，减少了许多繁琐的人工操作，使工作流程更为简洁有效[3,4]。例如，通过在线审批功能，员工可以随时提交申请，领导也可以在任何地点进行审批，大大提高了工作效率，减少无效工作，使员工能够更专注于核心工作。

5.2 提高服务水平

信息化手段不仅使行政工作可以实现 7×24h 全天候运行，不会受时间、地点限制。还可以根据用户反馈，进行实时调整和优化，提高服务水平。

5.3 促进公平公正

信息化系统可以将每一个行政决策和管理活动记录下来，确保公开透明、公平公正地进行各项管理活动，同时，系统中的数据分析功能，可以帮助领导层监督工作进度，发现并纠正可能存在的偏差，保证了行政管理的公平公正。

5.4 创新驱动

信息化技术本身具有创新性，它的应用可以推动行政管理的变革，打破传统的束缚，为行政管理带来新的机遇，信息化技术的引入可以推动行政管理的创新，打破旧有的模式和束缚，通过云计算、大数据等技术，可以实现对各类信息的深度挖掘和分析，为决策提供有力支持，为行政管理带来新的可能。

5.5 节约资源

信息化手段可以大幅度减少纸质文件的使用，节省物理空间，同时也减少了因打印、传递文件所产生的时间和金钱成本。更重要的是，这种方式符合环保理念，有助于推动绿色行政管理的发展，环保的同时也降低了管理成本。

5.6 提升信息利用价值

大数据技术可以将各类碎片化、零散的信息进行有效整合，分析海量数据，深度挖掘其内在的价值和规律，发现潜在价值和规律，提升信息的利用价值。通过用户行为数据的分析，可以了解员工的工作习惯和需求，并以此为依据改进工作方法，提高服务质量。

6 在信息化运用过程中取得的效果和经验

6.1 提高工作效率

通过钉钉、OA 系统，可以将日常的行政管理工作实现电子化和自动化，比如文件共享、会议安排、任务分配等。通过这些功能，不仅减少了大量的人力物力投入，而且也使得工作流程更加顺畅，极大地提高了工作效率。

6.2 优化流程管理

钉钉、OA 系统提供流程审批功能，可以实现行政流程的标准化和自动化，对原有的行政管理流程进行优化、简化流程、减少烦琐的人工操作，从而降低了出现人为错误的概率，提高了管理质量。

6.3 加强协同合作

信息化系统提供了便捷的沟通平台，如钉钉的群聊功能，使不同部门和人员之间能够实时交流和协同工作，增强了团队的合作效率和凝聚力。

6.4 增加透明度

通过钉钉、OA 系统，各项行政事务处理情况一目了然，这种公开透明的工作方式不仅方便了领导层对工作的监督和评估，也提高了员工对工作过程的理解和接受度，提高了工作的透明度。

6.5 全员参与和培训

对于新系统的应用，全体员工的参与和认可才能确保其顺利运行。同时，在系统推出之初应进行充分的培训和指导，确保各个岗位人员都能熟练使用这些系统，并从中受益。

6.6 数据安全和隐私保护

在实施信息化管理的过程中，数据安全和隐私保护是必须要考虑的问题，要注意加强数据的安全保护措施，遵守相关法律法规，制定严格的数据管理制度，并采取相应的技术手段，如数据加密、权限控制等，以防止数据泄露或滥用，保护用户隐私和数据安全。

6.7 持续优化和改进

信息化管理是一个持续优化和改进的过程，需要根据实际的运行情况和用户反馈，及时调整和更新系统功能，以更好地满足行政管理的需求。同时，也要关注新的信息技术发展，不断探索更高效、更便捷的管理方式。

7 结论

信息化手段在高速公路建设行政管理中发挥着重要作用，可以提高工程施工效率、改善项目质量和加强安全管理。然而，信息化手段的应用也面临着一些挑战，如数据安全和技术培训等问题，需要公司加强监管和培训工作。未来应不断探索和创新信息化手段的应用，进一步优化高速公路建设行政管理，推动交通工程的数字化转型，努力将高速公路建设打造成更加智慧、高效的"数智"高速。

参考文献

[1] 王雪峰. 高速公路项目管理信息化及其应用[J]. 交通与计算机, 2018, 38(4): 23-27.
[2] 杨晓东. 公路行政管理中信息化建设的思考[J]. 汽车科技与材料, 2020(10): 205-206.
[3] 王亚平, 王立新. 钉钉在企业内部管理中的应用及优化研究[J]. 商业经济研究, 2018(19): 160-161.
[4] 王菁菁, 张冰洁, 李雪. 论OA系统在行政管理中的作用[J]. 科技信息, 2017, 15(13): 134-135.

浅谈国有企业员工培养的实践

谭子祎　杨　帆

(中电建路桥集团有限公司　北京　100048)

摘　要：本文从完善培训机制、深化职业规划、创新人才培养模式、加大培训投入力度、加强教育管理等方面，阐述了国有企业员工培养的实践。新时期国有企业在新形势下面临着诸多新挑战，职工队伍素质是企业发展的基础。通过不断创新人才培养模式，增强培训效果，才能有效应对企业发展过程中面临的新挑战。本先阐述了国有企业员工培养的意义和现状，就如何加强员工队伍建设，培养出一支高素质人才队伍进行了分析探讨，就如何更好地开展员工培训工作提出了一些对策建议，旨在为国有企业在新时期背景下做好员工培养工作提供参考。

关键词：国有企业；员工培养；创新模式

1　完善培训机制，营造培训氛围

国有企业要树立"人人都是人才，人人皆可成才"的理念，把人才培养工作作为一项重要的战略任务，健全培训机制，完善培训制度，创新培训模式，优化培训环境，努力为员工成长创造良好条件[1]。

1.1　制定员工培训计划

国有企业应根据企业发展规划和战略目标，建立以培训需求分析为基础，以培训课程体系、师资队伍、培训场地设施、经费预算等为内容的培训计划管理体系，实行年度培训计划管理。坚持按需施教，按照岗位需要、员工特点和企业需要相结合的原则，制定员工培训规划，明确不同岗位的技能要求和职业发展目标，有针对性地制定员工培训计划。

企业要充分利用各类教育资源和教学设备，开展多种形式的教育培训活动，建立全员教育培训制度，逐步将教育培训工作纳入制度化、规范化轨道。企业在开展员工教育培训工作时，要努力提高教育培训的针对性和有效性，使其更好地服务于企业发展。

1.2　完善培训管理制度

为了提高培训工作的效率和质量，要建立健全培训管理制度，对培训工作进行科学的指导和规范。

一是要建立完善的培训制度体系。国有企业应建立和完善员工教育培训管理制度，明确各级领导、各部门及员工在培训中的职责，规定每个员工参加教育培训的时间、次数、内容、考核标准等，并作为员工晋升的重要依据。

二是要完善人才培养机制。建立和完善与岗位职责相匹配的教育培训制度，做到"干什么、学什么、缺什么、补什么"；建立与工作任务相匹配的教育培训制度，做到"干什么、学什么"；建立与岗位特点相匹配的教育培训制度，做到"缺什么、补什么"。

1.3　营造浓厚培训氛围

培训环境是培训能否取得成效的重要因素之一。企业要营造浓厚的培训氛围，通过多种方式，提高员工参与培训的积极性和主动性。

营造浓厚培训氛围，首先要加强宣传力度，企业应采取多种形式，对员工特别是新员工进行职场礼仪、职业素养、安全、环境保护、节能减排等方面的教育和培训，培养企业员工职业素养、增强环境保护意识、加快身份转变[2]。同时，企业应在文化建设中始终做到以人为本，对企业文化建设中的有关内容进行宣传和引导，使员工树立正确的价值观和荣辱观。企业应营造浓厚培训氛围，完善企业文化建设工作机制，加强对企业文化建设工作的领导和管理，及时研究解决企业文化建设中出现的新情况、新问题。

2 深化职业规划，打造员工职业生涯通道

新时期国有企业员工队伍建设需要进一步深化职业规划，打造员工职业生涯通道，不断优化人才队伍结构，建立科学、合理的员工职业发展机制，为国有企业实现持续发展提供坚实的人才基础。国有企业可以从以下几个方面来实现这一目标。

2.1 提供多种发展途径供员工选择

在国有企业中，员工队伍建设首先需要考虑的是如何在内部为员工提供更多的发展机会，包括岗位晋升、职务晋升、岗位轮换、职业培训等多种途径。在岗位晋升方面，要根据员工的综合表现和个人意愿，将员工岗位晋升与组织发展有机结合起来。

一方面，要从员工的能力和素质出发，按照能力测评结果把员工划分为不同层次和类别，让每一位员工都能够有机会到更高的岗位上工作；另一方面，要从组织发展需要出发，将组织发展与个人职业发展相结合，按照"先培训后上岗"的原则，在提高员工工作技能和素质的同时为员工提供更多的晋升机会。

2.2 打造职业生涯规划平台

企业可以根据员工的综合素质和能力特点，为每一名员工量身定制职业发展计划，通过建立"1+3"职业生涯规划体系，为员工提供不同的发展平台，引导员工不断提高自身素质，实现个人价值的最大化[3]。

"1"即一个职业生涯规划体系，包括个人成长规划、能力提升计划、技能培训计划等；"3"即三个职业发展通道，即管理、专业和技术通道。

管理通道：通过职务晋升、职级晋升、薪酬提升等激励措施，引导员工走管理通道发展。

专业通道：根据员工在某一职业领域的专长和经验，通过专业培训等方式提升其能力，引导员工走技术通道发展。

技能通道：通过"师带徒"等方式，引导员工走技术通道发展。

通过职业生涯规划的实施，引导员工主动思考自己的职业发展，积极为自己的职业发展做打算，使员工成为企业持续发展的动力。

2.3 完善人才流动机制，促进人员合理流动

国有企业要进一步完善人才流动机制，积极引导员工向外流动，通过岗位轮换、人员交流等方式优化员工结构，缓解人力资源的供需矛盾。

（1）制定岗位轮换机制。企业可以结合自身实际情况，建立科学的岗位轮换机制，即针对企业不同层级的岗位建立一套完整的轮换制度，对于不同层级的岗位需要定期进行轮岗，使员工在不同层级岗位间不断进行转换。

（2）鼓励员工向外流动。企业可以通过对员工的晋升或外派学习等途径来实现人员向外流动，对于业绩突出的员工可以安排其到外部优秀企业或机构挂职锻炼。通过这种方式使员工的眼界得到拓展，为其日后进入管理层积累经验。

3 创新人才培养模式，提升员工队伍素质

创新人才培养模式是提升员工队伍素质的有效途径。通过创新人才培养模式，将传统的"师傅带徒弟"转化为"以师带徒""一帮一""师徒结对"等多种形式，可以有效提高员工队伍素质，增强企业核心竞争力。

3.1 强化技能人才培养

国有企业应把技能人才培养作为提升企业核心竞争力的重要手段，结合生产实际，制定技能人才培养规划，明确培养目标，确定培养计划，完善管理制度，逐步完善技能人才的"选、育、用、管"机制。要坚持"干什么、学什么、练什么"的原则，以生产一线为重点，结合岗位需求，以培养高技能人才为

目标，制定长期培训计划和年度培训计划。

国有企业应建立与技能人才培养相适应的管理机制和激励机制。加强企业文化建设，建立科学规范的技能人才评价体系和激励机制；鼓励职工开展技术创新、提合理化建议等活动，促进技能人才成长；定期开展技能竞赛活动，加强技能人才管理。

3.2 加强"双师"队伍建设

为进一步提高技能人才队伍的整体素质，提升人才培养质量，国有企业以培养高技能人才为核心，通过"送出去、请进来"等方式，采取多种措施加强"双师"队伍建设。

（1）加强企业内部培训，组织开展技能竞赛、技术比武、岗位练兵等活动，激发员工的学习热情和工作激情。

（2）选派优秀员工参加各类技能培训，开展多层次、多形式的职工培训活动，增强职工队伍素质。

（3）聘请相关专家对公司各生产岗位人员进行专业技术培训，使员工在掌握生产技能的同时又具备了相应的理论知识和技术水平，为提高职工队伍整体素质打下坚实的基础。

3.3 健全人才成长机制

企业要通过建立和完善激励机制，积极引导优秀人才脱颖而出，引导员工树立终身学习的观念，鼓励员工学习新知识、新技能，积极参与技术革新和技术创新活动。按照岗位任职资格标准要求，将员工分为管理、专业技术和技能三类人员，根据不同岗位特点制定相应的培养计划。管理人员通过"岗位晋升""竞聘上岗"等方式提升能力；专业技术人员通过"高级技师评审""技能大师评选"等方式提升水平；技能人才通过"技师评审""技师评定"等方式提升技能。建立技术能手选拔机制，对有突出贡献的专业技术人才进行表彰和奖励。

4 加大培训投入力度，增强培训效果

随着经济社会的不断发展，社会对高素质人才的需求越来越大，国有企业要充分认识到加强员工培养的重要性，不断加大培训投入力度，通过有效的培训来提高员工的能力和素质，从而为企业高质量发展奠定坚实的基础。

4.1 提高培训投入的合理性

为了使培训工作更加规范化、科学化，使培训投入更加合理，企业应该建立科学有效的培训管理制度，使培训工作有法可依、有章可循。企业应制定符合自身实际的培训管理制度，根据企业的实际情况确定培训目标、制定培训计划、确定培训对象、选择适合的培训方式、设计合理的课程内容、安排科学合理的师资队伍、制定正确的培训评估标准等。通过对员工的知识水平、业务技能等进行综合评估，按照员工发展需求科学安排培训课程和师资力量，实现人才培养与企业发展的有机统一。要注意对员工培训时间和内容的合理安排，使员工在有限的时间内达到最好的培训效果。

4.2 发挥企业教育培训优势

在进行培训工作时，企业要充分发挥自身的教育培训优势，注重加强对员工的培训工作，实现教育培训工作与企业生产经营活动的有机结合，切实提升员工的整体素质。

（1）加强对员工的职业生涯规划教育，帮助员工树立正确的职业观念、增强个人职业意识和职业责任意识，并通过定期组织开展座谈会、个别交流等形式帮助员工明确自己的职业发展目标和方向。

（2）加强对员工的心理健康教育和培训工作，引导员工正确对待自身与他人的关系、处理好工作与生活之间的关系，帮助员工提高心理承受能力、自我调节能力和抗压能力。

4.3 建立良好的激励机制

（1）完善企业培训体系。为了保证培训的有效性和针对性，国有企业必须建立起一套完善的培训体系，对不同层次、不同类别的员工进行有针对性的培训，让他们都能得到有效提升。

（2）加大对学习成绩优异者的奖励力度。要坚持物质奖励与精神鼓励相结合，对表现优异的员工进行适当奖励，以物质激励为主，同时加强对学习成绩优异者的表彰和宣传，营造"比、学、赶、超"的良好氛围。

5 加强培训管理，强化培训反馈

企业培训工作重在组织开展，更重在培训效果的跟踪反馈。建立健全培训工作跟踪反馈机制，强化培训反馈，切实做到培训有意义、起效果，不断加强培训工作的专业性和针对性。一方面切实以培训促提升，加强企业员工培养；另一方面以反馈效果对培训工作进行改进提升，加强和完善培训工作体制机制。

5.1 加强在培训过程中的考核反馈

加大对培训效果的考核力度，通过对员工在培训期间所学到的知识、技能、技巧进行考核，了解员工的培训效果。根据员工的培训结果采取不同的奖惩措施，以此激励员工学习的积极性和主动性。

5.2 加强对培训后工作实际中的跟踪

培训工作并不是开展完就结束，建立培训效果跟踪机制，加强对培训尤其是专业技术提升培训在日常工作中的效果反馈，推动培训内容联系实际、落到实处，在实践中加强对培训内容的吸收学习，并形成员工自身的工作经验。把培训提升与实践相结合，让培训的效果落到基层、落到一线、落到职工发展、落到企业需求。

5.3 加强培训管理，强化工作提升

（1）根据员工的职业发展需要，针对新时代新形势下的员工个人意愿，不断完善企业培训计划，满足员工职业生涯发展的个性化需求。

（2）根据企业发展改革的需要，组织符合企业发展改革规划需求的培训，将培训工作与企业发展相结合，以培训工作服务企业大局。

（3）加强培训工作纠偏，对培训工作开展过程中发现的不适合员工和企业需要的培训，在后续工作中要及时调整。对时代变化、形势变化提出的新要求、新思路、新技术及时组织开展培训学习，确保培训工作的及时有效。

6 结论

新形势下，国有企业在发展过程中，要充分认识到员工培养的重要意义，通过不断完善培训机制，创新人才培养模式，加大培训投入力度，开展多元化培训措施，不断提升员工队伍整体素质，为企业的可持续发展提供知识支持。同时，还要充分认识到员工培养的重要性，通过创新培训机制，优化人才培养方案，深化职业规划等措施，增强员工队伍整体素质。只有通过不断创新培训模式、优化人才培养方案、加大培训投入力度、开展多元化培训等措施，才能更好地开展员工培养工作。只有这样才能有效提升员工队伍的整体素质，增强企业的核心竞争力。

参考文献

[1] 孙春燕, 张俊清. 新时期国有企业员工培养的思考[J]. 教育研究, 2016(4): 56-57.
[2] 秦春. 公司核心员工管理模式研究[D]. 南京: 东南大学, 2021.
[3] 宋飞. 公司基层员工培训体系优化研究[D]. 邯郸: 河北工程大学, 2020.